Fallend / Reichmayr (Hgg.) · Siegfried Bernfeld

nexus 2

Karl Fallend / Johannes Reichmayr (Hgg.)

Siegfried Bernfeld oder Die Grenzen der Psychoanalyse

Materialien zu Leben und Werk

Stroemfeld/Nexus

Lektorat: Beate Schuh

Die Deutsche Bibliothek – CIP-Einheitsaufnahme

Siegfried Bernfeld oder die Grenzen der Psychoanalyse:
Materialien zu Leben und Werk / Karl Fallend ; Johannes Reichmayr (Hgg.).
– Basel ; Frankfurt am Main : Stroemfeld/Nexus, 1992
(Nexus ; 2)

ISBN 3-86109-102-X

NE: Fallend, Karl [Hrsg.]; GT

Satz: bLoch Verlag, Frankfurt am Main
Druck und Bindung: Fuldaer Verlagsanstalt
Printed in the Federal Republic of Germany.

Bitte fordern Sie unsere kostenlose Programminformation an!
1 2 3 99 98 97 96 95 94 93 92

Inhalt

Einleitung

In den letzten Jahren, in denen wir uns mit dem persönlichen und wissenschaftlichen Leben Siegfried Bernfelds auseinandergesetzt haben, wuchs die Einsicht, daß der Versuch einer monographischen Lebensbeschreibung der sowohl schillernden Persönlichkeit, als auch dem facettenreichen wissenschaftlichen Werk Bernfelds nicht gerecht werden kann. Deshalb ist wohl eine Biographie Bernfelds, die von anderer Seite seit fast einem Jahrzehnt angekündigt wurde, nie erschienen. Getrost akzeptiert man diese scheinbare Not, die Freud warnend zur Tugend erklärt; an Arnold Zweig schrieb er am 31. Mai 1936: »Wer Biograph wird, verpflichtet sich zur Lüge, zur Verheimlichung, Heuchelei, Schönfärberei und selbst zur Verhehlung seines Unverständnisses, denn die biographische Wahrheit ist nicht zu haben, und wenn man sie hätte, wäre sie nicht zu brauchen.« (Freud/Zweig, 1980, S. 137)

Das vorliegende Buch ist eine Zusammenstellung von abgeschlossenen Einzelstudien, die entlang der Lebensgeschichte Siegfried Bernfelds angeordnet sind; wir versuchen einen Einblick in die Bereiche seiner Biographie und wissenschaftlichen Arbeit zu geben, die wenig bekannt sind, kaum diskutiert wurden, oder die vertieft werden können, weil neue Materialien gefunden wurden. Auch die Neugier der Autoren, ihr unterschiedliches Erkenntnisinteresse und ihre Spezialisierung bestimmt die Lichtstärke der historiographischen Scheinwerfer.

Der vorliegende Band ist Grundlage für eine umfassendere biographische Forschung über diesen zu wenig beachteten Pionier der Psychoanalyse, oder für einen systematischen, historisch-kritischen Kommentar seines Werks. Beides wird wohl erst im Zusammenhang mit der Herausgabe einer Gesamtausgabe von Bernfelds Schriften und ergänzenden biographischen Recherchen zu leisten sein.

Es ging uns darum, ein erstes umfassendes Bild dieses Intellektuellen zu gewinnen, der durch seine Erfahrungen als Organisator und Führer der Wiener Jugendkulturbewegung, als Pionier der Jugendforschung, als Aktivist in der zionistischen Bewegung und daraus resultierend als Initiator des Erziehungsexperiments »Kinderheim Baumgarten« geprägt war. Nach dem Ersten Weltkrieg war sein Selbstverständnis von der Psychoanalyse als wissenschaftlichem und beruflichem Denk- und Arbeitsinstrument bestimmt.

»Bernfeld war ein 'Linker', gar ein Marxist, und zwar einer von der unheimlichen Sorte, die mit dem Kapitalismus so wenig ihren Frieden macht, wie mit Stalin und seiner GPU.« (Dahmer, 1989, S. 67) Der unorthodoxe Marxist, der in Wien und in Berlin der Sozialdemokratie nahestand, schuf für die Psychoanalyse neue Anwendungsfelder, Einsichtsmöglichkeiten und Fragestellungen, die insbesondere in der Sozialpädagogik und in der psychoanalytischen Pädagogik und Psychologie von seinen früheren Erfahrungen mitbestimmt waren. Entgegen dem Trend zur Verwässerung der Psychoanalyse als bloßer »Heilmethode« oder »Populärpsychologie« – von Freud als »Nihilist« tituliert – war er stets um die Erhaltung ihres wissenschaftlichen Niveaus und ihrer sozialen Glaubwürdigkeit bemüht. Er trat als wohl bedeutendster Redner und Vortragender der psychoanalytischen Bewegung der Zwischenkriegszeit hervor und war als einer der wenigen Psychoanalytiker bereit und in der Lage, Denkmittel aus der Mathematik, der Physik, der Biologie und aus anderen psychologischen Ansätzen auf der Suche nach den erkenntnistheoretischen Grundlagen der Psychoanalyse einzusetzen; ein in der Geschichte der Psychoanalyse einzigartiges Unternehmen.

Bernfeld öffnete die Psychoanalyse nicht nur in praktischer und theoretischer Hinsicht, sondern bemühte sich auch, sie für nichtärztliche Interessenten zugänglich und lehrbar zu machen, ohne dabei die spezifische Substanz dieser Wissenschaft aus dem Auge zu verlieren; diese bezog er auch mit ein, als es darum ging, die Struktur der psychoanalytischen Ausbildung zu hinterfragen und seine Ideen zu formulieren. So gesehen könnten die Öffnung, die Vermittlung und die Herausarbeitung des wissenschaftlichen, sozialen und historischen Gehalts der Psychoanalyse als die charakteristischen Momente für Siegfried Bernfelds Werk und Arbeit angesehen werden.

Mitte bis Ende der 60er Jahre wurde Siegfried Bernfeld im deutschsprachigen Raum wiederentdeckt. Einen wesentlichen Anteil daran hatte die Studentenbewegung, die über die Rezeption der Kritischen Theorie auf die marxistisch orientierten Psychoanalytiker der 20er und 30er Jahre zurückgriff und aufmerksam machte. Wilhelm Reich, Siegfried Bernfeld, Otto Fenichel, Erich Fromm und andere wurden wieder bekannt, und Teile ihres Werks wurden rezipiert. Von Bernfeld erschien 1967 eine Neuausgabe von *Sisyphos oder die Grenzen der Erziehung*; 1969 bis 1971 gaben Lutz von Werder und Reinhart Wolff drei Bände ausgewählter Schriften unter dem Titel *Antiautoritäre Erziehung und Psychoanalyse* heraus, die 1974 nochmals als Taschenbuch herauskamen. 1973 erschien Helmut Dahmers Studie*Libido und Gesellschaft*, in der Bernfelds Beiträge zum Verhältnis von Psychoanalyse und marxistischer Soziologie, sowie Bernfeld als Wissenschaftstheoretiker der Psychoanalyse kritisch gewürdigt wurden. In der Folge erschienen in der Zeitschrift *PSYCHE* Neudrucke von Arbeiten Bernfelds (1978, 1981, 1984), sowie Arbeiten zu seinen biographischen Freud-Studien. Diese Studien, die als das erste Projekt einer wissenschaftlichen Freud-Biographik in der Geschichte der Psychoanalyse angesehen werden, unternahm er gemeinsam mit seiner Frau Suzanne Cassirer Bernfeld ab Mitte der 40er Jahre. Sie erschienen das erste Mal gesammelt in einer von Ilse Grubrich-Simitis eingeleiteten und herausgegebenen deutschen Übersetzung 1981.

In letzter Zeit mehren sich auch wissenschaftliche Untersuchungen, die Bernfelds Bedeutung für die Jugendforschung im wissenschaftsgeschichtlichen Kontext kritisch würdigen. Hervorzuheben sind hier vor allem die Arbeiten von Christoph von Bühler (1990) und Peter Dudek (1990).

Die hier genannten und bekannten Teile des Bernfeldschen Werkes, insbesondere seine Beiträge zur klinischen Theorie und psychoanalytischen Pädagogik, zum Verhältnis von Psychoanalyse und Marxismus und zur Freud-Biographik wurden in diesen Band nicht aufgenommen. Dennoch werden diese Themen biographisch ergänzt und wissenschaftsgeschichtlich neu kommentiert.

Im vorliegenden Band wechseln Beiträge mit biographischen und arbeitsgeschichtlichen Schwerpunkten mit solchen ab, die sich in wissenschaftsgeschichtlicher Perspektive auf die theoretische Arbeit Siegfried Bernfelds konzentrieren.

Zu den ersteren zählen ein autobiographischer Text Bernfelds, ein Brief seiner Schwester Lilli Stross Bernfeld und die Arbeiten von Paret, Fallend, Bunzl, Reichmayr, Erich, Reichmayr/Fallend, Hermanns und Benveniste;

zur Diskussion des Werks tragen die Arbeiten von Adam, Fallend/Reichmayr, Sierek, Bacher und Benetka bei.

Im folgenden geben wir einen kurzen Überblick der einzelnen Beiträge und Fragestellungen. Siegfried Bernfelds Leben und Werk als Psychoanalytiker bilden den Rahmen des vorliegenden Sammelbandes; erste Aspekte seines Selbstverständnisses als Psychoanalytiker begannen sich am Beginn der 20er Jahre herauszubilden. Vor seinem Engagement in der psychoanalytischen Bewegung haben seine Beteiligung in der Jugendkulturbewegung vor dem Ersten Weltkrieg und seine zionistischen Aktivitäten wesentlich mitbestimmt, in welchen Bereichen und mit welchen Fragestellungen er als theoretisierender und praktizierender psychoanalytischer Pädagoge und Psychologe aktiv wurde. In seinem einführenden Beitrag verfolgt Peter Paret diese divergenten Erfahrungs- und Denklinien, die in Bernfelds 1925 erschienenen Buch *Sisyphos oder die Grenzen der Erziehung* zusammengelaufen sind, die, wie Paret es formuliert, »von einem durchdringenden Gefühl für soziale Verantwortung gekennzeichnet (war), das in der Psychoanalyse eine Vorbedingung für die zu wandelnde Gesellschaft gefunden hatte: die Mittel zum Verständnis der menschlichen Natur.«

Dieser erste Teil des Bandes enthält zwei für die Biographie Bernfelds interessante Dokumente: einen anschaulichen und eindrücklichen Brief, in dessen Mittelpunkt die Mutter Bernfelds steht und in dem die Familie und Familienatmosphäre beschrieben wird; der Brief wurde von Lilli Bernfeld Stross, der Schwester Bernfelds, an ihre Töchter Eva und Brigitte geschrieben anläßlich ihres Aufenthaltes in Altaussee im Jahre 1970. Bernfeld selber verfaßte 1911 einen bisher nicht identifizierten autobiographischen Text über seine Gymnasialzeit, den er später, gemeinsam mit anderen eigenen literarischen Materialien, für seine Beiträge zur Jugendforschung verwertete.

Im Aufsatz von Karl Fallend wird die tragende Rolle und der große Einfluß Bernfelds in der Wiener Jugendkulturbewegung beschrieben und auf die Verbindungen zur psychoanalytischen Bewegung hingewiesen, die schließlich einen beträchtlichen Zuwachs aus den Reihen früherer Aktivisten der Jugendbewegung verzeichnen konnte. Ab 1914 beteiligte sich Bernfeld für kurze Zeit intensiv an der zionistischen Bewegung. John Bunzl analysiert im historischen Kontext die verschiedenen Strömungen des jüdischen Nationalismus in der untergehenden Monarchie und gibt eine kritische Einschätzung von Bernfelds Arbeit mit jüdischen Jugendlichen, seines jüdischen Denkens im allgemeinen und seines Verhältnisses zum Zionismus im besonderen.

Über »Kinderheim Baumgarten« hat Siegfried Bernfeld 1921 sein gleichnamiges Buch veröffentlicht, mit dem dieses Schulexperiment dokumentiert blieb. Von seiten der Schüler dieses Kinderheims waren bisher keine Erfahrungsberichte bekannt geworden. Karl Wirth, ein ehemaliger Baumgartenschüler, hat seine diesbezüglichen Erinnerungen im Jahr 1974 niedergeschrieben.

Erik Adam untersucht, inwieweit das pädagogische Werk Siegfried Bernfelds in der deutschsprachigen Erziehungswissenschaft rezipiert wurde, und reflektiert das pädagogische Engagement Bernfelds in einem Auf und Ab von Enthusiasmus und Scheitern und seinem Ringen um Orientierung im Spannungsfeld von Mythos und Wissenschaft.

Die Herausbildung von Bernfelds Engagement in der Psychoanalyse und seiner Stellung in der Wiener Psychoanalytischen Vereinigung kann in dem Beitrag von Johannes Reichmayr *Patienten, Bücher, Kurse nehmen mir den Liebesfederstiel* an Hand ausgewählter Briefstellen Bernfelds an seine spätere Frau Elisabeth Neumann verfolgt werden, die gleichzeitig auch als ein Stück Sozialgeschichte der Psychoanalyse im Wien der Nachkriegszeit gelesen werden können.

Bernfelds Übersiedlung nach Berlin Ende 1925 ging eine heftig geführte Kontroverse zu Fragen der Konzeptualisierung und Realisierung von Projekten zur Darstellung der Psychoanalyse im Film voraus. Die Dokumentierung dieses Stücks Psychoanalysegeschichte erlaubt einen Einblick in Interessenslagen und Konflikte, die bei der Präsentation der Psychoanalyse in der Öffentlichkeit virulent wurden. Eine »Idee eines Films mit psychoanalytischen Perspektiven« vermittelt ein bisher unveröffentlichter Entwurf Bernfelds, den er *»Drei Welten in einem Zimmer«* nannte. Karl Siereks Analyse dieser Ideen zeigt, daß es Bernfeld in Verbindung mit der Arbeit von Béla Balázs gelang, eine partikulare, aber filmtheoretisch außergewöhnliche Antwort auf die Fragestellung zu finden, Freuds »Abstraktionen in irgendwie respektabler Weise plastisch darzustellen«.

Siegfried Bernfeld hatte in Berlin in den Jahren 1926 bis 1932 eine intensive und fruchtbare Schaffensperiode, die mit der Bestandsaufnahme seiner Aktivitäten im Bereich der Lehre der Psychoanalyse und seiner öffentlichen Vortrags- und Publikationstätigkeit, als kompetenter Wissenschaftspublizist der Psychoanalyse, in dem Beitrag von Theresia Erich belegt wird.

In Berlin hatte Bernfeld auch zwei umfassende Forschungsprojekte aufgenommen, die in den Beiträgen von Richard Bacher und Gerhard Benetka analysiert werden. Ab 1929 bemühten sich Siegfried Bernfeld und Sergei Feitelberg zum Fortschritt der psychoanalytischen Wissenschaft beizutragen, indem sie zu klären versuchten – durch Heranziehung physikalischer und mathematischer Methoden und physikalisch-physiologischer experimenteller Versuche – ob quantitative Verhältnisse im Psychischen experimentell faßbar gemacht werden können. Dieses Projekt der *Libidometrie* wurde bisher nur als wissenschaftliche »Verirrung« Bernfelds rezipiert. Richard Bacher bringt eine zusammenfassende Darstellung und Einschätzung dieses über sechs Jahre andauernden Projektes.

Anders als die Mehrzahl der Psychoanalytiker seiner Zeit suchte der an einer Auseinandersetzung der verschiedenen wissenschaftlichen psychologischen Denk- und Arbeitsrichtungen interessierte Bernfeld von sich aus den Kontakt zu prominenten Hochschulpsychologen. In der Rezeption jener zeitgenössischen psychologischen Strömungen, in denen die überkommene assoziationistische Elementenhypothese entschieden überwunden worden war – in der personalistischen Psychologie William Sterns, in den die traditionellen Disziplingrenzen sprengenden Konzeptionen Kurt Lewins und der gestalttheoretischen Schule – ergaben sich für Bernfeld wichtige Ansatzpunkte, von denen aus ein erster Brückenschlag über die seit Jahrzehnten bestehende Kluft zwischen Psychoanalyse und akademischer Psychologie möglich schien. Wie sehr diese Auseinandersetzung mit der Hochschulpsychologie das psychoanalytische Denken Bernfelds vor allem in methodologischer Hinsicht schärfte und befruchtete, arbeitet Gerhard Benetka in seinem Beitrag heraus.

Im Herbst 1932 kehrt Bernfeld, zunächst vorläufig, wieder nach Wien zurück, um sich hier abermals eine berufliche und soziale Stellung aufzubauen. Reichmayrs biographisch-zeithistorischer Beitrag *Rückkehr nach Wien* besteht in seinem Kern wieder aus Bernfelds eigenen Beschreibungen, zusammengestellt aus Briefstellen an Elisabeth Neumann. Die Schilderungen sind gekennzeichnet von der unruhigen persönlichen und politischen Situation dieser Zeit, inmitten des bewegten intellektuellen Wiener Klimas. Bernfelds Absichten, von Wien wegzuziehen, lassen sich bis ins Frühjahr 1933 zurückverfolgen.

Im Aufsatz *Wanderschaft und Emigration* versuchen die Herausgeber den Weg Bernfelds und seiner dritten Frau Suzanne Cassirer von Wien nach Menton und weiter nach London und San Francisco nachzuzeichnen. Den eminenten wissenschaftlichen Horizont und das intellektuelle Netz, das sich Bernfeld schaffen konnte, spiegeln auch seine Aktivitäten wider, die er in und von Menton aus begann und weiterzuführen imstande war. Die beiden Aufsätze von Ludger M. Hermanns und Daniel Benveniste über Bernfeld in Kalifornien lassen auch für diese Periode erkennen, daß er unter nochmals veränderten politischen, sozialen und gesellschaftlichen Verhältnissen seine Identität als kreativer, nonkonformistischer und kämpferischer Pionier der Psychoanalyse bewahren konnte. Gemeinsam mit seiner Frau Suzanne initiierte er die wissenschaftliche Freud-Biographik und hatte neben seinen vielen wissenschaftlichen und öffentlichen Aktivitäten als Psychoanalytiker eine grundlegende Kritik zur psychoanalytischen Ausbildung formuliert. In diesem Zusammenhang wird sein Konzept eines *Freien Instituts* in diesem Band erstmals publiziert.

Von Ulrich Herrmann und Christoph von Bühler wird eine erste umfassende Bibliographie Bernfelds vorgelegt.

Von den Herausgebern wurden die biographischen Skizzen zu Anne Salomon, Elisabeth Neumann und Suzanne Cassirer Bernfeld und eine Zeittafel mit den wichtigsten biographischen Daten Siegfried Bernfelds zusammengestellt.

Für das Zustandekommen des Sammelbandes danken die Herausgeber den Autoren, die nicht nur oft durch neu hinzugekommene und einzuarbeitende Materialien ihr anhaltendes Interesse an Bernfeld bestätigten, sondern auch mit bereitwilligem Informationsaustausch, durch viele Diskussionen, kritische Einwände und Gespräche für eine anregende Arbeitsatmosphäre sorgten. Für die Übersetzungsarbeiten möchten wir uns bei Heidi Fehlhaber und Susanne Nagel bedanken.

Der Band wäre nicht zustandegekommen, hätten wir nicht den Zugang zu Quellenmaterial und Informationen, wie zu dem Briefwechsel zwischen Siegfried Bernfeld und Elisabeth Neumann und zum Nachlaß von Siegfried Bernfeld in der Library of Congress in Washington, bekommen. Hierfür, sowie für viele hilf- und aufschlußreiche Gespräche und zusätzliche Dokumente wie Bilder und Briefe aus dem Familienkreis bedanken wir uns herzlich bei: Elisabeth Neumann-Viertel, Ruth, Alfred und Anne Goldberg, Peter Paret, Jan Jecha und Bridget Laky. Für Gespräche und Informationen bei Renate Morrison, Edith Kramer, Michaela Weston, Rudolf und Ruth Ekstein, Kurt R. Eissler, Georg Gerö, Ernst und Hilde Federn und Emma Plank.

Für Hinweise und Unterstützungen bei Ernst Falzeder, Michael Molnar, Gabriella Hauch, Elke Mühlleitner und Paul Parin. Der Library of Congress, insbesondere Herrn Fred Bauman (Manuscript Division), dem Freud Museum in London, dem Wiener Stadt- und Landesarchiv, dem Institut für Wissenschaft und Kunst und dem Ludwig Boltzmann Institut für Geschichte und Gesellschaft in Wien danken wir für ihre Hilfe.

Peter Paret

Sisyphos und sein Autor

Eine Einführung

Als *Sisyphos* im Jahr 1925 veröffentlicht wurde, war Siegfried Bernfeld gerade Anfang dreißig und hatte bereits ein halbes Dutzend Bücher zu scheinbar so verschiedenen Themen, wie der Psychologie von Kleinkindern und Jugendlichen, dem Zionismus, der Erziehung, sowie der psychoanalytischen Theorie und Methode veröffentlicht. Diese Vielfalt spiegelte nicht eine Fragmentierung des Denkens wider; so wie Bernfeld vorging, ergab sich jedes Thema aus dem anderen, und alle waren von einem durchdringenden Gefühl für soziale Verantwortung gekennzeichnet, das in der Psychoanalyse eine Vorbedingung für die zu wandelnde Gesellschaft gefunden hatte: die Mittel zum Verständnis der menschlichen Natur. Die Bücher und die vielen Aufsätze, die sie begleiteten, waren nicht nur Produkte der Spekulation, sondern auch die von vielfältiger und intensiv empfundener praktischer Erfahrung. Seit seiner Studentenzeit vor 1914 war Bernfeld Organisator von Jugendbewegungen gewesen, Herausgeber, akademischer Psychologe, Soldat, Funktionär in jüdischen Organisationen, Kommandant der jüdischen Selbstverteidigungstruppe in Wien während der Revolution von 1918, Gründer einer experimentellen Schule, praktizierender Analytiker und Lehrer der Psychoanalyse. Im gewissen Maß trägt *Sisyphos* den Stempel all dieser Handlungen. Es ist eine komprimierte Darlegung von Ideen, die der Autor seit seiner Jugend entwickelt und angewandt hatte – und eine höchst kämpferische Darlegung. Ein Rezensent der ersten Ausgabe nannte das Buch »ein(en) Stoß auf der Posaune des Jüngsten Gerichts gegen autoritäre Lehrer, aber auch gegen die neue Rasse von Erziehern, die das Evangelium der Liebe verkünden«. Das war zu optimistisch; aber *Sisyphos* hatte tatsächlich einen dauerhaft befreienden Einfluß auf viele seiner Leser, und das Buch bewahrt seine Bedeutung als Zeitdokument und als eine der provokativeren Diagnosen der Irrwege und Möglichkeiten der Pädagogik in der Geschichte des Bildungswesens. Der historische Charakter des Buches ist, wie der aller erfolgreichen intellektuellen Bemühungen, mit einer starken Relevanz für die Gegenwart verbunden.[1]

Bernfeld wurde 1892 als Sohn eines in Wien ansässigen Kaufmannes geboren.[2] Nach einer soliden Gymnasiumsausbildung besuchte er die Universität Wien, wo er Biologie, Pädagogik, Psychologie und Mathematik studierte. Mit 21 Jahren veröffentlichte er seine erste psychoanalytisch orientierte Arbeit, »Zur unbewußten Determination des Denkprozesses. Eine Selbstbeobachtung«, und begann mit Selbstanalyse, sowie Traum- und Symptomanalyse von Mitstudenten zu experimentieren. Obwohl er selbst in seiner akademischen Arbeit außerordentlich erfolgreich war, kam er zu der Ansicht, daß die Bildungsinstitutionen die Prozesse des Lernens und Erwachsenwerdens allzuoft verzerrten, indem sie die Forderung an die Schüler und Studenten, sich auf das Leben als Erwachsene vorzubereiten, übertrieben, statt ihnen zu helfen, mit den Prozessen der Adoleszenz und Nachadoleszenz fertig zu werden. Als ersten Schritt in Richtung auf eine Verbesserung gründete er 1913 das *Akademische Comité für Schulreform* (A.C.S.), das bald eine große Zahl von Interessierten an deutschen und österreichischen Universitäten und höheren Schulen anzog.[3] Das A.C.S. war von den Ideen Gustav Wynekens inspiriert, dem Verkünder eines fortschrittlichen Bildungswesens in Deutschland, der Schüler und Studenten als Pioniere einer geistigen und kulturellen Regeneration sah, einer Erneuerung, die Wyneken – in dieser Hinsicht repräsentativ für den größeren Teil der deutschen Jugendbewegung vor 1914 – apolitisch begriff. Bernfeld versuchte, Wynekens ziemlich mystisches bürgerliches

1 Bei der ersten Auflage, das Buch erschien im September 1925, wurden 4000 Exemplare gedruckt. Es wurde in mehr als 50 Zeitungen und Zeitschriften angekündigt und besprochen. Die zweite Auflage im Internationalen Psychoanalytischen Verlag erschien 1928. 1967 erschien bei Suhrkamp eine weitere deutsche Ausgabe. Um diese Zeit waren auch verschiedene »Raubdrucke« der Ausgabe von 1925 im Umlauf. Die amerikanische Ausgabe erschien 1973, mit einem Vorwort von Anna Freud und einer Einleitung von Peter Paret.

2 Ich erwähne hier nur jene Aspekte von Bernfelds Leben, die einen Einfluß auf die Ideen und das Schreiben von *Sisyphos* haben. Zwei umfassende biographische Darstellungen sind die Nachrufe von Hedwig Hoffer (1955) und von Rudolf Ekstein (1966).

3 Die Geschichte des »Akademischen Comitees für Schulreform« kann man in dessen Zeitschrift *Der Anfang* verfolgen, deren Mitherausgeber Bernfeld war, und in Bernfelds Buch *Die Schulgemeinde und ihre Funktion im Klassenkampf*, Berlin, 1928. Eine gute Übersicht, die jedoch einige Irrtümer in Bezug auf Bernfelds späteres Leben und Werk enthält, gibt Heinrich Kupffer (1970, S. 74-80). Walter Z. Laqueur hat in seiner Studie (1962) die gesellschaftlichen und ideologischen Bedingungen analysiert, unter denen das A.C.S. existierte.

Ideal einer neuen Jugendkultur mit den Anfängen einer kohärenten Psychologie der Pubertät zu unterlegen und ergänzte es durch ein sozialistisches Bildungsprogramm, das nach einem Abbau der Vorherrschaft der Mittelschicht an den Schulen und Universitäten rief. Dort verbreiteten A.C.S.-Gruppen ihre Botschaft von der Gleichwertigkeit der Geschlechter, der Ungerechtigkeit der Klassenunterschiede, der Notwendigkeit, die Jugend von den Werten der Erwachsenenwelt zu befreien. Eine Zeitschrift mit dem hoffnungsvollen Namen *Der Anfang* druckte Beiträge von A.C.S.-Mitgliedern, die, so dachten Wyneken und Bernfeld, zuverlässige Informationen über die Gefühle und Bedürfnisse junger Menschen enthalten und zu einem allgemeinen Aktionsprogramm hinführen würden. Einer, der regelmäßige Beiträge lieferte, war der junge Walter Benjamin. Eine Zeit lang arbeiteten er und Bernfeld zusammen, obwohl Benjamin, der damals noch hohe Erwartungen hinsichtlich der geistigen Aufklärung seiner Generation hegte, weder Bernfelds politischen Aktivismus noch sein Interesse an der Entwicklung einer wissenschaftlichen Grundlage für die Einzigartigkeit der *Jugendkultur* (Kupffer, 1970, S. 79) teilte.

Die Einsicht, von der seine psychologische Forschung geleitet wurde, definierte Bernfeld in der ersten Nummer von *Der Anfang*: »Kindheit und Jugend sind nicht die zwecklosen Durchgangsstadien zum erwachsenen Menschen, sondern notwendige, in sich geschlossene Entwicklungsstufen. Jugend und Mannheit sind nicht graduelle, sondern qualitative Unterschiede. Die Jugend ist also nicht unvollkommene, unreife Mannheit, sondern ein vollkommener Zustand für sich.«[4] Psychologen, Lehrer und die Gesellschaft im ganzen könnten den Jugendlichen helfen, glücklicher zu werden – die beste Vorbereitung für das Erwachsenenleben. Was dies institutionell bedeutete, war auch klar: Die Erwachsenen sollten sich zurückhalten, ihre Belange und Methoden den Jugendlichen aufzubürden. Zum Beispiel würden Schüler, die von bedrückender Disziplin befreit wären und an der Verwaltung ihrer Schule teilnähmen, bereitwilliger und erfolgreicher lernen. Gleichzeitig sei ihre gesunde psychische Entwicklung von erwachsener Anleitung und manchen Verboten und Einschränkungen abhängig – *Sisyphos* enthält einige diesbezügliche Hinweise –, und selbst reformierte Institutionen müßten vielleicht vor den Jugendlichen geschützt werden. Das war eine frühe Erkenntnis, deren Gültigkeit Bernfeld durch seine

4 14 Jahre später wiederholte Bernfeld in seiner Streitschrift (1927b, S. 14) diese Äußerung in einem heftigen Angriff gegen die Behauptung des Philosophen Eduard Spranger, daß die Jugend es wünsche und nötig habe, geführt zu werden.

späteren Erfahrungen als Lehrer und Therapeut bestätigt fand, ebenso wie durch die Aktionen von Seiten aufrichtiger, idealistischer nationalsozialistischer Studenten, die die Vorlesungen von Akademikern störten, deren Ansichten sie für unmoralisch hielten oder deren Vorfahren sie als minderwertig ansahen.

1914 löste die Polizei nach einem gerichtlichen Vorgeplänkel das A.C.S. auf; der Krieg hätte ihm ohnehin bald ein Ende gesetzt. Es bleibt eine interessante Episode in der Geschichte der deutschen Jugendbewegung, die mit Ausnahme ihrer sozialistischen und in bestimmtem Maß ihrer katholischen Gruppen in eine ganz andere Richtung marschierte, und es war eine bemerkenswerte Leistung für einen jungen Mann, dies fast ohne fremde Hilfe organisiert zu haben. Seine außerordentliche Einfühlsamkeit bei Kindern und Schülern, die seinen Erfolg mit dem A.C.S. ermöglichte, verließ Bernfeld nie; und selbst in jenen frühen Zeiten war er ein ungewöhnlich überzeugender Lehrer. Unter den vielen Beispielen für diese Eigenschaften, die ich selbst bei ihm erlebt habe, ragt eines besonders hervor. Ich führe es hier an, weil es ohnehin an der Zeit ist, mein persönliches Interesse am Autor des *Sisyphos* zu erklären.

1932 zog meine Mutter nach Wien, um bei Freud zu studieren, und zwei Jahre später heiratete sie Bernfeld. Meine kleine Schwester und besonders ich, Kinder aus einer früheren Ehe, begegneten unserem neuen Stiefvater natürlich mit Mißtrauen, auf das er mit unaufdringlichem Verständnis und Zuneigung reagierte. Da Bernfeld nicht viel von den Wiener Grundschulen hielt, wurde beschlossen, daß ich von einem Hauslehrer unterrichtet werden sollte, wozu die Schulbehörde ihre Einwilligung gab unter der Voraussetzung, daß ich mich einer Eignungsprüfung unterziehen würde. Mein Stiefvater bereitete mich auf die Feuerprobe vor, nicht zum wenigsten, indem er mir sagte, diese Prüfung sei absurd, aber es lohne sich, sie zu machen, weil die Schule mich dann in Ruhe lassen würde; alles verlief besser als erwartet, selbst als der Staatsbürgerkundelehrer nach den Namen der mehr als 20 Brücken fragte, die im Stadtgebiet von Wien von Westen nach Osten über die Donau führten. Als ich nach Hause kam, fand ich zur Feier des Ereignisses ein Geschenk von meinem Stiefvater vor – ein Aquarium mit tropischen Fischen. Ich fragte, wie er das Aquarium habe kaufen können, bevor er wußte, ob ich durchgekommen sei; worauf er antwortete, durchzukommen sei zwar wichtig, aber noch wichtiger sei, daß ich die Prüfung habe machen müssen, und *das* hätte er gewußt. Wie es bei jedem guten Lehrer der Fall ist, kümmerte er sich mehr um die innere Entwicklung als um den äußeren Erfolg.

Seinen Militärdienst im Ersten Weltkrieg leistete Bernfeld in Wien, abgesehen von einem ziemlich schwejkischen Intermezzo, als er in der Rolle eines nicht türkisch sprechenden Dolmetschers eine Militärgesandtschaft in die Türkei begleitete. Er hieß die sich ankündigende Auflösung der Monarchie willkommen, von der er hoffte, sie würde von politischen und sozialen Bedingungen abgelöst, die für die Arbeiterschichten und die Jugend günstiger wären. Flüchtlinge von der russischen Front beeindruckten ihn mit der Dringlichkeit und Komplexität der jüdischen Frage in Mittel- und Osteuropa.[5] Schon 1916 argumentierte er in einem Artikel in Martin Bubers Zeitschrift *Der Jude*, daß der Zustrom vertriebener jüdischer Kinder, der infolge der österreichischen Niederlagen in Galizien möglicherweise zu erwarten war, schwere Probleme hinsichtlich Fürsorge und Erziehung, zugleich aber großartige Möglichkeiten implizieren würde. Sollten diese Kinder eine dem Zufall überlassene Ausbildung in den traditionellen Religionsschulen und Waisenhäusern der jüdischen Gemeinde erhalten, um nach dem Krieg in ihre heimatlichen Ghettos zurückzukehren oder sich dem jüdischen Proletariat in den europäischen und amerikanischen Städten anzuschließen? Oder wäre dies eine Gelegenheit für ein erzieherisches und politisches Experiment in einer neuen Art von Schule, die die Gesundheit der traumatisierten Kinder wiederherstellen und sie zu selbstvertrauenden Bauern, Arbeitern und Handwerkern in Palästina oder in den autonomen jüdischen Bezirken ausbilden könnte, die möglicherweise in Osteuropa entstehen würden? (Bernfeld, 1916d) Bernfelds Aufruf brachte zu jener Zeit keine konkrete Reaktion hervor, obwohl seine Voraussage einer ungeheuren menschlichen Katastrophe nur allzu richtig war. Drei Jahre später versuchte er selbst in kleinem Rahmen, seine Ideen in die Tat umzusetzen.

Im März 1918 gründete Bernfeld eine neue Zeitschrift, *Jerubbaal*, die bestrebt war, die widerstreitenden zionistischen und sozialistischen Fraktionen innerhalb des österreichischen Judentums zusammenzubringen und eine Jugendbewegung als Avantgarde des jüdischen Nationalismus ins Leben zu rufen, der, so hoffte er, im Entstehen begriffen war. Der Name

5 Diese Phase in Bernfelds Arbeit wird von Willi Hoffer (Hoffer, 1965) diskutiert. Hoffer begegnete Bernfeld 1919; sie wurden bald enge Freunde und arbeiteten in der von Bernfeld gegründeten experimentellen Schule und bei einigen Publikationen zusammen, in denen es um die Psychologie und Kreativität von Jugendlichen ging. In den dreißiger Jahren ließ Hoffer sich in London nieder und wurde später Präsident der British Psycho-Analytic Society und Herausgeber des International Journal of Psycho-Analysis. Ich danke ihm für die Freundlichkeit, mit der er vor seinem Tod 1967 auf meine Fragen zur frühen Geschichte der psychoanalytischen orientierten Erziehung einging.

der Zeitschrift, schreibt sein Freund Willi Hoffer, sei einer Episode aus dem Buch der Richter entnommen, in der Gideon und zehn andere junge Männer »der Heuchelei, der Falschheit und dem Opportunismus ihrer Älteren entgegentraten, die Jahwe und Baal zugleich anbeteten. Es war eine Revolte, bei der den Älteren . . . Zeit gelassen wurde, von den Jungen zu lernen und das eigene Scheitern einzugestehen, ein Sieg der Jungen über die Alten, aber ohne Zuspitzung auf den Vatermord, frei von Schuld, wahrhaftiges Heldentum.« Aber, fährt Hoffer fort, »es war ein gefährliches Sinnbild, das Bernfeld und die, die ihn unterstützten, gewählt hatten; man braucht sich kaum darüber auszulassen. Das Symbol gab der Idee Ausdruck, und Bernfeld muß das natürlich gewußt haben, daß in der Jugend ein revolutionäres, ja, destruktives Element steckt, das, wenn es losgelassen und nicht durch Wissen und Erfahrung, von Weisheit ganz zu schweigen, kontrolliert wird, ebenso zerstören wie schaffen und aufbauen kann.« (Hoffer, 1965, S. 156). Im Frühjahr 1918 war die Zeit zum Handeln noch nicht gekommen, weder destruktiv noch konstruktiv; die erste Voraussetzung war, die jüdische Minderheit zu einer politisch wirkungsvollen Interessengruppe zu mobilisieren. Wieder setzte Bernfeld den Hebel bei der Jugend an. Im Mai organisierte er ein dreitägiges Treffen jüdischer junger Leute, welches mit der Gründung der »Vereinigung jüdischer Jugend von Österreich« mit Bernfeld als Präsident endete. Um intellektuelle und berufliche Unterweisung verfügbar zu machen, ohne die eine nationalistische jüdische Massenbewegung niemals wachsen konnte, richtete er ein fortschrittliches Ausbildungsseminar für Lehrer ein – das *Paedagogium.* Die Beziehung zwischen diesen aktivistischen Körperschaften und den regulären jüdischen Organisationen war nicht reibungslos, aber im Sommer 1918 stand das Ende der Monarchie bevor, und die politische Lage erforderte die Zusammenarbeit aller Fraktionen. Wie andere ethnische Gruppen bildeten die österreichischen Juden eine umfassende Vereinigung, um ihre Interessen zu vertreten, und Bernfeld wurde Mitglied des Sekretariats des Wiener Bezirks. Als Anfang November der *Nationale Judenrat* gegründet wurde, erhielt Bernfeld die Leitung der Sektion für Erziehung und Berufsberatung.[6]

6 Bis zu einem bestimmten Grad lassen sich die Aktivitäten Bernfelds und der Gruppen, mit denen er verbunden war, in der wöchentlich erschienenen *Jüdischen Zeitung* verfolgen. Sie war jedoch so etwas wie eine Stimme des Establishments und hatte die Tendenz, die radikaleren Gruppen ebenso wie viele der außergesetzlichen oder informellen Aktionen, die während der Revolution stattfanden, herunterzuspielen. Für das Folgende schulde ich zwei von Bernfelds Gefährten aus jener Zeit Dank, die ich im Juli 1972 in London interviewt habe: Dr. Robert Weltsch vom Leo-Baeck-Institut in London und Dr. Scholem Adler-Rudel, heute in Tel Aviv.

Es zeigt die politische Schwäche der österreichischen Juden und hilft uns, die Dringlichkeit von Bernfelds zionistischen Aktivitäten zu verstehen, daß, als die Revolution ausbrach, die hauptsächliche Sorge der Wiener Juden darin bestand, sich vor körperlichen Angriffen zu schützen. Besonders alarmierend war die große Zahl polnischer Soldaten, die, viele noch bewaffnet, auf ihrem Heimweg die Hauptstadt passierten, und die täglichen Berichte von Plünderung und Gewalt in den Straßen erhielten weiteres Gewicht durch die ersten Gerüchte über Pogrome in Galizien. Da die jüdischen Organisationen langsam im Handeln waren, ergriff Bernfeld die Initiative und machte aus einigen hundert entlassenen jüdischen Soldaten eine Selbstverteidigungstruppe. Die jüdische Jugendherberge wurde zum Hauptquartier dieser Organisation, deren Mitglieder Armbinden mit den zionistischen Farben Blau und Weiß trugen und mit Gewehren, Pistolen und sogar einigen Maschinengewehren ausgerüstet waren, die Bernfeld aus einem Armeelager beschafft hatte. In einem Gespräch mit Karl Seitz, der seit Victor Adlers Tod Führer der österreichischen Sozialisten und Präsident des Staatsrates war, informierte Bernfeld ihn über die Existenz dieser Truppe, die das jüdische Viertel schützen sollte, bis die neue Regierung ihre Autorität gefestigt hatte – ein Angebot, das Seitz Bernfelds Erinnerung zufolge mit Erleichterung annahm. Einige Tage lang kontrollierten jüdische Soldaten die Leopoldstadt und bewachten ihre Brücken ebenso wie das jüdische Gemeindezentrum auf der anderen Seite der Donau.[7] Die Erfahrung von Unabhängigkeit und Selbständigkeit muß erhebend gewesen sein. Aber als sich die politische Lage wieder normalisierte, führten die weitergehenden Pläne der Aktivisten zu nichts. Zu ihrer Überraschung wandte sich die neue Republik unter ihrem Kanzler Karl Renner, der kurz zuvor für die sozialistische Partei der Theoretiker der nationalen Autonomie gewesen war, gegen Sonderrechte für ethnische und religiöse Minderheiten. Die internationale Lage entwickelte sich weniger günstig als erwartet. Und auch die ideologische Begeisterung der jüdischen Jugend hielt nicht an. *Jerubbaal* stellte sein Erscheinen ein, und die politischen Energien, die einige Monate lang so vielversprechend

7 Der einzige gedruckte Hinweis auf Bernfelds Leitung der Selbstverteidigungsgruppe, der mir bekannt ist, findet sich in Willi Hoffers Artikel (Hoffer, 1965, S. 158). Die Truppe selbst und die jüdischen Soldatenräte, die auch Militärdienst leistende Männer miteinschlossen, werden in der Literatur gelegentlich erwähnt: »Überall hat man jüdische Soldatenräte organisiert und dem Nationalen Judenrat zur Verfügung gestellt. In Wien wurde die jüdische Gruppe vom ersten Tag der Revolution an vom Stadtkommandanten anerkannt. … Die jüdische Bevölkerung muß zugeben, daß ihr einziger Schutz die jüdischen Soldaten sind, die unter dem Nationalen Judenrat dienen.« (Weltsch, 1918/19, S. 358).

erschienen waren, verloren sich in den gewöhnlichen gewundenen Kanälen des Anfangs.

Bernfeld reagierte auf diese Enttäuschungen, an der seiner Ansicht nach größtenteils menschliche Ignoranz und Hilflosigkeit schuld waren, indem er ein Buch schrieb und eine Schule gründete. In *Das jüdische Volk und seine Jugend* entwarf er ein Erziehungssystem in einer klassenlosen Gesellschaft, in der die Schulen zu einem zentralen Belang der ganzen Gemeinschaft wurden. Seine Vorschläge zeigen Ähnlichkeiten mit den Erziehungspraktiken einiger Kibuzzim, die Bernfeld in der Tat sowohl durch seine Schriften wie durch seine Arbeit im *Paedagogium* beeinflußte.[8] Das Buch ist Maria Montessori, dem Berliner Schullehrer Berthold Otto und seinem Gefährten der Vorkriegsjugendbewegung Gustav Wyneken gewidmet.[9] Seine Argumente waren auch von G. Stanley Halls Erforschung der Gefühle von Kindern und Jugendlichen inspiriert und besonders von Sigmund Freud beeinflußt; er wurde im Juni 1919 als Mitglied der Wiener Psychoanalytischen Vereinigung aufgenommen, obwohl Bernfeld zu diesem Zeitpunkt noch nicht beschlossen hatte, praktizierender Psychoanalytiker zu werden. Es war nicht der medizinische Aspekt der Psychoanalyse, schreibt Hoffer, sondern der präventive, den Bernfeld in seinem Buch entwickelte.

> »Ersterer stützt sich auf die Psychopathologie und wird auf Therapie und Heilung bezogen verstanden, während Prävention positive Maßnahmen erfordert, damit Krankheit und die Notwendigkeit des Heilens gar nicht erst auftreten. Aber so einfach ist es nicht, wenn man Freuds Psychologie der Erziehung versteht und anwendet. Bernfeld hatte von Freud gelernt – wenn Freud es auch nie so ausdrücklich gesagt hatte, wie ich es hier versuche –, daß psychopathologische Entwicklungen während der Kindheit und Adoleszenz – in Grenzen natürlich – normal seien, wenn auch keineswegs harmlos oder zu vernachlässigen. Es ist schwierig, die Bedeutung dieser Äußerung umfassend zu vermitteln. Man kann, was gemeint ist, mit ansteckenden Kinderkrankheiten vergleichen; auch sie sind harmlos, normal, und wir halten sie für selbstverständlich; aber wir wissen auch, daß Masern oder Mumps aus der Sicht des Kindes

8 Hoffer, 1965, S. 166f. Siehe auch Shmuel Nagler, 1971, S. 266.

9 Obwohl Bernfelds wissenschaftliche und psychoanalytische Interessen ihn von Wyneken weit entfernt hatten, hegte er weiterhin so große Hochachtung für ihn als Erzieher, daß er seine beiden Töchter aus erster Ehe auf Wynekens Koedukationsinternat schickte, in die Schulgemeinde Wickersdorf.

> verheerende Komplikationen mit sich bringen können. Dennoch heißen wir sie willkommen, weil sie ein beträchtliches Maß an Immunität für das spätere Leben bescheren. Es ist nicht das gleiche, aber auch nicht allzu verschieden, wenn wir an die 'normale Psychopathologie' der Kindheit und Adoleszenz denken. Deshalb umfaßte Bernfelds Erziehungskonzept auch diesen Aspekt der Psychopathologie, und Prävention bedeutete für ihn, in der richtigen, nicht in der falschen Weise auf die normale Psychopathologie zu reagieren und dafür Sorge zu treffen. Mit dieser Konzeption war Bernfeld – und ist es noch – der üblichen Konzeption von 'präventiver Erziehung', wie sie im allgemeinen verstanden wird, weit voraus.« (Hoffer, 1965, S. 161).

Bernfeld versuchte, seine Ideen sowohl zur präventiven wie zur therapeutischen Erziehung in einer Internatsschule für 240 »proletarische« Kriegswaisen zwischen 3 und 16 Jahren, die er 1919 in fünf ehemaligen Militärbaracken einrichtete, in die Tat umzusetzen. Anna Freud nannte *Kinderheim Baumgarten* »einen ersten Versuch, psychoanalytische Grundsätze auf die Erziehung anzuwenden«. (Freud, A., 1968, S. 7) Bernfeld und seine Kollegen versuchten den Kindern zu helfen, anstelle sie zu kontrollieren; ihre psychischen Schwierigkeiten wurden untersucht, nicht unterdrückt; Schülerselbstverwaltung wurde erprobt; und trotz aller Rückschläge schrieb ein Lehrer: »Jeder, der diesen Kindern nach den ersten zwei oder drei Monaten begegnete, . . . hätte bestätigt, daß diese Kinder keine 'Institutionskinder' waren.« (Hoffer, 1965, S. 165) Man hoffte, daß *Baumgarten* ein Vorbild für andere Internatsschulen werden würde; aber Bernfeld erkrankte schwer, und Mangel an Sympathie für eine fortschrittliche Erziehung von Arbeiterkindern auf Seiten der Geldgeber, des American Joint Distribution Committee, und Inkompetenz bei einem Teil des Verwaltungspersonals führten dazu, daß die Schule nach sechs Monaten schließen mußte. »Die entmutigenden Erfahrungen mit diesem schwierigen Unternehmen«, schreibt Anna Freud, »machten Bernfeld zum Skeptiker.« (Freud, A., 1968). Trotz seines ausgesprochenen Talents für Organisation, Führung und Politik wandte er sich vom Institutionellen ab. Organisationen, so schrieb er in seinem Bericht über *Baumgarten*, seien Gefäße, die entweder Gift oder Medizin enthalten können – was zähle, seien Geist, Intelligenz und Wissen des einzelnen. (Bernfeld, 1921a, S. 48). Er hörte auf, sich politisch zu betätigen und verlor den Kontakt zur zionistischen Bewegung, ohne je die Hoffnung aufzugeben, daß in Palästina ein starker jüdischer Staat entstehen würde. Auch seine Lehrtätigkeit setzte er nicht als regelmäßige Beschäftigung fort. Ein 1931 unternommener Versuch, einen Ruf an eine Universität zu erhalten, blieb erfolglos. Aber er erschien oft als Gastreferent an fortschrittlichen Schulen und verbrachte einen guten Teil seiner Zeit damit, mit Lehrern zu arbeiten, zu schreiben, Vorträge zu halten und an Konferenzen zu erzieherischen Themen teilzunehmen. Sein Hauptinteresse galt nun der Psychoanalyse. Er wurde nichtmedizinischer Analytiker und bald Lehranalytiker an den psychoanalytischen Instituten in Wien und Berlin, wobei sein besonderes Interesse sich auf die Psychologie von Kindern und Jugendlichen richtete. 1925 erschien seine Pionierarbeit zur *Psychologie des Säuglings.*[10] Im selben Jahr veröffentlichte er auch *Sisyphos*, ein ernstes *Jeu d'esprit*, das Ergebnis der Reflexionen seiner Erfahrungen im Erziehungswesen, nun mit psychoanalytischer Einsicht strukturiert und interpretiert.

In den zwanziger Jahren war das psychoanalytische Schrifttum über gesellschaftliche und kulturelle Fragen noch mehr als heute darum bemüht, die subjektive Natur der Durchsetzungskraft von Standards und Konventionen herauszustellen, eine Tendenz, die in *Sisyphos* noch durch die egalitären Überzeugungen seines Autors verstärkt wurde. Er betrachtete Erziehung im zeitgenössischen Europa als ein unattraktives Amalgam von kapitalistischen Interessen und elterlichen Ängsten. Aber er war typischerweise ideologisch nicht *verblendet.* Selbst als er sich weigerte, die Klassenunterschiede zu akzeptieren, die unvermeidlich die erzieherischen Ideale des deutschen Kommunismus begleiteten, liebte und ehrte er dessen intellektuelle Vitalität und Werte.

Seine allgemeine Theorie der Erziehung gab seinen Angriffen gegen die moderne Schule Tiefe und Ausgewogenheit, ohne daß dadurch ihre unmittelbare Stoßkraft gemindert wurde. Erziehung, so argumentierte er, sei zu allen Zeiten konservativ gewesen, immer im Dienst der Erhaltung des Status quo. Wenn es auch unsere Pflicht sei, die gegenwärtigen Ungleichheiten auszulöschen, hätten wir doch keine Veranlassung anzunehmen, daß in den sozialistischen Gesellschaften der Zukunft die Erziehung von jeglicher Ungerechtigkeit und jeglichem Konflikt frei sein würde. Das Zusammenwirken der Produktionsmittel mit biopsychologischen Elementen – eine Beziehung, die auf äußere Veränderung empfindlich reagiere – beeinflusse den einzelnen schwer; aber im wesentlichen seien alle Menschen denselben psychischen Kräften unterworfen. So seien die Grenzen der Erziehung nicht nur in vorhandenen – und zwar

10 Bernfeld, 1925b. Eine mittelmäßige englische Übersetzung wurde vier Jahre später in New York veröffentlicht.

in allen – politischen Systemen zu finden, sondern auch in der Psychologie des Kindes, des Erwachsenen und jener besonderen Variante des Erwachsenen – des Lehrers. Ihre inneren Barrieren gegen eine gesunde Entwicklung könnten nur durch ein besseres Verständnis der menschlichen Triebe und Funktionsweisen abgebaut werden, das ein Ergebnis der Forschungen war, denen sich die Psychoanalyse mir ihrer zunehmend strengen wissenschaftlichen Methode widmete. Die psychoanalytischen Abschnitte in *Sisyphos* sind, das ist wohl der Erwähnung wert, von einer Konkretheit und Genauigkeit, wie sie in der Literatur nicht immer zu finden sind. Ohne Zweifel würde Bernfeld, wenn er heute schriebe, seiner Betonung der Wichtigkeit dessen, daß dem Kind eine gesunde Lösung des Ödipuskomplexes gelingt, eine Diskussion früherer Entwicklungsfaktoren beigesellen. Seit 1925 haben wir noch vieles über präödipale Schwierigkeiten gelernt, darüber, wie sie sich auf die Art und Weise auswirken, in der das Kind in die ödipale Phase eintritt (oder manchmal nicht eintreten kann), und vor allem haben wir auch von der Entwicklung der Fähigkeit des Ichs erfahren, die verschiedenen Stadien der frühen Kindheit durchzuarbeiten. Aber wenn Bernfelds psychoanalytische Argumentation auch erweitert werden könnte, besteht keine Notwendigkeit, sie zu korrigieren, und sie wird mit einer Klarheit vorgetragen, die so bewundernswert ist wie die Festigkeit, mit der die Gefühle von Lehrern und Schülern mit ihrem wirtschaftlichen und politischen Milieu in Zusammenhang gebracht werden. Bernfeld war natürlich weit davon entfernt zu leugnen, daß es für die psychoanalytische Leistungsfähigkeit auch Grenzen gab. Wenn aber Lehrer die psychischen Kräfte in ihren Schülern, in sich selbst und in der Gesellschaft schätzen lernten, so könnten sie vielleicht wenigstens, so die Worte von einem von Bernfelds Schülern, »ihrer eigenen Schwächen (bewußt werden) und der gesellschaftlichen Einflüsse, unter denen sie arbeiten, und so in der Lage sein, nicht vollständig von ihnen beherrscht zu werden.« (Buxbaum, 1966, S. 7).

Ansichten wie diese waren den Doktrinären der Rechten wie der Linken gleichermaßen zuwider, wobei die letzteren einen zusätzlichen Ansporn für ihre Ablehnung aus der Begeisterung gewannen, mit der der Autor den Namen des großen Marx anführte. Aber Bernfelds Marxismus war von der Art, die eher für intellektuelle Auseinandersetzung als für Parteipolitik von Nutzen war. Von der kommunistischen Variante des Marxismus im besonderen war er zuerst enttäuscht und dann mit Abscheu erfüllt. Andererseits hatte er Marx die Fähigkeit zu verdanken, die ökonomischen Beweggründe in Geschichte und Gesellschaft zu erkennen, selbst in so idealistisch gewandeten Phänomenen wie der Erziehung. Die tabuzerstörenden Aspekte marxistischer Analyse faszinierten ihn, und in zahlreichen Vorträgen und Artikeln untersuchte er die Affinität zwischen marxistischer und freudianischer Methode und Dialektik.[11] Die Stellung der Psychoanalyse in der Sowjetunion war für ihn ein Gegenstand besonderen Interesses. Sein endgültiges Urteil über seine prekäre Beziehung zu diesem Gegenstand gab er 1932 in einem langen Aufsatz ab. Der Artikel enthielt zugleich seine Ansichten zu anderen Wesenszügen des Marxismus, der ihn zwei Jahrzehnte oder länger beschäftigt hatte. Anlaß für die Schrift war die in psychoanalytischen Kreisen geführte Debatte über Wilhelm Reichs Versuche, marxistische Ideologie, psychoanalytische Theorie und politische Praxis miteinander zu verknüpfen, was damit endete, daß Wilhelm Reich die organisierte Psychoanalyse verlassen mußte. Bernfeld warf Reich vor, er gebe sein privates Ideal von einer Welt ohne Einschränkungen für den Sexualtrieb als Ziel der Psychoanalyse aus, und attackierte seine Bemühungen, die Psychoanalyse für die Russen annehmbar zu machen, indem er ihren Anwendungsbereich auf den einzelnen Patienten beschränkte und sie für die Erforschung gesellschaftlicher und politischer Fragen ausschloß. Diese Einstellung, die von russischen Befürwortern der Psychoanalyse wie J. Sapir geteilt wurde, erachtete der Autor des *Sisyphos* als »völlig unannehmbar«, zum mindesten, schrieb er, weil die Psychoanalyse den Menschen zum ersten Mal überhaupt die Gelegenheit gab, wenigstens einige der Bereiche wissenschaftlich zu erforschen, die bis dahin die Domäne der Philosophie gewesen waren: gesellschaftliche, religiöse und kulturelle Institutionen, politische Bewegungen, intellektuelle und künstlerische Kreativität. (Bernfeld, 1932b, S. 374) Bernfelds Kritik an Reich war von Angriffen auf die sowjetischen Verhältnisse durchsetzt, wenn er auch zwischen einzelnen Wissenschaftlern, die ihre Aufgaben mit Unvoreingenommenheit anzugehen suchten, und solchen Vertretern der Parteilinie wie W. Jurinetz unterschied, dessen Arbeit Bernfeld bezeichnend nannte »für die erschreckend oberflächliche, von keiner Sachkenntnis getrübte, leitartikelartig-verwilderte Art, in der nicht selten heutigentags kommunistische Wissenschaft getrieben wird.« (Bernfeld, 1932b, S. 355) Nicht Marx war für diese Verdrehung verantwortlich, sondern der Vulgärmarxismus der Kommunisten. ». . . der Irrtum . . ., von dem aus innerhalb des kommunistischen Marxismus soviel Unsinn überhaupt möglich wird . . . beruht auf der willkürlichen und falschen Gleichsetzung von Philosophie und

11 Repräsentative Beispiele sind: Bernfeld, 1926m und 1926q.

Wissenschaft.« (Bernfeld, 1932b, S. 356) Bernfeld fügt hinzu, er habe schon sieben Jahre zuvor in *Sisyphos* seine marxistische Überzeugung dargelegt, »daß alle *praktische* Anwendung einer Wissenschaft sich, auch gegen Wissen und Willen des Forschers im Sinne der außerwissenschaftlichen Tendenzen und Mächte der Gesellschaft vollzieht«. (Bernfeld, 1932b, S. 376f.) Aber wissenschaftliche Forschung selbst dürfe nicht von Werturteilen gestört werden, obwohl Gefühle und Gedanken des Wissenschaftlers natürlich von seiner Umgebung beeinflußt würden. In Sowjetrußland jedoch setzten die »Forschungshemmungen . . . sogleich ein, wenn eine Wissenschaft Aussagen macht, die mit der bestehenden Herrschaft und den ökonomischen Tendenzen in Widerspruch stehen, oder auch nur im Widerspruch zu sein scheinen. Es ist auch hier eine Art Philosophie, die alle Aussagen der Forschung auf ihre Vereinbarkeit mit Herrschaft und Wirtschaft prüft, ehe ihre Richtigkeit diskutiert wird. Radikaler und offener als je irgendwo vertreten die Kommunisten dieses Prinzip (das in den kommunistischen Parteien Europas . . . zur zynischen Wendigkeit entartet)« (Bernfeld, 1932b, S. 367f.). Die Kommunisten konterten, indem sie Bernfeld als Befürworter des Kapitalismus brandmarkten, sie ordneten ihn den »austromarxistischen Schulreformern« mit ihrem »scheinrevolutionären pädagogischen Idealismus« zu, deren Verbesserungen in der Erziehung lediglich dazu beitrügen, die bürgerliche Gesellschaft und die Unterdrükkung proletarischer Kinder fortzusetzen. Bernfelds Erwiderung lautete, daß wenigstens eine der Belastungen für die Kinder, »der mangelnde Zugang zu richtiger Bildung, durch die Art erzieherischer Arbeit, die er selbst tat, erleichtert wurde.«

Seit der zweiten Hälfte der zwanziger Jahre wurde Bernfelds vorrangige Beschäftigung mit der Psychologie von Jugendlichen und mit Erziehung allmählich durch Studien zur psychoanalytischen Theorie, zu den biologischen Wurzeln der Analyse und zur Quantifizierung verdrängt. Das Interesse, das er immer für Biologie und Mathematik gezeigt hatte, bestärkten ihn in seinem lange gehegten Wunsch, die wissenschaftliche Basis der Psychoanalyse zu erweitern und die Möglichkeiten der Zusammenarbeit mit anderen Disziplinen zu erforschen. Als er sich 1937 in den Vereinigten Staaten niederließ, eröffnete sich ihm aber noch ein anderer Forschungsbereich: das Studium von Freuds wissenschaftlichen Anfängen, das eine Reihe allgemein bewunderter Essays hervorbrachte, in denen er Biographie und Wissenschaftsgeschichte vereinte. Aber seine letzte Arbeit, die er 1953 einige Monate vor seinem Tod schrieb, wandte sich wieder Fragen der Erziehung zu. In einem Gespräch im Rahmen der San Francisco Psychoanalytic Society protestierte er gegen eine Kontrolle der Psychoanalyse von Seiten der medizinischen Profession, gegen die Bürokratisierung der zeitgenössischen psychoanalytischen Ausbildung, spekulierte über die Möglichkeiten von weniger formalen Methoden, Menschen zu lehren, wie sie kompetente Therapeuten werden, und forderte seine Zuhörer auf, ihr Verhalten als Lehrer und Schüler der Psychoanalyse kritischer in den Blick zu nehmen. Als eine ironische, realistische Würdigung der Dinge, wie sie sind, gepaart mit einer vielleicht utopischen Erklärung, daß sie nicht so sein müßten, war der Artikel eine Miniaturausgabe von *Sisyphos* und richtete sich auf die besonderen Probleme psychoanalytischer Ausbildung.[12] Seit Ende der sechziger Jahre hat sich ein erneutes Interesse an Bernfelds Werk gezeigt. *Sisyphos* und andere seiner psychoanalytischen und pädagogischen Schriften wurden auf englisch, deutsch, französisch, italienisch und spanisch nachgedruckt, und deutsche und italienische Ausgaben der Aufsätze über Freud, die er und seine Frau Suzanne Cassirer Bernfeld ursprünglich in englischer Sprache geschrieben hatten, sind erschienen. Zuerst verdankte sich seine neue Popularität vielleicht zum Teil dem seltsamen Eifer, mit dem radikale Gruppen in Europa und Amerika die Vergangenheit nach respektablen historischen Vorfahren durchforsteten. Aber wie ich hoffe gezeigt zu haben, ist Bernfeld ein unbequemer Verbündeter bei ideologischen Beschimpfungen. Während seines ganzen Lebens schwankte er nicht in der Erkenntnis des autoritären Charakters der extremen Linken und der extremen Rechten. Es ist kein Zufall, daß er ein großer Bewunderer George Orwells war, dessen Werken *Animal Farm* und *1984* er in seinen letzten Lebensjahren ein Seminar widmete.

Heute wird er aus Gründen, die über Ideologie und Parteipolitik hinausgehen, weiterhin gelesen. Er weckt Interesse als eine unabhängige Stimme, die aus einer Zeit großer wissenschaftlicher und kultureller Kreativität zu uns spricht, und als Analytiker von Erziehungs- und Ausbildungsproblemen, mit denen wir auch heute noch zu tun haben. Die von ihm angebotenen Lösungen – er hätte über diesen Ausdruck gelächelt – hatten wenig mit der Entwicklung neuer Methoden zu tun und noch weniger damit, einer Gruppe in der Schule »Macht« zu nehmen und sie einer

12 Bernfeld, 1962. Mit der Hilfe einer Bernfeld-Schülerin, der psychiatrischen Sozialarbeiterin Bernice Engle, stellte der Autor dieses Aufsatzes kurz nach Bernfelds Tod einen druckreifen Text der Vorlesung »On Psychoanalytic Training« her. Zwei der bedeutendsten psychoanalytischen Zeitschriften weigerten sich, ihn zu veröffentlichen, da er »unpolitisch« und »unrealistisch« sei. Die Vorlesung wurde schließlich neun Jahre nach Bernfelds Tod im *Psychoanalytic Quarterly*, (1962), abgedruckt.

Siegfried Bernfeld in seiner Bibliothek in der Suppégasse, ca. 1918/19

anderen zu geben; aber es hat sehr viel mit dem Verständnis der Gefühle und Emotionen von Menschen zu tun. Dies Verständnis – selbst wenn es in weitem Umfang erreicht wird – wird niemals zu vollkommener Harmonie führen: die Unterschiede des Wissens, des Alters und der Motive, die fast immer die Begegnung zwischen Lehrer und Schüler kennzeichnen, sind zu groß. Eine funktionierende Beziehung zwischen nicht zu Vereinbarenden, hätte Bernfeld vielleicht gesagt, ist alles, was wir erhoffen können. Oder, wie er selbst es genauer und mit seinem wunderbaren Gefühl für die Dynamik des Lernens ausdrückte: »Die Antinomie zwischen dem berechtigten Willen des Kindes und dem berechtigten Willen des Lehrers löst keine Pädagogik auf, vielmehr besteht sie in dieser Antinomie.« (Bernfeld, 1921a, S. 52).

Aus dem Englischen von Heidi Fehlhaber

Links oben: Hermine Schwarzwald Bernfeld als junge Frau. Rechts oben: Isidor Bernfeld. Links unten: Suppégasse 10 »Herminenheim«, erbaut 1900. Rechts unten: die Geschwister Bernfelds. Lilli, Manfred mit Gouvernante. Das Kind in der Mitte ist unbekannt.

Lilli Bernfeld Stross

»Sie war ja voll von Geschichten«

Ein Brief über Hermine Schwarzwald Bernfeld

Lilli Bernfeld Stross (die um drei Jahre jüngere Schwester Siegfried Bernfelds) schrieb 1967 bis 1971 eine Serie von »Familienbriefen« (»The Bernfelds, Six Letters plus One« und »The Schwarzwalds, Six Letters plus One«) mit denen sie ihren Nichten, Neffen und Enkeln die Geschichte der Familien ihrer Eltern (Bernfeld väterlicherseits und Schwarzwald, mütterlicherseits) weitergab. Den letzten »Schwarzwaldbrief«, den einzigen, den sie auf Deutsch verfaßte, schrieb sie an ihre Töchter Eva und Brigitte.

Alt Aussee, 11. Juli 1970
Liebe Eva und liebe Brigitte,
seit vier Wochen spreche ich nun unentwegt deutsch und so würde es mir merkwürdig vorkommen, in dieser Umgebung und an Euch gerichtet, diesen siebenten und letzten Schwarzwaldbrief auf englisch zu schreiben. Er soll Eurer Lieblingsgroßmutter Hermine gewidmet sein.

Hier in dieser wunderbaren Stille, mit dem Blick auf den Dachstein, dessen Spitze ich, fast auf den Tag vor zweiundfünfzig Jahren »erklettert« und unvergesslich erlebt habe, fällt es mir leicht an meine Jugend und damit auch an meine Mutter, zu denken. In vielen vorüberziehenden Erinnerungen wird sie mir heute lebendig.

Sie war es, die uns Kindern freieren Spiel-Gedanken- und Lebensraum erkaufte, als die meisten unserer vielen jungen Freunde damals geniessen konnten. Und sie erkaufte uns diese Freiheit oft sehr schwer und bitter von unserem traditionsgebundenen und übertrieben sparsamen Vater, mit dem sie in einer stets bedrohten, zwischen Uneinigkeit und Verliebtheit schwankenden Ehe, lebte. Sie ließ uns nicht nur gewähren, sie ging auch mit unseren Ideen mit, obwohl ich besser sagen sollte, mit Friedls (so wurde Siegfried Bernfeld im Familienkreis genannt; Anm.d.Hg.) Ideen, denn er war der Ideenreiche und Mitreissende. Auch das brachte ihr oft Unannehmlichkeiten, denn unser Vater war, ohne sich dessen bewußt zu sein, auf seinen Sohn sicher eifersüchtig. Wie soll ich sie Euch schildern? In welcher Zeit ihres Lebens? In Momenten wo sie weinte ob dieser Ehe, oder anderer Menschen Leid, oder in Momenten wo wir verschlosseneren Bernfeld-Nachkommen, durch ihren sprühenden Übermut in Verlegenheit geraten, die Erwachsenen schienen und sie das Kind? Oder in Momenten wo wir in stummer Bewunderung sie für die schönste aller Frauen hielten, während unser Vater ihr in den Mantel half, um mit ihr die Oper zu besuchen oder auf einen Ball zu gehen?

Wie schade, daß ich ihr Bild nicht werde für Euch festhalten können; denn Ihr habt sie ja nur als alte Frau gekannt. Aber danken kann ich ihr hier für eine schöne, volle Jugend, die ihre Wärme und Selbstlosigkeit mir gab.

Übrigens erzählte mir gestern Eure Cousine Liesl, während eines unterhaltsamen Spaziergangs durch die blühenden Ausseer Wiesen, eine lustige, kleine Geschichte, die sie als junges Kind angeblich erhorcht hätte, als Eure väterliche Großmutter Vilma mit Biancas und Emmys mütterlicher Großmutter Milli, über Eure mütterliche Großmutter Hermine sprachen. What a family! What a family! Alles die Schuld Eures Vaters, der dreimal heiraten mußte! (Aber eigentlich bin ich die letzte, die sich darüber beklagen will.) Nun aber zur Geschichte:

Johanna, Großmama Hermines Dienstmädchen, hätte unbefugte Männerschritte in der Wohnung gehört, sei angstbebend zu ihr geschlichen und habe ihr zugeflüstert, daß ein Dieb sich eingeschlichen habe. Darauf soll Hermine durch alle Zimmer gegangen sein, auch von Kasten zu Kasten, soll die Türen weit geöffnet haben und befriedigt erklärt haben: »Hier ist auch keiner drin.« Als sie in einem Schrank jedoch unter ihren Kleidern ein Paar Männerschuhe hervorlugen sah, soll sie mit fester Stimme wieder gesagt haben: »Da ist auch keiner drin«, soll die Kastentüre ruhig geschlossen haben, auch den Schlüssel im Schlosse gedreht haben und eilends im Vorzimmer die Polizei telephonisch herbeigerufen haben.

Eine schöne Geschichte, die ich wohl für wahr halten könnte. Ich selbst erinnere mich soeben an eine andere Kasten-Schlüssel Geschichte, allerdings anderer Art:

Euer Vater und ich wollten eine stille Hochzeit. Nur unsere beiden Trauzeugen, Onkel Siegfried und Onkel Egon sollten der Ceremonie im Tempel beiwohnen. Um den Tag aber, um unserer Mütter willen, nicht ganz sang- und klanglos vergehen zu lassen, hatten wir eingewilligt mit unseren Trauzeugen aus der Stadt nach Hietzing in die Suppégasse zurückzukehren und an einem kleinen Hochzeitsmahl teilzunehmen, das meine Mutter für die allernächsten Verwandten beider Familien, herrichten wollte. Tonca, meiner Mutter Schwester, war zur Zeit auf ein paar Wochen bei ihr zu Besuch und als die beiden Damen sich daranmachen wollten den Tisch aufs Feinste zu decken, konnte das Schlüsselkörbchen nirgends gefunden werden. Nun, ohne Schlüsselkörbchen konnte man weder zum schönen Silber, noch zum schönen Goldservice, noch zum feinen Tischzeug gelangen. Es müsse wohl im Wäscheschrank sein, behauptete Hermine und den Schlüssel zum Wäscheschrank, (heiligstes Heiligtum aller guten Hausfrauen jener Zeit), habe sie selbigen Morgen sicher und gut verwahrt. Aber wo? Aber wo?

Glücklicherweise beantwortete ein nahebei wohnender Schlosser den telephonischen Notschrei mit sofortiger Hilfe und eine prächtige Festtafel konnte noch beizeiten gedeckt werden. Als am Ende der Vorbereitungen ein großes Silbertablett für den »Schwarzen« hergerichtet werden sollte und meine Mutter die schöne, bauchige Zuckerdose, die auf der Anrichte stand, füllen wollte, da klapperte ihr der so wohl verwahrte Schlüssel fröhlich entgegen. Auch das Fest verlief fröhlich, insbesondere durch diese Freudische Geschichte vom verlegten Schlüssel, die Eure Großmutter freimütig eingestand und auf das lustigste ausschmückte. Dieses nette Beisammensein begründete auch eine Freundschaft und eine wöchentliche Montags-Bridgepartie, an der Eure beiden Großmütter mit außerordentlicher Treue durch Jahre hindurch festhielten. Bald gesellte sich auch Milli Karlweis, eine der beiden Exschwiegermütter Eures Vaters hinzu und es war eine seltsame Verkettung von Umständen, Evalein, daß manchesmal als »Gast-Vierte« Frau Rosa Steiner mittat, die Großmutter Deines künftigen Gemahls und Exgemahls Friedl.

Vati und ich fuhren am gleichen Abend auf eine mehrwöchentliche Hochzeitsreise nach Italien, von der ich mit den ersten Anzeichen von Schwangerschaft zurückkehrte und in mein neues, provisorisches, Heim einzog. »Zu Hause« bedeutete aber noch lange für mich meine Mutter und die »Suppégasse«.

Meine Lieben, inzwischen ist es Februar 1971 geworden und ein selbstauferlegter Hausarrest um ein schmerzendes Knie zu schonen, hat mich zu diesem unvollendeten Brief greifen lassen. Hier folgen einige Daten, die ich mir gestern zusammengestellt habe:

Laut ihren Papieren wurde Mirl Schwarzwald am 3. Oktober 1872 in Lemberg geboren und wurde in ihrem neunzehnten Lebensjahr dem 24jährigen Isidor Bernfeld (wohnhaft Wien), am 19. Juli 1891 in Lemberg angetraut. 1892 gebar sie einen Jungen, Selig (Siegfried) in ihrem Elternhaus in Lemberg; 1895 ein Mädchen, Lilli, in Wien und 1899 wieder einen Jungen, Manfred, auch in Wien. Am 28. Mai 1896 wurde dem Ehepaar und deren Kindern das Zuständigkeitsrecht in Wien zugesprochen. Am 24. August 1920 wurde Hermine nach 24 jähriger Ehe zur Witwe. Am 21. Juni 1938 wurde ihr abgelaufener österreichischer Paß am Konsulat in Eger durch einen Reichsdeutschen Reisepaß ersetzt. (Das große, rote J prangt auf der 1. Seite). Am 26. September 1938 ist ihr Austritt aus der Tschechoslowakei an der ungarischen Grenze in ihrem Paß vermerkt, am 19. Oktober ihre Einschiffung in Genua und am 26. Oktober 1938 ihre Ankunft in New York. Wenige Tage später langte sie in San Francisco an. Ende September 1941, 69 Jahre alt, starb sie in San Francisco an Krebs.

Heute, fast 100 Jahre nach ihrer Geburt, leben in Amerika, England und der Tschechoslowakei ihre fünf Enkeln (Rosemarie, Ruth, Eva, Brigitte und der ehemalige Hans-Günther) und 10 Urenkeln (7 Jungen und 3 Mädchen).

Ich könnte es hierbei bewenden lassen, will aber doch versuchen diese trockenen Daten mit einigen Einzelheiten zu beleben. Was ihre Trauung betrifft, hat mir meine Mutter selbst Einzelheiten erzählt: Wie bei den meisten jüdischen Hochzeiten jener Zeit, war das erste Zusammentreffen der jungen Leute geplant und gut vorbereitet. Doch, wie Eure Großmutter sich ausdrückte, »ihr Herz stockte«, als sie Isidor zum erstenmal sah, so sehr war er die Verkörperung aller ihrer Mädchenwünsche und -träume.

Die reich zugerichtete Hochzeit wurde fröhlich und wild nach polnisch-jüdischer Sitte gefeiert. Doch in der Hochzeitsnacht geschah das fast Unglaubliche: die Ehe wurde nicht konsumiert. Das völlig unaufgeklärte, verwirrte junge Mädchen glaubte schwanger zu sein, weil Isidor sie vor der Trauung geküßt hatte und sie sprach zu ihm von dem Kind, das sie erwartete; er verstand polnisch nicht und sie nicht Deutsch und das wenige Französisch, das ihnen beiden zu Gebote stand, vermochte nur Mißverständnis auf Mißverständnis zu häufen. Zu Tode gekränkt, auf Tiefste enttäuscht, elend und verstört kamen die beiden in Wien an. Hätte Isidors Mutter, Taube die Erfahrene, nicht sofort erkannt, wo der Schuh drücke, wären wir drei Kinder wohl nie geboren worden. Aber auch nach der Aufklärung dieses kleinen Mißverständnisses, erschien der früher so sorglos übermütigen Mirl – Minka, das Leben in Wien einsam und bedrückend. Die eigene Wohnung und die von Isidors Verwandten schienen um so viel enger und dunkler zu sein, als ihr Elternhaus, niemand sprach polnisch, ihre eigenen Geschwister waren fern und Isidors waren ihr fremd. Zur Geburt ihres ersten Kindes ließ Dori (wie sie ihn jetzt manchesmal nannte), sie nach Lemberg zu ihren Eltern reisen. Erst von dort mit ihrem Jungen stolz zurückgekehrt, erhellten sich die dunklen Räume für sie, sie lernte Deutsch, machte Freunde, wurde geliebt und bewundert und Wien wurde ihr zur Heimat. Aus Minka wurde langsam Hermine.

Mit dem Tode unseres Vaters starb ihr jede Fröhlichkeit. Ebenso schwer als sein Verlust, traf sie die Endgültigkeit. Da war nun kein Raum mehr für die Hoffnung, daß einmal in der Zukunft alles zwischen ihnen wunderbar werden würde. Um niemandem seelisch zur Last zu fallen, raffte sie sich nach einigen Monaten zu einem neuen Leben auf. Sie war erst in ihrem 43. Jahr, als sie Witwe wurde und schlug zwei mögliche Heiraten aus. Nach der Auflösung von Siegfrieds Haushalt (in der für ihn ausgebauten Mansarde in der Suppégasse) verließ auch sie Hietzing und zog mit ihrem Vater, den sie jahrelang hegte und pflegte, in die Stadt. Eine zeitlang nahm sie Rosemarie bei sich auf und kam auch öfter nach Liebauthal um mir Ferienreisen zu erleichtern und um Euch voll zu genießen.

Die Notwendigkeit ihrer Auswanderung und die langwierige Reise nahm sie mutig auf sich, sogar mit etwas Abenteuerlust und dem freudigen Bewußtsein Siegfried in Hinkunft nahe zu sein. Gesundheitlich ging es ihr nicht sehr gut, doch machte sie kein Wesen daraus. Brassi und Suse empfingen sie mit offenen Armen, Rosemarie und Hans, sowohl als auch Ruth lebten ebenfalls in San Francisco und eine ihrer letzten großen Freuden war die Geburt ihres ersten Urenkels, Peter.

Doch bald entnahm ich ihren Briefen aus Amerika eine gewisse Einsamkeit. Es war die Angst und Sorge um alle ihre Lieben, die noch in Europa, noch in Gefahr waren, die sie einsam machte. Sie war umgeben von Menschen die hart vorwärtsstrebten und die vergessen mußten was hinter ihnen lag. Alle wollten ihr bestes, aber ihre Angst wollten und konnten sie nicht mit ihr teilen. Sie selbst vergaß um die Angst für die andern, die um ihre Gesundheit und die Krankheit, die schon lange an ihr im Geheimen gezehrt hatte, brach plötzlich mit voller Gewalt durch und nach einer sofort vorgenommenen, aber zu lange hinausgeschobenen Operation, starb sie, wie Suse mir schriftlich berichtete, ohne noch einmal das Bewußtsein zu erlangen.

Und vielleicht war es gut so. Denn woher hätte sie die Kraft nehmen sollen, die Nachricht von Manos (Manfred Bernfeld; Anm. d. Hg.) Tod in Theresienstadt zu ertragen und die Nachrichten über die ungewissen Schicksale ihrer Schwester Malwinka und ihres Bruders Max und die Berichte, die sich auch langsam hier verbreiteten, über alle die Greueltaten der Nazis. Ihre Sorge galt ja nicht nur den Ihrigen, sondern auch den tausenden und aber tausenden andern großen, roten Buchstaben J in tausenden und tausenden von Listen und Pässen.

Fünfeinhalb Jahre später kam ich mit Dir, Gitti, hier am Ferry Building in San Francisco an. Es war wunderbar, da Siegfried und Suse wirklich vorzufinden und mit ihnen zu sprechen und zu erzählen und sich mit ihnen zu freuen. Aber schon nach zwei Stunden fehlte mir, was ich mir seit Vatis Tod so gewünscht hatte; einmal noch »nach Hause« zu kommen zu meiner Mutter. Und das zu Hause gab es nicht mehr. Ich hatte mir das auf der Reise oft gesagt, aber doch nie ganz zu hoffen aufgehört.

Wenn das Leben einmal stiller wird um Euch, vielleicht erinnert Ihr Euch dann an Geschichten, die Großmama Hermine Euch aus ihrem

Hermine Bernfeld in Libauthal (Böhmen) Mitte der dreißiger Jahre, Lilli Bernfeld, Siegfried und Lilli Bernfeld.

Leben erzählt hat und Ihr fügt sie hier hinzu. Sie war ja voll von Geschichten.

Lebt mir wohl,
Ihr beiden sehr geliebten,
Eure Mu.

Johannes Reichmayr

»Die Geschichte meines Gymnasialstudiums«

Ein autobiographisches Fragment Siegfried Bernfelds

Siegfried Bernfelds Buch *Vom dichterischen Schaffen der Jugend. Neue Beiträge zur Jugendforschung* erschien 1924 als Band III der *Quellenschriften zur seelischen Entwicklung* im Internationalen Psychoanalytischen Verlag. In dieser Reihe waren 1919 als Band I das von Hermine Hug-Hellmuth zunächst anonym herausgegebene *Tagebuch eines halbwüchsigen Mädchens* und 1922 der von Siegfried Bernfeld zusammengestellte Sammelband *Vom Gemeinschaftsleben der Jugend. Beiträge zur Jugendforschung* veröffentlicht worden. Die *Quellenschriften* wurden nicht fortgesetzt, ihre Zielsetzungen wurden in der von Heinrich Meng und Ernst Schneider 1926 begründeten *Zeitschrift für psychoanalytische Pädagogik* weiterverfolgt.

Das *Tagebuch eines halbwüchsigen Mädchens*, das 1922 in dritter Auflage erschien, löste eine heftig geführte Kontroverse aus. Charlotte Bühler, die am Psychologischen Institut der Universität Wien arbeitete und ebenfalls Tagebuchforschungen betrieb, bezweifelte die Authentizität des Tagebuches. Der Konflikt zog sich über den spektakulären Tod von Hermine Hug-Hellmuth (1924) hinaus bis 1927, wo das Buch vom Verlag aus dem Handel genommen wurde (Huber, 1980; Kulessa, 1987; Graf-Nold, 1988). Die im Sammelband *Vom Gemeinschaftsleben der Jugend* erschienenen Aufsätze verwerteten Materialien, die ab 1913 im »Archiv für Jugendkultur« gesammelt wurden. Die Bearbeitung der Selbstzeugnisse der Jugendlichen sollte die Ziele und Forderungen der Jugendkulturbewegung wissenschaftlich untermauern. Im Band wurden ein Freundinnenkreis, ein geheimer Schülerverein, ein Knabenbund und ein Kinderspiel empirisch untersucht und psychoanalytisch und soziologisch interpretiert.

Der Band *Vom dichterischen Schaffen der Jugend* enthält sieben Arbeiten von Siegfried Bernfeld aus den Jahren 1915 bis 1924 und einen Aufsatz von Wilhelm Hoffer. Verschiedene literarische Produkte und Selbstzeugnisse aus dem Kreis der in der Jugendkulturbewegung engagierten Jugendlichen wurden im Hinblick auf eine Psychologie der Pubertät untersucht und wie beim vorhergehenden Band *Vom Gemeinschaftsleben der Jugend* unter Einbeziehung von psychoanalytischen und soziologischen Sichtweisen und Interpretationen ausgewertet.

Siegfried Bernfelds Beiträge zur Jugendforschung, die in der Zeit von 1913 bis 1938 erschienen sind, hat Peter Dudek in einem Abschnitt seines Buches *Jugend als Objekt der Wissenschaften. Geschichte der Jugendforschung in Deutschland und Österreich 1890-1933* detailliert nachgezeichnet und diskutiert (Dudek, 1990).

Einen wissenschaftshistorisch interessanten und für die Biographie Bernfelds wichtigen Hinweis konnte ich im Briefwechsel Siegfried Bernfelds mit Elisabeth Neumann finden. Siegfried Bernfeld, von Elisabeth Neumann »Brasbilla« und im Freundeskreis kurz »Brassi« genannt, teilte in seinem Brief vom 10. Dezember 1924 Elisabeth Neumann ein »tiefes Geheimnis« mit, das sich im Buch *Vom dichterischen Schaffen der Jugend* verbarg: »Bitte sage niemandem, daß Walter – Brasbilla ist. Das ist ein tiefes Geheimnis. Im Aufsatz über Novellen sind auch 3 Stücke von Walter.«[1]

Im Oktober 1924 war das Buch erschienen. Der zweite Aufsatz in diesem Band »Das Dichten eines Jugendlichen dargestellt nach dessen Selbstzeugnissen« aus dem Jahre 1915 stellte die Formen, Motive und Absichten des dichterischen Schaffens eines Jugendlichen von seinem 14. bis zu seinem 20. Lebensjahr dar; dieser Jugendliche, im Buch »Walter R.« oder »Robert Walter« benannt, war also Siegfried Bernfeld selbst. Auch im Abschnitt »Über Novellen jugendlicher Dichter« aus dem Jahre 1922, in der die Frage behandelt wurde, »ob es nicht eine bestimmte psychische Situation ist, die in so verschiedenen Persönlichkeiten die Bedingung zur Produktion einer Dichtung dieser bestimmten novellenartigen Form schafft«, begegnen wir drei Geschichten von Walter R. »Die Geschichte meines Gymnasialstudiums« ist eine dieser autobiographischen Novellen. Materialien von »Walter Robert« wurden auch in Bernfelds wichtiger empirischer Studie, seiner kulturpsychologischen und kulturhistorischen Analyse von Tagebüchern, in *Trieb und Tradition im Jugendalter* 1931 verwendet. Auch von »Hedwig«, die für Elisabeth Neumann stand, wurde in diesem

1 Über seine autobiographischen Aufzeichnungen späterer Jahre machte Siegfried Bernfeld in einem Brief an Elisabeth Neumann am 16. August 1924 eine vertrauliche Mitteilung: »Als Zeichen meiner Liebe schicke ich Dir nächstens ein Heft zum Lesen, etwas Autobiographisches das ich vor 2 Jahren begonnen habe und gelegentlich weiter schreibe. Anne, Friedl Schiff und Willi haben je 10, 15 Seiten von den 60 zu hören bekommen und das mit Auslassungen.«

Buch Tagebuchmaterial verwendet. Gerhard Fuchs hatte das Spiel »Knurrland« der beiden Neumann-Schwestern Pepa (»Klara«) und Elisabeth im Buch *Vom Gemeinschaftsleben der Jugend* untersucht.

Im Aufsatz »Über Novellen jugendlicher Dichter« ordnete Siegfried Bernfeld die literarischen Materialien seiner acht Verfasser zur wissenschaftlichen Bearbeitung in drei Gruppen, die nach ihrem jeweiligen Verhältnis von Leben und Dichtung aufgeteilt wurden. Eine Gruppe beinhaltete jene Arbeiten, »in denen offenbar des Autors Leben oder Erleben der Stoff der Novelle ist; gewiß mit mancherlei Veränderungen, Auslassungen oder Zutaten aber doch im wesentlichen des Autors eigenes Leben – das innere oder äußere – erzählt ist.« (Bernfeld, 1924a, S. 99). Alle drei Novellen, die von Siegfried Bernfeld stammen (»Geschichte einer Jugend«, »Die Geschichte meines Gymnasialstudiums« und »Novelle«), wurden dieser Gruppe zugerechnet, wobei »Die Geschichte meines Gymnasialstudiums«, die hier wiedergegeben wird, »sich offen als autobiographisch« gibt (Bernfeld, 1924a, S. 193).

In seinem Aufsatz »Das Dichten eines Jugendlichen dargestellt nach dessen Selbstzeugnissen« gab Siegfried Bernfeld auch leicht veränderte biographische Daten »seines« Jugendlichen bekannt:

> »Einige psychographische Daten über Walter R. Walters Vater: wohlhabender Kaufmann, Selfmademan und Autodidakt. Walter wurde geboren in einer österreichischen Großstadt, lebte vom neunten Jahre an in der Gartenvorstadt seines Geburtsortes, vorher zweieinhalb Jahre in einem Dorfe in dessen Nähe. Schulbildung: Von sechs bis zehn, teils zu Hause unterrichtet, teils an fünfklassiger Koedukations-Dorfschule. Von zehn bis neunzehn, Gymnasium, teils zu Hause, teils öffentlich; V. (U II) repetiert; bis zur VI. (O II) sehr schlechter Schüler; von da an mittelgut. Mit neunzehn Universität: Naturwissenschaften, vornehmlich Biologie. Körperkonstitution: schwächlich; längere Aufenthalte in Sanatorien in der Zeit von vierzehneinhalb bis sechzehn. Nationalität: jüdisch. Geschwister: zwei jüngere, Schwester und Bruder.« (Bernfeld, 1924a, S. 10)

Siegfried Bernfeld als Schüler, um 1901, als Student, 1912.

Siegfried Bernfeld

Die Geschichte meines Gymnasialstudiums. Wien 1911.

Konzept. 33 Klein-Oktavseiten, offenbar eilig, mit zahlreichen Korrekturen geschrieben. In Umschlag mit Zeichnungen von Protozoen, Radiolarien und Diatomeen und von einem Wohnungsgrundriß. Titelseite enthält nebst Notizen zur Disposition des nicht geschriebenen Teils die Aufschrift: Die Geschichte meines Gymnasialstudiums. Wien 1911 . . . Am 19. März, mit Willen unvollendet gelassen.

> Ich werde in dieser meiner Geschichte erzählen, wie es mir im Gymnasium ergangen ist, wie das Gymnasium auf meine geistige Entwicklung, während der acht Jahre[2], die ich es besuchte, gewirkt hat, fördernd und hemmend. Ich werde nicht urteilen, denn das kann ich als Gymnasiast nicht wagen, da ich ja mitten in den Kalamitäten stehe, die unzähligen Faktoren also nicht gegeneinander abwägen kann, die hier mitwirken, und ungerecht einseitige »Anklagen« will ich nicht erheben. Ich habe

2 Robert Walter hat eine Klasse repetiert; befindet sich also zur Zeit der Niederschrift in der achten Klasse.

eine Ahnung von der unendlichen Kompliziertheit jener Kulturinstitution, die wir als Gymnasium kennen; ich habe darum eine Ehrfurcht davor, die mich hindert, vorschnell zu urteilen, ehe ich über der Materie stehe. Ich will einfach erzählen und ich bin überzeugt, es werden manche Dinge dabei klar werden, mehr neue Perspektiven sich zeigen als wenn ich »anklagte«. –

Ich habe die dritte und vierte Volksschulklasse in einer ländlichen Schule mit »Koedukationsprinzip« besucht. Wir waren höchstens unser zwei in der Klasse, deren Eltern »hochdeutsch« sprachen, die übrigen waren Kinder von kleinsten Gewerbeleuten und von Landleuten. Es kann daher nur wenig wundernehmen, daß ich in meinen Schulerfolgen meinen Kollegen weit überlegen war und daß mich mein Lehrer als seinen begabtesten Schüler bezeichnete. Meine Eltern waren – das ist auch begreiflich – leicht davon zu überzeugen – und sie beschlossen beide bei sich, mich studieren zu lassen; bei meinem Vater spielte wohl auch die Erwägung mit, daß er als Kaufmann mit großen Verbindungen einem jungen Juristen wohl manche verlockende Lebensaussichten gewähren könne. Man sprach auch zuweilen – scherzhaft vor Gästen zum Beispiel – davon, ich hätte zu nichts Eignung als zum Advokaten, was schon daraus erhelle, daß ich ganze Tage lang ohne Unterbrechung zu reden imstande wäre. Von anderen Berufen wußte ich übrigens ebensowenig als von dem des Advokaten; so setzte sich in mir der Glaube fest, ich wollte Advokat werden. Und als ich die vierte Klasse der Volksschule mit Vorzug bestanden hatte, legte man meine Zukunft mir in meine Hände und ich zog mein Los, ich wollte Advokat werden. Gut. Ich sollte daher noch im selben Herbst aufs Gymnasium. Mein Freund hatte nicht die Gabe des flüssigen Ausdruckes, wie ich vielleicht, seine deutschen Aufsätze waren nicht auf 1, wie meine, und mit der Orthographie stand er auf Kriegsfuß. Daß er als »Dummkopf« nicht aufs Gymnasium würde gehen können, das war klar, was aber tun mit dem Jungen? Bürgerschule? Ausgeschlossen; das ist bloß für die unteren Klassen. – Also Realschule. Dabei blieb es, er kam in die Realschule, freilich erst ein Jahr später als ich in das Gymnasium, da er noch die fünfte Klasse machen mußte.

Ich war um diese Zeit das, was man ein »aufgewecktes Kind« zu nennen pflegt. Meine Aufmerksamkeit war eifrig auf die Dinge in der freien Natur gerichtet, ich hatte Interesse für alles, was in ihr vorging, die Einrichtungen, Arten und Weisen des menschlichen, staatlichen und persönlichen Lebens. Sonderbar stach ab von diesem Interesse und ich kann wohl sagen frühreifen Verständnis für die natürlichen Dinge und Verhältnisse der Wirklichkeit eine sehr lebhafte und üppige Phantasietätigkeit, ja geradezu Phantasterei. Diese beiden Eigenschaften durchdrangen einander auf eine merkwürdige Weise: wenn ich mir nicht genug tun konnte in der abenteuerlichen, träumerischen, umfassenden Weite des Rahmens für die Phantasie meiner Wünsche, so waren alle Details innerhalb dieses Makrokosmos von einer scharfen, fast weltklugen Realistik. Als Beispiel ein Traum, der mich seit dieser Zeit manches Jahr beschäftigt hat, ein Kügelchen zu besitzen, nicht größer als meine Handfläche, das aber in sich die ganze Welt umschlösse, die ganze; und dazu die Fähigkeit, durch ein Wörtchen jeden beliebigen beschränkten oder unbegrenzten Teil von ihr vergrößern zu können, und dann zusehen zu dürfen, wie's lebte und was es enthielt. Und in diesem Rahmen, den ich mannigfaltig auszuschmücken bestrebt war, eine bis ins geringste gehende Kleinmalerei all der Dinge, die ich würde dann sehen und vor allem tun, denn auch die wirkliche Welt war verbindlich, was ich an meiner zu ändern fand. – Dazu kam ein nachdenkliches Wesen, das aber niemals zu Grübelei werden konnte, weil ich viel zu leicht abgelenkt werden konnte, ja eigentlich stets abgelenkt war; mein Gemüt war frei von Bosheit, wenn ihm natürlich all die großen und kleinen Fehler der großen und kleinen Menschen nicht fehlten; Bosheit war nie darunter. Aus der leichteren Beweglichkeit des Gemütes entsprang häufig Zorn, aus der des Geistes eine pathetische emphatische Vielredenheit. Einen Willen hatte ich nicht, bisher hatte ich keine Gelegenheit gehabt, ihn auszubilden, und gerade um jene Zeit begann man ihn fast systematisch zu unterdrücken. Daraus entsprang sehr bald eine widerliche Herrschbegier. Ich war schon damals geschlechtlich erregbar und erregt, ohne zu wissen was es war, und zuweilen ausschweifend, ohne zu wissen, was ich tat.

Dieses ungefähr war mein geistiger Zustand zur Zeit als ich ins Gymnasium eintrat. Ich habe ihn schildern müssen, weil ich glaube, daß er notwendig ist zum Verständnis des Folgenden ...

Bis zur ersten lateinischen Schularbeit ging es mir sehr gut in der Schule. Latein war mir neu und fesselte mich darum während der Stunden und meine Aufgaben machte ich pünktlich und sorgfältig, denn so oft ich ein Heft in die Hand nahm, durfte ich lesen: I. Klasse Gymnasium und das erfüllte mich mit Stolz und ich fühlte mich beim Lernen. Freilich konnte das nicht lang anhalten, gar bald waren mir die lateinischen und mathematischen Aufgaben so gleichgültig, daß ich mich nicht entschließen mochte, zu lernen. Ich spielte lieber im Garten, sägte und bastelte und las sehr viel und sehr gern. In der Schule merkte ich ziemlich auf – ich war ja gezwungen dazu – und so zeigte erst die Schularbeit klar, daß meine Kenntnisse nichtgenügende waren. Von da an hatte ich so manchen trüben Tag. Meine Eltern zwangen mich zum Lernen nachmittags; und so saß ich meist ein oder zwei Stunden stumpfsinnig über meinen Büchern. Nach dem ersten »Nichtgenügend« nahm ich mir vor, besser zu lernen. Und ich begann es auch, veranlaßt durch den gütigen Zuspruch meiner Mutter. Freilich wußte ich eigentlich nicht, was das heiße: lernen. Man hatte mir zwar oft genug gesagt: Sei nicht zerstreut! Paß auf! Denke nach! usw., wie das aber anzufangen sei, hatte mir keiner meiner Professoren auch nur angedeutet. Die zweite Arbeit war wieder nichtgenügend. Wir hatten jede Woche Donnerstag Schularbeit. Ich hatte nach jeder das Bewußtsein, sie sei verhaut und war diesen Tag betrübt – später, als mir meine Nichtgenügend und Ganzungenügend ziemlich selbstverständlich geworden waren, war ich zwar kaum mehr wirklich betrübt, aber ich fühlte die Verpflichtung, nicht zu lachen, zu spielen usw., sondern »betrübt« zu sein – besorgt und in Angst, Freitag bekamen wir sie meistens zurück, diesen Tag verweinte ich. Samstag machte ich verzweifelte Anstrengung, zu lernen. Sonntag versagte man mir gewöhnlich ein Vergnügen, weil ich: – Montag und Dienstag war ich frei und vergnügt. Mittwoch lernte ich verzweifelt. Das mag so zwei Monate fortgegangen sein. Der Klassenvorstand legte meinem Vater ans Herz, er möge mich aus dem Gymnasium entfernen, ich gehöre nicht hinein. Daß mein Vater sich solche Enttäuschungen nicht hatte träumen lassen von seinem »so begabten« Sohn, hielt er mir nach jedem Mißerfolg vor; zwar er prügelte *nie*, aber er hielt mir feierlich und rührend eine Strafpredigt. Ich fluchte meiner angeblichen Begabung und sagte und glaubte es auch, ich müsse offenbar dumm sein. Ich konnte es nicht begreifen, woher ein Professor die Erlaubnis nehme, so in mein Glück einzugreifen. Und ich war von der Ungerechtigkeit um so überzeugter, als ich ja gelernt hatte. Das war der Erfolg der allwöchentlichen nichtgenügenden Schularbeiten. Auch in der zweiten und dritten Klasse gab es solche Monate, und zwar eine stattliche Reihe, denn ich stand von Dezember bis Februar und von Mai bis Juli nun sehr schlecht. Und diese Depressionen waren wohl von tiefem Einfluß für mich und es wird vielleicht noch viele Jahre dauern, bis ihre Wirkungen aus meiner Seele gewischt sein werden.

Wie sich dieser Einfluß nach und nach gestaltete und was wohl noch für Faktoren mitgewirkt haben, kann ich nicht sagen. Aber wenn ich mich meines Seins vor dem Gymnasium erinnere, so weiß ich klar, daß ich, von keckem Selbstvertrauen und Stolz durchdrungen, mir viel zutraute und ich auch manches konnte. Schon am Ende des ersten Gymnasiumsjahres ist das anders geworden. Ich hielt mich für ein geistig minderwertiges Subjekt, ohne Begabung und Fähigkeit. Mein Mißtrauen gegen mich ist absolut und fast krankhaft geworden – ebenso meine Scheu, meine Schüchternheit, etwas von meinen geistigen Gedanken zu erzählen. Wenn meine Kollegen während der Pausen sprachen und sich gar sehr klug dünkten und auch so schienen, mit geborgten Phrasen über alles redeten, was sie nicht verstanden, so stand ich schweigend dabei, hielt jene für Genies – sie waren mir auch wirklich in vielem vor, denn sie waren Großstadtkinder und ich war eigentlich »vom Land«, wenn ich auch in Wien lebte – und verlernte dabei das Reden. Das ist ein Versäumnis, das ich jetzt erst und nur mühsam hereinbringe, wäre nicht mein Freund gewesen und manches andere Erlebnis außerhalb der Schule, so könnte ich's wohl überhaupt nicht. Noch heute, wenn ich am Gespräch mich beteiligen soll, taucht mir zuweilen halb unbewußt ein Gedanke an meine »Dummheit« auf, der mich dann freilich am weiteren Sprechen hindert. Und immer schwebt in meinem Geiste die Erinnerung an die Unbeholfenheit, Scham und Verlegenheit auf aus jener Zeit, wo solche Gedanken mich beherrschten und hemmt den Fluß der Rede und Gedanken. Daß diese Geistesverfassung meines elften bis fünfzehnten Lebensjahres bloß von den Erlebnissen in den unteren Gymnasialklassen verursacht ist, wage ich freilich nicht zu behaupten, trotzdem in meiner Erinnerung nichts ist, das noch auf andere Gründe schließen ließe, die mitgewirkt haben könnten *vor* meinem fünfzehnten Jahr. Dann freilich begannen neue Erlebnisse, die allerdings jene Gedanken und Empfindungen ins Krankhafte steigerten.

Nach mehreren ganz ungenügenden Leistungen von mir, beschlossen meine Eltern, mir einen Hauslehrer aufzunehmen. Es fiel die Wahl auf einen jungen Juristen. Man könnte genau so gut sagen, der Zufall entschied für jenen Juristen. Und er kam täglich – ich glaube für zwei Stunden –. Einen Hauslehrer haben zu müssen, wurde mir als der Inbegriff der Faulheit und Schandbarkeit bezeichnet. Meine Tageseinteilung war (im Mai) etwa diese: acht bis zwölf Uhr Schule, ein Uhr Mittag, zwei bis drei: Aufgaben für den Lehrer, drei bis fünf: Lehrer, fünf bis sechs (eventuell sieben): Aufgaben für die Schule, halb acht Uhr Nachtmahl, acht bis neun Uhr Lesen. Nach Schularbeiten und Mißerfolgen und anderen strafwürdigen Ereignissen wurde mir die Lektüre entzogen; dieses hat mich manche Stunde lang unglücklich gemacht und meinen Widerwillen gegen Latein und alles, was damit zusammenhängt, vermehrt, denn ich las damals leidenschaftlich gern. Übrigens nahm ich diese Einteilung nie gar zu tragisch, oft stahl ich mir eine Stunde oder zwei, um im Garten zu spielen, zu sinnen oder zu basteln. Ich wußte, daß ich Pflichtversäumnisse beging und Betrug und Lüge entsprangen mannigfaltig daraus. Meine Seele sträubte sich dagegen heftig und lange, aber es scheint mir nur zu begreiflich zu sein, daß ein unerzogenes Gewissen – wenn es auch fein war, – ein ungebildeter Willen solchen Verlockungen unterlagen.

Es scheint im übrigen mein Lehrer ein tüchtiger Mensch gewesen zu sein, denn zu Ende des Jahres bekam ich sehr gut auf die Schularbeit – und kam durch. Was ich aber auch bei ihm nicht erlernte, das war ein Funken Interesse für Latein und Mathematik; und auch das erlernte ich nicht, was das nämlich heiße »denken« und »lernen« und wie man es anzufangen habe, um Jahreszahlen und Vokabeln sich zu merken. Darum waren mir die Monate seines Unterrichts von keinem dauernden Gewinn gewesen. Im nächsten Schuljahr hatte ich zu Weihnachten wieder verzweifelt schlechte Noten. – Die übrigen Gegenstände des Unterrichts boten mir so manche Anregung, brachten so manche Befriedigung für meine Wißbegier. Die Geographie weitete meinen Horizont; die Naturgeschichte lehrte mich Kenntnisse, nach denen ich Sehnsucht hatte; die wichtigste Frucht des Deutschunterrichts war für mich die Anregung zu deklamieren. Auch die Schulbibliothek hat mich in jenen ersten Jahren sehr gefördert.

Aber von viel größerer Bedeutung als dieses war ein anderer; mein Lehrer der Naturgeschichte. Dieser Mann lehrte mich zum erstenmal die Würde des Menschen kennen; er lehrte mich – durch kein größeres Mittel als durch seine ganze Persönlichkeit – Ehrfurcht. Die tief innerliche unauslöschliche Liebe des Schülers zum Lehrer. Er hat mir die Begeisterung des Greises gezeigt und die Liebe zur Natur unumstößlich gefestigt. Freilich, das war eine Wirkung aus der Ferne, und wie tief sie war, sie hätte viel, viel tiefer sein können. Und meine Seele hatte Sehnsucht danach, daß sie viel, viel tiefer sei. Der Lehrplan, die große Anzahl seiner Schüler, kurz die Organisation des Gymnasiums hat es verhindert, daß diese Liebe in mir sich bis an ihre inneren Grenzen ausweiten konnte, sie ist eigentlich ein Krüppel geblieben und hat wohl auch ein Teil zu den Verwirrungen in meiner geistigen Entwicklung beigetragen, an denen ich heute noch leide. Näheres darüber zu sagen verbietet der Rahmen, den ich mir für diesen Aufsatz vorgezeichnet und es ist wohl auch meine Ausdrucksfähigkeit noch zu gering, um so verwickelte Dinge halbwegs klar darstellen zu können.

Es ging mir in den ersten drei Jahren im allgemeinen so: zum größeren Teil waren mir die Schulgegenstände uninteressant, was mich etwa doch an ihnen interessiert hätte, wurde immer bloß hie und da einmal gestreift. Da ich geistig sehr rege war und mich mit vielen Plänen zu verschiedenen Arbeiten trug, war ich von mir selbst aus völlig beschäftigt; da ich auch Freunde und Nachbarskinder in der Nähe hatte, mit ihnen zu spielen, da ich endlich sehr gerne las, fiel es mir meistens tagsüber gar nicht ein für die Schule zu lernen. Raffte ich mich ja einmal auf, so wollte ich möglichst gründlich sein und begann zunächst zu wiederholen. Und ich wiederholte von Anfang an; das machte mir meistens Freude, weil ich ja häufig etwas wußte und ich triebs so ein paar Tage lang, dann wurde ich wieder geprüft, natürlich aus dem neuen, also ungelernten Teil; es ist selbstverständlich, daß ich nichts konnte. Das deprimierte mich stets so, daß ich stets mehr zu glauben begann, ich könne gar nicht lernen. Und ich konnte es auch wirklich nicht, wie ich schon früher gezeigt hatte. Und ich habe es auch heute nicht erlernt. Trotz aller Mahnungen, Tadeln, Gewissensbisse, Leiden und Sorgen – es waren all meine Interessen zu mächtig, sie zogen mich ab, sie beschäftigten mich auch dann völlig, wenn ich mich redlich bemühte zu lernen. Ich *konnte* nicht an das denken, woran ich denken sollte. Ich war *immer* zerstreut. Und das konnte auch kein Lehrer besser machen. Der fand sich alle Jahre gegen April, manchmal auch schon gegen Februar ein und hatte die Aufgabe, mich durchzubringen. Das heißt, er mußte darauf sehen, mir in Latein und Mathematik – in den späteren Jahren auch Griechisch und Physik – genügende Kenntnisse beizubringen. Da ich aktiv nicht lernen konnte, mußte das passiv geschehen, er mußte die Dinge so oft wiederholen, bis ich sie mir – und wäre es auch für eine Woche – gemerkt. Eigentlich erlernt habe ich dabei gar nichts. Es war nur gerade genug um durchzukommen. Weil aber diese Methode zeitraubend war, konnte der Lehrer auch gar nicht weiter auf mich wirken. Ich blieb ohne Interesse für die Schulfächer; und mein Wille blieb völlig ungeübt; denn ich lernte ja passiv; beim Lernen war mein Wille ausgeschaltet, und meinen Willen in irgendeiner Beschäftigung zu üben und zu bilden, hintertrieb man mit der Mahnung: Lerne, was für mich hieß: höre das so oft, bis dus halt auswendig weißt.

Trotzdem ging ich sehr gerne in die Schule. Das hatte folgende Gründe: Vor allem mein Naturgeschichtslehrer. Ein Tag, an dem ich eine Stunde bei ihm gehabt hatte, war kein verlorener mehr für mich. – Dann gab es von Zeit zu Zeit freiere Hausarbeiten, die mich für viel entschädigten. Und dann meine Mitschüler. Ich war körperlich schwach und wurde deshalb von ihnen geprügelt; ich hielt mich für grenzenlos dumm – warum, wird man begreifen, wenn man bedenkt, was man mir in der Volksschule gesagt hatte, und was ich im Gymnasium zu hören bekam – und sie für grenzenlos gescheit; sie wußten zu sprechen und ich nicht; sie gaben es mir zu merken und fühlen und trotzdem zogen sie mich geheimnisvoll an. Nicht alle waren es, aber die wenigen dafür um so intensiver. Und sie lehrten mich, was sie wußten: ins Theater gehen und darüber reden; geschlechtliche Unreinlichkeiten, flüssig schreiben und Bewunderung. Ich habe durch sie gelernt neidlos bewundern und fremdes Verdienst anzuerkennen. Sie gaben mir auch Bücher und vielfach Anregungen. Ich verdanke ihnen sehr viel, wenn das was ich jetzt bin was dankenswertes ist. Aber Freundschaft und Liebe haben sie mir so wenig wie meine Lehrer und Professoren gegeben.

So kam ich in die vierte Klasse. Mein Leben ging weiter wie bisher, nur daß ich in allem tiefer wurde. Meine Gedanken, meine Gefühle wurden umfassender, mein Gesichtskreis weiter, ohne daß die Schule etwas beträchtliches dazu getan hätte. Zugleich wurde mein Wille immer schlaffer. Wieviel von dieser Schwäche mir angeboren ist, das weiß ich nicht, und ob es je gelungen wäre aus mir einen Napoleon zu machen, weiß ich auch nicht; aber das weiß ich, daß ich damals nach einer Leitung dürstete; daß ich mich dem Lehrer völlig hingegeben hätte, der mit Kraft bestimmend auf mich hätte einzuwirken versucht. Ansätze dazu hätte er in mir genug gefunden. Denn in diesem und im nächsten Jahre begann in mir die Liebe zu erwachen; mit ihr das unbestimmte unruhige Sehnen und nie gestillte Ausgreifen des Geistes, das in mir Gestalt gewann in intensiver Deklamationstätigkeit, in einem Sammeleifer, in beginnender poetischer Produktion und erwachenden ethischen Gefühlen und Gedanken. Die Schule aber kümmerte sich um all das gar nicht. Sie hinderte aber diese meine Bestrebungen. So mußte ich gegen sie – je mehr meine Interessen wuchsen in Tiefe und Breite – arbeiten. So wurde ich einfach aus einem schlechten Schüler ein sehr schlechter Schüler, ich fiel in der vierten Klasse durch. Eine Nachprüfung wurde mir bewilligt, so kam ich in die fünfte Klasse. Im Februar zeigte sich, daß meine Kenntnisse in Latein und Mathematik nicht genügende waren.

Meine Lässigkeit nahm immer mehr zu. Für die Schule arbeitete ich gar nichts, denn das Lernen mit meinen Hauslehrern konnte kein Arbeiten genannt werden . . .

Was ich für mich arbeitete, wurde auch zerstreut durch die Vielfältigkeit, zerrissen durch den Schulbesuch und getrübt durch das Bewußtsein einer Schuld getan; ohne Leitung, Ziel und Stetigkeit, ich machte kaum bemerkenswerte Fortschritte – ich bin heute in der Kenntnis der Pflanzen nicht viel weiter als vor vier Jahren – und lernte auch dabei nicht: Arbeit und Selbstbeherrschung.

Zusammenfassung: was ich im Gymnasium nicht erlernte, war: Lernen, das Gymnasium hat nur sehr wenig dazu beigetragen, in mir ethische und soziale Gefühle zu wecken; und dieses wenige bloß zufällig, unbeabsichtigt. Das Gymnasium ist ganz und gar ohne Berücksichtigung meiner inneren Entwicklung an ihr vorbeigegangen. Es hat sich nicht einmal Mühe gegeben mich zu verstehen. Daher tat es ganz willkürliche Eingriffe in das Leben meiner Psyche. Es hat mich vollkommen zufällig erzogen (Keime geweckt, gefördert, unterdrückt), das heißt überhaupt nicht erzogen. Sein Einfluß auf mich war aber sehr groß. Es ließ auch meinen Eltern, meinen Privatlehrern und mir selbst viel zu wenig Zeit und Gelegenheit zur Erziehung. Ich hätte daher überhaupt keine gehabt, hätte ich sie mir nicht gestohlen.

Karl Fallend

Von der Jugendbewegung zur Psychoanalyse

Ende des 19. Jahrhunderts war im deutschsprachigen Raum ein neues soziales Phänomen zu beobachten. In den bürgerlichen Schichten versuchten sich Jugendliche im Generationenkonflikt als eigenständige gesellschaftliche Kraft zu definieren und sich von den tradierten Gesellschaftsnormen zu distanzieren. Der im Jahre 1898 gegründete »Wandervogel« ist die älteste und stärkste Organisation dieser Jugendbewegung geworden und konnte bereits 1906 auf 78 Ortsgruppen verweisen. (Jungmann (d. i. Franz Borkenau), 1936, S. 669). Die Jugend begnügte sich anfänglich mit der sonntäglichen Flucht in die Naturromantik. Im 1910 gegründeten »Jungwandervogel« entwickelte sich der Protest radikaler:

> »... gegen das Überhandnehmen von Oberlehrern als Führern und Elternausschüssen als massgebenden Beratern, mit einem ... unverkennbaren und stolz gepflegten homosexuellen Einschlag, mit einer Ideologie der Auslese einer kleinen Elite, mit schroffer Ablehnung des gemeinsamen Wanderns der Geschlechter, mit scharfem und bewussten Kampf gegen die Schule und teilweise auch gegen das Elternhaus.« (Jungmann, 1936, S. 670).

In Wien formierte sich das radikalste Potential dieser Jugendbewegung. Jüdische höhere Schüler, psychologische Revolutionäre und die ärmsten Schichten der höheren Schülerschaft (Jungmann, 1936, S. 689) waren die treibenden Kräfte, die die Konfrontation mit Schule und Elternhaus suchten.

Im Jahre 1913 wurde der Höhepunkt der Protestbewegung mit drei Ereignissen eingeleitet, bevor ihr mit dem Ausbruch des Ersten Weltkrieges ein abruptes Ende gesetzt wurde.

Im Mai dieses Jahres erschien das erste grüne Heftchen *Der Anfang. Zeitschrift der Jugend*, das von Georges Barbizon (Georg Gretor) in Berlin und Siegfried Bernfeld in Wien herausgegeben wurde. Ein Jugendorgan, das zu einem Skandal des Kaiserreiches wachsen sollte. (Laermann, 1985) Im Oktober trafen sich in Breslau Studenten aus Deutschland und Österreich, um in pädagogischen Gruppen Fragen des jugendlichen Lebens zu diskutieren.

Wenige Tage später, am 11. und 12. Oktober 1913, versammelten sich zwischen zwei- und dreitausend Delegierte und Mitglieder jugendbewegter Bünde und Verbände am Hohen Meißner bei Kassel, um den ersten Freideutschen Jugendtag zu feiern. Mit Gustav Wyneken, dem geistigen Mentor der wachsenden Jugendbewegung, der in seiner 1906 gegründeten Schulgemeinde Wickersdorf auf neue Formen jugendlichen Zusammenlebens in Mitbestimmung verweisen konnte, prägten sie die berühmt gewordene und oft kritisierte »Meißnerformel«:

> »Die Freideutsche Jugend will aus eigener Bestimmung, vor eigener Verantwortung, mit innerer Wahrhaftigkeit ihr Leben gestalten. Für diese innere Freiheit tritt sie unter allen Umständen geschlossen ein. Zur gegenseitigen Verständigung werden Freideutsche Jugendtage abgehalten. Alle gemeinsamen Veranstaltungen der Freideutschen Jugend sind alkohol- und nikotinfrei.« (Engelhardt, 1923, S. 60)

Das Abstinenzgebot entsprach auch Wynekens fanatischer Haltung in dieser Frage (Ebermayer, 1982, S. 63ff.), wie dem allgemeinen Geist der konfliktscheuen Wandervögel, die bloß in der bewimpelten und uniformierten Großstadtflucht den elterlichen Konventionen trotzten. Die Wiener Jugendlichen konterten dem engen Protest und politisierten die Auseinandersetzung:

> ». . . daß wir es wagen hinter jener Unbefriedigung des Einzelnen ein allgemeines Uebel zu sehen, daß wir bewußt unsere Lage, die Lage der Jugend betrachten, ihren Zusammenhang mit der ganzen Ordnung der Welt, des Staates, der Gesellschaft zu erfassen trachten und Lösungen suchen, die nicht allein uns befriedigen, sondern die erlösen.«[1]

Auch bezüglich der Jugendsexualität kam die Wandervogelbewegung über eine »große Selbsttäuschung« (Max Hodann) nicht hinweg. »Kameradschaft«,

1 Bernfeld, Siegfried: Von den Jugendgemeinden. (Maschinenschriftliches Manuskript, 1917). Siegfried Bernfeld Archiv. YIVO-Institut. New York. S. 2.

»Freundschaft«, »gemeinsames Erleben«, verhalfen zur kollektiven Tabuisierung von homo- und heterosexuellen Bedürfnissen.

Die Wiener Jugendbewegung gebärdete sich, auch unter dem Einfluß der Psychoanalyse, wesentlich radikaler. (Bernfeld, 1920a) Gegen die heroische Askese, die den »Jungmann« und die »Jungfrau« geschlechtsgesund an Leib und Seele in die monogame Ehe führen sollte, proklamierten sie, ausgehend von Gustav Wynekens Utopie eines Jugendaufstandes gegen die Sozialisationsinstanzen der bürgerlichen Gesellschaft, – zumindest theoretisch – die Berechtigung und Notwendigkeit völliger Promiskuität. (Linse, 1985, S. 262-270)

Anführer dieser jüdisch-bürgerlichen Jugendbewegung in Wien – (die proletarische Jugend ging eigene Organisationswege; Neugebauer, 1975, S. 31ff.) – war der Student Siegfried Bernfeld, den Käthe Leichter folgendermaßen in Erinnerung behielt:

> »Der große schöne Psychologiestudent mit den pechschwarzen, zurückliegenden Haaren und den riesigen schwarzen Augen hatte nicht nur ein mitreißendes Äußeres, er hatte tatsächlich alles Zeug zu einem Jugendführer in sich: Leidenschaft und doch eine ruhige verhaltene Art, jeden einzelnen anzuhören und auf ihn einzugehen, umfassendes Wissen, ausgesprochene Begabung für Gemeinschafts- und Organisationsarbeit und jene Mischung von pädagogischem und psychologischem Können, das immer mehr junge Leute zu ihm als Freund und Führer aufsehen ließ.« (Leichter, 1973, S. 332)

Siegfried (Selig) Bernfeld wurde am 7. Mai 1892 als erster Sohn – die jüngeren Geschwister waren Lilli (1895) und Manfred (1899) – der Kaufmannfamilie Isidor und Hermine Bernfeld (geb. Schwarzwald) in Lemberg/Galizien geboren. In Rodaun bei Wien besuchte er die Volksschule und von 1902 bis 1911 im XIII. Wiener Gemeindebezirk das Gymnasium. Von Oktober 1911 an studierte Bernfeld Naturwissenschaften, Psychologie und Pädagogik.[2]

In der Zeit von 1908 bis 1911 sammelte Siegfried Bernfeld bereits als Gymnasiast die ersten Erfahrungen in seiner jugendbewegten, publizistischen Tätigkeit mit Beiträgen in der Zeitschrift *Eos. Stimmen der Jugend,* sowie im Jugendorgan *Das Classenbuch.* (Barbizon, 1913, S. 2)

Bernfeld verstand es, die Nöte und Bedürfnisse der Jugendlichen in

2 Bernfeld maturierte am 6. Juli 1911 mit Stimmeneinhelligkeit. Siehe *Curriculum vitae.* Universitätsarchiv Wien. Für diesen Hinweis danke ich Elke Mühlleitner.

radikalem Ton zu artikulieren und eine große Gefolgschaft um sich zu scharen, die jenen Führertyp in ihm sahen, den er als notwendig betrachtete: »Lebendiges Glied in der Wechselkette von kameradschaftlicher Liebe, und anfeuernder Anführer, Anreger, Erster zugleich.«[3] Siegfried Bernfeld formulierte die Stoßrichtungen des jugendlichen Kampfes und konkretisierte den Begriff »Jugendkultur«. Konzentriert auf die Jugend im »Lehrgefängnis« sah er drei Bereiche der Auseinandersetzung, die selbständig, im gesamtpolitischen Kontext, zu regeln seien: Schule, Elternhaus und Geschlechtsleben.

Bernfeld reihte die Jugend als eigene gesellschaftspolitische Kraft in die Befreiungsbestrebungen der Arbeiter- und Frauenbewegung ein.[4] Der Frauenbewegung widmete er sein erstes Buch *Die neue Jugend und die Frauen* (Bernfeld, 1914a), worin er Analogien der Unterdrückung konstatierte. Es »begegnen sich und bedingen einander die Ideen der neuen Jugend und die der modernen Frauen.« (Bernfeld, 1914a, S. 37) Bernfeld sah in der Idee der Schulgemeinde als allgemeines Erziehungsprinzip eine Möglichkeit, die Frau von der Pflicht zur Erziehung der Jugend zu befreien, um sich stattdessen in einer Berufsausübung verwirklichen zu können. Auch Bernfelds Berliner Kollege und Mitherausgeber der Jugendzeitschrift *Der Anfang*, Georges Barbizon, diskutierte die »Frauenfrage und Jugendemanzipation« in engem Zusammenhang. So sah er den Vorschlag des Wiener Soziologen Rudolf Goldscheid, ein Frauenmuseum zur Dokumentation der Unterdrückung zu gründen, hinsichtlich der Jugendbewegung in Bernfelds Anstrengungen zur Organisierung eines »Archivs für Jugendkultur« verwirklicht. (Barbizon, 1913, S. 65f.) Jugendliche Produktivität und die Psychologie des jugendlichen Gemeinschaftslebens waren jene zwei Problemgruppen, die im Mittelpunkt des Interesses dieser Initiative standen. Das »Archiv für Jugendkultur« kann als das bemerkenswerteste Ergebnis der jugendlichen Protestbewegung gesehen werden. Es stellt den Beginn der modernen Jugendkunde dar, indem die Jugendlichen selbst versuchten, ihre Eigenart in soziologischer und psychologischer Hinsicht, ihre Lebenssituation im gesellschaftlichen Kontext wissenschaftlich zu erhellen. Siegfried Bernfeld schuf die Grundlagen für diese methodisch fundier-

3 Bernfeld, Siegfried: Von den Jugendgemeinden. A.a.O. S. 5.

4 Bernfeld, Siegfried: Vom Kampf der Jugend. II. Rede Bernfelds an die Jugend. (Maschinenschriftliches Manuskript). Vortrag gehalten am 28. Februar 1914 im Café Adlon, Wien. Siegfried Bernfeld Archiv. YIVO-Institut. New York. S. 12.

Siegfried Bernfeld um 1914

te sozialwissenschaftliche Auseinandersetzung mit dem Jugendalter, die später durch Charlotte Bühler und Paul Lazarsfeld eine kontroverse Fortsetzung fand. (Rosenmayr, 1962, S. 60ff.) In den drei Arbeiten: »Ein Archiv für Jugendkultur« (1913g), in seiner Dissertation »Über den Begriff der Jugend« (1915a) und in »Ein Institut für Psychologie und Soziologie der Jugend« (1920a) entwickelte Bernfeld ein Programm, das, in Abgrenzung zur experimentellen Psychologie, ein sozialwissenschaftliches und interdisziplinäres Verständnis der Jugendforschung forderte. »In diesem Archiv soll objektiv alles gesammelt werden, was sich irgend als Dokumente für das jugendliche Seelenleben verwerten läßt: Manuskripte, Bilder, Gegenstände. Es soll kein Gebiet von der vollständigen Sammlung ausgeschlossen sein.« (Bernfeld, 1914p, S. 374) Für Bernfeld stellten Zeichnungen, Gedichte, Tagebücher, Briefe, Notizen, Gespräche, Organisationen etc. Produkte spontaner, jugendlicher Tätigkeit dar, in der keine »künstlich« geschaffene, sondern »echte jugendliche Subjektivität« erfahrbar wird. (Bernfeld, 1915a, S. 61f.) Individualität und die eigene Lebenssituation wurden ernstgenommen und dies entsprach dem gewachsenen Selbstbewußtsein, das nach politischer Veränderung drängte. Bernfeld forderte auch, die Ergebnisse der jugendforscherischen Tätigkeit in Aktionen münden zu lassen, um Veränderungen des Erziehungswesens zu erreichen. (Bernfeld, 1920a)

Im Generationenkonflikt drängte auch die sexuelle Frage in den Mittelpunkt der Auseinandersetzungen. Während Gustav Wyneken die »heroische Askese« propagierte, war für die engagierte Jugend in Wien die sexuelle Abstinenz überflüssig; völlige Promiskuität Notwendigkeit. Ihr radikaler theoretischer Standpunkt geriet zum unüberwindlichen Trennungsstrich zur älteren Generation. Sie »gaben die erotische Beziehung als solche frei. Wenn sie zuerst an der genitalen Schranke haltmachte, so durchschaute die bürgerliche Umgebung die unbewussten Tendenzen besser als sie selber, indem sie von wüsten Orgien zu erzählen wusste. 'Freie Liebe' galt als Signatur der Bewegung, lange bevor sie es war.« (Jungmann, 1936, S. 687)

Mit der weit verbreiteten Schrift *Die deutsche Wandervogelbewegung als erotisches Phänomen* (1914) des früheren Wandervogelführers Hans Blüher wurde das Interesse an der Psychoanalyse geweckt, die den Jugendlichen theoretische Unterstützung zur Erhellung der ständig verdrängten Tabus bieten konnte. »Sexuelle Entharmlosigung der Jugend durch die Psychoanalyse« war der konsequente Aufschrei der Elterngeneration, die einen Kulturzerfall fürchtete. Dezidierte Kulturbejahung und

Sublimierung mündeten jedoch zum Teil in intellektuellen Kapriolen und ließen, trotz der Lautstärke, die sexuelle Revolution in der Theorie verharren. (Bernfeld, 1919b, S. 287)

Im Jänner 1913 schuf Siegfried Bernfeld mit dem »Akademischen Comité für Schulreform« (A.C.S.) ein Propaganda- und im Februar mit der Einrichtung von »Sprechsälen« ein Diskussionsforum, in denen zahlreiche Schüler und Studenten die Möglichkeit nutzten, kreativ ihre Vorstellungen von »Jugendkultur« und den »Kampf um die Höhere Schule« zu diskutieren und in die Tat umzusetzen. (Herrmann, 1985) *Anfang*-Redaktion und »Sprechsaal« fanden Räumlichkeiten im väterlichen Geschäft Bernfelds im ersten Wiener Gemeindebezirk (Stoß im Himmel Nr. 3). Die Sprechsaal-Idee und Praxis, als Zentrum der freien geistigen Betätigung der Mittelschülerschaft, verbreitete sich über Wien, Prag, Berlin, München, Stuttgart, Jena usw., und *Der Anfang* entwickelte sich zu einem heiß diskutierten Periodikum[5], das selbst die Politiker beschäftigte. (Laermann, 1985) In der Badischen Ständeversammlung etwa erregte sich der Zentrums-Abgeordnete Röckel in Furcht vor Autoritätsverlust:

> ». . . eine Zeitschrift, in der die jungen Herren einander mitteilen, wie man es anstellen muß, daß die Eltern den Schülern folgen anstatt umgekehrt, wie sie 'die Alten', wie sie sagen, in Zucht und Disziplin nehmen sollen oder wie sie noch verschiedene andere schlimmere Sachen praktizieren können. Das ist jedenfalls eine recht betrübliche, recht bedauernswerte und mit allen Mitteln zu bekämpfende Erscheinung, und wir wollen nur hoffen, daß dieses Unternehmen nicht auch bei uns Eingang findet, daß es nicht auch von Bayern zu uns herüberkommt.« (Amtliche Berichte, 1914, S. 3054)

Die Jugendlichen feierten hingegen unbekümmert ihr Sprachrohr und kreierten ihre eigene Grußformel: »A-de-A« (»Abonniert den Anfang!«). (Scheu, 1985, S. 25) Gustav Wyneken blieb das Hauptziel der öffentlichen Angriffe. Als presserechtlich verantwortlicher Redakteur ermöglichte er das Zeitschriftenprojekt, da Jugendlichen diese Funktion untersagt war. Sein Besuch in Wien im März 1914 war einer der Höhepunkte für die protestierende Jugend. Während sein Vortrag am 17. März »wegen Gefährdung öffentlicher Ruhe und Ordnung« von der Polizei verboten wurde, sprach Wyneken am 19. März im Rahmen der Soziologischen Gesellschaft in Wien

5 Die andauernde Aktualität des *Anfang* belegt auch der Nachdruck der wichtigsten Hefte im Jahre 1922 durch Eckart Peterich.

in einem überfüllten Saal der Wiener Universität über den »Eintritt der Jugend in die Weltgeschichte«, und traf damit den Tenor der Aufbruchsstimmung. Drei Tage später folgten über 1500 Personen bei einer Protestversammlung seinen Ausführungen. (Seewann, 1974, S. 102f.)

Etwa 500 Jugendliche waren es einen Monat zuvor, als Bernfeld im Café Adlon am 14., 21., und 28. Februar 1914 über den »Sinn der Jugend«, den »Kampf der Jugend« und den »Sieg der Jugend« richtungsweisend und kämpferisch referiert hatte. (Laermann, 1985, S. 371): ». . . einmal muss die Jugend die Kelle in die Hand nehmen und selber mittun am Baue der Gesellschaft, am Baue ihrer eigenen Lebensformen, und das lieber heute als morgen. So kann man den Nichtjugendlichen antworten. Wir sagen: uns bleibt keine Wahl, wir sind erwacht und wir wollen diesen Kampf.«[6] Es war einer der letzten Auftritte Siegfried Bernfelds als Führer der Wiener Jugendbewegung, bevor er nach Freiburg im Breisgau übersiedelte, um sein Sommersemester an der Albert Ludwigs-Universität bei Jonas Cohn zu absolvieren. Mit Karl Frank[7], Max Ermers[8], Elfriede Eisler[9] und anderen profilierten sich in Wien neue Führungspersönlichkeiten, die die Aktivitä-

6 Bernfeld, Siegfried: Vom Kampf der Jugend. A.a.O. S. 13.

7 Karl Frank wurde am 31. Mai 1893 als Sohn eines kleinen Fabrikanten in Wien geboren. Nach dem Besuch der Unterrealschule und Artilleriekadettenanstalt bis 1913, begann Frank sein Studium der Psychologie, das er 1918 mit der Dissertation »Beiträge zur Psychologie der Lüge« abschloß. Als enger Freund Siegfried Bernfelds war Frank führend in der Wiener Jugendbewegung aktiv. Im Ersten Weltkrieg war Frank 20 Monate an der Front im Einsatz. 1917 verweigert er »als überzeugter Pazifist weitere Kombattantendienste« und wurde als invalid entlassen. Nach dem Krieg – er bewohnte ein Zimmer bei der bekannten Pädagogin Eugenie Schwarzwald, wo er seine erste Frau Alice Herdan kennenlernte (die später Carl Zuckmayer heiratete) (Herdan-Zuckmayer, 1987) – war Karl Frank Mitbegründer der Freien Vereinigung sozialistischer Studenten in Wien und wenig später als Vorstandsmitglied der KPÖ tätig. 1920 übersiedelte Frank nach Berlin, wo er im Rahmen der KPD seine politische Tätigkeit fortsetzte. Eine Episode vermag Frank als schillernde Figur des politischen Lebens der Zwanziger Jahre vorzustellen: »Bekannt wurde Frank wieder, als er 1928 die gegen den Bau des Panzerkreuzers 'A' gerichtete Aktion am Berliner Rundfunk organisierte. Unter seiner Leitung wurde damals von einer KPD-Gruppe der *Vorwärts*-Redakteur Wolfgang Schwarz entführt, dieser sollte im Rundfunk den Bau des Panzerkreuzers 'A' befürworten. An dessen Stelle sprach am Abend des 6. Oktobers 1928 der KPD-Landtagsabgeordnete Karl Schulz gegen den Panzerkreuzerbau und für ein von der KPD geführtes Volksbegehren. Frank wurde deswegen verhaftet und im Februar zu vier Monaten Gefängnis verurteilt.« (Weber, o.J., S. 124) 1929 wurde Frank wegen »Rechtsopposition« aus der KPD ausgeschlossen, trat der KPD-Opposition bei und wurde später (unter dem Pseudonym Willi Müller) Mitglied der Miles-Gruppe »Neu Beginnen«, um als Auslandsvertreter in Wien, Prag, Paris und London Exilzentren zu organisieren. Ende 1939 setzte Karl Frank unter dem Pseudonym Paul Hagen seine Tätigkeit in den USA fort. Aus politischen Gründen wurde ihm nach 1945 die Rückkehr nach Deutschland verweigert. Bis zu seinem Tode im Jahre 1969 war Frank als Psychotherapeut in New York tätig. (Meyer, u.a., 1986, S. 178)

ten rund um den *Anfang* und das »Akademische Comité für Schulreform« prägten.

Über die ereignisreichen Monate April bis Juli 1914 existieren detaillierte, tagebuchähnliche Aufzeichnungen eines Jugendlichen[10], die einen lebendigen Eindruck dieser Bewegung vermitteln.

Die folgende Wiedergabe dieses, im Original über 60 Seiten langen, Protokolls dokumentiert die Inhalte, Ziele und Auswirkungen, wie den Diskussionsstil der Wiener Jugend im A.C.S. Vor allem die Auseinandersetzungen um zukunftsträchtige Zielvorstellungen – wie Schaffung einer Kulturschule, Forderung nach wirtschaftlicher Sicherstellung der heranwachsenden Jugend, oder die Errichtung von Jugendgemeinden mit selbstgege-

8 Als biographische Notiz zu Max Ermers (geboren am 11.2.1881) seien Erinnerungen zweier Zeitzeuginnen angeführt. Käthe Leichter berichtet über ihn: »Da gab es das Original Max Ermers, der sich, mehr als dreißigjährig, in die Jugendbewegung verirrte, sich für Krapotkin, für Individualismus und Ästhetik zu begeistern suchte . . .« (Leichter, 1973, S. 333), und die Architektin Margarethe Schütte-Lihotzky schrieb: »Einer der markantesten Vertreter dieser Bewegung (Wiener Siedlerbewegung; Anm. d. Verf.) war Dr. Max Ermers, Kunsthistoriker und Gartenstadtfachmann. Gleich nach 1918 verfaßte er zusammen mit dem Architekten Adolf Loos ein Kunstprogramm. Später wurde er Leiter des Siedlungsamtes der Stadt Wien. . . . Ermers zog eine Reihe der modernen Architekten, vor allem Adolf Loos und Josef Frank, unter anderem übrigens auch mich, in diese Bewegung hinein. Nach seiner Tätigkeit im Siedlungsamt wurde er Journalist. In der Krise der dreißiger Jahre aber ging es ihm so schlecht, daß er nicht einmal so viel Geld hatte, sein eigenes Zimmer, das er mit seinem kleinen Töchterchen bewohnte, zu heizen. Aus politischen und rassischen Gründen emigrierte er 1938 nach England. 1945 schon kehrte er nach Wien zurück, konnte aber hier nicht mehr Fuß fassen. Er starb 1947 (das korrekte Todesdatum ist der 2.10.1950; Anm. d. Verf..) unerwartet auf der Straße.« (Schütte-Lihotzky, 1988, S. 630)

9 Elfriede Eisler wurde am 11. Dezember 1895 in Leipzig geboren. Nach dem Besuch der Schwarzwald-Schule studierte sie Philosophie und Volkswirtschaft. Zusammen mit ihren Brüdern Gerhart und Hanns war sie in der Wiener Jugendbewegung aktiv und trat nach dem Ersten Weltkrieg – mit ihrem ersten Ehemann Paul Friedländer – als Mitbegründerin der KPÖ und Herausgeberin des *Weckruf* (später *Die Rote Fahne*) in Erscheinung. Ende 1919 übersiedelte sie nach Berlin, wo sie (unter dem Namen Ruth Fischer) in der KPD ihren politischen Aufstieg machte. Bis 1924/25 war sie an der Parteispitze, bevor sie von der Gruppe um Ernst Thälmann verdrängt und 1926 aus der Partei ausgeschlossen wurde. Danach war sie bis 1933 als Sozialarbeiterin in Berlin-Wedding tätig. Nach der nationalsozialistischen Machtübernahme floh sie über Frankreich, Spanien und Kuba in die USA. Ihr amerikanisches Exil war gekennzeichnet durch ein leidenschaftliches Engagement gegen die Politik des stalinistischen Kommunismus, das sie in der Zeitschrift *The Network* dokumentierte. Elfriede Eisler (Ruth Fischer) starb am 13. März 1961 in Paris. (Röder/Strauss, 1980, S. 178)

10 Das Protokoll ist im genauen Wortlaut, jedoch stark gekürzt wiedergegeben. Die gestrichenen Stellen wurden nicht extra gekennzeichnet, um den Text lesbar zu halten. Abkürzungen wurden großteils aufgelöst. Diese handschriftlichen, mit vielen Zeitungsausschnitten versehenen Aufzeichnungen sind im Siegfried Bernfeld Archiv in der Library of Congress, Washington D.C., aufbewahrt. Der Autor/die Autorin konnte nicht identifiziert werden.

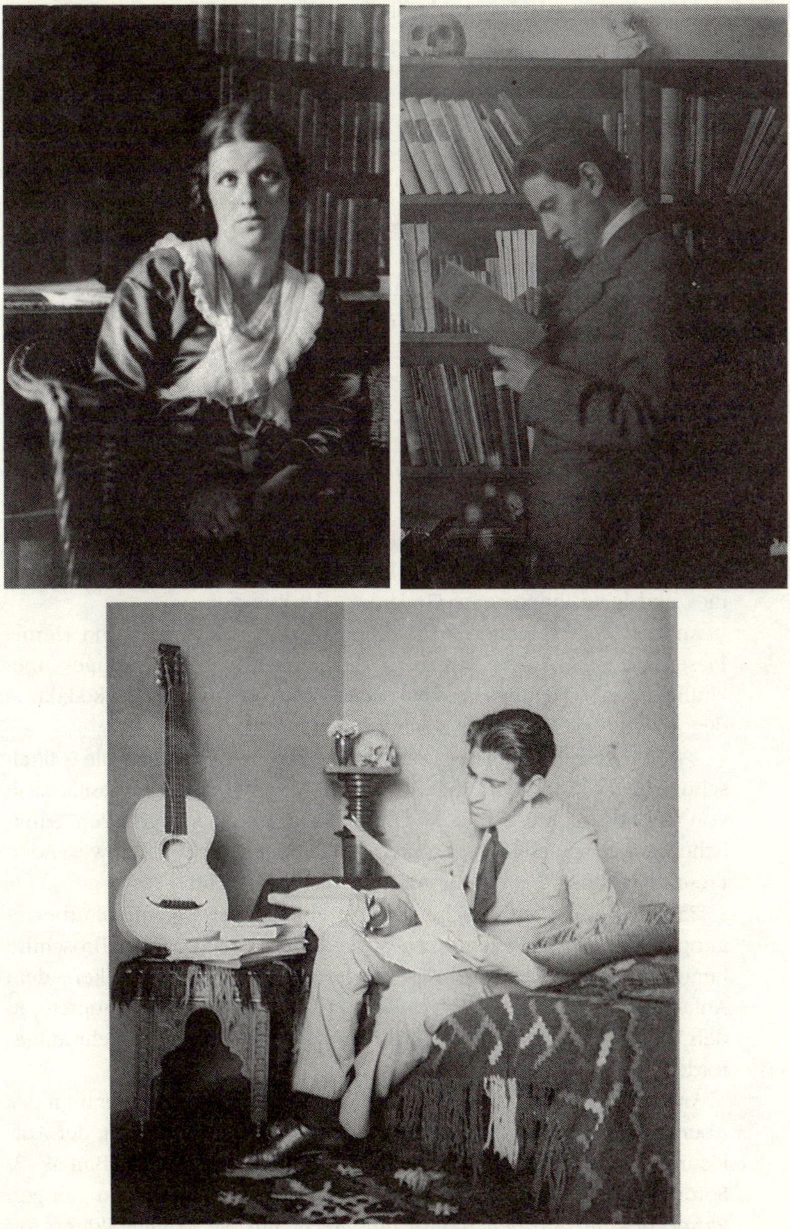

links oben: Anne Salomon, rechts oben: Bernfeld um 1914, unten: um 1913.

bener »Verfassung« – verblüffen durch fortschrittlich-emanzipative Grundhaltung, Selbstbewußtsein und hohes Reflexionsniveau.

Sommer 1914 - Eine jugendliche Chronologie

Im *Aprilheft* der *Deutschen Arbeit* schreibt der Wiener Professor Dr. A. Lassmann über Pennalien und Schülervereinigungen. Er tritt für die Gestattung von Schülervereinigungen ein, die durch den Erlaß vom 24.Juni 1849 verboten sind.

Am *14. April* hielt Fräulein Hedwig Braun in der Sozialpädagogischen Gesellschaft einen Vortrag, in dem sie gegen die Internatserziehung Stellung nahm. In der Diskussion sprachen Siegfried Bernfeld, ferner Max Ermers und Gerda Laski.

Am *17. April* bringt die *Egyptian Mail* einen Artikel über eine »Revolution der Schüler in Wien«.

Am *18. April* besprach Bernfeld in seiner Wohnung mit etwa 30 früheren Sprechsaalbesuchern die Idee eines zu gründenden Jugendheimes und legte ihnen seine Gedanken darüber vor.

Am *18. April* sprachen Fritzi Eisler, Koslik, Max Ermers und Herma Piesch mit Miss Sylvia Pankhurst die anlässlich ihres Vortrages über »Suffragettenbewegung« in Wien weilte. Die verantwortliche Redaktion des *Anfang* hat Max Ermers übernommen.

24. April. Fortsetzung der Diskussion des Vereins Mittelschule (Mittelschulprofessoren) über »Jugendkulturbewegung«. Im Universitätssaal; von uns nur mit Mühe und Not Bernfeld und Ermers zugelassen. Sämtliche Redner sprachen gegen uns. Die ziemlich zahlreich anwesenden Freunde unserer Bewegung ergriffen nicht das Wort.

25. April. Der Katholische Schulverein hat der Jugendkulturbewegung bereits so viel Beachtung geschenkt, daß er eine eigene Broschüre herausgegeben hat, in der das unwissende Volk vor Wyneken, dem Anfang und dem A.C.S. gewarnt wird. Hofrat Scheindler behauptete, in den Sprechsälen werden die 15jährigen zum Geschlechtsverkehr aufgefordert.

Am *1. Mai* fand ein Chronikabend des A.C.S. statt. Das Programm des Abends war folgendes: 1. Verlesung der Chronik; 2. Mitteilung der Auflösung des A.C.S. durch Bernfeld vor dem Polizeikommissar Binhak. 3. Sofortige Neukonstituierung nach außen A.K.S. genannt. Im übrigen wurde beschlossen den Kampf ums Recht um die Komitébildung mit der Polizei aufzunehmen.

Am *1. Mai* hielt Rabbiner Mor. Rosenfeld eine Predigt im Tempel, eine scharfe Predigt gegen die Jugendkulturbewegung vor der er warnt.

In Holland hat sich ein Jugendbund gegründet, der die Prinzipien der Jugendbewegung vertritt.

Anfang *Mai* wurden die Statuten folgender zu gründender Vereine an die Statthalterei eingereicht.

Die akademisch-pädagogische Gruppe.

Der Jungwandervogel.

Die Gesellschaft für Erziehungswesen.

Am *10. Mai* fand bei ungünstigem Wetter der zweite Jugendtag in Laab a. Wald statt. 150 Teilnehmer wurden gezählt. Man spielte und improvisierte einen Sprechsaal in der Baunzen. Jakob Levy (d.i. Jakob Moreno; Anm. d. Verf.) erzählte von seinen »Begegnungen«.

Am *13. Mai* veranstaltete das A.K.S. einen Gastabend. Folgendes wurde erledigt:

1. Aufteilung des Ordnungsdienstes im neuen Lokal.
2. Es übernahmen die Verpflichtung zum Zeitungslesen (die Jugendbewegung betreffend) Nathanson (Berliner Tagblatt), H. Kraus (Zeitschriften für Pädagogik, Jugendfürsorge), P. Geyringer (Fremdenblatt), H. G. Pollak (Die Aktion), Hellmann (Presse), Czucka (Neues Frauenleben). Gerda Laski (Tagblatt), Friedländer (Neue Freie Presse, Mittagsblatt, Zeit), Hilda Geyringer (Presse, Morgen), Neumann (Frankfurter Zeitung, Berliner Tagblatt, Arbeiterzeitung, Zeit (abends), Kampf (Soziale Rundschau) Dux (Neues Wiener Journal) Schamannek (Reichspost), Ermers (Ostdeutsche Rundschau, Deutsches Volksblatt), Koslik (Österreichische Volkszeitung), Gerhart Eisler (Extrablatt)
3. Friedländer referierte über P. Foersters Aufsatz in den Süddeutschen Monatsheften.
4. Es wird allen Mitgliedern des A.K.S. zur Pflicht gemacht die gegnerischen Versammlungen zu besuchen und dort über unsere Bewegung zu sprechen.
5. Es wird allgemein als angezeigt und wünschenswert bezeichnet ein Handbuch der Jugendbewegung herauszugeben, das alles statistische Material über den gegenwärtigen Zustand der Jugend bringen soll, sich außerdem eingehend mit den gegnerischen Argumenten der Jugendbewegung beschäftigen wird.
6. Gerhard Eisler, Richard Kramer, Ludwig Neumann und Guttmann bereiten die Gründung einer Jugendgemeinde für den Herbst vor.

Das *Maiheft* der Magyar Kultura einer ungarischen Monatsschrift enthält einen langen Aufsatz, der mit rührender Naivität die armen Ungarn von Wyneken und der Jugendkultur warnt.

Am *20. Mai* hielt Ermers im Casino Jägernitz einen Vortrag, in dem er die Jugendbewegung eingehend besprach.

Am *20. Mai* besprachen Lilli Bernfeld und noch einige andere Anhänger der Jugendbewegung mit Frau Lindemann aus Stuttgart, die lebhaftes Interesse für die Ideen der Jugendkultur zeigte im Frauenclub (Tuchlauben 11) die wichtigsten Probleme der Jugendbewegung.

Am *26. Mai* sprachen anläßlich der am internationalen Frauentag gehalten Referates und Diskussion über Jugendfürsorge Frau Beer Angerer, Fritzi Eisler und Paul Friedländer.

Am *29. Mai.* A.C.S. Abend. Schon nach wenigen Worten beginnt eine lebhafte Debatte über unsere Stellung zu Bernfeld und der internationalen A.C.S. Leitung. Czucka übernimmt es Material über alle bestehenden Verordnungen betreffs Schülerverbindungen zu sammeln, um eine Eingabe an das Ministerium vorzubereiten. Koslik übernimmt die Gründung eines Übersetzungsamtes. Hier werden internationale Zeitschriften, die über uns berichten gesammelt und übersetzt werden. Hilda Geyringer stellt sich zur Gründung eines Vervielfältigungsamtes zur Verfügung. Innerhalb von 24 Stunden soll es möglich sein beliebig viele Exemplare einer Flugschrift, Einladungen, etc. zu drucken. M. Kupka übernimmt die Ausschmückung des Lokals. Gerda Laski meldet sich als Bibliothekarin.

30. Mai. Es wird beschlossen Jahrbücher der deutschen Jugendbewegung herauszugeben. 1. Oktober 1914. Bernfeld übernimmt die Redaktion.

6. Juni. A.C.S. Sitzung. Es wurden Gerda Laski, Karl Frank mit der Führung der Bibliothek besonders mit der Zusammenstellung von Bibliographien für alle in Betracht kommenden Wissensgebiete betraut. Koslik wurde mit der Erstattung eines Referates über die Einrichtung von Nachhilfskursen betraut. Ludwig Neumann soll über die Aktionen anläßlich des internationalen Sozialisten-Kongresses, Friedländer über die Ausarbeitung eines Programms der Jugendbewegung berichten.

6. Juni. Die »Aktion« veranstaltet einen Vortragsabend im Austria-Saal (Berlin) bei dem Bernfeld über Jugend und Alter spricht.

10. Juni. A.C.S. Sitzung. 1. Koslik führt seine Gedanken über ein Nachhilfe-Amt, welches vom A.C.S. einzurichten wäre, aus. 2. Erteilung von Rat und wirklicher Hilfe bei der Berufswahl. 3. Die Errichtung einer eigentlichen Correpetitionsanstalt. Die beiden ersten Punkte stoßen nicht auf Widerstand, dagegen zeigt es sich im Laufe der Diskussion, daß fast alle (dann auch Koslik) es mit den Grundprinzipien der Jugendkulturidee für unvereinbar halten diese Methode des Unterrichts (jetzige Mittelschule) durch Erteilung von Nachhilfestunden zu unterstützen. Friedländer formuliert die Stimmung des Abends in einem Satze der es ablehnt irgend eine Beschäftigung von Jugendlichen mit Wissenschaften fördern zu wollen, die nicht mit unserer Idee einer künftigen

Kulturschule vereinbar ist. Sache der Mitglieder des A.C.S. soll es sein eine solche schon jetzt (Winter) wenigstens im kleinen Rahmen ins Leben zu rufen. 2. Friedländer liest einen Brief Bernfelds vor, der über Bernfelds Stellung zum Wiener A.C.S. Klärung bringen sollte.

Am *12. Juni* konstitutierende Versammlung des »Akademisch-Pädagogischen Vereins«. Anwesend waren 30 Personen. In den Ausschuß wurden gewählt: Fritzi Eisler, Lipsch, Herma Piesch, Friedländer, Frank. Am *19. Juni* veranstaltet das A.C.S. wieder einen Elternabend. Prof. Friedjung über das Verhältnis von Eltern und Kindern. Sodann entspannen sich lebhafte Diskussionen über das Dankbarkeitsproblem und unsere Stellung zur Freien Schulgemeinde. Es sprachen besonders Ermers und Fritzi Eisler.

25. Juni. Elternabend. Fritzi Eisler spricht über das Dankbarkeitsproblem. Dann Dr. Hitschmann (er sagte, daß er Achtung vor der modernen Jugend habe, die in allen Dingen einen so ernsten Kulturwillen beweise). Dann Gerda Laski, Nathanson, Hilda Geyringer über die »absolute äußere und innere Wahrhaftigkeit«.

27. Juni. A.C.S. Sitzung. 1. Max Ermers liest einen Entwurf zu einem Programm zur Erlangung der Erlaubnis in Österreich Mittelschülervereine zu bilden. 2. Friedländer liest seine ersten Skizzen zu Thesen die für das A.C.S. grundlegend werden sollen vor. Nur die erste derselben die wirtschaftliche Sicherstellung und Gleichstellung aller Jugendlichen verlangt konnte noch diskutiert werden. Sie wurde angenommen. Die erste These lautet wörtlich: Das A.C.S. verlangt und arbeitet darauf hin daß jedem heranwachsenden Menschen durch wirtschaftliche Sicherstellung die gleiche Möglichkeit gegeben werde sich zu entwickeln. 2. These siehe Sitzung vom 6. Juli. *2. Juli.* A.C.S. Sitzung. Diskussion über Propaganda der Schülervereins-Freiheit.

6. Juli. A.C.S. Abend. Neumann hält das ihm in der letzten Sitzung zugewiesene Referat über die Propaganda für Schüler-Vereins-Freiheit. Nathanson ist ein Gegner der Vereinsfreiheit für Schüler, da er fürchtet sie könne in Vereinsmeierei ausarten. Für die Vereinsfreiheit sprechen Fritzi Eisler, Herma Piesch, Neumann, Frank. Die Formel auf die man sich einigte lautet: Das A.C.S. wünscht und befördert die Schülervereinsfreiheit, ist sich aber bewußt, daß diese nur ein Mittel zum Zweck nämlich zur Ermöglichung von Jugend-Gemeinden bedeutet. 2. These Friedländer (Nachtrag vom 27. VI.) Der junge Mensch entwickelt sich seiner Eigenart gemäß, wenn diese Entwicklung in der Gemeinschaft erfolgt; jedoch wird niemand zur Gemeinschaft gezwungen. Daher arbeitet das A.C.S. darauf hin, daß Jugendgemeinschaften geschaffen werden in denen sich die Jugend in selbstgegebener Verfassung im Zusammensein mit selbstgewählten Führern entwickelt.

Wenige Wochen später zerstörte der Ausbruch des Ersten Weltkrieges die Realisierung sämtlicher Zukunftsvisionen und zerschlug die Bande dieser einzigartigen Jugendbewegung. Trotzdem: wider die allgemein vorherrschende Kriegseuphorie – Karl Frank wurde nach 20 monatigem Fronteinsatz wegen »Kriegsdienstverweigung« psychiatriert - flackerten doch weiter jugendbewegte Utopien. In einem »Feldpostbrief an Euch, LAND!« träumte Karl Frank von einem jugendlichen Staat im Staate. Genug der Intellektualität (»die Gelehrten schreiben zu viel«), soll endlich der eigene Zukunftsstaat, eigene Gartenstadt, die »Freie Schulgemeinde« errichtet werden.

> »Und ich wende mich an Sie, Herr Spekulant, lassen sie sich das gute Geschäft nicht entgehen, überlassen sie uns ein grosses Grundstück rundherum der Boden wird schon bald sehr teuer werden. Fürchtet nichts, Kameraden, wir selber werden die Gemeinde sein und ihr beständiger Verschönerungsverein. Kommt und dann werden wir das Schauspiel erleben, das erhoffte Seltsame, den Auszug der Jugend auf ihren heiligen Berg – ins gelobte Land, nein, nur dies, sie zieht auf ihren grünen Berg in ihr grünes, grünes Land!«[11]

Siegfried Bernfeld beendete sein aktives Engagement in der Wiener Jugendbewegung, nachdem er sich im Juni 1914 entschlossen hatte, sein Tun und Denken in den Dienst des jüdischen Volkes zu stellen. (Bernfeld, 1921a, S. 9). Ebenfalls pazifistisch eingestellt, mußte Bernfeld am 26. Oktober 1914 seiner Landsturmdienstpflicht nachkommen, um bereits in den ersten Novembertagen bis März (mit Ausnahme von 14 Tagen im Jänner) wegen Lungenspitzenkatarrhs wieder dienstfrei gestellt zu werden, sodaß er regelmäßig seinen Studien nachgehen konnte[12]. Am 8. Fe-

11 Frank, Karl: »LAND! Ein Feldpostbrief an Euch.« 1917. YIVO-Institut. New York.

12 Brief Siegfried Bernfelds an das Professorenkollegium der philosophischen Fakultät der k.k. Universität Wien (18. April 1915). Universitätsarchiv Wien. Über Bernfelds weiteren Kriegseinsatz erzählte seine Tochter Ruth Goldberg folgende Anekdote: ». . . he has very funny stories to tell of how be avoided to go into the shooting war, including being a – he saw somplace a list requesting names; somebody who could be a Turkish interpretor. And he put his name down. He didn't know a word of Turkish; but he said well he figured by the time they were through coming to him and deciding and finding out, maybe the war would be over. He did wind up actually conducting a Turkish prisoner – a criminal prisoner, you know Turkey was on Austria's side - back to Turkey on the train, so that took a few months, or weeks, or what have you. Whatever he could do to avoid getting in it.« (Oral History Workshop: Politics and Analysis in Vienna. 19. Dezember 1985. Maschinenschriftliches Transkript. Boston Psychoanalytic Institute. S. 54). Aus einem Brief vom 1. Mai 1918 des Sanitätsreferenten an das Kommando der k.u.k. Luftfahrttruppen geht hervor, daß Siegfried Bernfeld neben Rudolf Allers, V. Benussi, L. Juroszek und S. von Máday im Gespräch war, am Aufbau einer militärpsychologischen Prüfungsstelle mitzuwirken. Diesen Hinweis verdanke ich Frau Sigrid Burgstaller.

Im Landsturmdienst 1914/15

bruar 1915 heiratete Bernfeld die aus Hirschberg (Schlesien) stammende Anne Salomon und konnte im Mai sein Studium der Pädagogik und Psychologie mit der Dissertation »Über den Begriff der Jugend« (bei Prof. Höfler) abschließen. Am 12. des Monats war Bernfeld zum ersten Mal als Gast einer Sitzung der Wiener Psychoanalytischen Vereinigung anwesend. Ein Jahr zuvor verteidigte er bereits den wissenschaftlichen Stellenwert der psychoanalytischen Methodik gegenüber der experimentellen Psychologie in seinem Aufsatz »Psychoanalyse und Psychologie«, der in der *Internationalen Zeitschrift für ärztliche Psychoanalyse* erschienen war. Den hohen »wissenschaftsökonomischen Wert« der Psychoanalyse sah er darin, »daß sie ganz neue Tatsachen und Zusammenhänge feststellt und vielleicht auch noch, aber in zweiter Linie, daß sie neue Probleme und Deutungen gibt ('gute Ideen').« (Bernfeld, 1914s, S. 518). Am 17. Jänner 1914 referierte er in der individualpsychologischen Gruppe um Alfred Adler mit einem Bericht über die Jugendbewegung. (Handlbauer, 1984, S. 110f.) Die klassische Methode der Freudschen Psychoanalyse blieb jedoch Bernfelds theoretische Orientierung und er besuchte weiterhin die Mittwoch-Abende der Wiener Psychoanalytischen Vereinigung. Die Sitzungsprotokolle vom 8. November 1916 und 10. Jänner 1917 vermerken Bernfeld in der Gästeliste. Am 19. November 1918 hielt er seinen ersten Vortrag über »Die Dichtung der Jugendlichen«. Unter den Zuhörern waren neben Bernfelds Frau Anne, auch die Jugendbewegler Karl Frank und Otto Fenichel. Der Brückenschlag von der intellektuellen Protestbewegung zur wissenschaftlichen Vereinigung wurde durch Bernfeld ausgelöst und von Otto Fenichel kontinuierlich fortgesetzt. Er war einer der vielen intellektuellen Köpfe der Wiener Jugendbewegung, die nach dem Ersten Weltkrieg ihre Fähigkeiten in eine wissenschaftliche Karriere umsetzen konnten. Für Käthe Leichter war der jugendbewegte Otto Fenichel »trotz seines unangenehmen Aussehens schon wegen seines psychoanalytischen Könnens stark im Mittelpunkt der Bewegung« (Leichter, 1973, S. 333).

Bereits im ersten Semester seines Medizinstudiums (Wintersemester 1915/16) gehörte Fenichel zu jenen zwölf Inskribierten der Vorlesung »Einführung in die Psychoanalyse«, die Sigmund Freud jeden Samstag von 17 bis 19 Uhr im Hörsaal der Psychiatrischen Klinik abhielt.[13] In weitschweifendem Intellektualismus verstrickt, glänzte Otto Fenichel durch zahlreiche Aktivitäten, die seine jungen Freunde zur Mitarbeit motivierten. Neben

13 Statistik über die Vorlesungen Sigmund Freuds. Sigmund Freud Archiv. Library of Congress. Washington D.C.

einer Studie über *Sexuelle Aufklärung* (Fenichel, 1916), einer Statistik über Märchenmotive und der Errichtung einer Bibliothek für Jugendbewegungsliteratur im Oktober 1917 war die Gründung des »Wiener Seminars für Sexuologie« im Februar 1919 die herausragende Initiative des jungen Medizinstudenten. (Fallend, 1988, S. 27ff.) Fenichel protestierte mit diesem Seminar gegen das inhaltliche Defizit an der medizinischen Fakultät und schuf damit ein wöchentliches Forum in freier wissenschaftlicher Atmosphäre, aus dem sich mehrere Studenten und Studentinnen zur zweiten Generation der psychoanalytischen Bewegung herausbildeten. Grete Lehner (Bibring), Eduard Bibring, Otto Sperling, Wilhelm Reich und andere gehörten zum Kreis der Seminarteilnehmer. Neben der Präsentation ihrer Forschungsergebnisse hatten sie auch die Psychoanalytiker Theodor Reik und Isidor Sadger zu Vorträgen eingeladen. Wie aus einem Brief Otto Fenichels an seinen Freund Siegfried Bernfeld hervorgeht, konnte Alfred Adler in diesem jungen Intellektuellenkreis keine neuen Gefolgsleute gewinnen:

> »Das letztemal fuhr Alfred Adler mit schwerem Geschütz, d.h. mit allen seinen Individualpsychologen auf und verriet in fast fünfstündiger Diskussion, in der fast nur sie sprachen, weil ich und Willy Reich uns noch verständigt hatten, daß planmäßiger Widerspruch hier sinnlos sei, sich ganz, indem er sämtliche von Freud als 'Widerstand' beschriebene Symptome der Reihe nach zeigte. Weitschweifigkeit, Verschieben aufs Nebensächliche, Nichteingehn auf Gedankengänge des Gegners, prinzipielles Mißverstehen dieser, immer dasselbe längst Widerlegte wiederholen, dasselbe sagen wie der Gegner und behaupten, es sei das Gegenteil, Abschweifen in fernliegende Gebiete und schließlich behaupten, Freud habe alles von Adler gestohlen! – Nie mehr wieder! – Übrigens gehe ich endlich in eine Analyse.«[14]

Fritz Jungmann (Franz Borkenau) ist zuzustimmen, wenn er feststellt: »Keine andere Gruppe der jungen Generation hat der Psychoanalyse so viel Kräfte gestellt wie die Jugendkultur und insbesondere ihr Wiener Zweig.« (Jungmann, 1936, S. 688) Diese Exponenten einer neuen Psychoanalytikergeneration waren in der Wiener Vereinigung willkommen; die Psychoanalyse brauchte sie auch. Im Weltkrieg blieb ihr die erhoffte offizielle Anerkennung versagt (Reichmayr, 1983). Es folgte eine Phase der Neuorientierung. Impulse, die die jungen Vereinsmitglieder einbrachten, wur-

14 Brief von Otto Fenichel an Siegfried Bernfeld vom 15. Mai 1920. Siegfried Bernfeld Archiv. Library of Congress. Washington D.C.

den gerne aufgenommen, auch wenn der Unterschied zwischen den Generationen deutlich zu merken war: »Er fühle sich den Problemen dieser Zeit sehr entrückt«, bemerkte Freud in der Diskussion zu Otto Fenichels erstem Vortrag in der Wiener Vereinigung am 2. Juni 1920 zum Thema »Die Sexualfrage in der Jugendbewegung.« (Fallend, 1991)

Vier Monate später wurde der 23jährige Wilhelm Reich, nach seinem Antrittsvortrag über »Libidokonflikte und Wahngebilde in Ibsens *Peer Gynt*«, zum ordentlichen Mitglied gewählt. Reich war es auch, der im September 1922 die Gründung eines »Technischen Seminars« anregte, um durch systematisches Studium von Krankheitsfällen einen kontinuierlichen Erfahrungsaustausch zu gewährleisten und die Fortbildung der jungen Analytiker zu regeln. Von 1924 bis 1930 war Reich die Leitung dieses Seminars anvertraut, das wegen der zwanglosen Atmosphäre – er »war nicht von der alten Schule«[15] – gerne besucht wurde.

Kurz nach dem Ersten Weltkrieg setzte auch Siegfried Bernfeld neue Akzente in der Wiener Psychoanalytischen Vereinigung. Er war für eine Öffnung der psychoanalytischen Ausbildung von nichtärztlichen Interessierten, die sich aus Erzieher- und Pädagogenkreisen rekrutierten, zu denen Bernfeld auch beruflichen und freundschaftlichen Kontakt hatte. Mit der Idee der Gründung einer eigenen »Laiengesellschaft« trug er diesem wachsenden Interesse an der Psychoanalyse Rechnung und fand anfänglich auch innerhalb der Wiener Vereinigung mehrheitliche Zustimmung.

Auszüge bisher unveröffentlichter Sitzungsprotokolle der Wiener Psychoanalytischen Vereinigung vom 2. und 18. Jänner 1920 [16] vermitteln die Bemühungen, mit denen man sich der »Laienfrage« anzunehmen bereit war.

> Sitzung am 2.1.1920
>
> Dr. Bernfeld hält ein Referat über die Bildung einer Laiengesellschaft.
>
> Diskussion:
>
> Bernfeld sieht z.T. eine pädagogische Gruppe des Vereines darin, glaubt nicht, daß der Verein die wilde Psychoanalyse befördere. Der Begriff

15 Persönliche Mitteilung von Edward Kronold, New York.

16 Sitzungsprotokolle der Wiener Psychoanalytischen Vereingung vom 2. und 18. Jänner 1920. Siegfried Bernfeld Archiv. Library of Congress. Washington D.C. Vollständig abgedruckt bei: Reichmayr, 1990, S. 96-99.

des Laien wird bestimmt. Schlägt für den Verein »Imago« als Name vor. Weitere Entwicklung des Vereins ist zweifelhaft.

> Dr. Schilder: wie man Studenten die Psychoanalyse beibringt, ist eine Frage, die auszuscheiden. Andere Laien heranzuziehen ist der Verein nicht die richtige Organisation.
>
> Prof. Freud: Wahrnehmung, daß die Psychoanalyse weitere Interessen geweckt hat. . . .
>
> Sitzung am 18.1.1920
>
> . . . Dr. Bernfeld spricht als Proredner für einen Laienkreis, der für die Psa. Interesse zeigt, und zwar für eine gesonderte Organisation.
> . . . Dr. Schilder gibt kontra einige Bedenken kund gegen den Dilettantismus in der Ausbildung der Psychoanalyse. Gegen die Form eines Vereins, für Kurstätigkeit an Universität, Ausgestaltung in Seminarien.
> Für Verein: 9 Stimmen
> Gegen Verein: 4
> Dr. Federn schlägt für Verein vor: Vereinigung zur Verbreitung der Psychoanalyse.
> Dr. Kaplan Institut für Psychoanalyse.
> Dr. Bernfeld schlägt »Imago« vor,
> Silberer schlägt nur die Bezeichnung Gesellschaft
> Freud schlägt Laiengesellschaft vor
> Rank Gesellschaft für Pflege der . . .
> Storfer: zu Name »Gesellschaft der Freunde der Psychoanalyse« . . .

Bemerkenswert ist die Tatsache, daß sich neun Teilnehmer für eine separate Organisierung der Laien aussprachen, bei nur vier Gegenstimmen. In den Protokollen der folgenden Sitzungsabende wurde diese Frage nicht mehr weiter besprochen. Wie eng zu Beginn der Diskussion die »Laienorganisation« mit der Person Bernfelds verbunden war, vermag ein Schreiben Theodor Reiks verdeutlichen, der im März 1920 einer Interessentin antwortete: ». . . Wir meinen, Sie hätte in der Sache vollkommen Recht, nur sehen wir keine Möglichkeit, die 'Gesellschaft zur Förderung der Psychoanalyse' im jetzigen Moment zu aktivieren und müssen warten, bis Dr. Bernfeld zurückkommt . . .«[17] In Sigmund Freud fand Bernfeld wohl die

17 Brief von Theodor Reik vom 24.3.1920. Siegfried Bernfeld Archiv. Library of Congress. Washington D.C.

kräftigste Unterstützung für sein Laien-Projekt. Freud schrieb in einem Brief vom 21. Jänner 1920 an Sándor Ferenczi: »Einen Nachtrag von 11.000 K, den ich vor Wochen von Toni (d.i. Anton v. Freund; Anm. d. Verf.) erhalten habe, gebe ich nicht in den Verlag, werde ihn wahrscheinlich zur Unterstützung einer Pa. Laiengesellschaft verwenden, die auf Anregung von Bernfeld hier gegründet werden soll.«[18]

Bernfelds eineinhalbjähriger Aufenthalt ab dem Sommer 1920 in Heppenheim, wo er mit Martin Buber zusammenarbeitete, ließ diese Debatte vorerst verstummen. Die Frage der psychoanalytischen Ausbildung beschäftigte Bernfeld aber zeitlebens. 1952 formulierte er in einem Vortrag »On Psychoanalytic Training« (Bernfeld, 1962) im Rahmen der San Francisco Psychoanalytic Society, seine kritischen Ideen zur Organisationsform der psychoanalytischen Ausbildung, den Peter Paret als eine »Miniaturausgabe des Sisyphos« charakterisierte.

18 Brief von Sigmund Freud an Sándor Ferenczi vom 21.1.1920. Library of Congress. Washington D.C. Für diesen Hinweis danke ich Ernst Falzeder, Mitherausgeber des Freud-Ferenczi-Briefwechsels.

Anne Salomon

Anne Salomon

Anne Salomon wurde am 1. Oktober 1892 in Hirschberg (Schlesien) geboren. Von ihren beiden Geschwistern, Fritz (1890-1946) und Elly (1893-1958), war sie besonders mit ihrer Schwester eng verbunden, mit der sie gemeinsam nach Wien zog. Ihre Schwester war später mit dem Heidelberger Gelehrten Friedrich Gundolf verheiratet. Anne studierte Medizin. In einer Familienchronik in Briefen schildert die Schwester Bernfelds, Lilli Bernfeld Stross, Anne Salomon folgendermaßen: »The last time I saw her, she must have been 32 years old, full of life, blue-eyed, beautiful and very eager«[1]. Anne Salomon und Siegfried Bernfeld heirateten, laut Magistrat Wien, am 8. Februar 1915. (Bernfeld erwähnt allerdings in einem Brief das Datum: 7. Mai 1914; hier handelt es sich wahrscheinlich um den Termin der jüdischen Trauung). Siegfried und Anne Bernfeld hatten zwei Töchter – Rosemarie (geb. 24. Juni 1915) und Ruth (geb. 8. April 1919). Anne Salomon war mit Bernfeld in der Wiener Jugendbewegung aktiv und nach dem Ersten Weltkrieg im Erziehungsprojekt »Kinderheim Baumgarten« als Ärztin engagiert.

Nach der Trennung von Siegfried Bernfeld – Mitte der Zwanziger Jahre – war Anne Salomon eng mit dem Biologen Paul Kammerer befreundet. Kammerer hatte weltweiten Ruhm erlangt, nachdem er durch seine Experimente mit »Hebammenkröten« den Beweis für die »Vererbung erworbener Eigenschaften« angetreten hatte. Kammerers Vererbungs-These stand in krassem Gegensatz zur Lehre der Neodarwinisten von der Evolution als Folge zufälliger Mutationen. Was als größte biologische Entdeckung des Jahrhunderts gefeiert wurde, entwickelte sich zum Gelehrten-Skandal. Kurz vor ihrer gemeinsamen Reise nach Moskau, wo Kammerer ein Institut für

1 Brief von Lilli Bernfeld Stross an ihre Neffen Peter, David und Tom, vom 8. Dezember 1967. (Privatbesitz: Bridget Laky).

Experimentalbiologie einrichten und aufbauen sollte, beging Paul Kammerer im September 1926 Selbstmord. Von englischen Wissenschaftlern ausgehende Beschuldigungen, daß er seine Experimente gefälscht hätte, hatten seinen Ruf zerstört. (Koestler, 1972)

Anne Salomon ging alleine nach Moskau, wo sie im Marx-Engels-Institut bei David Rjasanow Arbeit fand. Ihre Aufgabe war es, im Rahmen einer Gesamtausgabe die Handschriften von Karl Marx zu entziffern.[2] In Moskau heiratete Anne Salomon den Schriftsteller und Journalisten Karl Schmückle, der ebenfalls im Marx-Engels-Institut tätig war. Im Dezember 1928 wurde ihr Sohn Michael geboren. Zu den beiden Töchtern, Rosemie und Ruth, blieb der Kontakt aufrecht. Sie besuchten ihre Mutter jährlich in den Sommerferien in Rußland, oder Anne Salomon besuchte ihre Kinder. Das letzte Treffen fand 1936 in Prag statt.

Nach der Absetzung Rjasanows (1931) – der 1938 selbst Opfer der Säuberungen wurde – und Entlassung von 127 Mitarbeitern verloren beide ihren Arbeitsplatz. (Weber, 1989, S. 114)

Von 1931 bis 1934 war Schmückle Redakteur und verantwortlicher Sekretär der Moskauer *Deutschen Zentralzeitung*. Am 27. August 1936 wurde Karl Schmückle in der *Literaturnaja gazeta* zusammen mit anderen Mitgliedern des sowjetischen Schriftstellerverbandes als »Parteifeind« gebrandmarkt. Am 30. November 1937 wurde er vom NKWD verhaftet und am 24. Januar 1938 von einer »Kommission des NKWD und der Staatsanwaltschaft« der »Spionagetätigkeit« beschuldigt und zum Tode durch Erschießen verurteilt. Das Urteil wurde am 14. März 1938 vollstreckt. (Müller, 1991, S. 77f.)

Ruth Goldberg, die Tochter Anne Salomons und Siegfried Bernfelds, konnte von Michael Schmückle folgendes über das tragische Ende ihrer Mutter in Erfahrung bringen: Als Hitler vor Moskau stand, floh Anne mit ihrem Sohn Mischa nach Taschkent in Zentralasien, wo ihr und anderen Flüchtlingen Arbeit und Wohnmöglichkeit in Aussicht gestellt wurden. Dies traf jedoch nicht zu. Ohne Arbeit und Essen mußten sie auf Bahnhöfen übernachten. Anne hatte einen herausnehmbaren Goldzahn für diesen Notfall aufbewahrt und wollte diesen auf dem Markt tauschen. Eine Lagernachbarin hatte sie daraufhin beschuldigt, ihr einen goldenen Ring gestohlen zu haben – in der darauffolgenden Nacht, am 12. Dezember 1941, nahm sich Anne Salomon durch eine Überdosis Schlafmittel das Leben.

Michael Schmückle kam in ein Waisenhaus, das ihm seine Mutter schon

2 Persönliche Mitteilung von Hilde Koplenig, die Anne Salomon in Moskau kennenlernte.

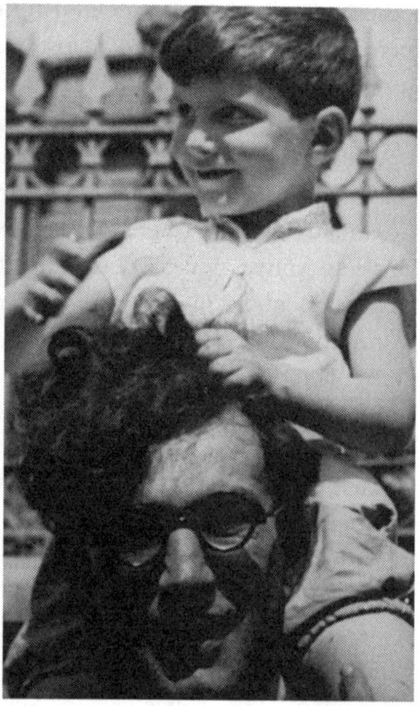

Anne Salomon mit ihren Töchtern Rosemie und Ruth. Heidelberg, Juli 1927. Karl und Michael Schmückle um 1931/32.

vor ihrem Tod organisiert hatte. Er hielt es dort nicht lange aus und schlug sich zu einem früheren Dienstmädchen durch, das er auch in einem kleinen Dorf in der Ukraine wiederfinden konnte. Später ging er nach Moskau; er wurde nach dem Krieg Bergbauingenieur und siedelte nach Ost-Berlin um, wo der Name seines Vaters noch Ansehen genoß.[3]

3 Persönliche Mitteilung von Ruth Goldberg.

John Bunzl

Siegfried Bernfeld und der Zionismus

Bernfelds Zuwendung zum jüdischen Nationalismus, die im Jahre 1914 erfolgt ist (Koch, 1974, S. 32), muß im historischen Kontext von mindestens drei Phänomenen gesehen werden:

1. Die durch den Ersten Weltkrieg ausgelöste jüdische Fluchtbewegung aus Galizien in den Westen und besonders nach Wien;
2. die antisemitische »Verwertung« dieses Massenzustroms und
3. die Existenz von zionistischen Strömungen unterschiedlichster Art vor allem seit dem Auftreten Theodor Herzls 1896/97, die wiederum als Reaktionen auf antisemitische Anfeindungen verstanden werden können.

Zionismus und jüdischer Nationalismus in Österreich

Wie vor allem Adolf Gaisbauer (1988) gezeigt hat, kann der Zionismus in Österreich (und Europa) nicht als Weiterentwicklung eines religiösen Messianismus, sondern als Antwort auf eine *moderne* Krise jüdischer Existenz angesehen werden. Zwischen den beiden Polen »Auflösung des Ghettos« und »Aufkommen des modernen Antisemitismus« entstand ein »Niemandsland« (Gaisbauer), das durch die uneingelösten Versprechen der Emanzipation nicht zur Heimat für die Juden werden konnte. Das Ghetto hatte nicht nur stigmatisierende Absonderung, sondern auch Schutz, sichere Identität und selbstverständliche Tradition bedeutet. Die Emanzipation brachte zwar (im Westen der Monarchie) individuellen Aufstieg, aber auch kollektive Verunsicherung. Den Forderungen des Emanzipation gewährenden Staates gemäß mußten nationale, ja »tribale« Inhalte des Judentums universalisiert und entsprechend den Ideen der Aufklärung umgeformt werden. Die Emanzipation sollte »Zion« überflüssig machen. Der Prozeß geriet jedoch ins Stocken, so daß um die Jahrhundertwende weder Christen noch Juden die jüdische Identität einer Person ignorieren konnten. Ihrer traditionellen Rolle verlustig und »noch« nicht von der bestehenden Gesellschaft akzeptiert, entwickelten Juden verschiedene Strategien, von denen *eine* der »Zionismus« war. Für unseren Zusammenhang ist es wichtig zu verstehen, daß verschiedene jüdische Reaktionsweisen auf die antisemitische Herausforderung, trotz ihrer Gegensätzlichkeiten, auch gemeinsame Züge aufwiesen. Unterscheidungen lassen sich treffen:

1. Bemühungen verschiedenen Grades, sich an die bestehende Gesellschaft zu assimilieren, bis zu den Versuchen, den Antisemiten ihren vermeintlichen Anlaß (die »Ghetto-Unarten«) durch »Selbsterziehung«, »Selbstreinigung«, ja »Selbstverleugnung« zu nehmen.
2. Die »rote Assimilation« als Assimilation an eine Bewegung und an eine Utopie, die für spezifisch jüdische Anliegen keinen Platz hatte, die uneingelösten Versprechen der bürgerlichen Emanzipation jedoch zu erfüllen schien (darunter: Überwindung von Antisemitismus).
3. Während es sich bei Punkt 1. und 2. im Prinzip um *individuelle* Strategien handelte, versuchten nationaljüdische und zionistische Entwürfe einen *kollektiven* Schritt zurück – kollektiven Rückzug aus den bestehenden Gesellschaften. Diese Strategien sollten aber nicht zum Status *vor* der Emanzipation führen (ein Sinn des Verharrens der religiösen Orthodoxie), sondern zu *neuen* Formen und Inhalten, um die sich heftige Kontroversen entwickelten.

Im Denken Siegfried Bernfelds finden sich nicht nur Elemente dieser *drei* Stränge repräsentiert, sondern auch verschiedenen Ansätze *innerhalb* der zionistischen Bewegung selbst. Diese Verschiedenheiten haben wiederum mit unterschiedlichen regionalen und sozio-kulturellen Herkunftszusammenhängen zu tun, die aber alle in Wien ihren Niederschlag fanden. Es handelt sich im wesentlichen um folgende:

1. die »Verlängerung« nicht-assimilierter jüdischer Existenz aus dem Osten der Monarchie nach Wien. Der *osteuropäische* Zionismus konnte auf eine bestehende Kollektivität zurückgreifen und war daher eher in der Lage, den aufkeimenden Nationalismen der Umwelt ein eigenes Modell entgegenzusetzen als die Zionisten im Westen.
2. Dort können folgende Quellen unterschieden werden:
a) Der Wunsch von Teilen der »etablierten« Juden ihren benachteiligten und verfolgten Verwandten im Osten zu helfen; aber auch der Wunsch, einen jüdischen Massenzustrom umzulenken, weil durch ihn eine Erschütterung der eigenen assimilierten Stellung befürchtet wurde.

b) Die schon angedeuteten Entwürfe einer post-assimilatorischen Reaktion auf den west- und mitteleuropäischen Antisemitismus.

Dementsprechend gingen auch in den Zionismus Bernfelds verschiedene Ziele ein, die zwischen einer physischen Rettung der Ostjuden, einer moralischen Rettung der Juden im »Niemandsland zwischen Emanzipation und Antisemitismus« und einer Rettung des Judentums vor Assimilation und »Degeneration« hin- und herpendelten.

Bernfeld und die jüdische Jugend

Ein Artikel in der von Martin Buber herausgegebenen Zeitschrift *Der Jude* (1916/17, S. 269f.) verdeutlicht den historischen Kontext und das programmatische Anliegen Siegfried Bernfelds. Unter der Überschrift »Die Kriegswaisen« heißt es:

> »In den mährischen Flüchtlingslagern wurden 1000 jüdische Waisenkinder gezählt; 18.000 etwa irren – wörtlich – in den Straßen der Städte und Dörfer Galiziens umher. Aus der Bukowina, aus Polen und Rußland ist noch nichts Genaues bekannt, aber zweifellos, wir müssen die Zahl 20.000 vervielfachen.«

Bernfeld will nicht, daß diese Kinder nur Objekte von Almosen werden, er will auch nicht, daß sie, wie er sagt, dem jüdischen Volk verlorengehen. Daher seine Schlußfolgerung:

> »Soll jüdische Kultur kein leeres Wort, nicht bloß wehmütige Erinnerung bleiben, so muß, in eine große Gemeinschaft konzentriert, die Jugend erwachsen, die bereit, die gezwungen ist, sie zu neuem Leben zu pflügen, zu denken, zu bilden.«

Dies zu erreichen, sollte ein Ziel zionistischer Politik sein. Ob die Kinder nach dem Krieg in ihre ghettoähnlichen Gemeinschaften zurückkehren, in Wien, Frankfurt oder Brooklyn absorbiert oder einen »produktiven Leben in einer fortschrittlichen Gesellschaft« (Hoffer, 1965, S. 155) zugeführt würden, darin sah Bernfeld die Kardinalfrage jüdischer Jugendpolitik. Der Krieg hatte sozusagen eine Gelegenheit geboten, bewußt in diesem Entscheidungsprozeß zu intervenieren und ihn in die gewünschte Richtung, nach Palästina, zu lenken. Der Kontakt mit Jugendführern und Intellektuellen unter den nach Wien gekommenen jüdischen Flüchtlingen eröffnete

Bernfeld die Möglichkeit zu einer Synthese zwischen seinen aus der Jugendkultur-Bewegung stammenden Vorstellungen und den aus Galizien und der Bukowina mitgebrachten zionistischen Ideen (Koch, 1974, S. 34). Träger solcher Ideen im Jugendbereich waren in erster Linie die Anhänger des »Hashomer Haza'ir« (Junger Wächter), die in der Folge Transmissionsriemen auch Bernfeldscher Ideen nach Palästina werden sollten. Der »Shomer« gründete Kibbuzim und zu Beginn des Staates Israels die links-zionistische Partei MAPAM. Die »Wiener Periode« (ca. 1915-1918), als die meisten »Shomrim« aus Galizien in die Hauptstadt der Monarchie kamen, hatte Einfluß auf die gesamte Bewegung. Dort trafen sie auch mit Angehörigen der westjüdischen Jugendbewegung »Blau-Weiß« zusammen und kamen über Bernfeld mit den Ideen Gustav Wynekens in Berührung (Margalith, 1970, S. 266f.). Gemeinsam war ihnen eine Autonomie von Jugendgruppen politischer und religiöser Parteien sowie ein »bündischer« Charakter. Der österreichische »Blau-Weiß« entstand 1913, aber schon vorher hatten Schülerbewegungen gleichen Namens bestanden. Zu ihnen stießen Jugendliche, die aus Wandervogelgruppen ausgeschlossen worden waren oder gar nicht versuchen wollten, in diese einzutreten.

> »Parallel zur Wandervogelbewegung verwirklichten sie deren Ideale vom natürlichen Leben auf der Wanderung ... Sie begannen wieder jüdische Feste zu feiern, nicht aber jüdischer Tradition entsprechend, von der sie nicht viel wußten. Die Hohen Feiertage lassen sich schlecht nach der Art der Wandervögel feiern. Sie entdeckten daher das 'Lichtfest' Chanukah neu und gestalteten es zu Sonnwendfeiern auf Berg und Höh' um« (Bermann, 1973, S. 135).

Bermann spricht treffend von einer »parallelen Rollenübernahme«, die es ab 1914 erlaubte, den Heldentod von Kriegsfreiwilligen herauszustreichen. Im Krieg entdeckten westjüdische Intellektuelle von Blau-Weiß die Ostjuden in den besetzten Gebieten und begannen sich für deren Kultur zu interessieren. Unter dem Eindruck der Balfour-Deklaration (November 1917) und des zunehmenden Antisemitismus orientierte man sich auf Palästina. Jugendliche arbeiteten, zum Erstaunen der Bauern, in niederösterreichischen und burgendländischen Dörfern. »Wiederholt wurden sie als Städter und Juden belästigt, ihre Unterkünfte zertrümmert, weshalb sie nur den einen Wunsch hegten, recht bald nach Palästina zu gehen« (Bermann, 1973, S. 137)

»Hashomer Haza'ir« (Junger Wächter) war 1917 von ostjüdischen zionistischen Jugendlichen und Mitgliedern der galizischen jüdischen Pfadfin-

Siegfried Bernfeld und Martin Buber, Mai 1918 nach dem österreichischen jüdischen Jugendtag

derbewegung »Shomer« gegründet worden. Er nahm Impulse aus der deutschen und sozialistischen Jugendbewegung auf, die er in den Kibbuzim zu verwirklichen suchte. Verschiedene Einflüsse aus West- und Osteuropa (Wyneken, Gordon, Buber, Borochow und Bernfeld) kamen in ihm zusammen.

In den letzten Jahren des Ersten Weltkrieges begannen die verschiedenen Jugendgruppen einander näher kennenzulernen, ihre programmatischen Differenzen zu diskutieren, gemeinsame Ziele zu entwerfen. Dies führte schon Mitte Oktober 1917 in Wien zu einer formlosen »Tagung der jüdischen Jugend« (Gaisbauer, 1988, S. 438), die unter anderem einen gesamtösterreichischen jüdischen Jugendtag vorbereiten sollte. Im Brennpunkt der Debatte standen – ähnlich wie in der zionistischen Bewegung insgesamt – Ost-West-Auffassungsunterschiede und die Frage, welcher Stellenwert den Problemen der Gegenwart (in der »Diaspora«) und der Zukunft (in Palästina) gegeben werden sollte. Vom 18. bis 20. Mai 1918 fand dann in Wien der unter wesentlicher Mitarbeit Bernfelds zustande gekommene österreichische Jugendtag statt. Die Tagung stand ganz im Zeichen zweier Leitfiguren der Bewegung: Martin Buber und Siegfried Bernfeld, die auch verschiedene Strömungen, nämlich »Kulturrichtung« versus »freie jüdische Jugend«, repräsentierten. Höhepunkt war die Rede

Martin Bubers, die mit folgenden idealistisch-pathetischen Worten endete: »An Euch, an der Jugend wird es liegen, ob aus Palästina die Mitte der Menschheit oder ein jüdisches Albanien wird, das Heil der Völker oder ein Spiel der Mächte. Zion wird in der Welt nicht erstehen, wenn Ihr es in der Seele nicht bereitet«. (Gaisbauer, 1988, S. 440)

Die Tagung fand im Großen Musikvereinssaal statt und muß auf die meisten Beteiligten einen großen Eindruck gemacht haben (Hoffer, 1965, S. 151). Sie endete – trotz der Differenzen – in der Schaffung eines Verbandes der jüdischen Jugend Österreichs, deren Präsident Siegfried Bernfeld wurde. Der Verband bestand bis Mai 1919, als die Nachkriegsenttäuschungen den Einheit stiftenden Enthusiasmus schon gedämpft hatten (Utley, 1979, S. 354). Der Mai 1918 kann als Höhepunkt des Engagements Bernfelds in der jüdischen Jugendbewegung angesehen werden.

In diese Periode fällt auch die intensivste Beteiligung Bernfelds an allgemeineren jüdischen Angelegenheiten. So wurde er Sekretär des mit Kriegsende gebildeten »Jüdischen Nationalrats«, der in den chaotischen Tagen der Auflösung der Monarchie so etwas wie die »Macht« in der Leopoldstadt (2. Wiener Gemeindebezirk) übernahm und sogar eine provisorische jüdische Nationalgarde aufstellte, welche die bedrohte Bevölkerung vor antisemitischen Übergriffen schützen sollte. Bewaffnete Männer mit blau-weißen Armbinden sollten nach dem Recht sehen, die Nahrungsmittelversorgung gewährleisten und für die öffentliche Sicherheit sorgen. Siegfried Bernfeld war ihr Kommandant (Hoffer, 1965, S. 158f. und Paret, in diesem Band). Die Garde bestand aus vier Kompanien: Studenten, Blau-Weiß, Hashomer Hara'ir und zurückgekehrte galizische Kriegsveteranen (Utley, 1979, S. 362)

Auf das kaiserliche Manifest vom 16. Oktober 1918, in dem die Umgestaltung Österreichs in einen Bund von Nationalstaaten angekündigt worden war, folgte am 20. Oktober 1918 die – letzte – zionistische Reichskonferenz in Wien. Sie erklärte:

> »Sicher ist, daß das bisherige Österreich in eine Anzahl territorial abgegrenzter Nationalstaaten zerfallen ist. Die Juden bewohnen jedoch in Österreich kein größeres Territorium und können daher keinen Nationalstaat bilden. Der Friede zwischen den Völkern kann aber nicht geschaffen werden, wenn nicht auch Garantien für den Schutz der Minoritäten geboten werden . . . (Das jüdische Volk) muß daher mit aller Energie vor aller Welt sein Recht auf Selbstbestimmung geltend machen und muß verlangen, daß der Schutz der nationalen Minoritäten von der selben Völkergemeinschaft verbürgt werde, welche auch den Schutz

der kleinen *Staaten* garantiert . . . Dieses Recht geltend zu machen, wird Aufgabe des jüdischen Nationalrats sein« (*Jüdische Zeitung*, Wien, 25. Oktober 1918; Hervorhebung d. Verf.).

Bernfelds Zionismus

Im Zentrum des Bernfeldschen Zionismus steht seine Assimilationskritik. Insofern ist sein Ausgangspunkt typisch für den westeuropäischen Zionismus. Die Assimilation wird nicht primär als ein Ergebnis objektiver gesellschaftlicher Entwicklungen angesehen, sondern als eine moralische Verirrung, ein Kniefall vor der antisemitischen Umwelt, eine Gefahr, vor der vor allem die jüdische Jugend zu retten sei. In Verkennung des projektiven Charakters antisemitischer Wahrnehmung werden die – positiv gewendeten – »jüdischen Eigenschaften« zum eigentlichen Grund der Feindseligkeit erklärt. Während derartige Thesen für eine Analyse von Antisemitismus wohl nicht ausreichen, geben sie doch eine subjektive Rationalisierung für identitätsfördernde Aktivitäten ab – und zwar gerade für nicht oder noch nicht ganz assimilierte Juden. Wird einerseits der Vorgang der Assimilation zu wenig als objektiver, ja unvermeidlicher historischer Prozeß angesehen, so wird andererseits das subjektive Leid, das mit diesem Vorgang verbunden gewesen sein soll, stark übertrieben. Es mag in vielen Fällen zutreffen, kann aber keineswegs für alle Karrieren und Lebensstrategien behauptet werden. Unter diesen Vorzeichen steht Bernfelds Zionismus (Koch, 1974, S. 41f.; Bernfeld, 1917h, S. 416f.; ders. 1919a, S. 9f.). Inhaltlich ist er geprägt von linken Ansätzen, deren Ursprünge weniger in jüdischen Traditionen als in anti-bürgerlichen Zeitströmungen zu suchen sind. Dazu gehört, neben Buber, Landauer und den Austromarxisten, vor allem die von Gustav Wyneken (1875-1964) inspirierte Jugendbewegung, die einen altersgemäßen Lebensstil zu schaffen suchte und ihn der konformistischen Welt der Erwachsenen entgegenstellte. Die Idee einer selbstverantwortlichen, autonomen Jugend gefiel Bernfeld besonders gut (Hoffer, 1965, S. 152f.). Dazu gehörten aber auch eine »völkische« Zivilisationskritik, Anti-Materialismus und ein Kult der »Gemeinschaft« (Utley, 1979, S. 353).

Wie Mosse (1970) überzeugend beschreibt, waren die Vorstellungen zionistischer, aber auch anderer jüdischer Jugendgruppen ganz allgemein vom »Zeitgeist« beeinflußt. Ein »Gemeinschafts«-Kult, der sich von der »künstlichen« »Gesellschaft« abheben sollte, gehört ebenso dazu wie die »Besinnung« auf die »Seele« der Nation, welche dem schnöden Materialismus entgegengesetzt wurde. Die Übertragung von Inhalten wie die Verklärung des Bodens, naturorientierter Anti-Intellektualismus und auch »Führerprinzip« auf jüdische Jugendgruppen reichte nicht aus, diesen eine *jüdische* Bestimmung zu geben; daher mußten sie durch einen eklektischen Rückgriff auf »eigenen« Traditionen angereichert werden. Aber es ging eigentlich um »neue Lebensformen« im Sinne völkischer Vorstellungen. Dem jüdischen Stereotyp sollte ein jüdischer Idealtypus entgegengestellt werden, der sich durch völkische Qualitäten auszeichnete: im Boden verwurzelt, anti-urban, anti-intellektuell, kameradschaftlich, hart, zäh, kraftvoll und physisch »schön«. In diesen Zusammenhang gehören auch die Hoffnungen auf eine Transformation der Juden in Palästina. Voraussetzung für diese Argumentationskette war ein Ernstnehmen des antisemitischen Stereotyps vom Juden, eine gewisse Verinnerlichung eines feindlichen Verdikts der Umwelt, eine Form von »Selbsthaß« (Bunzl, 1987, S. 52ff.).

Am ehesten kann insofern von einer *zionistischen* Bedeutung des Wirkens von Bernfeld gesprochen werden, als die von ihm beeinflußte »Shomrim« neue Lebensformen auf die Gemeinschaftssiedlungen in Palästina übertragen konnten. Diese Lebensformen waren nicht nur den Notwendigkeiten der Landnahme geschuldet, sondern auch ein Versuch der Realisierung von in Europa entstandenen Entwürfen.

> »Im Hashomer Haza'ir spiegeln sich . . . 'Verzweiflung an der Kultur' und die Enttäuschung über die europäische Zivilisation sowie auch das Motiv vom 'Untergang des Abendlandes' wider, das bei bestimmten europäischen Intellektuellen der Nachkriegszeit stark verbreitet war« (Margalith, 1970, S. 277).

Zu den europäischen Entwürfen gehörten aber auch: jugendliche Unabhängigkeit, Feminismus, Korporatismus, Genossenschafts-Sozialismus, antiautoritäre Erziehung und Psychoanalyse. Die Verwirklichung solch heterogener Ansätze, noch dazu auf der Basis ländlicher Kommunen, erwies sich in *Europa* als äußerst schwierig, eignete sich jedoch für die »frontier conditions« (Utley, 1979, S. 359) Palästinas. Die Kurzlebigkeit des zionistischen Engagements Bernfelds, zu dem sowohl die Herausgabe der Zeitschrift *Jerubbaal* (1918/19), als auch das Kinderheim-Experiment Baumgarten (1919/20) gehören, ist durch eine durch den Ersten Weltkrieg bedingte, vorübergehende Ausnahmesituation in Wien mitzuerklären.

Während *Jerubbaal* als Sprachrohr der rebellischen jugendlichen Avantgarde einer jüdisch-nationalen Massenbewegung in Österreich dienen sollte, war Baumgarten ein Versuch, pädagogische Ideen an 240 Kriegswaisen zu erproben; nach Anna Freud ein »erstes Experiment, psychoanalytische Prinzipien auf die Erziehung anzuwenden«. Krankheit, mangelnde Sympathie für Bernfelds fortschrittliche Ideen seitens der Sponsoren (dem American Joint Distribution Committee) und Unzulänglichkeiten des Verwaltungspersonals führten bereits nach einem halben Jahr zur Schließung der Schule. Ein Scheitern, das Bernfeld auch mit der unzureichenden Hilfe des jüdischen Bürgertums in Zusammenhang bringt:

> »Seit die Wohltätigkeitsanstalten bedrängt werden von ostjüdischen Flüchtlingen, leibhaftiger jüdischer Proletariermasse, verweigert das Bürgertum allen Ernstes jede ernsthafte Abgabe, von dem richtigen Gefühl geleitet, diesen Massen gegenüber nütze keine Spende mehr ... Je größer das Elend der jüdischen Masse wird, um so weniger wird das jüdische Bürgertum die mindeste Anstrengung machen wollen, zu retten, denn umso klarer wird links und rechts, daß nur dessen völlige Aufhebung das Mindeste helfen kann« (Bernfeld, 1974, S. 101f.)

So resümiert Bernfeld die negativen Erfahrungen mit seinen bürgerlichen Geldgebern, deren Verhalten er vergröbernd einer ganzen Klasse zuschrieb.

Durch seine autonomistische Grundhaltung kam Bernfeld mit institutionalisierter Politik in Konflikt, auch mit zionistischer. 1920 arbeitete er noch als Privatsekretär bei Martin Buber in Heppenheim – eine Funktion, die er krankheitshalber nur begrenzt ausführen konnte (Paula Buber an Elijahu Rappeport, 2. Jänner 1921 in: Buber, 1973, S. 69), zog sich aber ab 1922 vom aktiven Zionismus zurück.

Was Palästina betrifft, gibt es keine mir bekannten Äußerungen zum Konflikt mit der einheimischen Bevölkerung. Die Bezugnahme auf dieses Land wirkt utopisch-prophetisch-projektiv. Jedenfalls wird dem zionistischen Aufbauwerk exemplarische Gerechtigkeit und antiimperialistische Solidarität empfohlen – ein Wunsch, der aufgrund des ignorierten Konflikts mit den palästinensischen Arabern nicht in Erfüllung gehen konnte.

Zusammenfassung und Ausblick

Obwohl Bernfeld noch einige Aufsätze über jüdische Erziehung veröffentlicht und ein Jüdisches Institut für Jugendforschung und Erziehung gegründet hatte, ist seit 1922 keine weitere Teilnahme an der zionistischen Bewegung festzustellen. 1920 wird ihm von Abraham Sonne vom Central Office der zionistischen Organisation in London geschrieben: »Ein jüdisches Institut für Jugendforschung ist . . . in Palästina nötig. Wer es heute dort machen kann, weiß ich nicht; ich sehe vorläufig niemand. Sie könnten es machen . . .«[1]

Das Institut setzte sich programmatisch den Aufbau eines jüdischen Erziehungswesens in Palästina und in der Diaspora zum Ziel. Mittel dazu waren die Errichtung einer Bibliothek, einer pädagogischen Beratungsstelle und von Ferialkursen für Interessenten aus Polen, Rußland, Palästina und Deutschland. So konnte Bernfeld eine Wirkung auf das jüdische Erziehungswesen in diesen Ländern ausüben (»Selbstwehr«, Wien, 7. April 1922).

Ab dem Jahre 1922 arbeitete Bernfeld als Psychoanalytiker und unterrichtete in der Wiener Psychoanalytischen Vereinigung. Daraus zu schließen, er hätte sich mit der »Judenfrage« nicht mehr auseinandergesetzt und es sei ihm ab dann um die »Unterdrückung und Verfolgung der Menschen schlechthin« (Koch, 1974, S. 188) gegangen, erscheint jedoch als voreilig. Allein die zahlreichen »Verlängerungen« seiner pädagogischen Konzepte nach Palästina und das anhaltende Interesse jüdisch-zionistischer Kreise an seiner Mitarbeit bzw. an seinen Ideen sprechen dagegen. 1920 überlegt er noch die Auswanderung nach Palästina (Hoffer, 1965, S. 166); 1922 trat der bedeutende jüdische Pädagoge Hugo Bergmann aus Jerusalem mit exemplarischem Interesse an ihn heran; 1925 scheint Bernfeld diese »Option« endgültig auszuschließen:

> »Außerdem haben mich eine Anzahl Kongreß-Zionisten besucht. Und meine Ernennung zum Professor für Jerusalem ist näher gekommen. Ich kann mich absolut nicht entscheiden. Daher ist meine Taktik die: ich lasse es zur Ernennung kommen. Dann erst wirklich nachdenken. Und, ich bin mir dessen fast sicher, Deinetwegen ablehnen« (an Elisabeth Neumann, 2. September 1925, in diesem Band, S.141).

1 Brief von Abraham Sonne an Siegfried Bernfeld vom 22. September 1920. Siegfried Bernfeld Archiv. Library of Congress. Washington D.C.

Ein Brief an Elisabeth Neumann vom 27. Februar 1925 erläutert dieses Dilemma etwas näher:

> »Ich bin wieder einmal ernstlich und ehrenvoll aufgefordert worden, in Palästina ein pädagogisches Geschäft zu übernehmen. Ich habs natürlich abgelehnt. Für vorläufig. Aber wenn ich je einmal so etwas annähme, gingst Du mit mir?«

Obwohl Bernfeld nicht nach Palästina ging, blieb sein spezifisches Interesse an jüdischen Angelegenheiten erhalten. Im Jahre 1933 vermachte er bedeutende Teile seines jüdischen Jugendarchivs dem Jiddischen Wissenschaftlichen Institut (JWI) in Vilna, wie dessen Leiter, Max Weinreich, in einem Brief vom 1. Dezember 1933 bestätigt. Weinreich dürfte Bernfeld auch als Analytiker konsultiert haben; er arbeitete an einer Übersetzung von Freuds Vorlesungen ins Jiddische: »Das JWI will das Buch herausgeben. Könnten wir auf eine Einleitung von Ihnen rechnen?«[2]

Noch 1942 eröffnete Bernfeld eine Vorlesungsreise in San Francisco, die sich mit psychischen Problemen bei der Eingliederung von Juden in den USA befaßte (The Center Bulletin, 22. Jänner 1942). Durch persönliche Umstände, aber auch dadurch, daß sich das Zentrum der Tätigkeit Bernfelds auf die Psychoanalyse »an sich« verlagerte, kam es zwar zu einer Relativierung bzw. Reduzierung des Stellenwertes, nicht aber einer grundlegenden Revision seiner – in diesem Beitrag problematisierten – zionistischen Auffassungen, sein Interesse an jüdischen Angelegenheiten blieb jedoch erhalten.

2 Brief von Max Weinreich an Siegfried Bernfeld vom 8. Juli 1935. Siegfried Bernfeld Archiv. Library of Congress. Washington D.C.

יידישער וויסנשאַפֿטלעכער אינסטיטוט / צענטראַלע פֿאַרוואַלטונג
ŻYDOWSKI INSTYTUT NAUKOWY / ZARZĄD CENTRALNY
YIDDISH SCIENTIFIC INSTITUTE / GENERAL BOARD

Wiwulskiego 18, Wilno. / ווִיוּלסקי־גאַס 18, ווילנע

........../.. .... ב"ר

Den 1. Dezember 1933.

Herrn
Dr. Siegfried Bernfeld,
Salesianergasse 33, Tür 9,
Wien III.

Sehr geehrter Herr Doktor,

Nach Abschluss unserer diesbezüglichen Besprechungen will ich Ihnen nochmals für Ihre Bereitwilligkeit danken, bedeutende Teile Ihres Jüdischen Jugendarchivs dem Jiddischen Wissenschaftlichen Institut zu überlassen. Ihr Entschluss ist uns um so mehr willkommen, als wir gerade dabei sind, eine weitangelegte jüdische Jugendforschung in die Wege zu leiten und mit Recht hoffen dürfen, in Ihren Sammlungen viel wertvolles Material zu finden.

Ich versichere Sie dabei im Namen des Instituts, dass keinerlei Stücke aus Ihren Sammlungen publiziert werden sollen bevor Sie Ihr Einverständnis dazu geben.

Sobald die von Ihnen übernommenen Bestände geordnet und inventarisiert sind, wollen wir Ihnen eine Aufstellung hierüber zukommen lassen.

In vorzüglicher Hochachtung

ergebenst

Max Weinreich

Brief von Max Weinreich an Siegfried Bernfeld vom 1. Dezember 1933

ÖSTERREICHISCHER JÜDISCHER JUGENDTAG, WIEN
18., 19., 20. MAI 1918.

MERKBLATT Nr. 1
FÜR DIE
TAGUNG UND DISKUSSION

PROGRAMM

Samstag, 18. Mai 1918, 7 Uhr abends: Eröffnungssitzung.
1. Begrüßung.
2. Ansprache Dr. Martin Buber, Zion und die Jugend.

9 Uhr abends Empfang der Gäste und aller Delegierten im Jugendheime: II. Obere Donaustraße 91.
Die Wiener Teilnehmer haben wegen Raummangels keinen Zutritt.
Für Delegierte ist das Erscheinen unbedingt notwendig.

Sonntag, 9 Uhr vormittags: Vormittagssitzung.
1. Begrüßungen.
2. Siegfried Bernfeld, Programm einer jüdischen Jugendbewegung.
3. Eröffnung der Aussprache.

Sonntag, 3 Uhr nachmittags:
Fortsetzung der Diskussion.

Montag, 9 Uhr vormittags
für die Delegierten Sitzung im jüdischen Jugendheim;
Tagesordnung: Die Gründung eines Verbandes der jüdischen Jugendgruppen Österreichs.

7—8 Uhr morgens Treffzeit für alle übrigen Teilnehmer.
Wanderung zur Gießhübler Haide. (Alles Nähere Merkblatt 2: Wanderung).

3 Uhr nachmittags: Zusammenkunft aller Teilnehmer und der Delegierten des Jugendtages auf der Gießhübler Haide.

Eintrittskarten: Der Eintritt zu den Verhandlungen des Jugendtages kann für Teilnehmer und Gäste nur mit Platzkarte erfolgen. Diese Karten sind bis zum Schluß des Jugendtages aufzubewahren und auf Verlangen Ordnern und Billeteuren vorzuweisen.

Delegiertenkarten: Für die Delegierten sind besondere Plätze in den vordern Reihen reserviert. Jeder Delegierte hat sich durch Delegiertenkarte (an der Kasse zu beheben) auszuweisen. Zur Delegiertenkarte ist noch eine besondere Platzkarte zu lösen.

Geschäftsordnung: Die Geschäftsordnung der Aussprache ist festgelegt von der Delegierten-Sitzung der verantwortlichen Gruppen, ebenso die Redezeit. Geschäftsordnungsdebatten werden daher grundsätzlich nicht zugelassen. Wer das Wort zu erhalten wünscht, wird gebeten, seinen Namen, eventuell seine Gruppe, die Sprache, in der er zu reden wünscht und das besondere Thema auf einen Zettel einzutragen und an den Präsidententisch gelangen zu lassen.

Wanderung. Über die Wanderung findet sich das Nähere auf **Merkblatt 2.**

Delegiertensitzung. Am **Montag, den 20. Mai 1918, pünktlich 9 Uhr vormittags** treffen sich alle Delegierten zur Beratung über die Gründung des Verbandes der jüdischen Jugend Österreichs im Jugendheim II., Obere Donaustrasse 91. Das Erscheinen bei dieser Tagung ist für die Delegierten unerlässlich.

Jüdische Buchausstellung. Anlässlich des jüdischen Jugendtages veranstaltet der Verlag R. Löwit (Dr. Meyer Präger) im Kammermusiksaale des Musikvereinsgebäudes eine jüdische Buchausstellung, in der, nach Materien geordnet, ein vollständiges Bild über die Entwicklung der neueren jüdischen Literatur geboten werden soll. Einen besonderen Teil der Ausstellung bildet eine Übersicht über die Jugendliteratur, soweit sie für die Entwicklung der jüdischen Jugendbewegung in Betracht kommt. Die Ausstellung ist allen Besuchern des Jugendtages frei zugänglich und ist als Verkaufsausstellung organisiert. Mit der Buchausstellung ist auch eine **kleine Kunstausstellung** und eine **Bezalelausstellung** verbunden.

Blätter aus der jüdischen Jugendbewegung. Die **5. Nummer** der »Blätter aus der jüdischen Jugendbewegung« erscheint als **Festnummer** zum Jugendtag. Sie bringt nachfolgende Aufsätze: Martin Buber, »Zion und die Jugend«. — Siegfried Bernfeld, Leitsätze des Referates, »Programm einer jüdischen Jugendbewegung«. — Heinrich Glanz, »Achduth«, »Zur Einheit der jüdischen Jugendbewegung«, ferner eine Revue über die Entwicklung der österreichischen Jugendgruppen und reichhaltige Beiträge zu aktuellen Problemen der Jugend. Die Festnummer wird am **Sonntag, den 19. Mai** ausgegeben.

Vorträge Martin Buber. **Donnerstag, den 23. Mai 1918** wird **Buber** im grossen Konzerthaussaale in einem öffentlichen **Vortrag** über das Thema **„Die Verwirklichung des Judentums"** sprechen. Den Abschluss der Veranstaltung bildet eine **literarische Matinee**, die am **Sonntag, den 26. Mai, 11 Uhr vormittags**, in den Wiener Kammerspielen stattfindet und bei der **Buber** aus seinem noch unveröffentlichten Werke **„Die Welt der Chassidim"** lesen wird.

Karl Wirth *»Mitbegruender der Schulgemeinde« als Schueler*[1]

kurz nach dem 1. weltkrieg 1918, nach der gruendung der 1. oest. republik, erfuellte die welt u. somit auch oesterreich ein gefuehl der hoffnung; etwas lag in der luft, das die herzen freudig schlagen liess, trotz des elends u. der ungeheueren not, die damals herrschte. so war es auch kein wunder, dass fuer die vielen juedischen waisenkinder, wie immer die ersten unschuldigen opfer der kriege, die ihre eltern u. familien verloren und in elenden, unzulaenglichen, unhygienischen waisenhaesern zuflucht gefunden haben, von diesem neuen gefuehl der hoffnung, des strahlenden u. des freudigen, unbewusst erfuellt wurden. diese kinderheime wurden von jued. wohltaetigen organisationen unterhalten u. zwar mit unzulaenglichen mitteln, unzulaenglicher ernaehrung und ohne grosses interesse fuer diese armen kinder, mit ganz rueckstaendigen erziehungsmethoden, ohne liebe u. menschl. waerme. – und tatsaechlich geschah etwas neues, menschliches, wunderbares: es tauchte auf dr. siegfried bernfeld u. sein kinderheim baumgarten traten in unser leben. die schulgemeinde kinderheim baumgarten, in der linzerstr. 299 wurde tatsache. – ich erinnere mich noch gut, dass wir das erste mal in dem ehem. barakenlager auf die einteilung in die verschiedenen saele warten mussten – es dauerte zu lange u. wir wurden ungeduldig – es war schon herbstlich u. etwas kuehl. nicht wagend u. nicht gewoehnt zu protestieren, da sonst schelte u. schlaege folgten, wagte es doch einer eine bemerkung des protestes gerade noch so laut zu machen, dass es dr. bernf., der daneben stand u. den wir noch gar nicht kannten, es hoerte. zu unserem sehr grossen erstaunen, kam dr. bernf. auf uns zu – schon fuerchten wir ein donnerwetter – u. sagte uns in freundlichem u. menschlichem ton, sich entschuldigend, dass

1 Diesen Bericht entdeckte Gerhard Benetka im Dokumentationsarchiv des Österreichischen Widerstandes, Wien (Nr. 9250). Über den Verfasser, Karl Wirth, konnten wir nichts Näheres in Erfahrung bringen.

es nicht mehr lange dauern wird bis wir in unsere saele kaemen. – das erstaunen ueber dieses normale menschl. benehmen war ungeheuer, aber wir waren aus gewohnheit sehr misstrauisch u. glaubten dem »faulen« zauber nicht – das misstrauen gegenueber leitern u. lehrern war noch lange nicht verschwunden.

das ehemalige barakenlager war fuer uns ein paradies – es war da viel freier raum zwischen den baraken, gruene flaechen, garten mit baeumen, frische gute luft, schoene aussicht auf den wr. wald u. nicht zuletzt ein grosser fussballplatz. nichts von der bedrueckenden enge der stadt, der dunklen schmalen raeume der heime in der stadt . . . ein beglueckendes gefuehl von freiheit u. neuem leben erfuellte uns u. das leben begann uns zu freuen! langsam begann dr. b. seine plaene in die tat umzusetzen mit hilfe seiner gruppe von erziehern u. lehrern, lauter feine, mitfuehlende junge menschen voller idealismus, von denen ich besonders 3 hervorheben moechte: dr. willi hofer, dr. fuchs u. frau dr. geiringer. – vor allem wurden anstrengungen gemacht, die verpflegung zu verbessern, die raeume freundlicher zu gestalten sowie das leben im allgemeinen menschlicher zu gestalten. die beziehungen unserer lehrer zu uns kindern war derart freundschaftlich u. verstaendnisvoll u. voller liebe, dass diese art des verhaltens fuer uns ein wunder darstellte u. eine quelle von gluecksgefuehl! immer mehr kam ordnung in unser gemeinwesen. die schulgemeinde begann sich abzuzeichnen. die schule begann zu funktionieren u. zw. fuer uns auf eine neue unfassbare weise: man konnte waehlen welche klasse, welchen gegenstand man besuchen wollte, unbeschadet von alter u. fortschritt. es war voellig freigestellt – man musste ueberhaupt nicht die schule besuchen u. konnte einfach fussballspielen gehen, was leider viele auch taten! dr. b. hielt mit uns besprechungen ernster art u. versammlungen ab u. schliesslich kam das »parlament« der schulgemeinde zustande u. es wurde eine art von »regierung« gewaehlt. wahlberechtigt u. waehlbar waren nur die kinder – die lehrerschaft hatte das recht beizuwohnen. natuerlich war nicht gleich alles richtig u. perfekt, weil wir schueler noch unerfahren waren u. unsere stimmen nur den besten fussballspielern gaben, die nicht gerade die besten elemente waren. – aber welch himmelhoher unterschied, verglichen mit der primitiven erziehung der gewaltautoritaet der pruegelstrafe! – es wurden funktionaere »minister« gewaehlt u. gesetze beschlossen, die unser leben zu regulieren trachteten. ich selbst hatte das »verkehrsministerium« ueber, das heisst ich musste ausgangsscheine ausstellen u. fahrscheine fuer die elektrische ausgeben. hatte aber kein recht zu fragen oder abzulehnen, auch wenn ich wusste, dass etwas nicht in ordnung war. wichtig war nur die angabe, wohin der ausgeher sich wendete, wegen sicherheit desselben. leider musste ich feststellen, dass manche die fahrscheine verkauften – dieses und vieles andere waren die negativen seiten, folgen frueherer erziehung noch! dr. b. erklaerte uns vieles – sagte uns auch viele unangenehme wahrheiten ins gesicht, aber ohne boesen unterton, wir waren etwas betroffen, weil wir uns fuer was »besseres« hielten. dr. b. meinte, dass wir nicht schlecht, aber auch nicht besser seien (wie wir glaubten), er versuchte uns gar nicht zu schmeicheln; dass wir eigennuetzig, egoistisch und vieles andere, wenig angenehmes. ich selbst fuehlte mich betroffen u. konnte nicht glauben, dass an uns so viel haessliches haftete. es wurde eben uns nichts geschenkt, wie es die herkoemmliche erziehungsmethode tat, indem sie den zoeglingen angenehmes andichteten, um ein leichteres leben zu haben. andererseits war der umgang mit unseren lehrern wie mit geliebten u. verehrten freunden. sie assen mit uns am selben tisch dasselbe armselige knappe essen u. hungerten mit uns tapfer mit, vielleicht noch mehr. doch die freude, die uns erfuellte, liess die misere vergessen. die schule, d. h. der unterricht war eine quelle von freude u. glueck, weil von jedem zwang entbunden u. weil die selbstgewaehlten faecher unser interesse voll in anspruch nahmen. gern erinnere ich mich an frau dr. geiringer, die uns im freien aus kiplings dschungelbuch vorlas, so schoen, dass wir den maugli mit seiner wolfsmutter u. wolfsbruedern zu sehen glaubten. dies u. vieles andre war fuer uns begglueckend. fussball, turnen u. exerzieren im freien machte uns natuerlich auch viel freude – wir begannen uns langsam als freie menschen zu fuehlen, u. trotz kaelte, mangelhafter nahrung u. verschiedener anderer misstaende, waren wir sehr gluecklich und sahen die zukunft in verlockenden farben. – eines tages gruendeten wir aelteren jungens mit dr. hofer die »bereitschaft«, eine militaeraehnliche gruppe, deren zweck es war ueberfaelle, diebstaehle von aussen zu verhindern u. fuer sicherheit zu sorgen, dass tueren, fenster geschlossen sind, u. bei veranstaltungen fuer ordnung zu sorgen. wir waren natuerlich sehr stolz auf unsere gruppe, fuehlten uns als hoehere wesen, wurden enge kameraden u. nur ungern liessen wir neue mitglieder eintreten. dies, die abenteuer, verantwortung, die wichtigkeit, die wir uns beigaben u. die romantik gab uns wieder ein besonderes gluecksgefuehl. wir fuehlten uns mit dr. hofer nun noch enger befreundet u. auf unseren spaziergaengen mit ihm, gingen wir wie richtige freunde und besprachen unsere ernsten probleme, plaene schmiedend u. ernste gespraeche fuehrend. so planten wir spaeterhin arbeitscooperativen (wir wussten nicht ganz genau, was das bedeutet!) zu gruenden, um der gemeinschaft zu dienen. so dachten wir an eine tischlerei u. an andere werkstaetten – aber all das erschien so wunderbar, verband uns noch enger u. erzeugte eine sehr freudvolle hoffnung auf die zukunft, dass ich glaube, das dies unsere gluecklichste zeit in unserem leben war. es war aber viel zu schoen, um wahr zu sein! ich fuhr einige zeit spaeter mit der kinderaktion nach holland, dem paradies von kaese, butter u. fleisch, u. als ich nach 4 monaten nach baumgarten zurueckkehrte, war dr. bernf. gezwungen, wegen fehlender geldmittel, unsere schulgemeinde, die so viel gutes, schoenes, zukunftstraechtiges u. neues insich barg, aufzugeben! zurueck blieben arme, enttaeuschte, ungluecklliche kinder . . . wir hatten das gefuehl von einer grossen katastrophe, dass etwas schoenes, nuetzliches, wertvolles u. nicht wiederbringliches verloren gegangen ist!

buergerliche jued. gesellschaft fuerchtend u. nicht verstehend die neuen wege, gewohnt in alten ausgetretenen spuren zu gehen, verhinderten das werk dr. bernfelds. von selbstverwaltung, schulgemeinden u. freier erziehung, verstanden sie nichts, besonders, wenn es geld kostete . . .! – dass wir schueler u. kinder noch vieles nicht verstanden, um zu wissen, dass eine gemeinschaft alles selbstsuechtige ausschliesst u. eigennutz u. egoismus verbannen muss aus ihrer mitte, ist erklaerlich.

karl wirth, lissabon, februar 1974

ergaenzung meines berichtes ueber kinderheim baumgarten

an die genauen daten der gruendung sowie des zusammenbruchs des k. h. b. kann ich mich leider nicht erinnern, da ich nicht daran dachte, dass ich jemals darueber werde berichten wollen – ich glaube aber mit sicherheit annehmen zu duerfen, dass die gruendung ende des sommers 1919 erfolgte und das ende des k. h. b. ein jahr spaeter, im jahre 1920, sich vollzog. (aber die genauen daten duerften sich in den neuen ausgaben der »anti-autoritaeren erziehung«, darunter siegfried bernfelds »kinderheim baumgarten« – »schulgemeinde« finden. die brakls haben diese buecher in ihrer bibliothek.) die schulgemeinde bestand also ungefaehr eine jahr lang. wir waren mehr wie 300 kinder, jungen u. maedchen, von 6 bis ung. 16 jahren. es gab keine richtigen getrennten gruppen, hoechstens diese, die sich allein, also von selbst ergaben, wie z. b. die altersgruppen;

die jungen und maedchen bildeten ebenfalls gruppen fuer sich (eigenartigerweise sonderten sich die jungen schroff von den maedchen ab, vielleicht aus unbewussten sexuellen angstgefuehlen der pubertaet u. ihren »gefahren« u. gaben sich den maedchen »feindlich«. die maedchen aber waren ganz gluecklich, wenn wir jungens nicht so sproede waren, gaben es aber nicht zu erkennen – wir staken eben noch in alter erziehung u. waren erst am anfang), ferner bildeten die turner, die fussball-spieler eine gruppe, eventuell noch vage schulklassengruppen und noch fallweise kleine »private gruppen«. nur eine ganz deutliche gruppe bildeten die jungens der »bereitschaft«, auf die die jungens auch sehr eingebildet waren! da die klassen, besser gesagt die »hoer«saele ganz frei zugaenglich waren, sei es fuer aeltere oder juengere »hoerer«, ohne pruefungen u. auch ohne zwang die kurse regelmaessig zu besuchen, gab es keine nennenswerten gruppenbildungen von schulklassen. die sonntage waren ganz frei u. jeder konnte machen, was er wollte. die meisten besuchten familien u. verwandte oder gingen ins kino oder blieben im heim, beschaeftigt mit spielen u. fussball. kostspielige vergnuegungen, z. b. theater oder konzerte, etc. kamen wegen geldmangel nicht in frage. auch in der freizeit, nach »schulschluss« konnte man frei ueber seine zeit verfuegen. feiern u. gedenktage wurden oft begangen. es waren dies hauptsaechlich jued. traditionelle feiertage mit zionistisch-proletarischen einschlag, gefeiert sehr oft mit gesang, taenzen (volks-) u. mit grosser freude u. begeisterung u. dem gefuehl, dass endlich eine neue zeit anbricht, wo alle menschen gleich sind u. brueder und frei sind – auch wir juedischen kinder – ohne angst vor progromen u. antisemitismen! politisches bewusstsein jedoch fehlte uns noch damals. – ich erinnere mich nur noch, dass wir »grosse« weltberuehmtheit waren u. staendig besucher aus allen gegenden der welt kamen (ich glaube auch aus russland), um unsere schulgemeinde zu sehen u. zu studieren, was auf uns einen grossen eindruck machte, weil diese menschen oft »abenteuerlich«, wegen ihrer kleidung, fuer uns aussahen. Ich glaube sogar, dass lunatscharski[2] uns auch besucht hat!? ich denke, wir hatten ungefaehr 30 erzieher (oder lehrer), die wir als unsere lieben freunde betrachteten u. die auch gute, liebe menschen waren, an die wir gerne zurueckdenken.

lissabon, 30/4/74

2 Anatoli Wassiljewitsch Lunatscharski war von 1917-1929 Volkskommissar für das Bildungswesen der UdSSR.

Erik Adam

Siegfried Bernfeld und die Reformpädagogik

Eine kritische Rezeptionsgeschichte

Erst seit einigen Jahren mehren sich die Anzeichen, daß das pädagogische Werk Siegfried Bernfelds auch in der Erziehungswissenschaft die ihm gebührende Würdigung erfährt. Bernfeld war und ist besonders in der Pädagogik ein Außenseiter geblieben und weitgehend ignoriert worden. Auch in den pädagogikgeschichtlichen Darstellungen der Zeit, in welcher Bernfeld wirkte, die mit dem Begriff »Reformpädagogik« zusammengefaßt wird, wurden sein einflußreiches Engagement in der Jugendbewegung, seine Beiträge zur Jugendforschung, die ihn als einen ihrer Begründer erkennen lassen, seine vom Zionismus geprägte Utopie einer jüdischen Erziehung, die er in kleinem Maßstab in dem von ihm initiierten und geleiteten »Kinderheim Baumgarten« zu verwirklichen suchte, seine Bemühungen um eine Verbindung von Psychoanalyse und Pädagogik und sein Entwurf einer auf den Theorien von Freud und Marx gegründeten Erziehungswissenschaft als Sozialwissenschaft und schließlich seine klassenkämpferisch geprägten Arbeiten zu einer sozialistischen Erziehung, nicht zur Kenntnis genommen. Daran änderte sich auch nach 1945 für viele Jahre zunächst nichts, denn auch die späteren Darstellungen der Reformpädagogik orientierten sich noch an Herman Nohls bereits 1933 erschienene »epochemachende« Arbeit *Die pädagogische Bewegung in Deutschland und ihre Theorie* mit ihrer deutschnationalen, blickverengenden Perspektive, in der einer, der Jude, Sozialist und Psychoanalytiker war, natürlich unerwähnt blieb. So ist z.B. in der von Nohl unkritisch anknüpfenden, weitverbreiteten Monographie *Die reformpädagogische Bewegung* (Scheibe, 1969, S. 332) von Wolfgang Scheibe aus dem Jahr 1969, was etwa die Beziehung von Reformpädagogik und Psychoanalyse betrifft, immerhin schon ein kurzer Hinweis auf August Aichhorns *Verwahrloste Jugend* (Aichhorn, 1925), wo die erste Anwendung der Psychoanalyse auf die Fürsorgeerziehung dargestellt wird, zu finden. Siegfried Bernfeld wird man aber auch hier vergeblich suchen. Erst bei Hermann Röhrs, der die Internationalität der Reformpädagogik ins Zentrum rückt, wird Bernfeld im Zusammenhang mit der österreichischen Jugendbewegung und Martin Buber, der »am nachhaltigsten durch Siegfried Bernfeld für die reformpädagogische Fragestellung motiviert worden sein (dürfte), . . . der 1919 das 'Kinderheim Baumgarten' als jüdische Schulgemeinde gegründet hat« (Röhrs, 1980, S. 273 und 283) erwähnt. Wenn auch in ihren Weltanschauungen unterschiedlich eingestellt, so stimme die das *Kinderheim Baumgarten* (Bernfeld, 1921a) prägende sozialerzieherische Haltung (der Erziehungsstaat als sozialerzieherisches Modell) weitgehend mit den Erziehungsversuchen von Janusz Korczak in Warschau, Father Flanagan in Boys Town, Homer lande im Little Commonwealth, Karl Wilker auf dem Lindenhof und Makarenko in der Gorkij-Kolonie überein. Hier sind aber wiederum August Aichhorns »Jugendheim Oberhollabrunn« sowie Vera Schmidts »Kinderheim-Laboratorium« in Moskau (Schmidt, 1924), der erste Versuch mit psychoanalytischer Erziehung in der Sowjetunion, zu vermissen. Schließlich erwähnt Röhrs Bernfeld noch als Gewährsmann gegen Versuche, die der Reformpädagogik eine präfaschistische Tendenz unterstellen. Hier wird ein heikles Problem berührt, das Herwig Blankertz andeutet, wenn er in Bezugnahme auf Bernfelds Beiträge zu einer Theorie der sozialistischen Erziehung mit ihren emotional-suggestiv angelegten Mitteln der Massenpsychologie und des Führerkults feststellt:

> »Die Ähnlichkeit, die die NS-Pädagogik aus dem Erbe der Pädagogischen Bewegung zog, liegen auf der Hand. Das heißt nicht, daß Bernfeld in die Nähe des Faschismus gerückt werden könnte – Bernfeld war ein authentischer Antifaschist – sondern nur, daß eine übergreifende Gemeinsamkeit der pädagogischen Denk- und Urteilsstrukturen für die Menschen dieser Zeit bestanden hat und über schärfste, ja als unvereinbar geltende politische-weltanschaulische Gegensätze hinweg reichte.« (Blankertz, 1982, S. 304)

Diese Denk- und Urteilsstrukturen waren, wie noch zu zeigen sein wird, stark von Mythen geprägt, die auch bei Bernfeld zu finden sind und besonders deutlich in seiner zionistisch-sozialistischen Vision einer neuen Gesellschaft und der besonderen Aufgabe der Jugend bei deren Aufbau besonders deutlich zum Ausdruck kommen: auch die von Bernfeld inaugurierte jüdische Reformpädagogik, die dann in Palästina bzw. Israel besonders einflußreich werden sollte, operierte mit den damals üblichen Mythen des Jugendkults (der Jugendliche als heldenhafter Erlöser), der

Kinderheim Baumgarten. Von links nach rechts: drei Studentinnen des Pädagogiums; hinter ihnen Gustav Friedmann, Handwerks-Lehrer; 5. Hella Rosenblum-Reichmann, Direktorin des Kindergartens; 6. Recha Gelb (spätere Frau von Richard Kaufmann, Jerusalem); 7. Willi Hoffer; 8. Siegfried Bernfeld; 9. Marusha Schück, Lehrerin im Montessori-Kindergarten; 10. (hinter 9) Heinrich Infeld; 11 Meli Masarik; 12. Lore Kahn; 13. (hinter 12) Dr. Trude Hammerschlag; 14. Gerhard Fuchs; 15. Friedl Schiff; 16. Dr. Hilde Geiringer, Mathematikerin (heiratete Prof. Mises); 17. Neumann; 18. Turnlehrer.

Ehre, Ehrfurcht und Erde, der Volksgemeinschaft und der Volksseele, in welchen die deutsche Reformpädagogik befangen war. Diese Mythen konnte sich dann auch der Nationalsozialismus verfügbar machen und in seinem enthemmten Irrationalismus auf die Spitze treiben. Natürlich bekamen diese Mythen im Zusammenhang mit der jüdischen Reformpädagogik einen anderen Inhalt. (Liegle/Konrad, 1989, S. 21) Dennoch bleibt ein Unbehagen, dem sich eine kritische Würdigung auch eines Siegfried Bernfeld stellen muß. Aber auch in diesem »Zwielicht« (Seidelmann, 1974) nimmt Bernfeld eine Schlüsselstellung ein, da er einerseits selbst in den damals gängigen Mythisierungsstrategien befangen war, andererseits in seinen Bemühungen um eine wissenschaftliche Orientierung (mit einem reflektierten, empirisch orientierten Methodenrepertoire vor allem an der Psychoanalyse und einer kritischen Gesellschaftstheorie) Ansätze zur Kritik dieses Mythen eröffnete – im Unterschied zu den meisten anderen Reformpädagogen seiner Zeit (einschließlich der »Geisteswissenschaftlichen Pädagogik«, die dem Nationalsozialismus hilflos gegenüberstand und sich an diesen zum Teil sogar, wenn auch meist nur zu Beginn, anbiederte).

Breiteren Raum nimmt die Darstellung Bernfelds als Pädagogen endlich in Herwig Blankertz' 1982 erschienenen *Geschichte der Pädagogik* ein. Im Kapitel »Sozialistische Pädagogik« wird Bernfelds *Sisyphos oder die Grenzen der Erziehung* als einer der interessantesten Versuche, »mit einer Kombination von Marxismus und Freudianismus die Erziehungswissenschaft im Sinne einer sozialistischen Pädagogik zu fassen« (Blankertz, 1982, S. 301ff.), gewürdigt. Besonders hervorgehoben wird die darin entwickelte Theorie der Schule als »Instituetik«, als Ansatz zur Aufdeckung der institutionellen Bedingungen und Wirkungen der Schule, die in der geisteswissenschaftlichen Pädagogik (der zur Zeit Bernfelds dominierenden akademischen Richtung, die auch noch nach 1945 bis in die sechziger Jahre war) ungenügend bzw. unangemessen beachtet wurden.

In Heinz-Elmar Tenorths *Geschichte der Erziehung* aus dem Jahre 1988 wird Bernfelds Erziehungsbegriff – »die Summe der Reaktionen der Gesellschaft auf die Entwicklungstatsache« (Tenorth, 1988, S. 13) – sogar erkenntnisleitend, da Erziehung nicht isoliert angemessen begriffen werden kann, sondern nur im Kontext der Gesellschaftsstruktur. Tenorth würdigt Bernfeld als einen der wesentlichen Inspiratoren der psychoanalytischen Bewegung und erwähnt in diesem Zusammenhang auch August Aichhorn, von dessen sozialpädagogischer Arbeit langfristig gesehen die größere Wirkung für die pädagogische Praxis ausgegangen sei. Bernfeld hätte dagegen nur eine randständige Stellung, sowohl innerhalb der psychoanalytischen Pädagogik, als auch innerhalb des Marxismus gehabt. (Tenorth, 1988, S. 230) Bezüglich des Marxismus trifft diese Behauptung wohl zu und in den dogmatischen marxistisch-leninistischen Darstellungen der Reformpädagogik wird Bernfeld bis heute beharrlich totgeschwiegen. (z.B. Günther u.a., 1976) Was aber seine langfristige Wirkung betrifft, so sind seine Beiträge zur jüdischen Erziehung, die auch die Psychoanalyse einbeziehen, speziell das »Kinderheim Baumgarten« als Pilot-Projekt für die Kibbuzerziehung in Palästina bzw. Israel maßgeblich geworden und bis heute wirksam.[1] Aber auch in Österreich sind von Bernfeld ausgehende Impulse, vermittelt über die von Paul Lazarsfeld und Ludwig Wagner initiierten Ferienkolonien der »Sozialistischen Mittelschüler«, bis in

1 Liegle/Konrad (Hg.), 1989, S. 156ff. Melzer/Neugebauer, 1988, S. 11f., 44, 63ff., 73. Liegle, 1985, S. 60ff. Ullrich, Heiner, 1990, S. 903.

die dreißiger Jahre wirksam geblieben.[2] Hingewiesen wird von Tenorth auch auf Bernfelds theoretische Schärfe in seiner Kritik der bürgerlichen Psychologie und Erziehungstheorie, an der auch seine akademische Karriere scheiterte. Resümierend stellt Tenorth fest:

> »Radikale und zugleich ernüchternde Analysen dieser Art hat die Erziehungswissenschaft, aber auch die reformerische Pädagogik bis heute nicht bevorzugt betrieben. ... Angesichts der Analyseschwäche der Mehrheit der wissenschaftlichen Pädagogik gegenüber dem Nationalsozialismus hätte man sich freilich wünschen müssen, daß die theoretisch-distanzierte Haltung in der deutschen Erziehungswissenschaft weiter verbreitet gewesen wäre. Vertreter dieses Denkens müssen aber in die Emigration gehen (oder ins Konzentrationslager; Anm. d. Verf.) und die Pädagogik in Deutschland, vor allem in der Bundesrepublik, (das gleiche gilt auch für Österreich; Anm. d. Verf.) brauchte lang, um sich dieses Erbes zu erinnern und seine theoretische Herausforderung anzunehmen.« (Tenorth, 1988, S. 230).

Ergänzend sei noch erwähnt, daß eine unveröffentlichte Dissertation mit dem Titel *Siegfried Bernfelds Kinderheim Baumgarten. Voraussetzungen jüdischer Erziehung* (Koch, 1974), in der sich Annette Koch mit einem Aspekt von Bernfelds Wirken ausführlich beschäftigt vorliegt, und 1983 Verena Wolfrum eine kritische, aber voreingenommene Arbeit über Bernfeld mit dem Titel *Anspruch und Wirklichkeit im Werk von Siegfried Bernfeld anhand von ausgewählten Schriften aus den Jahren 1912-1933* in einem Kleinverlag veröffentlichte.

In den Darstellungen der österreichischen Pädagogikgeschichte war Bernfeld bis in die Gegenwart nicht vertreten. Erst 1988 wurde er von Helmut Engelbrecht in seine 5-bändige *Geschichte des österreichischen*

2 »In Lind bei Villach an der Drau war heuer im Sommer für sechs Wochen in einer Volksschule ein Ferienheim einquartiert, das über die gewöhnliche Erholungsfürsorge zwei Versuche machen sollte. 1. Den, eine Jugendorganisation zu technischer und erzieherischer Tätigkeit in den Dienst eines Kinderheims zu stellen, 2. einen 'ernsthaften Versuch mit neuer Erziehung', wie sie am besten in Siegfried Bernfelds Buch *Kinderheim Baumgarten* umschrieben ist. ... Bernfelds Buch hat vor allem in Kreisen sozialistischer Erzieher nicht die ihm gebührende allgemeinste Beachtung gefunden, weil es ein Bericht über ein Experiment in jüdischem Rahmen ist. Es wurde sogar schon daran gedacht, den prinzipiellen Ertrag seiner Arbeit in einer eigenen Broschüre zusammenzufassen. Nun lassen sich aber pädagogische Theorien und Erkenntnisse, insbesondere wenn sie sich auf das so unbearbeitete Gebiet der Massenerziehung beziehen, so unvergleichlich besser an praktischen Beispielen aufweisen, daß es uns ein Dienst und nicht als ein Diebstahl an Bernfeldschen Ideen erscheint, sie hier zu wiederholen und in ihre Bewährung in einem zweiten Fall zu zeigen. Gleich ihm weisen auch wir auf Gustav Wyneken und Berthold Otto als unsere Lehrer hin; ...« (Lazarsfeld/Wagner, 1924, S. 3). Dazu und zu weiteren Ferienkolonien siehe: Scheu, 1985, S. 134ff.

Bildungswesen (Engelbrecht, 1982-1988) aufgenommen. Im Zentrum steht dabei die »Freie jüdische Siedlung« Baumgarten und das Scheitern dieses Versuchs, das Bernfeld aber zu wichtigen gesellschaftskritischen Beobachtungen führte. (Engelbrecht, 1988, S. 122f.)

Im Unterschied zur pädagogischen Historiographie wird das Werk Bernfelds in den Darstellungen der Geschichte der Jugendforschung schon seit längerer Zeit ausführlich besprochen und angemessen gewürdigt: sie sind daher wichtige Informationsquellen auch für die Geschichte der Pädagogik und die Erziehungswissenschaft. Die erste Erinnerung an Bernfelds Bedeutung für eine wissenschaftlichen Ansprüchen genügenden Jugendforschung ist dem Wiener Soziologen Leopold Rosenmayr zu verdanken. In seiner 1962 veröffentlichten *Geschichte der Jugendkunde in Österreich* stellt er seine eigene Arbeit in die Tradition der österreichischen Jugendforschung, die bis dahin weitgehend vernachlässigt worden war. Sie beginnt mit Siegfried Bernfeld, seiner Dissertation *Über den Begriff der Jugend* (1915a) (bis heute unveröffentlicht!) und findet ihren programmatischen Ausdruck im Konzept für ein »Institut für Psychologie und Soziologie der Jugend (Archiv für Jugendkultur)« (1920a), das in Rosenmayrs Buch im vollen Wortlaut abgedruckt ist. Neben Bernfeld werden auch die Beiträge von August Aichhorn, Charlotte Bühler und Paul Lazarsfeld, dessen erste Arbeit über Jugendprobleme ganz unter dem Eindruck von Bernfelds Experiment »Kinderheim Baumgarten« stand, vorgestellt. Auf den Rat Bernfelds besuchte Lazarsfeld auch die Vorlesungen von Charlotte Bühler und wurde dann deren Assistent am Psychologischen Institut an der Universität Wien. Hier wurden auch die Grundlagen seiner späteren berühmt gewordenen Beiträge zur empirischen Sozialforschung erarbeitet, die er dann in den USA weiterführte.

Sich auf Rosenmayr beziehend würdigt Wolfgang Brezinka in seinem 1964 publizierten Artikel »Jugendforschung und pädagogische Planung« Bernfeld folgendermaßen:

> »Mit bewundernswerter Weitsicht hat der Wiener Psychologe Siegfried Bernfeld schon im Jahre 1917 ein 'Institut für Psychologie und Soziologie der Jugend' gefordert, das 'dem Jugenderziehungswesen im weitesten Sinne dienen' sollte. Leopold Rosenmayr hat uns dieses Dokument kürzlich wieder zugänglich gemacht. Es ist vor 47 Jahren erschienen, und doch wirkt es unglaublich modern.« (Brezinka, 1964, S. 188f.)

27 Jahre nach seiner Erinnerung an Bernfeld muß Rosenmayr aber konstatieren:

> »Siegfried Bernfeld ist (trotz einiger Anläufe nachgehender Deutung) in seiner Komplexität als psychoanalytisch orientierter Soziologe (sowie Psychologe und Pädagoge; Anm. d. Verf.) und als der neben Charlotte Bühler auf Paul Lazarsfelds Frühwerk wirkende Lehrer noch immer nicht richtig erkannt.« (Rosenmayr, 1988, S. 283)

obwohl im Gefolge der Studentenbewegung wichtige Schriften Bernfelds in der Ausgabe von Lutz von Werder und Reinhart Wolff 1969 ff. und dann als Taschenbuch 1974 wieder zugänglich gemacht wurden – allerdings unter dem zeitgebundenen Titel *Antiautoritäre Erziehung und Psychoanalyse.*

Erst 1990 sind zwei Arbeiten zur Geschichte der Jugendforschung erschienen, welche das Werk Bernfelds in gewünschter Ausführlichkeit darstellen, kritisch würdigen und in der Gegenüberstellung zu den anderen Jugendtheorien dieser Zeit dessen besonderes Profil sichtbar machen. Peter Dudek stellt in seinem Werk *Jugend als Objekt der Wissenschaft* die diversen Jugendtheorien der Zeit von 1890 bis 1933 in Österreich und Deutschland und die biographischen und sozialen Kontexte eher referierend dar, wobei er ausdrücklich von einer ideologiekritischen Analyse des Bedingungszusammenhanges von sozialer Praxis und selektiven Wahrnehmungs- und Deutungsmustern von »Jugend« Abstand nimmt. Wertvoll ist seine Studie vor allem durch die Fülle an Information, speziell auch über Siegfried Bernfeld, dem er als »Paten für Alternativen in der Jugendforschung, die sich aus unterschiedlichen Gründen nicht durchsetzen konnten« (Dudek, 1990, S. 43), seine besondere Aufmerksamkeit schenkt und ihn damit auch aus seiner Außenseiterposition befreien will. Vom methodischen Ansatz stringenter und ergiebiger erscheint im Vergleich zu Dudek die Arbeit von Johannes-Christoph von Bühler mit dem Titel *Die gesellschaftliche Konstruktion des Jugendalters. Zur Entstehung der Jugendforschung am Beginn des 20. Jahrhunderts*, die zwar Bernfelds Werk weniger ausführlich darstellt, durch die Herausarbeitung des problematischen Verhältnisses der Jugend bzw. des Jugendkults als Mythos zum Bemühen um eine der Realität angemessenen Wissenschaft von der Jugend sowohl die fragwürdigen Seiten auch in Bernfelds Werk kritisch zu durchleuchten erlaubt, als auch die heute noch anknüpfungswürdigen Ansätze zur Jugendforschung zu differenzieren ermöglicht. Eine ähnliche Perspektive kennzeichnet auch die Untersuchung *Reformpädagogik, eine kritische Dogmengeschichte* (1989) von Jürgen Oelkers, die sich vor allem dem Kindheitsmythos (v.a. bei Maria Montessori, die auch von Bernfeld besonders geschätzt wurde) zuwendet und einen schon lange fälligen

Beitrag zur grundsätzlichen Umorientierung der Darstellungsweise der »Reformpädagogik« leistet. Bernfeld kommt hier allerdings nur in einem Nebensatz in einer Fußnote vor. (Oelkers, 1989, S. 217)

Vor allem die Beiträge von Dudek und besonders von Bühler sollen nun auch als Grundlage für die Darstellung eines komprimierten Profils von Siegfried Bernfeld als Reformpädagogen dienen, in dem sich charakteristische Züge der vielgestaltigen Reformpädagogik verdichten und eine ganz spezifische Ausprägung erhalten. Da in den Beiträgen vor allem von Peter Paret, Johannes Reichmayr, John Bunzl und Karl Fallend bereits Wesentliches zum Engagement Bernfelds in der Jugendkulturbewegung, dann für eine jüdische Erziehung im Rahmen des Zionismus und den Erziehungsversuch »Kinderheim Baumgarten« fand und schließlich über die Verarbeitung des Scheiterns in Baumgarten im *Sisyphos oder die Grenzen der Erziehung*, die zu einer Abrechnung mit der bürgerlichen Pädagogik und dem Entwurf einer auf Marx und Freud gestützten sozialwissenschaftlichen Erziehungswissenschaft führte, zu finden ist, sei hier nun die Aufmerksamkeit auf das pädagogische Engagement Bernfelds in seinem Auf und Ab von Enthusiasmus und Scheitern und sein Ringen um Orientierung im Spannungsfeld von Methode und Wissenschaft gerichtet.

Bernfelds stark vom Einfluß Gustav Wynekens geprägtes Engagement in der Jugendkulturbewegung und sein schon damals in diesem Kontext beginnendes Bemühen um die Grundlegung einer interdisziplinären und empirischen, der Eigenart und Aufgabe der Jugend gerecht werdenden Jugendforschung, die auch die Psychoanalyse miteinbezieht, mündete nach seinem »Scheitern« an der gesellschaftlichen Realität und seiner Hinwendung zum Zionismus, in dessen Dienst er nun sein Bemühen um eine »neue Erziehung« stellte und die ihren neuen Mentor in Martin Buber fand, in dem Versuch, diese neue, nunmehr jüdische Erziehung auch tatsächlich zu realisieren: das »Kinderheim Baumgarten« (1918/19). Reformpädagogische Vorstellungen und Konzeptionen, vor allem jene von Wyneken, aber auch Maria Montessori und Berthold Otto werden von Bernfeld genannt, die Jugendforschung und die Psychoanalyse, sowie die Utopie einer jüdischen Erziehung, wie sie in Palästina verwirklicht werden sollte, gingen in Baumgarten – wenn auch auf Grund der gegebenen Bedingungen nur mit Einschränkungen und im kleinen Maßstab – als Pilot-Projekt eine einzigartige Synthese ein, die Siegfried Bernfeld als einen der originären Reformpädagogen erscheinen lassen, der Anspruch darauf hat, in der Geschichte dieser pädagogischen Bewegung in die Reihe ihrer bedeutendsten Vertreter aufgenommen zu werden. Obwohl Bernfeld auch mit seinem Erziehungsversuch gescheitert ist, nicht weil er erfolglos war, sondern wiederum an der gesellschaftlichen Realität, haben seine Impulse, wie schon erwähnt, sowohl in Österreich als auch in Palästina ihre Wirkungen ausgeübt. Die theoretische Aufarbeitung dieses Scheiterns an der »sozialen Grenze« der Erziehung mündete wiederum in seinem *Sisyphos*, wo er die psychischen und sozialen Bedingungen und Beschränkungen der Erziehung aus psychoanalytischer und marxistischer Perspektive untersuchte und damit auch als erster die Konzeption einer kritischen Erziehungswissenschaft als Alternative zur damals dominierenden »Geisteswissenschaftlichen Pädagogik« entwarf.

Bernfelds Entwicklung als pädagogischer Theoretiker erhält seine Dynamik aus einer sich mehrmals wiederholenden Sequenz von begeistertem Engagement und ernüchterndem Scheitern und dem Ringen um eine streng wissenschaftliche Orientierung – vor allem auch zur Überwindung von naiven Begriffen und Mythen, die zunehmend kritischer und umfassender werdende wissenschaftlich orientierte Reflexion (bei Bernfeld, wenn auch nicht ausdrücklich, immer wieder auch Selbstreflexion), wird aber immer wieder durchkreuzt von seinem Bedürfnis nach mythengeprägten Erlösungsvisionen bis zur sozialistischen Utopie, die seit dem *Sisyphos* zum absoluten Maßstab wurde. Aber auch Bernfelds Auffassung von Wissenschaft als unabhängiger und wertfreier Tatsachenwissenschaft huldigt einem fragwürdigen Wahrheitsmythos, der zu mancherlei Ungereimtheiten in seinen wissenschaftstheoretischen und methodologischen Klärungsversuchen führte. Bernfelds Hang zum Mythos hat sich auch in seine Psychoanalyse- und Marxismusrezeption eingenistet, wie am Beispiel des *Sisyphos* gezeigt werden kann: so bezieht sich Bernfeld bei seinem Plädoyer für eine Pädagogik als wertfreier Tatsachenwissenschaft zum Beispiel an zentraler Stelle ausgerechnet auf Freuds Urhorden-Vatermordspekulation aus *Totem und Tabu*, die ja Freud selbst als kühne, empirisch nicht verifizierbare Hypothese verstanden hat, die primär im Rahmen der Neurosentheorie zu sehen ist, und macht daraus eine Tatsache, an die geglaubt werden müßte. (Bernfeld, 1925a, S. 78) Ebnet Bernfeld im Widerspruch zu seinen eigenen Kriterien im Falle der Psychoanalyse hier die Differenz von Wissenschaft und Mythos ein (er spricht hier ausdrücklich vom »wissenschaftlichen Mythos des großen Freud« (Bernfeld, 1925a, S. 65), so im Falle des Marxismus die Differenz von Wissenschaft von Weltanschauung. (Wolfrum, 1983, S. 173f.) Aber schon in Bernfelds Dissertation *Über den Begriff der Jugend*, die sich um die Gewinnung eines wissenschaftlichen

Begriffs von Jugend im Unterschied zu den naiven bemüht, bleibt die zeitbedingte und mythengeprägte Thematisierung von Eigenart und Aufgabe der Jugend in der Jugendkulturbewegung grundierend. (Wolfrum, 1983, S. 62; Bühler, J.-C., 1990, S. 318ff. und 331)

Es muß einer weiteren Untersuchung vorbehalten bleiben, der Durchkreuzung von mythischem und wissenschaftlichem Denken im Werk Bernfelds im Detail und in der Reformpädagogik insgesamt ausführlicher nachzugehen. Es handelt sich hier um ein brisantes zeittypisches Phänomen, das gerade am Beispiel Bernfelds besonders deutlich studiert werden kann. Voll ausgeprägt ist diese Mischung im Werk von Bernfelds reformpädagogischer Leitfigur Gustav Wyneken über die menschheitserlösende Sendung der Jugend und der »freien Schulgemeinde« als der der Eigenart und Aufgabe Jugend gemäßer Ort.[3] Trotz religions- und mythenkritischer Einstellung und Hochschätzung von Vernunft und Wissenschaft bleibt Wyneken in, wenn auch säkularisierten, Mythen befangen: sein Gott ist der »Geist« und ihm zu dienen ist die Aufgabe der Jugend, indem er die Freiheit zur Ausprägung ihrer Eigenart gegeben wird. Als Kämpfer bzw. Ritter des Geistes gegen die Unkultur der Zeit und für die geistige Höherentwicklung der Menschheit (Wyneken war stark von Hegel beeinflußt, in seiner Betonung des Heroischen, des Übermenschen und des »Rausches« auch von Nietzsche) benötigen sie aber auch geeignete und von ihr anerkannte »Führer«, die gemeinsam mit der Jugend in Kameradschaft dem Geist dienen – in der ordensähnlichen Gemeinschaft, einem »Heerlager des Geistes«, wie es Wyneken selbst in seiner »Freien Schulgemeinde Wikkersdorf« verwirklicht hat.

Bezeichnend ist die Symbolfigur, die in der damaligen »Landerziehungsbewegung«, zu der auch Wickersdorf gehörte, auftaucht, nämlich Parsifal, den Hermann Lietz (der Gründer des ersten Landerziehungsheims in Deutschland, an dem auch Wyneken als Erzieher arbeitete) zum Emblem für seinen Verlag gemacht hat. Der jugendliche Gralsritter »vereinigt die typischen Merkmale der Wickersdorfer Kampfgemeinschaft auf sich. In ihm wie im Bild des Ritterordens verschmelzen die Motive von Heiligkeit und Adel, Auslese und Kampf, Führer und Gefolgschaft zu einer religiösen kämpferischen Einheit.« (Bühler, J.C., 1990, S. 163)

Trotz des großen Einflusses Wynekens auf Bernfeld, Wyneken war auch der presserechtliche Verantwortliche und Förderer der von Bernfeld (und Georges Barbizon) herausgegebenen Jugendzeitschrift *Der Anfang,* ist in

3 Wyneken, Gustav: *Schule und Jugendkultur.* Jena, 1913. Diese und andere Schriften bespricht Bernfeld in seinem Literaturbericht: 1921e.

dieser Phase von Bernfelds jugendbewegtem Engagement die religiösmythisierende Tendenz (vermutlich) noch wenig ausgeprägt. Primär ging es um die Schaffung einer jugendlichen Gegenöffentlichkeit, in welcher das konkrete Unbehagen vor allem an der bestehenden höheren Schule offen ausgedrückt und die Vorstellungen über eine jugendgemäße Schule und des Kampfes dafür diskutiert werden konnten. Aber auch auf dieser »ursprünglichen Thematisierungsebene«, die Bühler von der »Formierung des Mythos« und dem »empirischen kontrollierbaren Wissen«, die in einem vielfältig dimensionierten und weitgefächerten Transformationszusammenhang, unterscheidet (Bühler, J.C., 1990, S. 136), wird eine unbewußte Triebstruktur als Nährboden für soziale Realität stiftende Mythenbildungen virulent gewesen sein, die im rational nicht kontrollierten Bereich der Literatur im Thema des Vatermords zum Ausdruck kam. In diesem Zusammenhang gewinnt der Hinweis besondere Bedeutung, daß Arnolt Bronnen, der als einer der radikalsten Vertreter des Expressionismus in die Literaturgeschichte eingegangen ist, zu Bernfelds Jugendkulturgruppe gehörte (er korrespondierte auch mit Bernfeld und Wyneken[4]), und in dieser Zeit sein Theaterstück *Recht auf Jugend*, die Vorform seines berühmten Dramas *Vatermord* geschrieben hat.[5] Bühler ist der Auffassung, daß dieses Werk deutlich spürbar den Geist der Wiener Jugendkulturgruppe atmet: die Jugend als Mörder des Alten (die alte Schule, die alte Gesellschaft mit ihrer Unkultur etc.) in einem apokalyptischen Befreiungsakt. (Bühler, J.C., 1990, S. 117) In seiner Autobiographie geht Bronnen ausführlich auf diese Zeit des Anfang-Kreises um Bernfeld ein und vermittelt etwas von der dort herrschenden brisanten Atmosphäre, gespannt zwischen leidenschaftlichem, irrationalem Anarchismus und der ebenso leidenschaftlichen, ernsthaften Diskussion der Lehren von Marx und Engels. In dieser Auseinandersetzung stand Bronnen auf der Seite der Anarchisten. Zu seiner Position im Streit mit den anderen erinnert sich Bronnen: »So blieb mir nichts übrig, als das Primat von Gefühl und Leidenschaft zu betonen, so versuchte ich mein Gesicht zu retten, indem ich Vernunft für Zernunft und Intellekt für zerstörerisch erklärte. Ich predigte eine Herrschaft der Instinkte und des Mythos . . .« (Bronnen, 1985, S. 39f.) Deutlich kommt hier die irrationalistische, mythenanfällige Tendenz der Jugendbewegung bzw.

4 Die Korrespondenz mit Bernfeld befindet sich im Bernfeld Archiv, Library of Congress in Washington D.C., jene mit Wyneken im »Archiv der deutschen Jugendbewegung«. Diese Hinweise verdanke ich Friedbert Aspetsberger.

5 Beide Theaterstücke, sowie eine Biographie Bronnens ist enthalten in: Aspetsberger (Hg.), Bd. 1, 1990.

dieser Zeit überhaupt zum Ausdruck, ein explosiver Bodensatz, der dann später auch gezündet werden sollte.

Es ist anzunehmen, daß Wynekens mythisch geprägte Anschauungen auch Bernfeld nicht unberührt ließen und einen Erwartungsrahmen bildeten, der nach seinem Ausscheiden aus der Jugendkulturgruppe 1914 und der bald darauf erfolgten Hinwendung zum religiösen Kulturzionismus, wie ihn Martin Buber vertrat, mit einem konkreten Inhalt gefüllt werden konnte, der es ihm erlaubte, sein freigesetztes Engagementbedürfnis und wohl auch seine Identitätssuche neu zu orientieren. So wie Bernfeld 1914 seinen ersten Mentor Wyneken zu einem aufrüttelnden Vortrag nach Wien eingeladen hatte, so war es nun Martin Buber, welcher der nunmehr jüdischen Jugendbewegung die Impulse geben sollte.[6] Wiederum wird eine Jugendzeitschrift gegründet, welche die Intentionen des *Anfang*, nun im Kontext des Zionismus, fortsetzen soll. (Dudek, 1990, S. 338) Diese neue Zeitschrift, die nun unter der Schirmherrschaft Bubers steht, trägt den bedeutungsvollen Titel *Jerubbaal*. Nun hat auch Bernfeld eine Symbolfigur gefunden, auf deren Gefährlichkeit Peter Paret im Anschluß an Willi Hoffer in seinem Beitrag in diesem Band aufmerksam macht. Zwar nicht zugespitzt auf den Vatermord, stecke darin ein destruktives Element, daß ohne rationale Kontrolle ebenso zerstören wie aufbauen könne.

Der biblische Jerubbaal (Gideon) bekommt – es ist die Zeit, in der die Stämme Israels erstmals seßhaft werden und sich, auch kriegerisch mit den in Kanaan ansässigen Stämmen und auch deren Göttern auseinanderzusetzen beginnen (Goldmann/Wimmer, 1989, S. 40) – von Jahwe den Auftrag, den Baalsaltar seines Vaters niederzureißen und den daneben stehenden Götzenpfahl umzuhauen.[7]

Der Kampf im Zeichen Jahwes gegen Baal ist nach Auffassung der feministischen Mythenforschung der Kampf des Patriarchats gegen die matriarchale Kultur mit ihrem Baal als Fruchtbarkeitsgott, dem Brudergott von der über ihm stehenden Astarte. (Göttner-Abendroth, 1980, S. 79ff.) Nach dem Sieg der patriarchalen Jahwereligion wird Baal zum Symbol des Bösen, wie ihn dann auch Martin Buber versteht, wenn er in seinem Beitrag »Jüdisches Leben« für Bernfelds *Jerubbaal* den »Führer«, der einem Jugendlichen bei der Findung seiner jüdischen Identität leitet und dabei

6 Buber hielt als Hauptredner auf dem von Bernfeld organisierten gesamtösterreichischen Jugendtags im Mai 1918 in Wien die Rede »Jugend und Zion«. In: Buber, 1963, S. 700ff.

7 Altes Testament: Das Buch der Richter 6, 25.

die Mythen wieder belebt, als Wiederkehr des Scheidewegs, als Selbsteroberung im Kampf gegen Baal in und außer sich selber, sagen läßt:

> »Baal ist niemals ein Ganzes, Baal ist immer nur die böse Seite eines Dings, das Falsche, Widersacherische an einem Ding, das an ihm, was den Gang des Geistes hemmt. Zu Elias Zeit war Baal die böse Seite der Natur, das an ihr, was den Menschen gierig und grausam macht; in unserer Zeit ist es die böse Seite der Gesellschaft, das an ihr, was den Menschen feig und verlogen macht.« (Buber, 1963, S. 698f.)

Bei Bernfeld dürfte die patriarchalische Konnotation durchbrechen, wenn er in seiner Utopie des jüdischen Erziehungswesens[8] auch einen von Gymnasiasten gebildeten rebellischen Jugendbund mit dem Namen *Jerubbaal* vorstellt: er kämpft gegen die Elterngeneration, gegen das als quälend und sinnlos erlebte Gymnasium und startet ein »pädagogisches Experiment«, mit dem die neue Erziehung in Erez Israel aus dem Geist der Jugend geboren wird. (Bernfeld, 1919a, S. 108f.) Bei seinem Blick in die Zukunft imaginiert Bernfeld eine Zeit, wo es wieder zu gären beginnt, ein »Orden«, der sich »Schearjaschuw« nennt, täglich mehr an Ausbreitung gewinnt, der in Anlehnung an die prophetischen Bücher der Bibel einen radikalen Wandel der menschlichen Seele fordert und die jüdischen Bürger aufraffen und emporreißen will zu ewig jugendlichen Gefühlen und Taten. Der Orden besteht aus den begabtesten jungen Männern, ist streng asketisch und »bekämpft als ganzer die Mädchen.« (Bernfeld, 1919a, S. 98f. und 110) Wenn auch den Frauen und Mädchen in Bernfelds zionistisch-sozialistischen Utopie wichtige Funktionen eingeräumt werden, so sind die Führer der Volksgemeinschaft ausschließlich Männer mit einem Weisen (dem »Morenu« an der Spitze, der wiederum den »Vätern der Bereiche« vorsteht). Alles geschieht im Namen von Freiheit, Selbstbestimmung mit Einbeziehung auch demokratischer Formen, gleichzeitig aber patriarchalisch und hierarchisch geregelt und kontrolliert. Was die Erziehungseinrichtungen, die der Volksgemeinschaft zu dienen haben, betrifft, so werden die »Ausnahmen«, also die Kinder und Jugendlichen, die sich nicht einfügen lassen (Bernfeld schätzt ein Viertel der Unerwachsenen), als »Kranke« und wenn es nicht anders geht, in »Sonderkolonien« behandelt. Da diese Kinder immer unter gewissen Störungen des Affektlebens leiden,

8 *Das jüdische Volk und seine Jugend* (Bernfeld, 1919a), beginnend mit einer Danksagung an die »Meister der Erziehungskunst« Wyneken, Otto, Montessori und Hall und endend mit der »leuchtenden Gestalt des Gideon, dem Führer einer Genossenschar im gottbefohlenen Krieg gegen den Baal der eigenen Eltern«.

werden sie psychotherapeutisch behandelt: mit der »menschenfreundlichen Methode« der Psychoanalyse. (Bernfeld, 1919a, 121ff.) Diese Konzeption trägt zweifellos totalitäre Züge und funktionalisiert auch die Psychoanalyse zu einem Anpassungsinstrument um.

Dieser Zug in Bernfelds Denken wird dann auch im *Sisyphos* und den Entwürfen zu einer Theorie der sozialistischen Massenerziehung zu finden sein, denn nach seiner Abwendung vom aktiven Engagement für eine jüdische Erziehung im Rahmen der zionistischen Bewegung beschäftigt sich Bernfeld verstärkt mit Marx und dem Verhältnis von Marxismus und Psychoanalyse. In der religiös-mythischen Dimension von Bernfelds Denkstruktur ist nun eine Akzentverschiebung von sozialistischen Religions- und Kulturzionismus zu Sozialismus und Klassenkampf festzustellen, und neben Freud tritt Marx als »Schutzpatron« (Bernfeld, 1925a, S. 67) ganz in den Vordergrund. Hat sich Bernfeld als Pädagoge selbstkritisch im Symbol des *Sisyphos* erkannt, so ist nun der Sozialismus und das klassenkämpferische Engagement, das den immer wieder scheiternden Sisyphos von seiner, in einer Selbsttäuschung begangenen, die Sinnlosigkeit seines Tuns verbergenden Tätigkeit befreien soll. Bei seiner Analyse der Selbsttäuschung der Pädagogen und der bürgerlichen Pädagogik überhaupt, die sich einbildet, eine Wissenschaft zu sein, ohne die tatsächliche Erziehung in ihrer gesellschaftlichen Funktion in den Blick zu bekommen und dabei nicht sieht (oder sehen will), daß die von postulierten Ziele unter den gegebenen gesellschaftlichen Bedingungen nicht erfüllbar sind, hat Bernfeld ein Musterbeispiel für luzide Ideologiekritik geliefert, das bis heute anregend geblieben ist. Ein Glanzstück pädagogischer Satire ist eine fingierte Rede, gehalten vom »Bürger Machiavell«, in der auch die Naivitäten der Reformpädagogik, die Bedeutungslosigkeit der traditionellen Kinderpsychologie und die Illusionen der sozialdemokratischen Schulreform decouvriert werden. (Bernfeld, 1925a, S. 100ff.) Obwohl sogar noch der *Sisyphos* in manchem von Bernfelds Begegnung mit dem Werk Wynekens zehrt, ermöglicht die Einbeziehung psychoanalytischer und marxistischer Gesichtspunkte wichtige Ergänzungen und Korrekturen. Gustav Wyneken hat den *Sisyphos* ausgesprochen wohlwollend aufgenommen und ihm auch eine Rezension gewidmet, die mit den Worten beginnt:

> »Der gescheiteste unter den Schülern des großen, genialen Sigmund Freud, Dr. Siegfried Bernfeld ... hat da den Pädagogen ein Büchlein gewidmet, daß sie hoffentlich lesen und sobald nicht vergessen werden ... Ich meinerseits glaube, daß seit langem im fragwürdigen Be-

reich der Pädagogik keine wichtigere Erscheinung zu verzeichnen war, als diese Schrift. Übrigens auch keine bei allem bitteren Ernst witzigere und vergnüglichere.«[9]

9 Wyneken, Gustav: Rezension des »Sisyphos«. In: *Berliner Tagblatt.* 28. Dezember 1925.

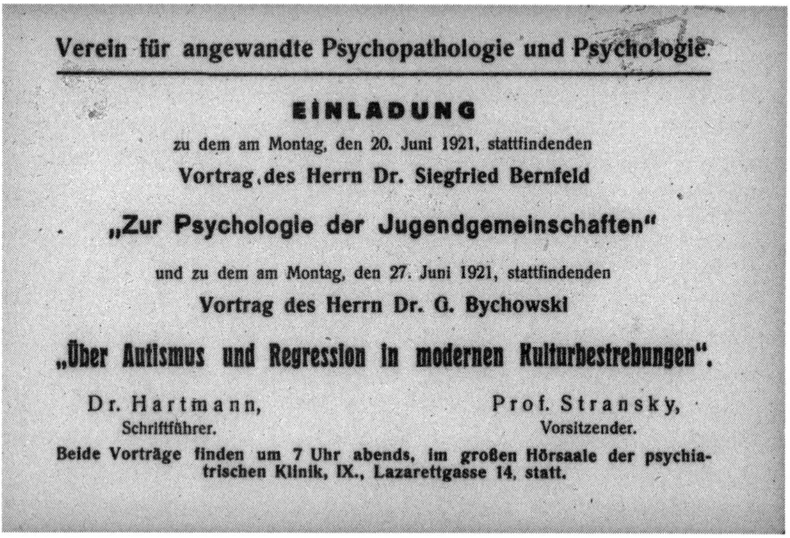

Verein für angewandte Psychopathologie und Psychologie.

EINLADUNG

zu dem am Montag, den 20. Juni 1921, stattfindenden

Vortrag des Herrn Dr. Siegfried Bernfeld

„Zur Psychologie der Jugendgemeinschaften"

und zu dem am Montag, den 27. Juni 1921, stattfindenden

Vortrag des Herrn Dr. G. Bychowski

„Über Autismus und Regression in modernen Kulturbestrebungen".

Dr. Hartmann, Schriftführer.

Prof. Stransky, Vorsitzender.

Beide Vorträge finden um 7 Uhr abends, im großen Hörsaale der psychiatrischen Klinik, IX., Lazarettgasse 14, statt.

Johannes Reichmayr

»Patienten, Bücher, Kurse nehmen mir den Liebesfederstiel«

Siegfried Bernfeld als Psychoanalytiker in Wien in seinen Briefen an Elisabeth Neumann (1922-1925)

Auf Anregung und durch persönliche Unterstützung Sigmund Freuds hatte Siegfried Bernfeld 1922 seine psychoanalytische Praxis in Wien begonnen.

> »1922 besprach ich mit Freud meine Absicht, mich als praktizierender Analytiker in Wien niederzulassen. Ich hatte gehört, daß unsere Berliner Gruppe den Psychoanalytikern, vor allem den Anfängern, empfahl, eine Lehranalyse zu machen, bevor sie ihre Praxis eröffneten, und ich fragte Freud, ob ihm eine solche Vorbereitung für mich als wünschenswert erscheine. Seine Antwort war: 'Unsinn. Fangen Sie gleich an. Sicher werden Sie irgendwann Schwierigkeiten haben. Wenn Sie in Bedrängnis geraten, werden wir sehen, was wir tun können.' Nur eine Woche später schickte er mir meinen ersten didaktischen Fall, einen englischen Professor, der Psychoanalyse studieren und etwa einen Monat in Wien bleiben wollte. Erschreckt von der Aufgabe und den Bedingungen, ging ich wieder zu Freud; aber er sagte nur: 'Sie wissen mehr als er. Zeigen Sie ihm so viel, wie Sie können.'« (Bernfeld, 1984, S. 442)

Nach seiner Zeit in Heidelberg als Redaktionssekretär der von Martin Buber herausgegebenen Zeitschrift *Der Jude* nahm Siegfried Bernfeld seit dem Oktober 1921 wieder regelmäßig an den Sitzungen der Wiener Psychoanalytischen Vereinigung teil. Mit Referaten, Mitteilungen und Diskussionsbemerkungen beteiligte er sich an den 14-tägig stattfindenden wissenschaftlichen Sitzungen, an den »Mittwoch-Abenden«. Auch bei den »Technischen-Abenden«, die alternierend zu den Mittwoch-Sitzungen ab Ende 1922 auf Anregung von Wilhelm Reich eingeführt wurden und an welchen nur die praktizierenden Psychoanalytiker teilnahmen, war Bernfeld dabei. Seine beiden Referate, die er in den Mittwoch-Sitzungen hielt (am 26. Oktober 1921 über »Einige Bemerkungen über die Sublimierung« und am 15. Februar 1922 »Über eine typische Form der männlichen Pubertät«) erschienen in den jeweils darauffolgenden Jahrgängen der *IMAGO – Zeit-*

schrift für Anwendung der Psychoanalyse auf die Geisteswissenschaften. Zwischen 1922 und 1925 blieben diese beiden Aufsätze die einzigen, die er in psychoanalytischen Zeitschriften publizierte. Als Autor des Mitte Januar 1919 gegründeten Internationalen Psychoanalytischen Verlages, mit dem er 1921 von Heidelberg aus wegen einer Anstellung verhandelte, bevor Adolf Josef Storfer diesen Posten übernahm[1], war er schon 1922 mit dem Buch *Vom Gemeinschaftsleben der Jugend. Beiträge zur Jugendforschung* und 1925 mit *Vom dichterischen Schaffen der Jugend. Neue Beiträge zur Jugendforschung* hervorgetreten.

Ab Herbst 1922 nahm Siegfried Bernfeld auch offizielle Vereinsfunktionen innerhalb der Wiener Psychoanalytischen Vereinigung wahr. Am 18. Oktober 1922 wurde er mit Paul Federn zu einem der zwei Sekretäre der Vereinigung gewählt, eine Funktion, in der ein Jahr später als Schriftführer bestätigt wurde. Im *Korrespondenzblatt der Internationalen Psychoanalytischen Vereinigung* (das der *Internationalen Zeitschrift für Psychoanalyse* angeschlossen war) zeichnete er bis Mitte 1925 in dieser Funktion die Berichte über die Wiener Psychoanalytische Vereinigung. Bei der Generalversammlung am 28. Oktober 1925 wurde Bernfeld zum Bibliothekar bestellt.

Das »Lehrinstitut der Wiener Psychoanalytischen Vereinigung« wurde im Oktober 1924 begründet und nahm im Januar des folgenden Jahres mit 15 Hörern seinen Betrieb auf. Siegfried Bernfeld war Vortragender und gehörte gemeinsam mit Helene Deutsch und Anna Freud als Vorsitzender-Stellvertreter zur Leitung des Instituts. Bei seinem ersten (zehnstündigen) Einführungskurs »Was ist Psychoanalyse?«, der vom Januar bis zum März 1925 stattfand, waren 29 Hörer eingeschrieben.

1 Otto Rank, der Sekretär der Wiener Psychoanalytischen Vereinigung, machte Siegfried Bernfeld, der zu diesem Zeitpunkt noch in Heppenheim wohnte (im Januar 1921, Ende Februar zog er nach Heidelberg um), darauf aufmerksam, daß bei der Ausgestaltung des Verlags »eine Arbeitskraft, welche im Stande wäre, einen Teil der jetzt allein auf mir lastenden Arbeiten zu übernehmen und selbständig zu bewältigen« gesucht würde, wobei er in Übereinstimmung mit Sigmund Freud der Meinung war, daß Bernfeld der richtige Mann für diese Aufgabe wäre (Brief von Otto Rank an S. Bernfeld vom 25. Januar 1921. Siegfried Bernfeld Archiv. Library of Congress. Washington D.C.) Bei den weiteren Verhandlungen wurde klar, daß dies nicht, wie Bernfeld annahm, eine rein redaktionelle Tätigkeit war, sondern hauptsächlich technische und kaufmännische Agenden zu erfüllen gewesen wären. Anfang März 1921 war bereits die Entscheidung gefallen, A. J. Storfer für diese Arbeit anzustellen. Sigmund Freud bemerkte dazu in einem Brief an Max Eitingon vom 17. Februar 1921: »An Stelle von Bernfeld, dessen Gesundheitszustand ihn unverwendbar macht – er stellte z.B. die Bedingung, daß ihm alle Arbeit in seine Wohnung nach Hietzing gebracht werde, hat Rank Dr. Storfer engagiert, von dem wir viel erwarten, außerdem eine Sekretärin u. mehrere Diener«. (Archiv des Freud Museums, London).

Kritzelei Sigmund Freuds während einer Sitzung der Wiener Psychoanalytischen Vereinigung

Über die Position Bernfelds in der Wiener Psychoanalytischen Vereinigung gibt der Konflikt mit dem Leiter des Ambulatoriums Aufschluß: Aus der Korrespondenz zwischen Sigmund Freud und Sándor Ferenczi geht hervor, daß Bernfeld den Plan entwickelt hatte – der auch von Freud unterstützt wurde –, Ferenczi als Leiter des Ambulatoriums nach Wien zu holen; in der Wiener Gruppe bestand Unzufriedenheit mit Eduard Hitschmann, dem Leiter des Ambulatoriums, insbesondere wurde das geringe wissenschaftliche Niveau der Arbeit kritisiert.[2]

Als Vortragender und Redner in Sachen Psychoanalyse hatte sich Siegfried Bernfeld schon einen Ruf erworben, denn er hielt vom 24. September bis zum 3. Oktober 1924 auf Einladung der »Berliner Psychoanalytischen Vereinigung« fünf Vorträge über »Psychoanalyse und Erziehung« vor etwa 150 Interessenten. Seine Kurse- und Vortragstätigkeiten gehörten, wie die Arbeit mit Patienten und Buchpublikationen, zu den hauptsächlichen Verdienst- und Einkommensquellen für Bernfeld. In dem hier behandelten Zeitraum brachte er drei Bücher zur Publikation: Den schon erwähnten Sammelband *Vom dichterischen Schaffen der Jugend*, die *Psychologie des Säuglings* und *Sisyphos oder die Grenzen der Erziehung*. Über Vorträge, die er gehalten hatte, berichtete er am 9. November 1921 in einer Sitzung der Wiener Psychoanalytischen Vereinigung; dabei dürfte er auch seinen Vortrag »Zur Psychologie der Erziehung« erwähnt haben, den er im Rahmen der Vortragsreihe »Psychoanalyse und Erziehung« hielt. An diesem Zyklus beteiligten sich auch die Wiener Psychoanalytiker Eduard Hitschmann, Josef K. Friedjung und Hermine Hug-Hellmuth. Siegfried Bernfeld begann seine Lehrtätigkeit innerhalb der »Wiener Psychoanalytischen Vereinigung« im Herbst 1922 mit zwei Semesterkursen: »Kinderpsychologie für Vorgeschrittene« und »Psychologie der Erziehung und des Erziehers«. Einem Bericht Paul Federns über die Tätigkeit der Wiener Vereinigung ist zu entnehmen, daß sich ein Schwerpunkt der Lehrtätigkeit auf den Kreis der nichtärztlichen Interessenten an der Psychoanalyse konzentrierte.

> »Unsere Lehrkurse entwickeln sich in etwas zögernder, aber eigenartiger Weise und wir hoffen, bald dem Vorbilde Berlins nahe zu kommen. – Einen besonderen Charakter erhält unsere Lehrtätigkeit dadurch, daß Dank den hervorragenden Pädagogen Aichhorn, Bernfeld und Hug-Hellmuth besonders Lehrer und Lehrerinnen, Fürsorger und Fürsorge-

2 Brief Ferenczi an Freud vom 25.5.1924 und von Freud an Ferenczi vom 28.5.1924. Freud-Ferenczi-Briefwechsel, Library of Congress, Washington D.C. Diesen Hinweis verdanke ich Ernst Falzeder.

> rinnen in großer Anzahl sowohl unsere Kurse als auch die von den genannten Mitgliedern außerhalb unseres Vereines veranstalteten Vorträge und Seminarien besucht haben.« (Federn, 1924, S. 227)

Die Frage einer speziellen Berücksichtigung und Organisierung von nichtärztlichen »Freunden der Psychoanalyse«, die Siegfried Bernfeld 1920 in der Wiener Vereinigung zur Diskussion gestellt hatte (siehe S. 66f. in diesem Band) und die schon 1911 am Kongreß der Psychoanalytiker in Weimar aufgeworfen wurde, fand hier ihre Fortsetzung bzw. ihre Antwort.[3]

Am 7. Internationalen Psychoanalytischen Kongreß, der vom 21. bis zum 23. April 1924 in Salzburg stattfand, referierte Siegfried Bernfeld zur »Kritik der bisherigen Anwendung der Psychoanalyse auf die Pädagogik«. Er erwies sich für dieses Gebiet als der theoretische und programmatische Schrittmacher, eine Qualifikation, die er 1925 mit seinem Buch *Sisyphos oder die Grenzen der Erziehung* glänzend bestätigen konnte.[4] Für die Anwendung der Psychoanalyse auf die Pädagogik, für eine sich in Entwicklung befindliche psychoanalytische Pädagogik hatte sich Siegfried Bernfeld mit seinen bisherigen pädagogischen Erfahrungen und seiner Kritik der traditionellen Pädagogik bei den Psychoanalytikern empfohlen. Josef K. Friedjung drückte dies in seiner wohlwollenden und interessierten Besprechung des 1921 erschienenen Buches *Kinderheim Baumgarten*.

3 Die Einschreibgebühren für den Lehrgang zur Ausbildung in der Psychoanalyse und die Honorare für Kurse wurden bei der Sitzung des Lehrkomitees am 19. Oktober 1923 besprochen und festgelegt. »Honorar: 50000.- Kr. Einschreibegebühr pro Person für den ganzen ersten Lehrgang. Pro Stunde und Person sind 5000.- Kr. von Inländern und 3000.- von Ausländern zu bezahlen. Ermässigungen werden gegen Ansuchen gewährt. Die eingenommenen Einschreibegebühren stehen zur Disposition des Lehrkomitees, die Stundenhonorare werden zu 90% dem Vortragenden verrechnet, 10% gehören dem Ambulatorium.« Auch allgemein zugängliche Veranstaltungen wurden in dieser Sitzung, dessen Protokoll Bernfeld führte, besprochen, wobei er für den Kreis der Interessenten und Freunde der Psychoanalyse schon 1920 den Namen Imago verwendete: »Dem Plenum ist vorzuschlagen: Die Vereinigung veranstaltet Einzelvorträge über Themen der Imago-Bewegung als deren Vortragende nicht nur Mitglieder der Vereinigung, sondern auch aussenstehende Fachleute, die im großen und ganzen die Psychoanalyse als wissenschaftliche Methode anerkennen, in Betracht kommen. Als solche wären etwa vorzuschlagen: Lou Andreas-Salomé, Kelsen, Sperber, O. H. Schmitz, Stefan Zweig, Wyneken. Einzelne dieser Vorträge könnten auch in größerem Rahmen veranstaltet werden. Das Lehrkomitee nimmt zur Kenntnis, daß Bernfeld im heurigen Vereinsjahr keine Kurse im Rahmen der Vereinigung abhält.« (Protokoll der Sitzung des Lehrkomitees, 19. Oktober 1923, S. 2. Siegfried Bernfeld Archiv. Library of Congress. Washington D.C.)

4 In einem Brief an Freud vom 26.4.1924 bewunderte Ferenczi Bernfelds »hinreißende rednerische Begabung«. (Freud-Ferenczi-Briefwechsel. Library of Congress, Washington D.C. Für diesen Hinweis danke ich Ernst Falzeder).

Bericht über einen ernsthaften Versuch mit neuer Erziehung aus, die 1922 in der *IMAGO* erschien. »Der Psychoanalytiker aber lernt hier einen ernsthaften Versuch kennen, die Lehre Freuds an einer aus 300 Kindern bestehenden Erziehungsgemeinschaft zu erproben.« (Friedjung, 1922, S. 511) Es lassen sich noch eine Reihe weiterer Aktivitäten Bernfelds als lehrender und forschender Psychoanalytiker in diesen Jahren anführen. Ich möchte hier jedoch auf seine Situation als jungen, mit seiner Praxis beginnenden Psychoanalytiker in Wien eingehen und seine eigenen sehr anschaulichen Beschreibungen, die er in den Briefen an seine spätere (zweite) Frau Elisabeth Neumann nach Berlin gab, vorstellen.

Elisabeth Neumann arbeitete seit 1919 an den Münchener Kammerspielen als Schauspielerin und kam 1923 nach Berlin zu Erwin Piscator. Den Sommer desselben Jahres kehrte sie nach Wien zurück, um mit der Schauspielerin Liesenberg, der Mutter ihrer Schulfreundin Liccie Herdan (-Zuckmayer), eine Rolle einzustudieren. Mit Liccie hatte sie das berühmte Lyceum der Dr. Eugenie Schwarzwald besucht (Scheu, 1985; Deichmann, 1988). Bei ihrem Aufenthalt in Wien hatte sie Siegfried Bernfeld

> »nicht kennengelernt, denn ich kannte ihn ja schon durch meine Schwester; aber wir haben uns damals verliebt ineinander und waren sehr glücklich miteinander. Nun, er war ein großer Analytiker, hatte eine Frau, zwei Kinder und eine Villa in Hietzing und ich war in Berlin und habe meine große Rolle gespielt.«[5]

Ihre Schwester Josepha (Pepa) Kramer war drei Jahre älter, ebenfalls Absolventin der Schwarzwaldschule und in der Wiener Jugendkulturbewegung aktiv. Sie war mit Siegfried Bernfelds erster Frau Anne Salomon befreundet. So gehörten schon während der Schulzeit der beiden Schwestern die Bernfelds zu ihrem Freundes- und Bekanntenkreis.

Für die beiden Schwestern Pepa und Liesl waren die von ihnen erfundenen Spiele ihrer Kinderzeit von großer Bedeutung; sie hatten sie auch in ihrer Jugend beibehalten und weiterentwickelt. »Knurrland« war das wohl berühmteste ihrer Spiele und es hat Eingang in die von Bernfeld initiierte Jugendforschung gefunden. Das Spiel wurde von Gerhard Fuchs dokumentiert, analysiert und als ein Beitrag in dem von Siegfried Bernfeld herausgegebenen Band *Vom Gemeinschaftsleben der Jugend* publiziert. (Fuchs, 1922)

Im Sommer 1923 bekam auch Siegfried Bernfeld in diesem Spiel, das

5 Neumann-Viertel, Elisabeth: Unveröffentlichtes Manuskript. Wien, 1988, S. 11

Sommer 1923 in Italien. Bernfeld mit seinen Töchtern Ruth und Rosemie, um 1924.

ständig weiterentwickelt wurde, eine Rolle und er wurde als »Brasbilla, der zu groß geratene Zwerg« darin aufgenommen. Das davon abgeleitete Kosewort »Brassi« behielt er auch nach der Trennung von Elisabeth Neumann und seinem Auszug aus »Knurrland«.

Der Briefwechsel zwischen Siegfried Bernfeld und Elisabeth Neumann begann im Spätsommer 1923, mit ihrer Rückkehr ans Theater in Berlin. Über 80 Briefe Bernfelds aus den Jahren 1923 bis 1925 sind erhalten, mehr als 110 aus den Jahren 1932 und 1933. Es sind Liebesbriefe und damit ein Teil seiner Liebesgeschichte mit Elisabeth Neumann. Sie geben den Beginn und das Ende der Beziehung wieder; aus den Jahren ihres Zusammenlebens in Berlin, Ende 1925 bis Herbst 1932, gibt es nur wenige Briefe. Aber nicht die Beziehung der beiden stand bei der Auswahl der folgenden Stellen im Vordergrund, sondern die Informationen und Schilderungen, die Siegfried Bernfeld über sein Leben und seine Situation in Wien gab. Bernfeld wohnte zu dieser Zeit mit seiner Frau Anne, seinen beiden Töchtern Ruth und Rosemarie und seiner Mutter in einer Villa in der Suppégasse 10 im 13. Wiener Gemeindebezirk (Hietzing).

September 1923
... verschnupft, verkühlt, obstipiert im Schloßcafe am Hiezinger Platz des nebligen Wien ... habe eben einer englischen Dame Komplexe

gedeutet, und warte auf eine amerikanische Dame, ihr das gleiche zu tun, dann kommt ein tschechischer Jüngling zur selben Operation, dann speise ich mit Mutter, Gattin und den blühenden Kindern ... Mein Einkommen noch sehr gering.

4. Februar 1924
Mein Leben läuft in der letzten Zeit nicht seinen alten Gang. Erstlich habe ich ein uraltes Manuskript »Vom dichterischen Schaffen der Jugend« für den Druck, der in diesen Tagen beginnen sollte, korrigieren müssen. Ekelhafte Viechsarbeit, die mich von den Säuglingen abhält. Aber es ist jetzt geschafft – und der Verlagsmensch ist erkrankt, jetzt gehts doch noch nicht in Druck und ich steh da mit dem korrigierten Hals. ... Von heut an aber, wenn ich nicht einschlaf vorher, wird wieder der Säugling geschrieben. Die Menschheit wartet, am 10. April solls fertig sein.

12. Februar 1924
Brasbilla ärgert sich. Er hat in dieser Woche vier Vorträge zu halten. Was zu viel ist ist zu viel. Dafür aber hat er jetzt täglich zwei Analysestunden weniger. Er ärgert sich aber darüber, denn das sind 200.000 Kr. täglich weniger.[6] So schreibt er eben Psychologie des Säuglings. Er ärgert sich, denn er kann gar nicht das schreiben. Denn jeden Tag kommen Korrekturen von der Druckerei. ... Ist aber nicht so schlimm wie Du denkst, dafür kriegt er 5 Mill. Honorar. Er ärgert sich aber, denn er hat schon 6 Mill. Vorschuß verbraucht, voriges Jahr in Brioni, ohne Liesl.

19. Februar 1924
Ich habe veranlaßt, daß ich für die erste Hälfte Mai nach Berlin zu Vorträgen eingeladen werde. Das ist noch nicht geschehen, aber dürfte in den nächsten Tagen geschehen. ... Ich möchte Dir stundenlang schreiben. Aber ich darf gottseidank nicht. Patienten, Bücher, Kurse nehmen mir den Liebesfederstiel. Er ist ja auch nur ein sehr mieses Ersatz Liebes Organ.

11. März 1924
Und dann habe ich zwei Stunden Kurs zu halten, dann Korrekturen zu

6 Das Genfer Sanierungswerk vom Oktober 1922 brachte stabile Währungsverhältnisse, die mit dem Übergang zur Schillingwährung Ende 1924 (10 000 Kr. = 1 Schilling) abgeschlossen wurden. Strukturprobleme blieben bestehen (Absinken des Reallohnes, Arbeitslosigkeit, Streichungen auf dem Sektor der sozialen Fürsorge etc.), vom Jänner 1923 bis Jänner 1925 verzeichnete man in Wien einen Preisanstieg um 48%. 1925 erhielt ein Mann in Wien durchschnittlich 40 bis 62 Schilling, eine Frau bei gleicher Arbeitszeit und Arbeitsleistung 22 bis 37 Schilling wöchentlich. (Hautmann und Kropf, 1978, S. 142f.)

lesen, Psychoanalytische Vereinigung. Um 1 h bin ich schläfrig und schlafe. Früh habe ich Analysen u.s.w.

18. März 1924
Die Berliner haben prinzipiell meine Vorträge erste Hälfte Mai angenommen. Aber ich weiß noch nicht wie die Detailbedingungen lauten, ob ich also definitiv annehmen kann. ... Ich muß ein oder zwei von den Englishmen mit nach Berlin nehmen, und ihnen täglich eine Stunde geben. Wird das in Deiner Wohnung möglich sein. Ist dort Ruhe, Abgeschlossenheit u.s.w.

15. April 1924
Nach Berlin komme ich nicht. Es ist aus den Vorträgen nichts geworden.

21. Juni 1924
Geliebtes Lieselchen, Guten Morgen!
Also wir beginnen heute mit der schriftlichen Behandlung. Die Methode ist einfach: Alles sagen was einem einfällt. Schade daß ich dabei sitzen muß; es wäre so nett am Sofa zu liegen und zu denken Du liegst daneben. Pardon! Aber ich muß doch alles sagen. Was mir weiter einfällt ist: ich hab so a Wut! Jeden Tag hat die erste Stunde von 9-10 eine ekelhafte Patientin mit wüsten Widerständen; es ist eine Sauarbeit, man kommt nicht vom Fleck. Ich denke die ganze Stunde: ich hau sie verkehrt heraus! Aber das geht nicht. Erstens zahlt sie 75 000 täglich, zweitens geht sie gewiß zu keinem anderen, das heißt, sie wird zwar vielleicht bei mir nicht gesund, aber woanders gewiß nicht. Aber es ist scheußlich, daß man das jeden Tag in der Früh haben muß. Und weil ich mich schon ärgere: 5 Anmeldungen von Engländern und Amerikanern habe ich in dieser Woche gehabt. Dann hat sich herausgestellt, daß sie entweder nicht zahlen können, oder die Schufte sind gar nicht wiedergekommen. Man bringt es auf keinen immergrünen Zweig mit goldenen Spitzen. Ich möchte so gern von was anderem sprechen, aber ich muß ja sagen was mir einfällt. Und mir fallen jetzt alle Ärger dieser Tage ein. Ich habe einen Schreibmaschinisten engagiert, damit er meine Psychologie des Säuglings abschreibt. Das Rindvieh hat in der ersten Minute die Maschine kaputtgemacht. Jetzt kann die Hedy Schwarz, die den ersten Teil abschrieb und abschreibt auch nicht arbeiten. Statt daß der Dreck geschwinder geht, geht er langsam. Das Rindvieh ist ein Student und möchte gerne Dramaturg werden, ich soll ihm jemanden empfehlen, der ihn bei Reinhardt einführt. Er machts nicht billiger. Das Vieh! Eigentlich heißt Du ja in diesen Analysestunden besser: mein geliebtes Analieselchen, oder auch Analyselchen. Lysel wäre überhaupt sehr schön. A propos Dramaturg, noch was zum Ärgern: Béla Balázs geht im

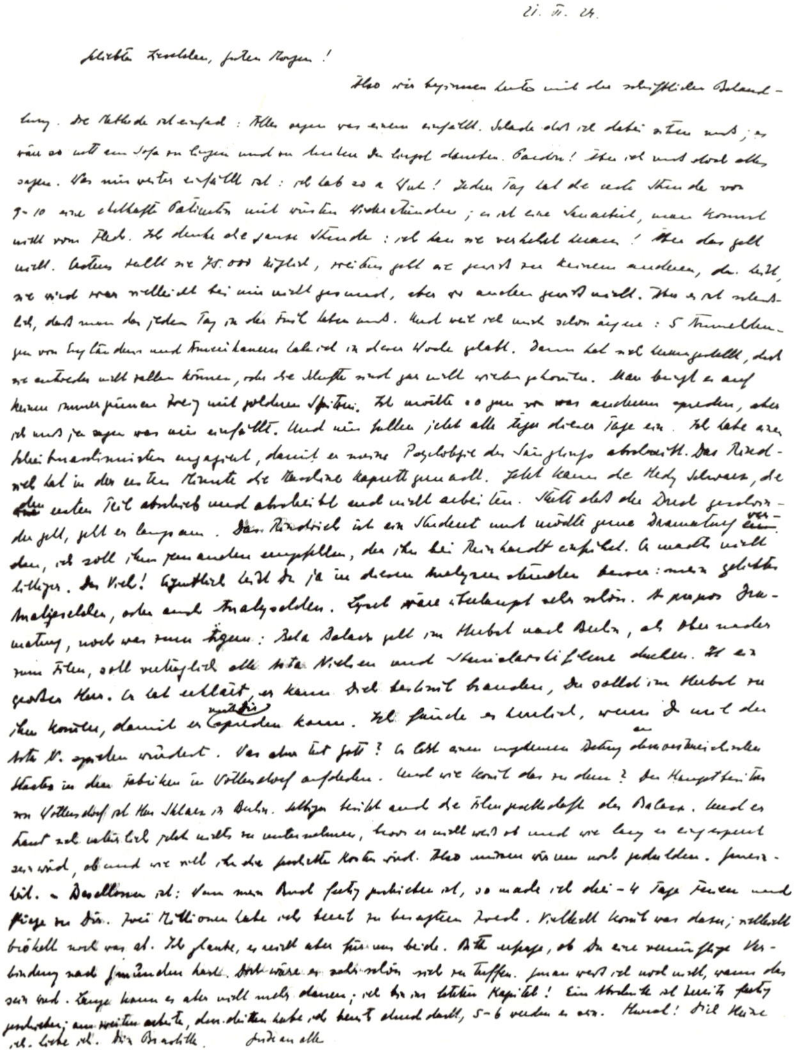

21. VI. 24.

Liebstes Kreselchen, guten Morgen!

Also wir beginnen heute mit der schriftlichen Behandlung. Die Methode ist einfach: Alles sagen was einem einfällt. Schade dass ich dabei sitzen muss; es wäre so nett am Sofa zu liegen und zu denken die Kugel darunter. Pardon! Aber ich muss doch alles sagen. Was mir weiter einfällt ist: ich hab so a Wut! Jeden Tag hat die erste Stunde von 9–10 eine ekelhafte Patientin mit wüsten [illegible]; es ist eine [illegible], man kommt nicht vom Fleck. Ich denke die ganze Stunde: ich kann sie [illegible] machen! Aber das geht nicht. Erstens zahlt sie 75.000 täglich, zweitens geht sie gewiss zu keinem anderen, drittens, sie wird zwar vielleicht bei mir nicht gesund, aber bei anderen gewiss nicht. Aber es ist schrecklich, dass man das jeden Tag in der Früh haben muss. Und [illegible]: 5 [illegible] von [illegible] und [illegible] habe ich in dieser Woche gehabt. Dann hat sich herausgestellt, dass sie entweder nicht zahlen können, oder die Geschäfte noch gar nicht [illegible]. Man bringt es auf keinen grünen Zweig mit solchen [illegible]. Ich möchte so gern von was anderem sprechen, aber ich muss ja sagen was mir einfällt. Und mir fallen jetzt alle Ärger dieser Tage ein. Ich habe einen Schreibmaschinisten engagiert, damit er meine Psychologie des Säuglings abschreibt. Das Rindvieh hat in der ersten Minute die Maschine kaputt gemacht. Jetzt kam die Hedy Schwarz, die den ersten Teil abschrieb und [illegible] und nicht arbeiten. Statt dass der Druck [illegible] werden soll, geht es langsam. Das Rindvieh ist ein Student und möchte gerne Dramaturg werden, ich soll ihn jemand anderen empfehlen, der ihn bei Reinhardt empfiehlt. Es machte nicht billiger. Das Viech! [illegible] Analysestunden, oder auch Analysestunden. [illegible] wäre überhaupt sehr schön. A propos Dramaturg, noch was zum Ärgern: Bela Balacz geht im Herbst nach Berlin, als [illegible] zum Film, soll vertraglich alle Asta Nielsen und [illegible] drehen. Ist ein großer Herr. Er hat erklärt, er kann Dich bestimmt brauchen, Du solltest im Herbst zu ihm kommen, damit er mit Dir sprechen kann. Ich fände es herrlich, wenn Du mit der Asta N. spielen würdest. Was aber tut Gott? Er läßt einen ungeheuren Betrug des österreichischen Staates in den Fabriken in Vöttersdorf aufdecken. Und wie kommt das zu dem? Der Hauptbesitzer von Vöttersdorf ist Herr Sklarz in Berlin. [illegible] besitzt auch die Filmgesellschaft des Balacz. Und er kann sich natürlich jetzt nichts zu unternehmen, bevor er nicht weiß ob und wie lang er eingesperrt sein wird, ob und wie viel ihn der Prozess kosten wird. Also müssen wir uns noch gedulden. [illegible] – Dazwischen ist: Wenn mein Buch fertig geschrieben ist, so mache ich drei–4 Tage Ferien und fliege zu Dir. Zwei Millionen habe ich bereits zu besagtem Zweck. Vielleicht kommt was dazu; vielleicht bröckelt noch was ab. Ich glaube, es reicht aber für uns beide. Bitte erfrage, ob Du eine vernünftige Verbindung nach [illegible] hast. Dort wäre es sehr schön sich zu treffen. Genau weiß ich noch nicht, wann das sein wird. Lange kann es aber nicht mehr dauern; ich bin im letzten Kapitel! Ein Abschnitt ist bereits fertig geschrieben; am zweiten arbeite, den dritten habe ich heute durchdacht, 5–6 werden es sein. [illegible]! Viel Herz [illegible]. Dir [illegible]. Grüße an alle

Brief Bernfelds an Elisabeth Neumann vom 21. Juni 1924

Herbst nach Berlin, als Obermacher zum Film, soll vertraglich alle Asta Nielsen und Steindarskifilme drehen. Ist ein großer Herr. Er hat erklärt, er kann Dich bestimmt brauchen, Du sollst im Herbst zu ihm kommen, damit er mit Dir sprechen kann. Ich fände es herrlich, wenn Du mit der Asta N. spielen würdest. Was aber tut Gott? Er läßt einen ungeheuren Betrug an dem oesterreichischen Staat in den Fabriken in Wöllersdorf aufdecken. Und wie kommt das zu dem? Der Hauptbesitzer von Wöllersdorf ist Herr Sklaez in Berlin. Selbiger besitzt auch die Filmgesellschaft des Balázs. Und er traut sich natürlich jetzt nichts zu unternehmen, bevor er nicht weiß ob und wie lang er eingesperrt sein wird, ob und wie viel ihm die Geschichte kosten wird. Also müssen wir uns noch gedulden. Gemeinheit. – Beschlossen ist: Wenn mein Buch fertig geschrieben ist, so mache ich drei - 4 Tage Ferien und fliege zu Dir. Zwei Millionen habe ich bereits zu besagtem Zweck. Vielleicht kommt was dazu; vielleicht brökelt noch was ab. Ich glaube, es reicht aber für uns beide. Bitte erfrage, ob du eine vernünftige Verbindung nach Gmunden hast. Dort wäre es sehr schön sich zu treffen. Genau weiß ich noch nicht, wann das sein wird. Lange kann es aber nicht mehr dauern; ich bin im letzten Kapitel! Ein Abschnitt ist bereits fertig geschrieben; am zweiten arbeite, dritten habe ich bereits durchdacht, 5-6 werden es sein. Hurrah!
Dich küsse ich. Liebe ich. Dein Brasbilla.
Grüße an alle

25. Juni 1924
Gestern habe ich II. Abschnitt des letzten Kapitels fertiggeschrieben. . . . Es hat den schönen Titel: Körper-Ich und Umwelt. Das nächste Kapitel ist durchdacht und braucht nur niedergeschrieben zu werden; es behandelt die affektiven Stellungnahmen. Und dahinter zeichnen sich schon die Umrisse der letzten zwei oder drei kurzen Kapitel. Es ist wie bei einer Bergwanderung.

26. Juni 1924
Heute war Sprechstunde wie bei einem Gynäkologen. Die Weiber stellen sich an. Aber sie nehmen einem nur die Zeit. Es werden keine Analysen draus. Wenigstens bis jetzt. Auch gut. Hab ich zwar kein Geld, kann aber den ekelhaften Säugling zu Ende bringen . . .

18. September 1924
Mein Kurs ist vom 24. bis zum 3. jeden zweiten Tag eine Stunde abends von 8-9. Es bleibt uns also sehr reichlich Zeit, auch wenn ich mit dem Verleger eine längere Besprechung haben sollte, auch wenn ich wirk-

lich die Vormittage auf der Bibliothek verbringe sogar, wenn ich nicht in der Passauerstraße wohne.[7]

4. Oktober 1924
Aber ich bin so weit, daß ich Dich mehr liebe als meine Bücher und Sammlungen; nur habe ich für diese auch nichts; mit größter Mühe treibe ich etwas auf, um Schulden teilweise zu bezahlen. Das erste Geld, das ich für Bücher frei hätte, wird Dir gehören – lediglich als Liebesbeweis, nicht als Hilfe oder sonst was. Du fragtest nach meiner Lage. Sie ist beinahe die Deine. Ich muß mich verändern. Nicht einen Nebenberuf, sondern einen Hauptberuf suche ich. Welchen? Das ist noch sehr unsicher. Eingeleitet habe ich bereits meine Anstellung bei der Gemeinde Wien, als Referent für Waisenhäuser u.dgl. ob was daraus wird, zeigt sich wohl in einiger Zeit (Ich bitte um vertrauliche Behandlung). Als Nebenberuf werde ich die Psya weiterführen. ... An laufenden Einnahmen habe ich bis Ende Dezember trotz 5-6 Stunden täglich eine ganz geringe Summe, die mit Annes Einnahmen das Wirtschafts-Minimum deckt. Jänner wäre Berlin, das dann noch für Feber reicht.

6. Oktober 1924
Meine Aktien bei der Gemeinde Wien (Jugendamt) stehen nicht schlecht. Montag ist die Besprechung mit dem Chef. Am Ende werde ichs doch zum Magistratsrat bringen (mit Pension!). Ich lach mich tot. ... Indessen bin ich auf die wunderlichste Weise in die Politik geraten. Die Mittelschüler (sozialistischen) machen große Aktionen und ich bin plötzlich ihr Chef geworden, das nimmt mir noch den Rest der Zeit. Aber ich kann Dir das heut nicht beschreiben.[8] ... Mein Buch ist erschienen (Dichterisches Schaffen der Jugend) ich schick Dirs, bis ich meine Exemplare habe.

7 Elisabeth Neumann wohnte in Berlin in der Passauerstraße 5, Siegfried Bernfeld in Wien XIII, Suppégasse 10.

8 Der Selbstmord des Schülers Thomas Schwarz, ausgelöst durch seinen Schulausschluß, verursachte in Wien großes Aufsehen und ein Anwachsen der politischen Bewegung unter den Mittelschülern. Eine große Protestversammlung fand am 8. November 1924, einem Samstag-Nachmittag in der Volkshalle des Rathauses statt. Etwa 2000 Schüler verschiedener Gymnasien und Altersstufen nahmen teil. »Hauptredner der Rathausversammlung war Siegfried Bernfeld, der ein Referat über die 'Schulgemeinde' hielt und in dem er zunächst beklagte, daß die Mehrzahl der Mittelschüler die gegenwärtigen Zustände erträglich finde. ... Dann griff Bernfeld vehement das Disziplinarsystem der Mittelschulen an und forderte ... 'Die Disziplinarrechte sind dem einzelnen Lehrer, der einzelnen Lehrergemeinschaft zu entziehen und der Gesamtheit der Schüler und Lehrer, der Schulgemeinde zu übertragen' (stürmischer Beifall)«. (Scheu, 1985, S. 141f.)

9. Oktober 1924
Ich habe Zeit wie ein Baron. Eine namenlose Pleite. Bisher eine Stunde täglich a 20 000 Kr., macht ein Monatseinkommen von 1/2 Million. Na immerhin sind unsere Früh-Zigaretten damit gedeckt. Die schlimmste Laune ist damit zu verhindern. Ich habe sie aber gar nicht. Ich sehe dieser abgründigen Pleite mit einem gewissen verschmitzten Behagen zu, denn mich treibt sie ja nicht in Konkurs, sondern in die Passauerstr. Von heute ab gibts noch eine 2. Stunde, zweimal in der Woche, am 15. beginnt ein Kurs von 10 Stunden. Für morgen hat sich ein American Arzt angemeldet, wer weiß was der bringt. Aber so wie die Dinge stehen hätte ich sofort an Eitingon[9] geschrieben und hätte es auch billiger gemacht, denn nur vom Credit, den mir ein mehrjähriges Hochstapeln gegeben hat, kann man schwer leben, am wenigsten, wenn Lilli und Walter[10] verreist und das ganze übrige Wien auf Borg lebt (von wem weiß kein Mensch, und man sollte doch meinen irgendwer borgt irgendwem irgend was. Nein. Phantastische Stadt, jedermann borgt von jedem, und keiner hat). Aber – ich kann Wien nicht verlassen, wenn ich nicht oekonomischen Selbstmord begehe, bevor nicht Dr. Rank aus Amerika zurück ist, denn er wird höchstwahrscheinlich einige Patienten und Schüler zu verteilen haben, und wird (u. kann auch nicht) mir nach Berlin nachreisen, oder auf mich bis 1. Dez. warten. Er kommt Ende Oktober. Wann ist noch nicht genau zu erfahren gewesen.[11] Und solange das nicht feststeht, kann ich mit Eitingon nicht definitiv verhandeln, den Termin der Vorträge auf keinen Tag festsetzen. Hoffentlich sitze ich dann nicht in Wien Anfang Nov. ohne Frühstück und habe die Zeit versäumt, das Frühstück mit Eitingon zu verdauen. . . . Denn die gutgehaßte Stadt Berlin ist mir teurer geworden

9 Max Eitingon (1881-1943) war eines der frühen Mitglieder der Berliner Psychoanalytischen Vereinigung. Er unterstützte den Aufbau des Berliner Instituts und seiner Poliklinik, deren Leiter und Finanzier er wurde. Er war maßgeblich am Berliner Ausbildungsmodell und seiner Durchsetzung als Standardmodell für die psychoanalytische Ausbildung beteiligt. Er wurde 1925 am Kongreß in Bad Homburg Präsident des Internationalen Lehrausschusses und nach Karl Abrahams Tod sein Nachfolger als Präsident der Internationalen Psychoanalytischen Vereinigung (bis 1932). Eitingon emigrierte Ende 1934 nach Palästina, wo er wesentlich an der Gründung des Psychoanalytischen Instituts beteiligt war.

10 Lilli Bernfeld, die Schwester Siegfried Bernfelds und deren Mann Walter Stross.

11 Otto Rank (1884-1939), der Verfasser der »Protokolle der Wiener Psychoanalytischen Vereinigung« lernte Sigmund Freud 1905 kennen und blieb dessen engster Vertrauter und Sekretär der Vereinigung bis 1924. Vom April bis November 1924 war Rank in den Vereinigten Staaten und arbeitete als nichtärztlicher Analytiker in der New Yorker Psychoanalytischen Gesellschaft. Nach der Veröffentlichung seines Buches *Das Trauma der Geburt* (1924) entfernte er sich immer mehr von den Konzepten der klassischen Psychoanalyse. Zwischen 1926 und 1935 hielt er sich in Paris auf und übersiedelte 1935 endgültig nach New York. (Mühlleitner. 1992).

wie Fiesole. ... Der Direktor von Springer erklärt, daß mein Buch (Säugling) höchstwahrscheinlich angenommen wird; Entscheidung Anfang Nov.

15. Oktober 1924
Ich habe richtige Geld- und Zukunftssorgen. Mein regelmäßiges Einkommen beträgt 40 000 Kr. im Tag, Kurse bringen noch etwas, aber unregelmäßig und einmalig. Und vor allem weit und breit ist keine Besserung zu sehen. Dabei ist es unmöglich daß ich im November weg (nach Berlin) gehe. Denn jetzt nicht hier sein und warten und gesellschaftliche Anknüpfungen zu pflegen, heißt die Praxis endgültig zugrunde richten. Vielmehr muß ich alles daran setzen, um Nov. u. Dez. mit geliehenem Geld abwarten zu können, und wenn dann nichts wird, von dem bequemen und angenehmen Leben des Psychoanalytikers Abschied zu nehmen. Dann muß ich halt irgendwas suchen. Irgendwo. Den Übergang würde ich in Berlin im Jänner suchen. Sind das schon an sich nicht schöne Aussichten, so wird alles noch schwärzer weil in Wien kein Mensch ist, auch Lilli nicht, die mir jetzt das Geld für 2 Monate zu meinen schon vorhandenen Schulden borgen könnten.

28. Oktober 1924
Im übrigen ists hier sehr düster. Von Praxis gar keine Rede. Ich habe noch ein paar Tage die Wirkung einiger Untersuchungen abzuwarten. Aller Wahrscheinlichkeit nach wird sie so gering sein, daß ich mich in einer Woche ernsthaft um einen Nebenberuf kümmern werde. Leben können wir bis 1. Jänner; dann kommt ein Monat Berlin was ich schon fix zugesagt habe, was dann etwa bis Ende Feber reichen wird. Bis dahin muß mein neuer Beruf funktionieren.

19. November 1924
Du meinst bei sechs Stunden täglich muß ich doch reich sein. Erstens sind es jetzt wieder nur fünf, zweitens zahlt einer gar nicht, einer fast nicht; der dritte ist es schuldig und wird am 6. Jänner zahlen (glaubst Du einem Schuldner, der so genau weiß wann er zahlen wird?); der vierte ist seit einem Monat schuldig und zahlt immer morgen oder übermorgen. Es ist eine Pleite. Auf dem Papier bin ich zwar nicht reich, aber doch wie gewöhnlich, ziehe ich die Schulden ab, bleibt das Dringendste, aber da das alles nur am Papier steht, so ist nicht einmal das vorhanden. ... Mein neuer Beruf ist im Verhandlungsstadium, aber es lief bisher recht gut; seit gestern funktioniert da etwas nicht ganz nach Wunsch, so scheint es. Morgen werde ich versuchen herauszubekommen was und wo was passiert ist, und nehme an, daß die Reparatur gelingen kann. Wahrscheinlich ist der Tandler nur faul gewesen (von

ihm nämlich hängt meine Anstellung ab)[12]. – Heute hab ich mit Springer abgeschlossen. Die Psychologie des Säuglings[13] erscheint danach in einem halben Jahr für 2000 Mk (erste Aufl.).

17. Februar 1925
Samstag nachmittag war ich in meinen Verlagen, und bei Anna Freud, und kaufte Bücher für meine Bücher. . . . Die Grenzen der Erziehung hat Professor F. gelesen, sie haben ihm »sehr gut gefallen«, er hat mich für nächste Woche eingeladen, »um mir einen Vorschlag zu machen«. Was jedenfalls heißt, er will sie nicht, wie sie sind in Verlag geben. Säugling soll nächste Woche mit dem Druck beginnen. Vom II. Band habe ich das erste Kapitel bereits geschrieben;[14] von der Pubertät die Einleitung ebenfalls.[15] – Eine große Freude hat mir unlängst Freud gemacht, indem er mich in seiner letzten Arbeit namentlich erwähnte, was wirklich nicht von ihm war.[16] So erzähle ich Dir von den Büchern, als wären sie etwas. Sie sind nämlich auch wirklich das einzige was mich außer Dir derzeit noch interessiert. Und Du bist nicht da.

20. Februar 1925
Der Springerverlag, die Saubande, hat falsch kalkuliert. Das Säuglingsbuch hat nicht 20, sondern 12-14 Bogen, d.h. trägt nicht 40 sondern kaum 20 Millionen. Bitter in vielen Hinsichten.

12 Julius Tandler (1869-1936) wurde 1910 Professor für Anatomie an der Universität Wien und war Dekan der Medizinischen Fakultät von 1911 bis 1917. Er wurde 1919/20 Unterstaatssekretär für Gesundheit in der Regierung Renner und ab 1920 Stadtrat in Wien, noch ohne Parteimitgliedschaft. In dieser Funktion leitete er seine Reformarbeit wie zum Beispiel: Fürsorgestellen für Kinder und Jugendliche, TB-Sanatorien, Beratungsstellen für Mütter, Kindergärten nach modernen hygienischen und pädagogischen Prinzipien bis hin zur Organisierung der Verteilung von Babywäsche für alle Neugeborenen etc. (Sablik, 1983) Im Bereich der Gesundheitspolitik des »Roten Wien« wurde zwar eine präventiv orientierte »soziale Medizin« realisiert, diese blieb aber einem organmedizinischen Gesundheitsbegriff verpflichtet. Prävention und Therapie des »psychischen Elends« fanden dabei keinen systematischen Platz. Tandler blieb der Psychoanalyse gegenüber offiziell gewogen, seine »rechte Hand«, Siegfried Kraus, stand der Psychoanalyse näher, da dessen Frau Flora Kraus Analytikerin war (1925 und 1927 im Mitgliederverzeichnis der Wiener Psychoanalytischen Vereinigung).

13 *Psychologie des Säuglings.* Wien 1925 (Verlag von Julius Springer Wien).

14 Dieser Band ist nicht erschienen. Ein handschriftliches Manuskript aus dem Jahre 1925, »Die Kindheit«, befindet sich im Bernfeld Archiv.

15 *Die heutige Psychologie der Pubertät. Zur Kritik ihrer Wissenschaftlichkeit.* Wien 1927.

16 Sigmund Freud erwähnte Siegfried Bernfeld, Hermine Hug-Hellmuth und Oskar Pfister als Vorkämpfer der Anwendung der Analyse auf die Pädagogik am Ende seiner »Selbstdarstellung« (1925).

27. Februar 1925
Also mit den »Grenzen« hats sich erfreulich entwickelt. Professor nimmt das Buch gern, er will nur einige Änderungen. Ihm gefällt genau wie meinem teuren Joachim[17] der Anfang nicht; vom übrigen ist er sehr eingenommen. ... (Übrigens war Prof. hinreissend, er hat mich 3 Stunden da behalten und sehr lieb und freundlich über Gott und die Welt mit mir geplaudert. Du, das ist Dein bösester Konkurrent. Den liebe ich wirklich. Wie Dich. Von den Qualitäten und Quantitäten abgesehen). Der Verlag aber (Storfer)[18] hats inzwischen auch gelesen, ist hingerissen, verspricht hohes Honorar und will 5000 Expl. u. zw. sofort drucken, was für Südfrankreich reicht.[19] ... Was unsere anderen Sorgenkinder angeht: Säugling wird gesetzt, Korrekturen habe ich noch keine. ... Das Baby (zweiter Band) lernt gerade sprechen, ist dabei süß und interessant; während der Jüngling ... in der Pubertät sich gerade mit der Erotik auseinandersetzt. ... Ich bin eben wieder einmal ernstlich und ehrenvoll aufgefordert worden in Palästina ein pädagogisches Geschäft zu übernehmen.
Ich habs natürlich abgelehnt. Für vorläufig. Aber wenn ich ja einmal so was annähme, gingst Du mit mir?

13. Mai 1925
Die Grenzen der Erziehung sind verändert im Verlag; hoffentlich verlangt der Professor nicht noch neue Änderungen; die Psychologie des Säuglings ist fertig korrigiert im Verlag es fehlt nur noch Register, Schlußzusammenfassung und Vorwort, die erst nächste Woche gemacht werden können.

14. Mai 1925
Ich habe einen gut zahlenden Patienten gegen einen schlecht zahlenden eingebüßt, zwei gehen früher weg, als ich hoffte, der Psycho Verlag zahlt schlecht, die Polizei ist hinter den Laien-Analytikern her ...[20]

17 Name für Elisabeth Neumann aus dem Spiel »Knurrland«.

18 Adolf (nach 1938: Albert) Josef Storfer (1888-1944) kam in Zürich mit psychoanalytischen Ideen in Berührung und nahm 1910 Kontakt mit Sigmund Freud auf. Er wurde 1921 Mitarbeiter und später Direktor und Geschäftsführer des Internationalen Psychoanalytischen Verlags (bis 1932); Storfer war Mitherausgeber der ersten Ausgabe von Sigmund Freuds *Gesammelten Schriften* (1924-1934) und Herausgeber der Zeitschrift *Psychoanalytische Bewegung* (1929-1933). Er emigrierte 1938 nach Shanghai und ging 1941 nach Australien, wo er 1944 starb. (Mühlleitner, 1992)

19 Für eine gemeinsame Reise zu Ostern 1925.

20 Gegen den nichtärztlichen Psychoanalytiker Theodor Reik (1888-1969), einem der engsten Mitarbeiter Freuds, wurde am 10. Oktober 1924 von der Wiener Ärztekammer Anzeige beim

19. Oktober 1925
Elli[21] und 1000 Leute sind auf mich böse, teils weil ich nicht länger INRI bin, teils weil ich mit Dir lebe (ergänze u. nicht sie heirate). ... Ich habe natürlich noch gar keine Übersicht, bin aber entschlossen den Bürgern von Freud bis Walter keine Konzessionen mehr zu machen. – Eine Patientin soll heute kommen. Alle Analytiker klagen über nichts zu tun haben, Anna Freud hat keine zahlende Analyse (!); die Gemeinde Wien spart an allen Ecken und Enden; aber Trude Bien[22] ist Chef jener Abteilung des Jugendamtes geworden, in die ich kommen soll; daher werde ich mit Tandler nicht morgen, sondern erst übermorgen sprechen können, u. morgen mit der Bien sprechen. Diese soll angeblich sehr böse auf mich sein, Deinetwegen (Nachricht von Anne, also Vorsicht).

20. Oktober 1925
Ich habe zwei Analysen und eine junge Dame mit dem königlichen Namen Elisabeth Tudor nimmt einige Psychologiestunden, zahlt aber kein königliches Honorar. ... Wenn ich schon von 9-10 und 2-3 beschäftigt bin, so tue ich auch den übrigen Tag was, nämlich Bücher schreiben. ... Gespräche mit Sozialisten (u.a. Dr. Bauer) über den Sisyphos geben mir energischeren Mut mein Schreibeprogramm einzuhalten und zu forcieren, beleben meinen Wunsch ganz der Schreiberei ein paar Monate oder Jahre nach zu leben, denn ich sehe daß ich auf dem richtigen Weg bin, gerade weil sie es z.T. nicht glauben, aber ich habe das Gefühl, daß es noch zu früh ist, meine Bücher können sich noch nicht in eine Berufung zu praktischer Arbeit umsetzen, die mir früher oder später freilich wohl unentbehrlich sein wird. Und Schreiben heißt: Berlin. ... Anna Lang hat sich endgültig entschlossen mit ihrem Mann zu bleiben und Gartenbau zu betreiben, ist sehr nett mit ihm, weil sie an Anne sieht »wohin das Luderleben führt«. – Trude Hammerschlag[23]

Magistrat erstattet. Auf Grund des Kurpfuschergesetzes untersagte der Wiener Magistrat am 23. Februar 1925 die Ausübung der Analyse durch nichtärztliche Personen. Reiks Rekurs wurde am 27. Juni 1925 vom Obersten Sanitätsrat angenommen. 1926 erfolgte eine weitere Strafanzeige gegen Theodor Reik, das Verfahren wurde eingestellt. Sigmund Freud griff in diese Auseinandersetzung unter anderem mit seiner Schrift *Zur Frage der Laienanalyse* ein.

21 Elli Salomon, die Schwester Anne Salomons. Sie war mit Friedrich Gundolf, einem Professor für deutsche Literatur in Heidelberg, verheiratet.

22 Dr. Trude Bien war mit Julius Tandler befreundet.

23 Dr. Trude Hammerschlag kam aus der Jugendbewegung und arbeitete im Kinderheim »Baumgarten« mit. Sie wurde Erzieherin und Lehrerin für Zeichnen und Kinderarbeit in Ausbildungskursen für Montessori-Lehrerinnen. Daneben war sie Lehrerin in der sozialen Akademie der Gemeinde Wien und in der Kindergärtnerinnen-Bildungsanstalt der Gemeinde Wien. Sie kam 1930 bei einer Labor-Explosion ums Leben.

hat ein Buch illustriert, und ist von Heinz Hartmann endgültig geschieden. – Willi ist schläfrig. – Bergmann ist ein Flegel. – Dies sind die Neuigkeiten aus den Wiener Cafes, die ich von morgen ab weitgehend meiden werde. Doch noch eins: Storfer wird mit mir tanzen gehen, aber die Spanierin ist nicht mehr da. Das Buch über Pubertät und Spranger hat er im Prinzip angenommen, es wird aber kaum mehr wie 500 Mk tragen. Als Titel haben wir – schurkhaft – beschlossen: Spranger oder die Grenzen der Pubertätspsychologie. – Eine Sitzung mit den Psychoanalytikern habe ich auch schon gehabt.

22. Oktober 1925
Im übrigen bin ich mit meinen Bettelanalysen beschäftigt, mit Nachlaufen dem Tandler und Häuser-verkauf . . . Heute fragte Atelier Lohner an, ob es der Bitte eines deutschen Zeitungsbüros mein Bild unter anderen bedeutenden Wiener Persönlichkeiten zu veröffentlichen, nachgeben darf. Sonntag bin ich bei Bauers zur Stimmung-Erfassung in der Gemeinde Wien. Eine große Enttäuschung war ein New Yorker Universitäts-Professor, der vier Wochen in Wien bleibt, dann 3 Monate in Berlin, sich für Psychoanalyse interessiert und eben bei mir war. Das wär was gewesen, aber er war zwei Stunden da und langweilte mich mit seinen Forschungen, ohne Stunden haben zu wollen. Such is life. Und ich habe englisch gesungen wie drei Erzengel.

24. Oktober 1925
Endgültig komme ich überhaupt nicht, sondern ich sprach von 4-6 Monaten und 7000 Mk werde ich nie mehr in meinem Leben besitzen.[24] Was mich und Berlin – vom finanziellen Standpunkt angeht – so weiß ich bisher 1) So gut wie sicher finde ich heuer hier keine andere als eine psychoanalytische Bettelpraxis. Die Chancen in Berlin wären bessere. 2) Höchst wahrscheinlich werde ich durch Hausverkäufe in einigen Wochen frei von Schulden (inc. das an Anne zu zahlende Geld) sein, und für 2-3 Monate meine Kinder sichern können. Der entscheidende Faktor Springer wird sich Montag äußern, Dienstag dürfte ich auch endlich Tandler erreichen, Dienstag wird die Häuserfrage im Prinzip entschieden. Ich will nach Berlin, so stark, daß ich mit Tandler erst verhandle, wenn Springer ablehnt. Sagt er zu, so bin ich am 15. November in B. So scheint es heute. Ich bin aber zugleich derartig deprimiert und bedrückt wegen Anne, habe so fürchterliche Gewissensbisse . . .

27. Oktober 1925
Ein Schimmer einer neuen Hoffnung zeigt sich aus den Zeitungen. Berlin

24 Um diesen Betrag war in Berlin die Möglichkeit gegeben, eine Wohnung zu kaufen.

hat eine sozialistische Mehrheit. Erwin[25] behauptete, daß ich in diesem Fall mit einer Tätigkeit und einem Gehalt rechnen könnte. Ich glaube daran wenig. ... bitte ich Dich, mit Erwin und Gerdi ... zu sprechen. Ob, wie was zu tun ist. In Betracht kommt für mich die Fürsorge, nicht etwa das Schulwesen. ... Ich kann hier leben. Aber ich will es nicht ohne Dich. Ich kann heißt finanziell. Vielleicht wäre das anders, wenn es um eine Sache ginge, die wirklich an Wien gebunden ist. So eine Sache ist Psychoanalytisches Lehr-Institut, Samstagabende u. all dies. ... So eine Sache ist die Gemeindearbeit. Ich habe Tandler noch nicht erreichen können, habe heut mit Bien gesprochen und werde mit ihrer Hilfe T. demnächst sehen. Ich weiß also noch gar nicht ob diese Sache für mich zu haben ist. ... Ich hoffe geradezu, daß mit T. nichts ist, damit ich mir jedes Nachdenken erspare ... Und all das heißt, ich suche nach dem Weg nach B. zu kommen.

28. Oktober 1925
Wenn Erwin Analysen weiß, so soll er sie für mich aufheben.

30. Oktober 1925
Situationsbericht: Tandler, freundlich, hat erklärt er kämpfe um mich, hoffe noch mich durchzusetzen, weiß aber nicht wann. Herr Aichhorn[26] hat demissioniert, bis er in Pension geschickt wird, was nicht mehr lange dauert, hoffe er mich durchzusetzen, finanziell an seiner Stelle, offenbar. Ich sagte ihm, ich ginge indessen nach Deutschland, er solle mir schreiben, ich werde seinen Brief abwarten, und mich bis dahin um nichts kümmern. Aber, gestern wieder mit einer Garnitur Bonzen zusammen, habe ich neuerlich und verstärkt den Eindruck, daß noch nicht mein Zeitpunkt in der Partei gekommen ist. Auch sonst ist nichts eingetreten, was mich finanziell an Wien binden würde, bezw. mich in dieser Beziehung in einen Konflikt stürzen würde ... Meine unteren Zimmer verliere ich beim Hausverkauf so gut wie gewiß. Bleibe ich in Wien, oder komme ich zurück, so müßte ich zum Analysieren und Arbeiten eben ein Zimmer in der Nähe mieten, z.B. bei Tante Hoffmann in der

25 Erwin Kohn, ein Mitarbeiter des »Jüdischen Instituts für Jugendforschung«, der auch im Sammelband *Vom Gemeinschaftsleben der Jugend* publizierte.

26 August Aichhorn (1878-1949) war bis 1908 Volksschullehrer und von 1909 an Leiter der Wiener Knabenhorte. Von 1918 bis 1923 leitete er die Fürsorge-Erziehungsanstalt Oberhollabrunn. Für seine Arbeit mit verwahrlosten Jugendlichen wurden für ihn psychoanalytische Gesichtspunkte wichtig und er nahm über Anna Freud Kontakt zu den Wiener Psychoanalytikern auf. Von 1923 bis 1930 leitete Aichhorn die »Erziehungsberatung« in den Bezirksjugendämtern der Stadt Wien und gab Kurse und Seminare. 1925 erschien mit einem Geleitwort Sigmund Freuds sein Hauptwerk *Verwahrloste Jugend.* 1946 wurde Aichhorn zum Obmann der wiederbegründeten Wiener Psychoanalytischen Vereinigung gewählt. (Mühlleitner, 1992)

Meine Erinnerungen.

Von Dr. Siegfried Bernfeld.

Meine Erinnerungen an Max Linder sind minimal, nicht der Rede wert. Eigentlich erinnere ich mehr mein eigenes Lachen als das Bild Linders. Aber meine Bekannten wollen mehr persönliche Details erfahren, mehr noch als ich in der „Neuen Freien Presse" verriet. Wahrhaftig, ich habe Linder persönlich nicht gekannt und daher sind meine Erinnerungen an ihn in der „Presse" nicht von mir. Ich bin sehr froh, daß sich die wenigsten für Linder noch interessieren; wie unbeliebt hätte ich mich durch die Geheimhaltung von Erinnerungen an Chaplin gemacht. Man glaubt meinen Beteuerungen nicht durchwegs. Müller, Hauptmann, Frank und Kohn gibt es so viele, da mögen leicht auch paarweise Schriftsteller unter ihnen sein, aber Bernfeld. Und der Vorname! Zwischen Gerhart und Karl, Thomas und Heinrich, Paul und Leonhard ist doch ein gewisser Unterschied. Wie aber soll man Siegfried von Siegfried unterscheiden. Sonderbares Naturspiel. Hier bewährt sich Nietzsches Einsicht, daß die kleinsten Differenzen die entscheidenden sind. Das schlichte Titelchen Doktor, das einzige, das ich mir bisher erwarb —. vielleicht weil es in Kriegsjahren so billig zu haben war, für Einjährige bei nachsichtiger Prüfung, für Generale mit Nachsicht der Prüfung — gelangt zu unerwarteten Ehren. Es muß mein Alibi für nicht stattgehabten persönlichen Verkehr mit Max Linder und Dr. Zotef sein. Durch jahrelange, mühevolle Nichtmitarbeit an allen Zeitungen habe ich mir im Kreise meiner Bekannten einen bescheidenen, gewissen Ruhm als Schriftsteller erworben, dem weder allerhand von mir herausgegebene periodische Druckschriften (vielleicht wegen ihres unregelmäßigen Erscheinens) noch eine Anzahl von mir verfaßter Bücher (vielleicht wegen ihres zu regelmäßigen Erscheinens) bisher beträchtlichen Abbruch taten, und ich durfte stillschweigend dulden, daß dies Ruhmeskränzchen durch eine fremde Feder geschmückt wurde. Aber da mich neulich der „Tag" breiten Schichten meiner Bekannten als Antipädagogen und Schriftsteller bekannt gemacht hat, verlangt mein Verantwortungsgefühl gegenüber dieser meiner Öffentlichkeit, daß ich der arbeitslosen Vermehrung meines literarischen Ruhmes durch ein mutiges Bekenntnis Einhalt tue: Alle mit Siegfried Bernfeld schlechthin gezeichneten Artikel, Rezensionen und Übersetzungen sind nicht von Doktor Siegfried Bernfeld. Mein Titel ist mein Identitätsnachweis. Daß ich einen literarischen Doppelgänger besitze, ahne ich seit längerem. Denn seit einiger Zeit treffe ich gelegentlich jemand, der mich mit der Mitteilung erfreut: „Unlängst habe ich einen Aufsatz von Ihnen gelesen!" Gelesen! einfach, abschließend und höchst erfreulich. Früher hörte ich bloß: „Ihr neues Buch habe ich zu lesen begonnen . . . noch nicht zu Ende . . . worüber schreiben Sie jetzt?" Seit einiger Zeit werde ich auch durch die Frage überrascht: „Sie brauchen wohl Geld?" Sicher bin ich aber dieser Doppelgängerschaft erst, seit eine Zeitung in rührendster Weise damit begonnen hat, mir unter Mißachtung meiner akademischen Würde Honorare anzuweisen, für Arbeiten, die ich nicht geschrieben und nicht gelesen habe, die mich aber berühmter machen als jene, die ich selbst geschrieben habe. So behauptet wenigstens mein tüchtigster Verleger: Wert und Ruhm eines Schriftstellers hänge hauptsächlich von der Häufigkeit des Erscheinens seines Namens ab. Sicher weiß ich nun auch, man wird bezahlt. Und wenn ich Geld brauche, schreibe ich auch Erinnerungen, wie diese zum Beispiel sind. Damit aber der unaufmerksame Leser, der auf Titel nichts gibt, nicht etwa meine Erinnerungen für fremde halte, werde ich das Motiv solcher Publikation — ich brauche Geld — in der Signatur bekennen, und etwa zeichnen als S. B. G. Das heißt, wenn mich nicht doch einmal die Bosheit plagt, und ich einem mißratenen Produkt (den Lesern gefällt es vielleicht übrigens) meinen, seinen vollen Namen leihe. Wer will mich zwingen, alle meine Titel zu führen? Die Sache wird kompliziert und delikat. Abblenden!

Tillgasse. Eine beträchtliche Sorge machte mir dabei Bibliothek und Sammlungen. Für letztere habe ich gestern einen schönen Ausweg gefunden: Das Wirtschafts- und Kulturmuseum der Gemeinde Wien will sie als Leihgabe übernehmen, aufstellen, ausbauen. Eventuell könnten sie von ihm auch käuflich erworben werden. Daran denke ich aber noch nicht . . . Die Bibliothek bleibt eine schwere Sorge. Sie wird mir in Berlin fehlen, und wo soll ich ohne Kosten die 60 Kisten unterbrin-

„Bernfeld" contra „Bernfeld"

Der Verfasser des vorangegangenen Beitrags („Neuer Geist" contra „Nihilismus"), Dr. Siegfried Bernfeld in Berlin, Mitglied der „Deutschen Psychoanalytischen Gesellschaft", ersucht uns hier mitzuteilen, daß es noch einen Autor namens „Siegfried Bernfeld" gibt, mit dem er, der Psychoanalytiker, nicht identisch ist. Dieser Nichtpsychoanalytiker S. B. verfaßt Filmlibretti, Filmtexte, schreibt über Film und Literatur, übersetzt Romane, Novellen usw. und man müßte eigentlich denken, wer den Psychoanalytiker Bernfeld kennt, die innere und äußere Art des von ihm Geschriebenen, könne ihn mit dem andersgearteten Namensverwandten unmöglich verwechseln. Daß dies aber dennoch möglich ist, geht daraus hervor, daß „unser" Bernfeld von Tageszeitungen oft Honorare zugeschickt bekommt, die sich der Andere verdient hat. Das Wissen um den Umstand, daß es zwei Autoren des gleichen Namens gibt, wird vielleicht dazu beitragen, daß man in Hinkunft nicht gedankenlos die Verdienste des „Anderen" dem Psychoanalytiker Bernfeld zuschreibt.

St.

gen, wozu noch meine diversen Papiere und Archive mit mindestens 10 Kisten kommen? . . . In Berlin ist ja schließlich die Bibliothek da, so daß ich meine eigene nicht gar so arg entbehren werde. Vielleicht hats auch sein gutes, weil ich mich dann weniger mit den Büchern spielen und sie mehr lesen werde. . . . wie ich 800 Mk monatlich verdienen werde . . . Für diesen Fall werde ich versuchen, jetzt schon, Zeitungsartikel schreiben zu lernen. Da sie aber nicht schön sein werden, so werde ich sie mit I.b.v.G. zeichnen, was heißt: Ich brauche viel Geld! . . . Für heute habe ich Spranger zu schreiben vorgehabt, es ist der erste freie Abend. Und siehe da, ich habe meine Aktentasche mit dem Buch und dem Briefpapier in der Stadtbahn gelassen!! Dem Briefpapiermangel war abzuhelfen, wie Du siehst.

3. November 1925
Telegraph. Anfrage aus New York, ob ich Psychol. d. Säuglings zu übersetzen gestatte.[27] – Feuilleton im Tag über Sisyphos.[28]

10. November 1925
Hier sage ich, daß ich für einige Wochen nach B. fahre; mir sage ich bis 1. März. An Übersiedlung aus Wien denke ich noch nicht. . . . Ich werde

27 Die Übersetzung erschien 1929 in London.

28 Das Feuilleton von Fritz Wittels in der Wiener Tageszeitung *Der Tag* erschien am 1. November 1925 und trägt den Titel »Die Antipädagogen«. In dieser Zeitung publizierten regelmäßig Alfred Polgar, Béla Balázs, Max Brod und andere. Am 12. November 1925 erschien ein Feuilleton von Siegfried Bernfeld, »Meine Erinnerungen«, in dem er die Verwirrungen aufzuklären versuchte, die durch die Veröffentlichungen eines zweiten Autors mit dem Namen Siegfried Bernfeld entstanden waren.

> 500 Mk mtl. haben. Wenn ich in B. was verdiene, so kann ich davon etwas zur Aufbesserung meiner 500 Mk verwenden, den Hauptteil allerdings meines Verdienstes muß ich zur Verringerung meiner Schulden verwenden. Erst was ich über 700 Mk monatlich verdiene, gehört mir zu den 500 Mk dazu! . . . Meine zwei Patienten kommen vielleicht mit, d.h. sie kommen frühestens eine Woche nach mir nach.

Siegfried Bernfeld blieb in Berlin. Im Bericht über die Wiener Vereinigung im *Korrespondenzblatt der Internationalen Psychoanalytischen Vereinigung* wurde vermerkt: »Während der Abwesenheit von Dr. Bernfeld hat Dr. Nunberg die Agenden des Bibliothekars übernommen; er wurde auch zum Vorsitzenden-Stellvertreter des Lehrinstituts bestimmt.« (Jokl, 1926, S. 230)

um 1924

Elisabeth Neumann

Elisabeth Neumann wurde am 5. April 1900 als jüngstes Kind von Felix Neumann (1862-1953) und Anna Lichtblau (1874-1940) in Wien geboren. Sie hatte zwei ältere Schwestern, Eline und Josephine und einen älteren Bruder Paul. Der Vater leitete die Zweigstelle einer Glasfabrik. Der Großvater mütterlicherseits, Adolf Lichtblau, war ein angesehener jüdischer Wiener Bürger. Er war Herausgeber einer Zeitung für das Brauereigewerbe (Gambrinus), trug den Titel »kaiserlicher Rat« und war mit Karl Lueger befreundet, der zu jüdischen Festtagen oft als Gast in der Familie war.

Nach der Volksschule besuchte sie mit ihrer Schwester Josephine (Pepa) von 1911 bis 1919 die Schule von Eugenie Schwarzwald, eine Erfahrung, der Elisabeth Neumann außerordentliche Bedeutung zumißt. In dieser Schule lernte sie auch Alice (Liccie) Herdan-Zuckmayer kennen, mit der sie eine lebenslange Freundschaft verband. Nach Abschluß der Schule nimmt Elisabeth Neumann Schauspiel- und Sprachunterricht und geht mit 19 Jahren nach München, wo sie an den Kammerspielen engagiert wird. Über das Theater in Brünn kommt sie nach Berlin, wo sie unter anderem mit Max Reinhardt, Leopold Jessner, Victor Barnowsky und Erwin Piscator arbeitete. In Berlin lebte sie ab Ende 1925 mit Siegfried Bernfeld zusammen, die (jüdische) Hochzeit wurde 1930 in Bad Aussee gefeiert. Anfang 1933 trennten sich die beiden, im Frühjahr 1934 kehrte Elisabeth Neumann nach Wien zurück und in diesem Jahr erfolgte auch die offizielle Scheidung.

1935 bis 1937 spielte Elisabeth Neumann im Kabarett »Literatur am Naschmarkt«, wo sie Jura Soyfer kennenlernte, und kurzfristig auch im Theater in der Josefstadt. Im März 1938 emigrierte sie über Zürich, Paris und London nach den Vereinigten Staaten und konnte dort nach einiger Zeit ihre Theaterarbeit fortsetzen. Als Schauspielerin war sie auch bei Filmarbeiten in Hollywood engagiert. Ende 1948 kam sie mit Berthold Viertel,

Elisabeth Neumann, Soloauftritt als »Deutsches Mädchen« in New York.

den sie bereits von Berlin her kannte und 1949 heiratete, nach Wien zurück. Nach dessen Tod im Jahre 1953 arbeitete sie vor allem an Münchener Theatern. Elisabeth Neumann-Viertel lebt in Wien.

Karl Fallend / Johannes Reichmayr

Psychoanalyse, Film und Öffentlichkeit

Konflikte hinter den Kulissen

Das öffentliche Interesse am jungen Medium Film wie an der Psychoanalyse war in den Jahren nach dem Ersten Weltkrieg enorm gewachsen. Der Präsident der Internationalen Psychoanalytischen Vereinigung, Karl Abraham, schrieb am 17. Oktober 1925 in einem Rundbrief: »Aus Deutschland ist zu melden, daß die Diskussion der Psa. in Zeitungen und Zeitschriften nicht mehr zur Ruhe kommt. Überall findet man sie erwähnt . . . Natürlich fehlt es auch nicht an Angriffen. Aber ohne Zweifel war das Interesse noch nie so stark wie jetzt«[1]. Psychoanalyse und Film galten als Ausdruck der »modernen Zeiten«, beide entsprangen dem Geist des 19. Jahrhunderts und versuchten ihn zu überwinden. Zwischen Film und Psychoanalyse entwikkelten sich nur spärliche und erst in den 20er Jahren konkrete Verbindungen. Die Filmproduzenten wußten um die Popularität und Verwertbarkeit des Sujets »Psychoanalyse«. Bereits 1922 trat in dem Film von Fritz Lang *Dr. Mabuse, der Spieler* die Hauptfigur als Psychoanalytiker auf. In der Wiener Psychoanalytischen Vereinigung gab es dazu eine bemerkenswerte Anfrage: »Federn macht auf die böswillige Darstellung der Psychoanalyse im Film 'Mabuse, der Spieler' aufmerksam, regt an, etwas gegen solche Darstellungen zu unternehmen. Freud lehnt entschieden ab«.[2] Der Psychoanalytiker Otto Rank wurde 1914 auf den Film als neues Darstellungsmittel aufmerksam.

> »Vielleicht ergibt sich, daß die in mehrfacher Hinsicht an die Traumtechnik gemahnenden Kinodarstellung auch gewisse psychologische Tatbe-

1 Komiteerundbrief von Karl Abraham vom 17. Oktober 1925. S. 2. Karl Abraham Archiv. Library of Congress. Washington D.C.

2 Protokoll der Sitzung der Wiener Psychoanalytischen Vereinigung vom 1. November 1922. S. 1. Siegfried Bernfeld Archiv. Library of Congress. Washington D.C.

stände und Beziehungen, die der Dichter oft nicht in klare Worte fassen kann, in einer deutlichen und sinnfälligen Bildersprache zum Ausdruck bringt und uns dadurch den Zugang zu ihrem Verständnis erleichtert.« (Rank, 1914, S. 97f.)

Den Film *Der Student von Prag* nimmt Rank zum Ausgangspunkt seiner Überlegungen zum Doppelgängermotiv. Er geht aber nicht weiter auf die von ihm bemerkte Verwandtschaft von Psychoanalyse und Film ein, sondern versucht, das Freudsche Narzißmus-Konzept auf das Doppelgängermotiv in Anwendung zu bringen. (Kittler, 1985, S. 282; Ruhs, 1989)

Mitte der 20er Jahre war das Kino zum wichtigsten Mittel der Volksunterhaltung geworden. In Deutschland lag die Zahl der Kinos bei 3900. Täglich gingen fast 750 000 Menschen in die Kinos, in denen sie pro Jahr rund 500 neue deutsche und ausländische Spielfilme sehen konnten.

Der bekannte Filmproduzent aus Hollywood, Samuel Goldwyn, hatte Sigmund Freud 1925 für die Mitarbeit an einer Filmproduktion 100.000 Dollar angeboten. Es ging dabei um die Darstellung der berühmtesten Liebesgeschichten aller Zeiten, angefangen mit Antonius und Kleopatra (Jones, 1962, Bd. 3, S. 141). Sigmund Freud lehnte das Angebot ab, was in der amerikanischen Presse für Schlagzeilen sorgte (Gay, 1989, S. 510). Im Sommer 1925 war es Hans Neumann, Filmproduzent der größten deutschen Filmgesellschaft, der UFA, der an die beiden Berliner Psychoanalytiker Karl Abraham und Hanns Sachs mit dem Angebot herantrat, an einem »psychoanalytischen Film« mitzuarbeiten. Verlockend und faszinierend war, was mit dem neuen Medium erreichbar schien, ungeachtet der Tatsache, daß die Psychoanalytiker wenig vom Film und die Filmleute wenig von der Psychoanalyse verstanden haben dürften. Karl Abraham erklärte am 7. Juni 1925 in einem Brief an Sigmund Freud: »Daß Derartiges gerade mir nicht 'liegt', bedarf kaum der Erwähnung« (Freud und Abraham, 1965, S. 356). Als Rechtfertigung ihrer Mitarbeit an dem Filmprojekt, die einen Konflikt innerhalb der Kollegenschaft und eine Auseinandersetzung mit Sigmund Freud auslösten, schrieb Hanns Sachs in einer Begleitbroschüre zum Film:

> »Ein Fachmann vom Range Hans Neumann hatte aus sich heraus den Vorsatz gefaßt, etwas vom Wesen der Psychoanalyse filmisch zu erfassen und durch dieses modernste Mittel künstlerischer Gestaltung dem großen Publikum aller Länder nahezubringen. Es wäre uns ungeheuerlich erschienen, ein solches Unternehmen einfach zu ignorieren, wir zogen es vor, uns an seine Seite zu stellen« (Sachs, 1926, S. 31).

Für die beiden Berliner Psychoanalytiker waren neben dem Reiz des Unternehmens auch Prestigegründe und die Angst, andere »wilde Analytiker« könnten den »materiellen Gewinn« (Freud und Abraham, 1965, S. 356) haben, ausschlaggebend für ihre Mitarbeit an dem Projekt der UFA.

Im Herbst 1925 schritt man in Berlin zur Verwirklichung des Vorhabens. Karl Abraham und Hanns Sachs überarbeiteten zunächst das von Collin Ross (einem bekannten Reiseschriftsteller, der der Psychoanalyse distanziert bis verständnislos gegenüberstand) (*Die psychoanalytische Bewegung*, 1929, S. 177) und Hans Neumann verfaßte Drehbuch und standen bei den Dreharbeiten beratend zur Seite. Sachs schrieb ein leicht verständliches Begleitheft mit dem Titel: *Psychoanalyse. Rätsel des Unbewußten.*

Die Bezeichnung »psychoanalytischer Film«, das Auftreten eines behandelnden Psychoanalytikers im Film täuschten darüber hinweg, daß es den beiden Mitarbeitern nur in bescheidenem Maße möglich war, psychoanalytische Erkenntnisse im Film unterzubringen und auszudrücken und die dem neuen technischen Medium innewohnenden Gestaltungsmöglichkeiten für die Darstellung psychoanalytischen Denkens zu nutzen. Für die Psychoanalyse blieb ein Werbe- und Reklameeffekt, der sie dem »großen Publikum« näherbrachte. Den potentiellen Patienten im Publikum wurde der Weg auf die Couch gewiesen.[3] Die psychotherapeutische Kompetenz der Psychoanalyse wurde gegen die zunehmende Konkurrenz in diesem Bereich unterstrichen[4].

Sigmund Freud lehnte ein derartig dem Zeitgeist entgegenkommendes Unternehmen strikte ab. »Die Verfilmung läßt sich so wenig vermeiden wie, scheint es, der Bubikopf. Aber ich lasse mir selbst keinen schneiden und will auch mit keinem Film in persönliche Verbindung gebracht wer-

3 Der Analytiker im Film wurde wie ein »streetworker« aktiv – er verfolgte den »Neurotiker« und »stellte« ihn vor der Türe seines Hauses, um ihm seinen vergessenen Schlüssel mit folgenden Bemerkungen zu übergeben: »Sie haben diesen Schlüssel im Café liegen lassen! Sicherlich haben Sie einen Grund Ihr Haus ungern zu betreten!« – »Woher wissen Sie das?« – »Es gehört zu meinem Beruf«. Weder der Film noch das Begleitheft geben einen Hinweis auf die psychoanalytische Poliklinik in Berlin, wo Gratisbehandlungen durchgeführt wurden. Richard Bacher gab uns den Hinweis auf die eigens für den Film hergestellte Broschüre der UFA mit »Reklame-Ratschlägen« für den Film *Geheimnisse einer Seele.* Die Auszüge aus Kritiken über den Film enthalten ausschließlich positive Rezensionen (Geheimnisse einer Seele. Reklame Ratschläge. o.J.) in *Bettauers Wochenschrift* (1924-1927), einer weitverbreiteten und sehr populären Wiener Zeitschrift, die um Sexualaufklärung bemüht war und einen umfangreichen Leserbriefkasten beinhaltete, finden sich in jeder Ausgabe in Antworten auf hilfesuchende Leser Hinweise auf das Wiener Psychoanalytische Ambulatorium, in dem kostenlos behandelt wurde.

4 Zum Beispiel fand 1925 der 2. Internationale Kongreß für Individualpsychologie in Berlin statt; 1926 der 1. Allgemeine Kongreß für ärztliche Psychotherapie in Baden-Baden.

den« (Freud, E., 1976, S. 224) schrieb er am 14. August 1925 an Sándor Ferenczi. Der Briefwechsel zwischen Sigmund Freud und Karl Abraham brachte deutlich die skeptische Einstellung Freuds gegenüber dem Filmprojekt zum Ausdruck.

Am 7. Juni 1925 findet sich die erste Mitteilung Abrahams an Freud, in der er ihm den Vorschlag Neumanns darlegt. Abraham kannte bereits Freuds Einstellung; er versuchte mit den folgenden Argumenten ihn zu einer wohlwollenden Haltung umzustimmen:

> »Daß Derartiges gerade mir nicht 'liegt', bedarf kaum der Erwähnung; ebenso wenig aber, daß der Plan im Wesen unserer Zeit liegt und daß er bestimmt ausgeführt wird, wenn nicht mit uns, dann von unberufener Seite. Wir haben in Berlin so viele 'wilde' Analytiker – ich nenne nur Kronfeld, Schultz, Hattingberg –, die sich gierig auf das Angebot stürzen werden, falls wir ablehnen. Dann hätten diese den materiellen Gewinn, unsere Sache aber den Schaden« (Freud und Abraham, 1965, S. 356).

Umgehend antwortete Freud:

> »Das famose Projekt ist mir nicht behaglich. Ihr Argument, daß, wenn wir es nicht machen, es von anderer Seite geschehen wird, schien zuerst unüberwindlich. Dann aber meldete sich der Einwand, daß das, was die Leute bezahlen, offenbar die Autorisation ist. Die können sie doch nur von uns haben. Wollen sie etwas Wildes machen, weil wir uns weigern, so können wir sie nicht hindern und sind nicht beteiligt dabei. Wir können ja auch niemanden hindern, einen solchen Film zu machen, ohne sich mit uns ins Einvernehmen zu setzen.
>
> Nach der Überwindung dieses Arguments läßt sich die Sache wenigstens diskutieren. Mein Haupteinwand bleibt, daß ich es nicht für möglich halte, unsere Abstraktionen in irgendwie respektabler Weise plastisch darzustellen. Zu etwas Insipidem wollen wir ja unsere Zustimmung nicht geben. Mr. Goldwyn war wenigstens so klug, sich an die Seite unseres Gegenstandes zu halten, welche plastische Darstellung sehr wohl verträgt, nämlich an die Liebe. Das kleine Beispiel, das Sie erwähnen, die Darstellung der Verdrängung durch mein Gleichnis in Worcester, würde eher einen lächerlichen als einen lehrreichen Eindruck machen. ... Da Sie nicht abgeneigt scheinen, sich auf die Sache einzulassen, schlage ich Ihnen folgenden Schritt vor. Erklären Sie der Unternehmung, daß ich an die Möglichkeit, etwas Gutes und Zweckentsprechendes herzustellen, nicht glaube und darum vorläufig meine Autorisation nicht geben kann. Wenn Ihnen und damit auch mir diese Möglichkeit durch das vorgelegte Programm erwiesen wird, dann, nachträglich also, bin ich zur Autorisation bereit. Ich leugne nicht, es wäre

mir am liebsten, wenn mein Name überhaupt nichts damit zu tun hätte. Wenn sich wider erwarten alles doch befriedigend macht, so werden wir wegen der 10%, wie man in Wien sagt, keinen Richter brauchen. Meinen Anteil will ich gerne dem Verlag zuwenden, wenn er irgend etwas ausgibt.« (Freud und Abraham, 1965, S. 357)[5]

Freud war zu einer Haltungsänderung nicht zu bewegen. Auch die weiteren Briefe, in denen Abraham am 18. Juli, 14. und 20. August und am 27. Oktober Freud über das gute Vorankommen in der Arbeit am Film unterrichtete, konnten nicht dazu beitragen. Noch am 5. November 1925 war die Mißstimmung durch die Film-Angelegenheit nicht beendet und Sigmund Freud kritisierte ein letztes Mal (Karl Abraham starb am 25. Dezember 1925) seinen sonst so treuen Mitstreiter: »Es macht mir keinen tiefen Eindruck, daß ich in der Filmsache doch nicht zu Ihrer Ansicht bekehrt werden kann. Manches sehe ich anders und manches weiß ich anders.« (Freud und Abraham, 1965, S. 370). Freuds Kontroverse mit Abraham war Ausdruck für die heftigen Reibereien und Konkurrenzen zwischen Wiener und Berliner Analytikerkollegen im Filmgeschäft. Die streitbaren Wiener, Adolf Josef Storfer und Siegfried Bernfeld, die ihrerseits ein Filmprojekt zu realisieren versuchten, unterlagen dabei ihren Berliner Rivalen. Einige Dokumente und Kommentare erlauben uns Einblicke in diesen Konflikt. Ernest Jones berichtete in seiner Freud-Biographie: Hanns Sachs beschwerte sich über den damaligen Verlagsdirektor Josef Storfer,

5 Das Beispiel gab Sigmund Freud in seiner zweiten Vorlesung an der Clark University in Worcester im September 1909: »Nehmen Sie an, hier in diesem Saale und in diesem Auditorium, dessen musterhafte Ruhe und Aufmerksamkeit ich nicht genug zu preisen weiß, befände sich doch ein Individuum, welches sich störend benimmt und durch sein ungezogenes Lachen, Schwätzen, Scharren mit den Füßen meine Aufmerksamkeit von meiner Aufgabe abzieht. Ich erkläre, daß ich so nicht weiter vortragen kann, und daraufhin erheben sich einige kräftige Männer unter Ihnen und setzen den Störenfried nach kurzem Kampfe vor die Tür. Er ist also jetzt 'verdrängt' und ich kann meinen Vortrag fortsetzen. Damit aber die Störung sich nicht wiederhole, wenn der Herausgeworfene versucht, wieder in den Saal einzudringen, rücken die Herren, welche meinen Willen zur Ausführung gebracht haben, ihre Stühle an die Türe an und etablieren sich so als 'Widerstand' nach vollzogener Verdrängung Wenn Sie nun noch die beiden Lokalitäten hier als das 'Bewußte' und das 'Unbewußte' aufs Psychische übertragen, so haben Sie eine ziemlich gute Nachbildung des Vorganges der Verdrängung vor sich.« (Freud, 1909, S. 22f.)
In einem Schreiben der Neumann Produktion G.m.b.H. an Karl Abraham vom 5. Juni 1925 ist bereits das finanzielle Angebot enthalten: »Wir würden Ihnen und Herrn Geheimrat Freud gemeinsam 10% (zehn Prozent) der Erträgnisse des Filmes zahlen und Ihnen diese Einnahme mit Mk: 10.000,– (zehntausend Mark) garantieren, wovon ein Teil bei Abschluss des Vertrages und der Rest bei Fertigstellung des Filmes zu zahlen wäre.« (Archiv des Freud Museums. London)

»daß er einen von ihm selbst stammenden Zeitungsartikel, in dem er dem Streifen allen Wert abspreche, überall weitergebe. Dann verfaßte Siegfried Bernfeld ein eigenes Drehbuch und bot es mit Storfer verschiedenen anderen Gesellschaften an. . . . Dies führte zu einer bewegten Kontroverse, in deren Verlauf sich Abraham über die Vertrauenswürdigkeit der beiden Wiener nicht gerade die beste Meinung bildete« (Jones, 1962, Bd.3, S. 142).

Die Grundlage für den von Jones erwähnten Zeitungsartikel Storfers dürfte folgende *Presseaussendung* des Internationalen Psychoanalytischen Verlages gewesen sein:

»In der letzten Zeit sind aus den Kreisen der Filmindustrie verschiedene Projekte 'psychoanalytischer Filme' aufgetaucht. Bekanntlich hat einer der größten amerikanischen Filmindustriellen Prof. Freud selbst zur Autorisation solch eines Filmes vergeblich zu gewinnen versucht. Da das Projekt eines solchen Filmes neuerlich wieder von verschiedenen Seiten, auch in Deutschland aufgegriffen werden soll, hat der Internationale Psychoanalytische Verlag in Wien, der die zentrale Publikationsstelle der ganzen psychoanalytischen Bewegung, auch der Verleger der Schriften von Prof. Freud ist, sich entschlossen, selbst für die Herstellung eines psychoanalytischen Filmes zu sorgen, um dadurch die Gefahr einer irreführenden Darstellung bezw. einer anstößigen oder unsinnigen Verballhornung auszuschalten. Der Internationale Psychoanalytische Verlag hat durch einen bekannten Psychoanalytiker das Manuskript einer authentischen Darstellung der Freudschen Lehre im Rahmen eines abendfüllenden Spielfilmes herstellen lassen und wird für die rascheste Verfilmung Sorge tragen. Der Umstand, dass der Film nicht nur neben der Firma der betreffenden Filmgesellschaft auch die des Internationalen Psychoanalytischen Verlages tragen wird, sondern dass dieser Verlag die Herstellung des Filmes selbst kontrollieren wird, darf zur Hoffnung berechtigen, dass das volle Maß authentischer Darstellung erreicht sein wird«.[6]

Aus einem Brief vom 4. Juli 1925, den Siegfried Bernfeld an seine Freundin, die Schauspielerin Elisabeth Neumann nach Berlin schrieb, erfahren wir folgendes über die Entwicklung des Filmprojekts:

»Die Ufa verbreitet die Nachricht, daß bei ihr von Collin Ross und Regisseur Neumann (Sommernachtstraum) mit Zustimmung von Professor Freud unter Mitwirkung der Berliner Psychoanalytiker Sachs und Abra-

6 *Presseaussendung.* Internationaler Psychoanalytischer Verlag (o.J.). Siegfried Bernfeld Archiv. Library of Congress. Washington D.C.

ham unter dem Titel 'Geheimnisse der Seele' ein abendfüllender Spielfilm, der die Lehren Freuds behandelt, fertiggestellt wird. Kannst Dir denken! Spaß hab ich 50 Stunden gehabt, bis jetzt. Ich war sehr schlau, sehr tüchtig, sehr fleissig. Vielleicht wirds helfen, toi, toi, toi! Also zunächst ist sehr unwahrscheinlich, daß Freud wirklich mehr zugestimmt hat, als daß er Abraham und Sachs erlaubte am Film mitzuarbeiten. Ist der sehr unwahrscheinliche Fall eingetreten, so weiß ich derzeit nicht, was wir tun werden. Storfer, der Direktor d. Psychoanalyt. Verlags, sagt: einen Konkurrenzfilm zur Ufa machen! Nun, man wird sehen, ob das möglich ist. Für den wahrscheinlicheren Fall, daß Fr. sich nicht mit beiden Händen für nichts gebunden hat wird Fr. vorgeschlagen: Er überträgt ein für allemal dem Psycho-Verlag die Autorisation für die Verfilmung seiner Ideen. Der Verlag erwirbt mein Manuskript in Form eines Kompagniegeschäftes zwischen ihm und mir, wobei ich Geschäftsführer in dieser Sache bin, soweit die Wahl der Schauspieler (!), des Regisseurs, Architekten u.s.w. in Betracht kommt, der Verlag in den finanziellen Angelegenheiten. Die Finanzierung geschieht in der Weise, daß den großen deutschen u. amerikanischen Gesellschaften mitgeteilt wird daß nur der Verlag die Autorisation besitzt, ein drehbares Manuskript besitzt u.s.w. Und die Gesellschaften werden sich selbst hinauflizitieren. Ich erhalte monatlich X Mark und Y % vom Erlös. Also gerad nicht mehr 3 Milliarden, aber doch allerhand, und vor allem ist der finanzielle Verzicht, der mit dieser Konstruktion verbunden ist, unter den gegebenen Umständen, die einzige Möglichkeit a) den Film zu machen, b) meinen Einfluß auf die Rollenbesetzung zu sichern. Und davon hängt derzeit mein Ideenteil ab. Da die Verhandlungen mit Fr. vorsichtig geführt werden müssen, wird eine erste Antwort von ihm erst Anfang nächste Woche einlangen. Storfer fährt Ende der Woche zu ihm, und kann die Sache kaum in einer Sitzung erledigen. Ich halte Dich natürlich auf dem Laufenden. Ich habe inzwischen weitergeschrieben, und einige sehr gute Ezes von Storfer bekommen. – Nie wieder mach ich Milliardengeschäfte«.[7]

Siegfried Bernfeld war bemüht, seiner Freundin Elisabeth Neumann auf der Suche nach Engagement und Anstellung bei Theater oder Film behilflich zu sein. 1924 hatte sie ihre Theaterarbeit unterbrochen, um mit ihm eine Reise nach Italien und Südfrankreich unternehmen zu können – wieder zurück in Berlin, konnte sie nicht an ihre begonnene Karriere anknüpfen. Siegfried Bernfeld war auch über das Kino mit ihr verbunden. Am 24. Juni 1924 erzählte er ihr in einem Brief: »Ich träumte aber nicht schön.

7 Brief von Siegfried Bernfeld an Elisabeth Neumann vom 4. Juli 1925. Privatbesitz

Internationaler Psychoanalytischer Verlag / Ges. m. b. H.
Leipzig / Wien / Zürich / London

St/Z

Wien, 11.August 1925
VII. Andreasgasse 3
Tel. 33-4-91

Herrn

Dr. Siegfried B e r n f e l d

Wien XIII

Sehr geehrter Herr Doktor!

Wir haben heute mit Ihnen folgendes Uebereinkommen getroffen:

Die Internationale Psychoanalytische Verlags Ges.m.b.H. übernimmt von Ihnen das Manuskript eines abendfüllenden Spielfilmes, der die Grundzüge der Freud-schen Psychoanalyse in Auswahl darstellt, zur Verwertung,d.h. zum Verkaufe für die Verfilmung.
Sie haben das Manuskript bis zum 25.August a.c. an uns abzuliefern.

Wir dürfen Verträge über die Verfilmung Ihres Manuskriptes und den Vertrieb des Filmes nicht ohne Ihre ausdrückliche schriftliche Zustimmung abschliessen.
Wenn wir mit Dritten Verträge über Verfilmung Ihres Manuskriptes abschliessen werden, werden wir Ihr Recht bei der Herstellung des Filmes zur Wahrung der geistigen(wissenschaftlichen u.künstlerischen) Interessen entsprechend mitzuwirken und für die Mitwirkung eine entsprechende Entschädigung für Sie ausdrücklich ausbedingen.

Von allen Einnahmen, die der Verlag aus der Verwertung Ihres Filmmanuskriptes haben wird, zahlt er nach Abzug seiner etwaigen Barauslagen 20%

bei Eingang dieser Einnahmen.

Die gegenwärtigen Vereinbarungen gelten als aufgehoben, falls es bis zum 31.Oktober 1925 dem Verlag nicht gelungen ist, mit Dritten ein Abkommen über Verfilmung Ihres Manuskriptes zu treffen und falls bis dahin keine weiteren Vereinbarungen zwischen uns getroffen worden sind. Für die Dauer der Giltigkeit dieser Vereinbarung besteht die Verpflichtung sowohl für den Internationalen Psychoanalytischen Verlag, als auch für Sie, an keinerlei ähnlichem Unternehmen("psychoanalytischen Film") irgendwie mitzuwirken.

Hochachtungsvoll
Internationaler Psychoanalytischer Verlag
Gesellschaft m. b. H.

Sondern schreckliche Kinofilme. Das kommt davon, daß ich in Tragödie der Liebe war und fand Du hättest die Kleine spielen sollen. ... Es ging wüst zu, kann ich Dir sagen. Dafür kam ich dann auch heute zu spät zu meiner ersten Stunde.«[8] Am 14. Mai 1925, also kurz vor dem Beginn der Film-Unternehmung, schrieb Bernfeld:

> »Ich gehe überhaupt beinahe wahllos ins Kino. Es ist die beste Art um ganz mit Dir zu sein. Gestern war eine Rolle u. eine Schauspielerin, die ein bißchen an Dich erinnert hat. Kannst Dir denken wie ich sie geliebt habe, und wie geweint als das arme Kind sterben mußte. Es war gemein.«[9]

Die Idee war naheliegend, mit einem eigenen Filmprojekt die beruflichen und finanziellen Sorgen loszuwerden. Soviel aus den Briefen Bernfelds zu erfahren ist, schienen auch Storfers Verhandlungen mit Freud bezüglich seiner Autorisation des Wiener-Filmprojekts günstig zu verlaufen. Am 16. August 1925 telegraphierte Siegfried Bernfeld an Liesl Neumann nach Pörtschach, wo sie ihren Urlaub verbrachte: »Freud hat Film autorisiert Vertrag abgeschlossen. Komm sobald als Deine Erholung erlaubt.« In einem vorangegangenem Brief waren weitere Neuigkeiten zur Filmsache und zu seiner Scheidung von seiner ersten Frau Anne Salomon enthalten, die er für eine eingehende Besprechung bei ihrem nächsten Treffen anführte:

> »1) Meine bereits durchgeführte rabbinische und gerichtliche Scheidung. 2) Millionen Filmangelegenheiten. 3) Ideen für neue, weitere Filme. ... Ich soll das Filmmanuskript bis Mittwoch abliefern. Dazu brauche ich Deine Anwesenheit a) als Muse, b) überhaupt, c) wegen Deiner Klugheit, d) wegen Deiner Rolle, es sind nämlich jetzt zwei Frauenrollen da; ich kann mich nicht entscheiden, welche ganz für Dich ist. – Erledigt ist erst die erste Etappe: der Vertrag mit dem Verlag, der mir 20% an den Einnahmen und Einfluß bei Regisseur und Schauspielerwahl sichert. Nun kommt erst die zweite, entscheidende Etappe der Vertrag mit der Filmgesellschaft. Die ersten Anfänge hinzu sind in Vorbereitung. Es ist unwahrscheinlich, aber immerhin möglich daß diese Verhandlungen in einigen Tagen soweit gediehen sind, daß Deine Anwesenheit unerläßlich ist; ich weiß ja nicht, wann und wo Du filmen kannst, weil Du engagiert bist und muß versuchen, diese Bedingungen so einzurichten,

8 Brief von Siegfried Bernfeld an Elisabeth Neumann vom 24. Juli 1924. Privatbesitz.

9 Brief von Siegfried Bernfeld an Elisabeth Neumann vom 14. Mai 1925. Privatbesitz.

daß kein äußeres Hindernis da ist. Ist es so weit, dann telegraphiere ich Dir: Kommen unerläßlich und Du kommst sofort? Nicht? Denn dann kommt es auf die paar Tage Sonne nicht an; Du kannst Dich in einigen Monaten vielleicht in Ruhm und Reichtum sonnen u. baden. Sonst aber komm so bald wie Du kannst, willst, in Berücksichtigung eines schweren Arbeitswinters an Erholung opfern kannst.«[10]

Am 9. Internationalen Psychoanalytischen Kongreß, der vom 3. bis 5. September 1925 in Bad Homburg bei Frankfurt am Main stattfand, dürfte es zur entscheidenden Auseinandersetzung bzw. Machtprobe über die Filmprojekte gekommen sein. Auf der Fahrt nach Bad Homburg war Siegfried Bernfeld durchaus noch zuversichtlich:

»Ich habe die ganze Zeit hindurch Film gemacht. Die Reinschrift diktiert, ergänzt, korrigiert u.s.w. Außerdem haben mich eine Anzahl Kongreß-Zionisten besucht. Und meine Ernennung zum Professor für Jerusalem ist näher gekommen. ... Morgen um diese Zeit weiß ich vielleicht mehr vom Film. Ich wohne ... in Homburg Hotel Metropol. Das kostet zwar Geld ... aber ich muß der Sachs-Abraham-Bagage nahe sein u. will nicht riskieren, daß ich um 10 h nach Hause fahren muß, und die Berliner schnapsen bis 12 h auf meine (unsere!) Filmkosten. ... Sisyphos ist eben erschienen!«[11]

Am Kongreß wurde der Konflikt, einem Bericht Ferenczis an Freud zufolge, »hinter den Kulissen« ausgetragen.[12] Das Unternehmen Bernfeld/Storfer kam nicht zustande. Die Entscheidung für das UFA-Filmprojekt dürften Abraham und Sachs auf Grund ihrer Machtposition in der Internationalen Psychoanalytischen Vereinigung gefällt haben. Aus den nachträglichen Reaktionen der Beteiligten wurde deutlich, daß nicht inhaltliche Fragen die Auseinandersetzung bestimmten, sondern institutionelle Machtpositionen den Ausschlag gaben. Abraham und Sachs hatten auch eine dominante Stellung im »Geheimen Komitee«, in dem die Politik der Internationalen Organisation bestimmt wurde. Sigmund Freud hatte zu dieser Zeit nur mehr wenig Einfluß auf die Politik der Internationalen Psychoana-

10 Brief von Siegfried Bernfeld an Elisabeth Neumann vom 16. August 1925. Privatbesitz.

11 Brief von Siegfried Bernfeld an Elisabeth Neumann vom 2. September 1925. Privatbesitz.

12 Brief Ferenczis an Freud vom 16.9.1925. Freud-Ferenczi-Briefwechsel. Library of Congress, Washington D.C. Für diesen Hinweis bedanken wir uns bei Ernst Falzeder.

lytischen Vereinigung (Wittenberger, 1988). Diese Position von Abraham und Sachs stützte sich auch auf das »Berliner Modell« der psychoanalytischen Ausbildung, das als vorbildlich innerhalb der Internationalen Psychoanalytischen Vereinigung galt und zum ersten Mal ein geregeltes Ausbildungssystem, mit starken Tendenzen zur »Verschulung«, etablierte. Auch aus der humorvollen Art, in der Willi Hoffer seinem Freund Bernfeld in der Filmsache »beistand« und das finanzielle Gerangel karikierte, wurden die hierarchischen Verhältnisse deutlich.

> »Hallo – alter Junge was ist los mit Dir, hallo was ist los mit Dir, was tust Du alter Junge? Hallo – was der Abraham und Sachs sollen Dir die ganze business wegnehmen? Hallo – die ganzen 3 Milliarden wollen sie Dir rauben. Das darf – hallo das darf nicht sein. Du mußt ihnen – hallo – schreiben, hallo schreiben mußt Du ihnen. Sie müssen Dich teilnehmen lassen an dem – hallo – an dem Geschäft.«[13]

»Zu der Filmangelegenheit sage ich nichts mehr«, schrieb Anna Freud (die auch ihren Vater am Homburger Kongreß vertrat) an Siegfried Bernfeld am 10. September 1925, »denn es ist schon zu viel darüber gesprochen und geschrieben worden. Ich persönlich habe ja, wie Sie wissen, überhaupt keine Vorliebe für analytische Filme, aber es hat mir ehrlich leid getan, daß für manche der Beteiligten so viel Ärger aus der Sache gekommen ist.«[14] Den Ärger hatten Bernfeld und Storfer und Anna Freud verhehlt nicht, wem ihre Sympathien in dem Konflikt galten. Einen Monat später war das Projekt Abraham/Sachs soweit gediehen, daß Karl Abraham in einem Rundbrief an die Mitglieder des »Geheimen Komitees« am 17. Oktober 1925 berichten konnte:

> »Hanns ist während der letzten Zeit mit der Arbeit am Film sehr belastet gewesen, zumal ich ihn ja nicht unterstützen konnte. Allem Anschein nach gelingt das Werk gut, und in etwa 3 Wochen werden die photographischen Aufnahmen beendet sein. Da soeben schon Ernest's Brief angekommen ist, so kann ich seine Frage schon beantworten. Von dem Bernfeld-Film hat man nichts mehr gehört. Es hat wohl niemand Freude daran, die Angelegenheit nochmals aufzurollen, aber kurz erwähnt mag doch sein, daß die ganze Sache sich als ein Bluff herausgestellt hat. Das

13 Brief von Willi Hoffer an Siegfried Bernfeld (o.J.). Siegfried Bernfeld Archiv. Library of Congress. Washington D.C.

14 Brief von Anna Freud an Siegfried Bernfeld vom 10. September 1925. Siegfried Bernfeld Archiv. Library of Congress. Washington D.C.

Angebot einer Wiener Firma war fingiert, um uns zu bluffen. Jener Firma gegenüber behaupteten St. & B., sie hätten ein Angebot von der Ufa und kämen in Homburg mit amerikanischen Interessenten zusammen, die ebenfalls hohes Gebot machten. Und Aehnliches mehr. Aber nun ist ja äußerlich die Ruhe wiederhergestellt, und ich habe gestern in andrer Angelegenheit einen Brief an Storfer geschrieben, als wenn nie etwas geschehen wäre. Ich hoffe, dass nun alle weiteren Störungen des Friedens vermieden werden.«[15]

Vermutlich waren es diese schroffen Bemerkungen im Rundbrief, die Sigmund Freud nicht akzeptierte und Abraham vorhielt. Denn dieser ging in seinem letzten Brief an Freud vom 27. Oktober 1925 darauf nochmals ein, in dem er das Gewicht seiner langjährigen Beziehung zu Freud bemüht und ausführlich seine Sicht des Konfliktes darstellt:[16]

». . . Sie wissen, lieber Herr Professor, daß ich die Angelegenheit mit Storfer & Bernfeld sehr ungern nochmals erörtere. Aber ich befinde mich durch den Vorwurf der Schroffheit (in Ihrem Rundbrief) wiederum in der Lage, in der ich schon mehrfach war. Es hat in fast 20 Jahren zwischen Ihnen und mir nie Meinungsdifferenzen gegeben, ausser wenn es sich um Personen handelte, an denen ich – sehr zu meinem Bedauern – Kritik üben musste. Es wiederholte sich jedesmal der gleiche Vorgang: Sie gingen über alles Anfechtbare im Verhalten der Betreffenden mit Nachsicht hinweg, dagegen entlud sich auf mich aller Tadel, den sie später dann als unberechtigt erkannten. Im Falle Jung lautete dieser Tadel 'Eifersucht', im Falle Rank 'unfreundschaftliches Verhalten' und dieses Mal 'Schroffheit'. Sollte nicht auch dieses Mal der Vorgang der gleiche sein: ich äussere eine Meinung, die im tiefsten Grunde die Ihrige ist, die Sie aber nicht zum Bewusstsein kommen liessen. Alle Unlust, die an dem betreffenden Tatbestand haftet, wendet sich als Unwillen gegen den, der auf ihn aufmerksam macht. (Freud und Abraham, 1965, S. 370)

Was ist denn geschehen, d.h. von Sachs' & meiner Seite, das Ihnen einen so üblen 'Nachgeschmack' hinterlassen konnte? Wir beide haben nie daran gedacht, einen psA. Film zu verfassen und eine Gesellschaft

15 Komiteerundbrief von Karl Abraham vom 17. Oktober 1925. S. 1. Karl Abraham Archiv. Library of Congress. Washington D.C.

16 In dem von Hilda C. Abraham und Ernst L. Freud herausgegebenen Band: *Sigmund Freud – Karl Abraham. Briefe 1907-1926* ist dieser Brief nur stark gekürzt abgedruckt. Da die ausgesparten Teile des Briefes die ausführliche Sicht Abrahams im Filmkonflikt betreffen, möchten wir diese zur Gänze wiedergeben. Der Brief ist im Archiv des Sigmund Freud Museums in London aufbewahrt.

zu suchen, die ihn herstellt. *Wir* wurden von der 'Neumann Produktion' zur Mitarbeit aufgefordert, weil man kompetente Analytiker wollte. Hätten wir abgelehnt, so wären alle 'wilden' Analytiker Berlins gierig darauf eingegangen. Bei der 'Ufa' lagen bereits 'psA' Film-Entwürfe minderster Sorte zur Prüfung. Übrigens habe ich, damals bereits krank im Bett liegend, Sie auf der Stelle informiert. Im weiteren ist von Sachs & mir nicht das Leiseste geschehen, das ethisch anfechtbar wäre.

Ich weiss, dass Sachs sich über die von Storfer lancierte Notiz sehr aufgeregt hat, aber das ist lediglich Temperamentssache. Ich muss aber sagen, dass er in diesen Monaten mit einem Eifer und einer Opferwilligkeit gearbeitet hat, die ihm niemand gleichgetan hätte.

Auf der andern Seite stehen dem folgende Tatsachen gegenüber: 1.) die üble Notiz von der 'Verballhornung', die gegen Sachs & mich gerichtet war. 2.) das Ausbieten des Bernfeld'schen Entwurfs bei verschiedenen Firmen, von denen *keine* spontan an St. & B. herangetreten war. 3.) die Hinterhältigkeit in dem von Loyalität triefenden Brief an Sachs & mich, mit welchem *gleichzeitig* die erwähnte Zeitungsnotiz versandt wurde. Also ein unfaires Konkurrenzmanöver hinter dem Schleier der Freundschaft. 4.) Storfer schrieb an Eitingon, dass er sich seinen Anordnungen fügen werde. Als Eitingon solche gab, befolgte St. sie nicht. 5.) Der 'Rücktritt' war eine leere Geste. Unmittelbar nach Abgabe der Rücktrittserklärung in Homburg nahm Storfer an einer Sitzung über Verlagsangelegenheiten teil (auch Fräulein Anna war zugegen) und liess keinen Menschen zu Wort kommen, sondern entwikkelte dauernd seine Zukunftspläne für den Verlag. Der 'Rücktritt' war also ebenso unwahrhaftig wie alles andre. Ich sah dies sofort, erhob aber nicht Einspruch, weil ich den Frieden herstellen wollte. (Schroffheit?) 6.) Bernfeld suchte mich mit den anfechtbarsten Argumenten zu einem Wortbruch resp. Vertragsbruch gegenüber der Neumann-Gesellsch. zu verleiten, immer mit dem Versprechen von riesigen Dollar-Summen jonglierend. Hernach verbreitete er in Homburg, ich wolle aus Geldgier seinen Film ausschalten. Dabei wusste er von mir, dass Sachs & ich nur ein mässiges Fixum für unsre Arbeit erhielten und hatte darob die Ufa des Betruges bezichtigt, während *er* uns riesige Einnahmen zusicherte. Er verliess den Kongress vorzeitig, weil er – nach eigner Äusserung – nicht ertragen könne, bei meiner Wiederwahl zum Präsidenten dabei zu sein. Eine wunderliche Wiederholung: Rank hatte in Salzburg genau das Gleiche geäussert und auch getan. 7.) die von Ihnen, lieber Herr Professor, bezweifelte Nachricht stammt keineswegs von der Ufa. Vielmehr hat der Leiter der einzigen Gesellschaft, die in Wien einen solchen Film machen konnte (Pan-Gesellschaft), Dr. Robert Wiene, mündlich an Sachs die Erklärung abgegeben, St. & B. seinen an 'Pan' herangetreten mit der Angabe, sie hätten ein Angebot von der Ufa, erwarteten aber in Homburg ein noch höheres von amerikanischer Seite. Die Verhandlungen nahmen ein rasches, negatives Ende.

Das sind *einige* Hauptpunkte, die beweisen, dass auf jener Seite von Anfang an ein hinterhältiges und unwahrhaftes Spiel getrieben wurde. Und wo ist die gerügte Schroffheit? Sachs & ich hatten eine Zurücknahme jener Pressenotiz verlangt; sie ist *nicht* geschehen. Die uns gegebene 'Genugtuung' war St.'s Rücktritt, der – wie gesagt – nur eine Redensart war. Wir haben nachgegeben und alles getan, um die 'Ufa' von jedem Vorgehen zurückzuhalten, und dies mit Erfolg. Ich stehe mit Storfer, wie neulich erwähnt, im Briefwechsel, so als ob nie etwas geschehen wäre. *Wir* haben also auf der ganzen Linie nachgegeben, und es war ein grosser Irrtum, als Sie vor einiger Zeit von der 'causa victrix der Ufa' schrieben. Was bleibt also übrig, das uns als Schroffheit ausgelegt werden könnte? *Nur* ein paar offne Äusserungen in den Rundbriefen, (und in sonstiger Korrespondenz) die doch zur freien Aussprache bestimmt sind. Übrigens habe ich in Homburg, soweit meine Stilmittel das erlaubten, an allen Ecken und Enden vermittelt und geschlichtet, und mein gesamtes Verhalten innerhalb der Vereinigung macht es nicht wahrscheinlich, dass ich gegen ein paar Leute so hart und schroff sein sollte.

So leid es mir tut, kann ich an meinem Urteil über Bernf. & Storfer nichts ändern. Ersterer ist ein begabter Mensch, bei dem aber die Grenzen zwischen Realität & Phantasie, zwischen idealistischer Wahrheitsliebe und triebhafter Pseudologie ganz unscharf sind. Für Storfer habe ich stets persönliche Sympathien gehabt, seine Sonderbarkeiten im Hinblick auf seine frühere Krankheit immer geduldig in den Kauf genommen und mich in allen früheren Fällen mit ihm verständigt. Ich schätze auch seinen Eifer für den Verlag und seine guten Ideen; noch wenige Tage vor dem Erscheinen jener Zeitungsnotiz hatte ich ihm in freundschaftlicher Weise geschrieben und die Idee des Almanachs sowie ihre Durchführung im Einzelnen aufs Wärmste anerkannt. Aber darüber besteht für mich kein Zweifel, dass dieser bedauernswerte Mensch in seiner Ambivalenz dem Verlag mit der einen Hand nützt und mit der andern schadet. Sie wissen besser als ich, in welche immer erneuten Schwierigkeiten der Verlag durch seine verkehrten Dispositionen gerät, und es fragt sich, ob nicht der Schaden den Nutzen reichlich aufwiegt. Ich vermag diese Frage nicht zu entscheiden.

Diese ganze Sache ist für mich eine Bagatelle, über die ich gern längst zur Tagesordnung übergegangen wäre. Aber es schmerzt mich, wieder einmal Ihr Missfallen erregt zu haben, und wenn ich auch sicher bin, dass Sie – wie früher – auch dieses Mal eines Tages Ihr Urteil über mich

revidieren werden, so wollte ich doch meinerseits alles tun, um die Sachlage klarzulegen. Ich grüsse Sie & die Ihrigen in unveränderter und unveränderlicher Herzlichkeit!
Ihr Karl Abraham.«

Umgehend, am 5. November 1925 antwortete Freud:

> »Es macht mir keinen tiefen Eindruck, daß ich in der Filmsache doch nicht zu Ihrer Ansicht bekehrt werden kann. Manches sehe ich anders und manches weiß ich anders. Wir wollen auch dem Wiederholungszwang nicht zuviel einräumen. Bei Jung haben Sie gewiß Recht gehabt, bei Rank schon nicht mehr so ganz. Die Sache ist doch anders verlaufen und wäre noch leichter vorübergegangen, wenn man sie in Berlin nicht so schwer ernst genommen hätte. Es bleibt ganz gut möglich, daß Sie im Falle, der uns jetzt beschäftigt, noch weniger Recht behalten. Es muß ja nicht sein, daß Sie immer recht haben. Sollte es aber diesmal wieder sein, so wird nichts mich abhalten, es wieder zuzugeben. Damit dürfen wir die Diskussion über diese, von Ihnen selbst als Bagatelle bezeichnete Angelegenheit schließen. Solche Meinungsverschiedenheiten lassen sich ja nie verhüten, nur rasch überwinden.« (Freud und Abraham, 1965, S. 370f.)

Siegfried Bernfeld versuchte sein eigenes Filmmanuskript, außerhalb des von den Konkurrenten abgesteckten Feldes zu verkaufen, kam dabei aber nicht sehr weit. An Elisabeth Neumann schrieb er am 20. Oktober 1925: »Das Filmschlieferl vom Sommer hat sich wieder gemeldet, und behauptet, daß die Paramountges. sich für mein Ms. interessiert.« Am 28. Oktober schrieb er: »Hier wurde ich gestern unterbrochen durch einen Filmagenten, der im Auftrag der Paramount anfragte, ob ich mit meinem Film nach Amerika ginge. Ich sagte im Prinzip: ja. Glaube aber nichts.« Ein paar Tage später, am 3. November: »Paramount-Direktor indessen nach Hollywood abgereist. Psya.-Filmangelegenheit verschoben.«[17]

Psychoanalyse als Behandlungsverfahren versus Psychoanalyse als Forschungsmethode

Zunächst zum Berliner Filmprojekt *Geheimnisse einer Seele*. Das Bild, das mit der Spielhandlung von der Psychoanalyse vermittelt wird, macht vor allem ihr therapeutisches Potential offensichtlich. Im Filmskript und im

17 Briefe von Siegfried Bernfeld an Elisabeth Neumann. Privatbesitz.

Begleittext dominiert »das Seelenheil«: »Heilung«, »seelischer Reinigungsprozeß«, »Beherrschung der gefährlichen und häßlichen Triebe des Urmenschen«, »Selbstkontrolle«, »Einheit der Persönlichkeit« bestimmen die Behandlungsziele, die die Gesundung und Anpassung des seelisch Kranken gewährleisten sollen. Die Analyse der Eifersucht und Kinderlosigkeit des Patienten bleibt im Rahmen einer einfachen kausal-genetisch rekonstruierten Kindheitsszene. Nicht berücksichtigt wird die Dynamik der Übertragung. Die analytische Arbeit im Film stoppt gerade dort, wo die psychoanalytischen Erkenntnisse erst beginnen sollten: bei den grundlegenden sexuellen und aggressiven Triebkonflikten und der ödipalen Problematik. Sexualität wird mehr oder weniger auf ihre Fortpflanzungsfunktion reduziert. Von allem, was Lust bereitet, also Sexuellem im Freudschen Sinne, fehlen die Spuren im Film. Kein Wunder, wo doch die staatliche Filmzensurbehörde keinerlei sexuelle und erotische Darstellungen durchließ und selbst das Wort »aufgedeckt« in einem Zwischentext im Film verbot, das sie offensichtlich in sexueller Bedeutung mißverstand.[18] Dennoch waren die *Geheimnisse einer Seele* im Kino für Jugendliche nicht zugänglich (»Jugendverbot«).

Den Eindruck, daß die dargestellte Behandlung mehr einer kathartischen Kur gleichkam, hatte Jenö Harnik, der einzige Rezensent des Films in einer psychoanalytischen Zeitschrift.

> »Da die Wirkung der entscheidenden Lösungen als eine Art 'Abreagieren' zur Darstellung gelangt, gewinnt man den Eindruck wie von einer kathartischen Kur, wie sie etwa von Freud in den zwei ersten der amerikanischen Vorlesungen geschildert wird, allerdings mit dem bedeutsamen Zusatz, daß der Zusammenhang mit dem Kindheitstrauma in vollem Maße zur Geltung kommt.« (Harnik, 1926, S. 580)

Der Analytiker im Film arbeitete mit einer Haltung, für die die Kritik Theodor Reiks an der Technik der Charakteranalyse Wilhelm Reichs zutraf: »Er fordert ein energisches Angehen der Komplexe, ein rasches und konsequentes Vordringen zum zentralen infantilen Konflikt, gewissermaßen: einen planmäßigen Vormarsch in das Gebiet des Unbewußten.« (Reik, 1935, S. 101) Die glatte und zielsichere Arbeit des Psychoanalytikers paßte sich dem Publikumsgeschmack und der billigen Filmstory an und war somit kein Hindernis für den Erfolg des Films, der den künstlerischen, technischen und regiemäßigen Leistungen entsprach. Er erlangte das Prädi-

18 Zensurkarte der Film-Prüfstelle Berlin, Prüf. Nr. 12226 vom 25. Januar 1926. »Aufgedeckt« mußte durch »bewußt gemacht« ersetzt werden.

kat »volksbildend«. Nachdem der Film in den USA auf einem psychoanalytischen Kongreß aufgeführt wurde, trafen beim Regisseur Georg Wilhelm Pabst Briefe ein, in denen nach dem Namen des Arztes gefragt wurde, um ihn nach den USA zu berufen. Der Moskauer Schauspieler Pawel Pawlow wirkte anscheinend so überzeugend in seiner Rolle als Psychoanalytiker, daß sein Erfolg die vorgespielte Illusion vergessen ließ. (Böhm, 1955, S. 11) Für die Realisierung des Projektes wurde als Regisseur der Österreicher Georg Wilhelm Pabst (1887-1967) engagiert, der ein Jahr zuvor mit seiner Verfilmung von Hugo Bettauers Roman *Die freudlose Gasse* mit Greta Garbo als Hauptdarstellerin seinen ersten Erfolg feiern konnte. (Rentschler, 1990) Werner Krauss spielte in den *Geheimnissen einer Seele* die Hauptrolle des phobisch-zwanghaften Chemikers; Ruth Weyher die Ehefrau. Die Bauten stammten von Ernö Metzner. Die Uraufführung im Berliner Gloriapalast fand am 24. März 1926 statt, die österreichische Erstaufführung am 9. Juli 1926 im Wiener Elite- und Maria-Theresien-Kino.

Die *Geheimnisse einer Seele* sind ein Beispiel für die Trivialisierung und Popularisierung der Psychoanalyse und vielleicht prototypisch für ihre spätere Rezeption im amerikanischen Film. Das Projekt UFA-Abraham/Sachs zeigte, wie die von den Psychoanalytikern hingenommenen und nicht reflektierten äußeren Bedingungen (Filmindustrie, staatliche Zensur, Zeitgeist und die eigene Konkurrenzsituation etc.) mit ihrer Auffassung, Psychoanalyse als Heilmethode zu popularisieren, inhaltliche Konzessionen zur Folge hatten, die an die Substanz der Psychoanalyse gingen. Ein Schicksal, das sich für die Psychoanalyse in Deutschland im ganzen in ihrem Anpassungsprozeß an den Nationalsozialismus wiederholte. Die Besprechung des Films in einer Tageszeitung der Kommunistischen Partei Deutschlands hob diesen Substanzverlust deutlich hervor:

> »Obwohl Freud selbst und seine wissenschaftlichen Anhänger gegen diesen Mißbrauch energisch protestieren, haben sie durch reklamehafte 'Popularisierung' dieser Heilmethode zu diesem Mißbrauch selbst wesentlich beigetragen. Der Film der Ufa ist insofern ein bemerkenswerter Versuch, als er eine wissenschaftliche Theorie im Rahmen einer spannenden Handlung darzulegen bestrebt ist. Man sieht hier ungeahnte Möglichkeiten der Volksaufklärung durch den Film, ohne daß diese Aufklärung langweilig, uninteressant zu werden braucht. Gleichzeitig merkt man aber alle Grenzen, die der Filmaufklärung durch die bürgerliche Gesellschaft gezogen sind. Es kommt den Verfassern weniger auf eine wissenschaftliche Aufklärung, als auf das Geschäft, auf die span-

nende Handlung mit unzähligen Konzessionen an den Geschmack des Publikums an. Der Film ... ist in der Art, wie der Arzt nach den Elementen der Krankheitsursachen (die dem Zuschauer bereits andeutungsweise bekannt sind) sucht, wie ein Detektivroman aufgebaut und stellt vor allem den Versuch dar, in dieser neuen, 'verfeinerten' Form eine Art modernen Detektivromans einzuführen. In diesem Bestreben wird der wissenschaftliche Inhalt des Films vollkommen verflacht, seelische Konflikte (der unbezwingliche Wunsch des Mannes nach einem Kind) oberflächlich behandelt und keineswegs in ihren Wurzeln aufgeklärt, jede noch so naheliegende Andeutung an das Sexuelle (körperliche Liebesleben), geschweige denn seine gesellschaftliche Bedingtheit sorgfältig vermieden (obwohl in der Theorie Freuds eben das sexuelle Leben die Hauptrolle spielt), so daß der Zuschauer ... von der Psychoanalyse aber einen sehr schiefen, vollkommen verflachten und unrichtigen Begriff erhält. Das Stück zeigt aber auf alle Fälle, welche ungeheuren Möglichkeiten der Film haben kann, wenn er als unterhaltsames Aufklärungsmittel von der Arbeiterschaft seiner bürgerlichen Geschäftsschranken befreit wird« (Gaerma, 1926).

Anders als im Berliner Filmprojekt versuchte Siegfried Bernfeld mit seinem *Entwurf zu einer filmischen Darstellung der Freudschen Psychoanalyse im Rahmen eines abendfüllenden Spielfilms* die Auseinandersetzung mit dem neuen Medium. Dieser Versuch ist allerdings nur als Vorarbeit zu einem Drehbuch von ihm ausgeführt worden. Bei der Story Bernfelds standen die Träume eines jungen Mannes im Mittelpunkt, bei dem sich akute Liebes- und Arbeitsschwierigkeiten eingestellt hatten. Der junge Mann beginnt sich für seine Träume zu interessieren und wird in seinem Erkenntnisdrang von einem Analytiker unterstützt, ohne daß er zu einem Patienten des Psychoanalytikers wird. Psychoanalyse wurde hier als Methode der Erkenntnis vermittelt und nicht als Therapiemethode. Siegfried Bernfeld bemüht sich um eine authentische und dem damaligen Wissensstand adäquate Darstellung psychoanalytischen Denkens. Der Berliner Film-Analytiker agiert als Spezialist zur Aufdeckung und Beherrschung der »störenden« Triebäußerungen, der Bernfeldsche Analytiker steht als Anwalt verborgener Triebkräfte und unterdrückter Triebwünsche zur Verfügung, er ist geradezu in »literarischer« Manier an der Arbeit interessiert. Im Entwurf von Bernfeld wurden die um den ödipalen Konflikt gruppierten Äußerungsformen der kindlichen Sexualität augenfällig gemacht, hier treiben die Kinder ihre »Doktorspiele«, während es bei Abraham und Sachs bei unverfänglichen »Vater- und Mutter-Spielen« bleibt. Bernfeld versuchte das Freudsche Schema des psychischen Apparats von

Raumbühne und Figurinen in der Internationalen Ausstellung neuer Theatertechnik, Wien 1924, Zeichnung von Ladislaus Tuszynsky

1923 (das Strukturmodell von Es, Ich und Über-Ich)[19] in einer Raumkonstruktion sichtbar zu machen. Dazu hatte er sich von den avantgardistischen Theatertechnikern Anregung verschafft. Im September 1924 fand in Wien die Internationale Ausstellung neuer Theatertechnik statt, für die der Wiener Friedrich Kiesler die radikalsten Beiträge aus ganz Europa zusammentrug und als Erbauer der Raumbühne Aufsehen erregte (Bogner, 1987; Lesák, 1988).

Bernfelds Darstellung des psychischen Apparates, die selbst wieder die Apparatur des Kinos enthält, liest sich in seinem »Entwurf« folgendermaßen:

> »Der Gesamtschauplatz, auf dem der Rest des Aktes nun spielt, der aber meistens nur in Ausschnitten sichtbar ist, ist etwa der folgende: Nach Art der Raumbühne drei Schauplätze übereinander. Der oberste undeutlich durch halbkreisförmiges Gewölbe gedeckt, hat rechts statt eines Fen-

19 Sigmund Freud hatte schon bei der graphischen Darstellung des Strukturmodells große Bedenken geäußert. »Urteilen Sie nicht zu hart über einen ersten Versuch, das so schwer erfaßbare Psychische anschaulich zu machen« (Freud, 1932, S. 516).

sters einen halbkugelförmigen gläsernen Ausbau (ein Auge), der durch eine Jalousie, wie Augenlid und Wimper schließbar ist. In diesem Glasvorbau ist mit dem Objektiv nach außen, ein kinematographischer Aufnahmeapparat in automatischer Bewegung. Das Filmband geht durch ein offenes, in den Boden eingelassenes Entwicklerbad und von dort ohne Ende in den Kinoprojektionsapparat, dessen Objektiv nach innen oben gerichtet ist. An der Decke erscheinen die Bilder der Außenwelt. Ganz links ist der Plafond durchbrochen durch eine ohr- und rauchfangförmige Grammophonempfängermuschel. Der Grammophonapparat spricht durch ein Megaphon in den Innenraum. In der Mitte ein hohes Katheder, auf dem eine reichhaltige Apparatur von Telephonen und Glocken angebracht ist. Hinter dem Katheder sitzt mächtig, streng, furchtbar und aufmerksam das Über-Ich, der Vater des Träumers. Auf halber Höhe des Katheders eine Estrade. Durch Treppen mit dem Fußboden des Obergeschosses verbunden. Auf der Estrade lagern, auf mannigfaltigen Liege- und Sitzgelegenheiten die erlaubten Wünsche. Jeder hat eine Radioantenne auf dem Kopf, mit dem er mit dem Vater Überich verbunden ist. Das Mittelgeschoß, durch Lift mit dem Obergeschoß verbunden, ist eine ungeheure Registratur von Grammophonplatten und Filmrollen. Der Lift trägt die Aufschrift: Zum Gedächtnis. Das Untergeschoß ist durch eine Falltür und Leitern direkt mit dem Obergeschoß verknüpft. Vor der Falltür im Obergeschoß eine Anzahl von Polizisten und Aufschrifttafeln: Unbefugten ist der Eintritt strengstens verboten. In der Höhe des Mittelgeschosses an den Leitern eine Sperre mit Polizisten und der Aufschrift: Aufgang ohne Austrittsvisum strengstens verboten. Das Untergeschoß ein Mittelding zwischen Gefängniszelle und Tartaros. Zu tiefst unten die infantilen verbotenen Wünsche an Ketten geschmiedet. In den höheren Regionen als gewöhnliche Gefangene die sonstigen unerlaubten Wünsche«.[20]

Neben Siegfried Bernfelds *Entwurf zu einer filmischen Darstellung der Freudschen Psychoanalyse im Rahmen eines abendfüllenden Spielfilms* blieb auch seine *Idee eines Films mit psychoanalytischen Perspektiven – Drei Welten in einem Zimmer. Kindervariationen auf ein erwachsenes Thema.* In diesem kurzen Manuskript beschrieb Siegfried Bernfeld die emotionalen Verhältnisse und Verhäkelungen einer »Normalfamilie des bürgerlichen Mittelstandes« aus dem unterschiedlichen Erleben und der Phantasiewelt der beteiligten drei Kinder.

20 Bernfeld, Siegfried: *Entwurf zu einer filmischen Darstellung der Freudschen Psychoanalyse im Rahmen eines abendfüllenden Spielfilms.* S. 24. Siegfried Bernfeld Archiv. Library of Congress. Washington D.C.

Noch während der Spielzeit des Films schrieb Siegfried Bernfeld unter dem Titel »Geheimnis der Seele. Psychoanalyse als Forschungsmethode« einen Artikel in der Vossischen Zeitung, in dem er einen Abriß der Psychoanalyse wiedergab, den man als »Gegendarstellung« zum Film *Geheimnisse einer Seele* werten kann (Bernfeld, 1926g). Siegfried Bernfeld versuchte in seiner regen öffentlichen Vortragstätigkeit – so auch 1926, im Aufführungsjahr des Films – vehement das Bild und Selbstbild der Psychoanalyse zu korrigieren. Er wandte sich besonders gegen die einseitige Auffassung der Psychoanalyse als psychotherapeutischer Methode und dem damit verbundenen und auch im Film vertretenen therapeutischen Optimismus.

> »Natürlich gibt es außer den 'überflüssigen' Leiden unendliche viele reale, gegen die auch kein psychoanalytisches Kraut gewachsen ist. Überhaupt ist der Psychoanalytiker sehr skeptisch in bezug auf den von ihm zu erzielenden Heilerfolg und macht aus dieser Skepsis auch dem Patienten gegenüber kein Hehl« (Bernfeld, 1926g).[21]

In der Berliner Psychoanalytischen Vereinigung wurde am 27. März 1926 ein Diskussionsabend über »Psychoanalyse und Öffentlichkeit« mit einleitenden Referaten von Franz Alexander und Siegfried Bernfeld abgehalten, der sich nun seit Ende 1925 in Berlin aufhielt. Diese Diskussion wurde am 13.April 1926 fortgesetzt. Die Filmkontroverse hatte vielleicht dazu beigetragen, das Thema der Darstellung der Psychoanalyse in der Öffentlichkeit zu überdenken und innerhalb der Psychoanalytikergruppe aufzurollen. Auch Freuds 1926 erschienenes Buch *Die Frage der Laienanalyse* war ein gelungener Versuch, die Psychoanalyse einem interessierten Publikum näherzubringen.

Eine Zusammenfassung von Bernfelds Erfahrungen und Ansichten zum Thema »Psychoanalyse und Öffentlichkeit« erschien 1930 unter dem Titel: »'Neuer Geist' contra 'Nihilismus'. Die Psychologie und ihr Publikum« (Bernfeld, 1930h).

21 Siehe auch: *Welt am Abend*, 25. Juni 1926; *Die Rote Fahne*, 26. Juni 1926; *Sonneberger Kreis-Anzeiger* der Dorfzeitung Hilburghausen, 26. September 1926; *Mitteldeutsche Monatshefte*, 4. Januar 1927.

Siegfried Bernfeld

»Drei Welten in einem Zimmer« (1925)

Kindervariationen auf ein erwachsenes Thema.

(Die Idee eines Films mit psychoanalytischen Perspektiven)

Personen:

Eine Normalfamilie aus dem bürgerlichen Mittelstand. Vater, Mutter, drei Kinder, das Stubenmädchen und der Vetter auf Besuch.

Vater, ist Kaufmann oder Beamter. Ein Philister und Pedant, mit der Illusion der Autorität, so dem Familienoberhaupt auch als Stütze des Staates zukommt.

Mama, ist bedeutend jünger und recht hübsch. Sie ist eine Kleinbürgerin, sittsam, verlogen wie es ihrem Milieu entspricht, aber sympathisch.

Vetter, ist ein normaler »fescher« junger Mann von etwa 25 Jahren. Gar nicht aggressiv. Aber seine wohlerzogene Höflichkeit, sein Respekt vor dem weiblichen Geschlecht, macht es ihm unmöglich den Frauen Widerstand zu leisten.

Das dreijährige Kind, das seine ersten grossen Abenteuer bei der Entdeckung seiner Umwelt erlebt.

Der neunjährige Junge, ist ein kompletter Indianerhäuptling in seiner Seele. Kampf und Tod, Heldentum und Ruhm und die wilden Abenteuer des gefahrvollen Seefahrerlebens stürmen ständig durch seine Phantasie. Ungelenk, scheu und trotzig, in Opposition gegen den Vater, denkt er daran in die Welt zu entfliehen.

Das vierzehnjährige Mädchen, dem Pubertätsalter entsprechend, ein Bündel von Widersprüchen. Körperlich mag sie voll entwickelt sein, die Stellung die sie in der Familie hat, ihr Benehmen, ihr Verhalten und ihre äussere Wirkung sind stark infantil. Ihre Phantasien sind ein groteskes Durcheinander von aufdämmernder erwachsener Erotik und fluchtartigen infantilen Clownerien. Sie wirkt jederzeit rührend humoristisch oder grotesk komisch zugleich.

I. Teil: »Ordnung muss sein.«

1. Akt

Der Vetter kommt zu Besuch. Sonntag abend, grosse Aufregung. Man sah ihn seit langem nicht. Er kommt aus Amerika und ist für die Familie sehr interessant.

Bei dieser Gelegenheit spielt sich eine normale Familienszene ab. Gattin und Vetter, in denen offenbar alte Erinnerungen wach werden, fangen »Feuer« aneinander. Unausgesprochen und uneingestanden (in spielerischer Verwandtenzärtlichkeit verborgen) entwickelt sich ein Flirt zwischen ihnen. Der Gatte wird nervös, die Stimmung unbehaglich und die Misstimmung der Eltern entlädt sich in pädagogischen Massnahmen den Kindern gegenüber. Sie gipfeln in Bemühungen der Eltern das dreijährige Kind zur Ordnung beim Essen zu bringen. Rasch auf den Stuhl klettern! Ordentlich den Löffel halten! So oft Gedanke, Wunsch und Erlebnis des Dreijährigen gezeigt werden geschieht es in Perspektive zu Riesen und alle Gegenstände des Zimmer (werden) zu Ungeheuern, die dem Kind Mühe und Sorge machen.

Die optische Welt des Kindes wird dargestellt filmisch, jene Welt in der die Totalität des Raumes ganz anders zusammenhängt, wie bei den Erwachsenen. Und die Welt wie sie sich im Bewusstsein des Kindes zeigt. Jede Erscheinung steht für sich, wie ein Wunder und die Dinge sind gerade so lebendige Wesen, wie die Menschen, mit Physiognomie und Gebärden, mit Willen und Empfindung.

Wir sehen nun mit den Augen und mit der Phantasie des dreijährigen dieselben Scenen, die wir auch in der üblichen Perspektive sehen. Wir sehen mit den Augen des Kleinen – wohl nur ganz geringe Bruchteile dessen, was vorgeht. Aber gerade das, was man vor dem Kinde verbergen wollte. (Etwa die Ereignisse unter dem Tisch).

Schliesslich wird das Kleine der Ordnung wegen weggeschickt, was unter dessen Sträuben gelingt.

2. Akt

Das Kleine ist zu Bett gebracht. Die Eltern zeigen es stolz dem Vetter. Spielzeug und Strümpfe sind in Unordnung, die Eltern schimpfen, dringen auf Ordnung. Sie wird hergestellt. Das Kleine hat einen Wunschtraum. Ein Märchen in dem alle Dinge lebendig und persönlich sind und die Empfindung der Kinderseele darstellen. Es geht in Schlaf und Traum über. Der

Traum bringt trotzig die von den Eltern hergestellte Ordnung wieder in wüstes Durcheinander. Die Eltern gehen schlafen, am Kinderzimmer vorbei, erfreut, dass scheinbar alles in Ordnung. Sie liegen im Bett und ihre Sachen sind in eiliger Unordnung durcheinander.

II. Teil. Vater hat immer recht.

3. Akt

Zimmer und Scene wie erster Akt. Nächster Tag, Mittag mit dem Vetter. Dessen Flirt mit der Mutter ist gesteigert. Die Situation durch unbewusste Eifersucht des Vaters höchst gespannt. Der 9 jährige Junge wird in sie verwickelt. Das Bild blendet über in das Bild derselben Scene wie sie der Junge sieht: Für ihn ist der Vetter der kühne Abenteurer, der aus der Ferne kommt und für ihn gewiss heimliche Botschaft brachte. In wüsten Räuberphantasien verwandelt sich Vater und Mutter, Schwester und Stubenmädchen. Er merkt wohl die Heimlichkeit zwischen Mutter und Vetter auch und ahnt grosse Verschwörung und grossartige Unternehmung dahinter und sieht (und wir mit seinen Augen) das harmlose Abendbrot als phantastische Konspiration, an der er teilnehmen möchte. Die Folge dieses Wunders ist, dass er mit dem Vater in Streit gerät. Da Vater immer recht hat, muss der Junge sein Unrecht abbitten und zieht sich ins Kinderzimmer zurück.

4. Akt

Im Kinderzimmer: das Kleine spielend. In seiner Perspektive wird seine Spielwelt gezeigt. Der 9 jährige im selben Zimmer ergeht sich in seinen Indianerphantasien, in denen sich die ganze Erbitterung gegen den Vater auslebt, und somit Revanche an dem Vater genommen wird, der Recht zu haben vermeint. Die 14 jährige kommt auch ins Zimmer und ergeht sich leicht verliebt in den Vetter, in ihren Gedanken und Gefühlen, deren Charakteristik im Personenverzeichnis gegeben ist. Drei Welten in einem Zimmer führen zu den komischsten Verwicklungen. – Indes der Vater nachts vor Mutter und Vetter die pädagogische Scene der Abbitte rechtfertigt, haben die Kinder jedes in seinem Bett einen kurzen Angsttraum. Die drei Träume setzen das Spiel der drei Welten in einem Zimmer fort, und erweisen, wie Unrecht Vater hatte, der Recht zu haben vermeint.

III. Teil. Was Mutter tut ist wohlgetan

5. Akt

Nächster Tag. Die Verliebtheit des 14 jährigen Mädchens wird in kleinen Episoden dargestellt. Sie sieht die Beziehung von Vetter zur Mutter als romanhafte Liebesgeschichte, hat Mitleid mit dem Vater und ist eifersüchtig auf die Mutter. Mutters Einwände gegen ihre kleinen Narreteien bestärken sie in diesen Phantasien. Der Zuschauer bleibt unsicher wie weit die Beziehung zwischen Mutter und dem Vetter ernst sind. Die 14 jährige denkt und fühlt sich aus Seelenschmerz in eine Krankheit hinein, ihr wird übel, der Vetter verreist, die Mutter wird besorgt.

6. Akt

Die 14 jährige krank, nimmt der Mutter liebende Beträuungen gerührt und böse an, versöhnt in der Phantasie, sterbend, die Eltern und wird unter Tränen nach halbtägiger Krankheit abends wieder gesund als auch Vater ihr eine Freundlichkeit erweist. Die Mutter versöhnt den grollenden 9 jährigen, und ist zärtlich mit dem 3 jährigen, das seit drei Tagen etwas vereinsamt war.

Epilog

Die 14 jährige ist verheiratet, und erzieht ihre Kinder ganz wie ihre Eltern es taten, nach den Prinzipien:

> Ordnung muss sein;
> Vater hat immer recht;
> Was Mutter tut, ist wohlgetan.

Karl Sierek

Bemerkungen zu Bernfelds »Drei Welten in einem Zimmer«

»Ich gehe überhaupt beinahe täglich wahllos ins Kino. Es ist die beste Art um ganz mit Dir zu sein. Gestern war eine Rolle und eine Schauspielerin, die ein bißchen an Dich erinnert hat. Kannst Dir denken, wie ich sie geliebt habe, und wie geweint als das arme Kind sterben mußte. Es war gemein.«[1]

In diesem Brief an die Schauspielerin Elisabeth Neumann, der nicht zufällig an Kafkas bekannte Tagebuchnotiz aus dem Jahr 1913 »Im Kino gewesen. Geweint.« erinnert, spiegelt sich jene widersprüchliche Haltung gegenüber dem Kino, die für viele Schriftsteller und Intellektuelle der ersten Jahrzehnte des 20. Jahrhunderts bezeichnend war: Einerseits totale emotionale Hingabe an die bewegten und bewegenden Bildergeschichten, andererseits latentes Unbehagen gegenüber den trivialen Effekten bzw. manifeste Abwehr einer als abträglich empfundenen Sentimentalität. So war auch der notorische Kinogeher Bernfeld gleichsam gespalten zwischen dem Vergnügen an »schreckliche(n) Kinofilme(n)«[2] und den Vorstellungen, die er sich über die erzieherischen und künstlerischen Möglichkeiten des Kinos gemacht hat.

Man könnte es, was allzuoft geschieht, bei dieser sozialmessianischen (und sozialdemokratischen) Variante der Dichotomie von Bildung und Zerstreuung, Literatur und Film bewenden lassen. Ich meine allerdings, daß sich dahinter eine tiefere, grundsätzlichere kulturhistorische Kluft öffnet, nämlich die zwischen Schrift und abstrakter Begrifflichkeit auf der einen, Bild und konkreter Darstellung auf der anderen Seite. Und diese Kluft dominiert auch die Diskussion einer Reihe maßgeblicher Psychoanalytiker über die mögliche Realisierung eines Films über die Psychoanalyse. Ein Film *über*: genau darin liegt bereits die Krux, deren sich Freud bei

1 Brief von Siegfried Bernfeld an Elisabeth Neumann vom 14. 5. 1925.

2 Brief von Siegfried Bernfeld an Elisabeth Neumann vom 21. 6. 1924.

seiner Ablehnung des Angebots aus Hollywood offensichtlich bewußt war. Auch ihm war natürlich daran gelegen, »plastisch« seine Theoreme zu vermitteln. Auch er wollte, wie man heute zu sagen pflegt, eine Message vermitteln. Wie aber abstrakte Ideen mit irgendeinem (wenn auch dem modernsten) Präsentationssystem transportieren, ohne dabei in einen theoretischen und visuell mageren Metadiskurs zu verfallen?

Bernfeld knüpft in seinen filmischen Versuchen an diese oberflächlich konservativ scheinende Vorsicht Freuds gegenüber einer »Verfilmung« psychoanalyitscher Theoreme an. Er erkennt, daß sich darin nicht nur ein beträchtliches Maß an Einsicht in die Machenschaften des Filmgeschäfts, sondern auch eine berechtigte Skepsis gegenüber den Verfahrensweisen und Möglichkeiten des narrativen und repräsentativen Kinos verbirgt.

Vermutlich im Sommer 1925, noch während der letzten Arbeiten am Script des »Entwurfs . . .«[3] versucht er in einem kurzen Exposé, den Ansatz seines ausgearbeiteten Drehbuchs, das abstrakte topische Modell Freuds konkret in Form einer Raumbühne darzustellen, zu modifizieren. Mit »Drei Welten in einem Zimmer« rückt er ab von einer Darstellung des »Hauses der Seele« und konzentriert sich auf den Vorgang der Verarbeitung von äußeren und inneren Besetzungsinnervationen (Freud, 1924,S. 8) und Reizen des Systems Wahrnehmung/Bewußtsein. Tatsächlich ist die Idee, Wahrnehmungsmodalitäten zu untersuchen für eine filmische Bearbeitung weitaus vielversprechender, weil sie die abstrakte topische Formation des Subjekts bereits voraus- und am Material und an der Technik des Apparats ansetzt: des psychischen *und* des kinematographischen. Bei genauerer Betrachtung stellt sich heraus, daß mit diesem Perspektivenwechsel mehr auf dem Spiel steht als das einfache Auflisten von Sehweisen unterschiedlicher Stadien kindlicher Entwicklung. Bernfeld erstellt einen Katalog möglicher Aufschreibesysteme, die die perzipierten Ereignisse der erzählten Geschichte nicht analog und bildhaft speichern, sondern sie sogleich in unterschiedlichen Texten und »Sprachen« kodieren. Ein und dieselbe Szene – der Besuch des Vetters bei den Eltern – wird von jeder der teilnehmenden Figuren nicht nur auf divergente Weise »wahrgenommen«, sondern nach je eigenen Dispositionen befürchtet, geträumt und vorgestellt. Daraus knüpft Bernfeld ein Netz von gegenläufigen, übereinandergelagerten und einander gegenseitig auslöschenden Erzählpartikel. Diese kristalline Struktur hätte bei ihrer filmischen Realisierung eine facettenreiche Brüchigkeit erwarten lassen, die sich halsstarrig einer linearen Strin-

3 Undatierter Brief (vor dem 16. 8. 1925) von Siegfried Bernfeld an Elisabeth Neumann.

genz und »logischen« Ordnung eines dominanten Erzählstrangs widersetzt. Die Struktur des Texts unterhöhlt auf diese Weise die plakativen Überschriften der Hauptteile mit den Titeln »Ordnung muß sein«, »Vater hat immer recht« und »Was Mutter tut, ist wohlgetan«. Statt die Architektur des psychischen Apparats als solche auszustellen, wird vorgeführt, *wie* dieser in seinen jeweiligen Schichten Ordnung, Linearität und Wahrnehmung gestaltet, bearbeitet, zersetzt: keine dreigeschossige Raumbühne, sondern drei Wahrnehmungs- und Verarbeitungswelten in einem Zimmer. Bernfeld führt den Regisseur seines ungeschriebenen Drehbuchs und den Betrachter seines ungemachten Films auf diese Weise als 3-jähriges Wesen vom Nichts zur Erfahrung von Welt, als 9-jährigen Sohn in den Kampf mit dem äußeren Widerpart des Vaters und als 14-jährige Tochter in einen Kampf mit den eigenen inneren Widersprüchen.

Bei der Lektüre des Exposés beunruhigt zunächst die räumliche Enge der dargestellten Welten, die zweifellos in den expressionistischen Kammerspielen ihren Orientierungshorizont findet. Es ist die Enge von Ordnung und Herrschaft, die Bernfeld zunächst akzeptiert, um sie sodann in paradoxer Weise zu verwerfen. Eine kleinbürgerliche Wohnung und die Begrenzungen sozialer und ökonomischer Entfaltungsmöglichkeiten stellen die Topik der psychischen Rahmenbedingungen und formen sie in die Vorstellung eines Zimmers, das sich vom äußeren Lebensraum der Figuren zur Folie ihrer inneren Reizverarbeitung umformt. Bernfelds Script ist folglich eines der Begrenzung von Rändern. Es betont die Enge einer (visuellen) Welt, die nach innen zielt und selten den Blick über die Grenzen der gebauten Räume freigibt. Das Zimmer, das Haus, dann die drei Betten und schließlich Träume, Ängste, Wünsche. Wenn etwas oder jemand – wie der Vetter – von außen eindringt, so bleibt dies isoliert, wird kaum beachtet und abgeschoben, gleich wieder über den Tellerrand des Sichtbaren gedrängt. Bisweilen gewinnt man deshalb den Eindruck, die Figuren, von denen Bernfeld erzählt, seien blind. Denn Introspektion, das ist die Richtung, die er vorgibt. Die Welt der Erscheinungen wird nicht einmal als Oberfläche wahr- und ernstgenommen.

Umso erstaunlicher mutet es deshalb an, daß diese Sicht sich einer Sprache gewordenen Vorstellung bedient, die etwa zur selben Zeit der einige Häuser weiter in Wien arbeitende Béla Balázs[4] geprägt hat.

4 Ungarischer Schriftsteller, Drehbuchautor und Filmtheoretiker (geboren 1884 in Szeged, gestorben 1949 in Prag), flüchtete 1919 nach der Niederschlagung der ungarischen Räterepublik nach Wien, wo er Filmkritiken für den *Tag* verfaßte. Ab 1926 in Berlin, dann Flucht vor den Nazis in die UdSSR.

Bernfeld hat Balázs gut gekannt – und gelesen. Trotz seiner zwiespältigen Haltung zu ihm – er nennt ihn in seinen Briefen an Elisabeth Neumann in zunehmend ätzendem Ton einen »großen Herrn« und »Obermacher«, um schließlich ärgerlich zu fragen »Was aber tut Gott?« – verbindet ihn mit dem Filmtheoretiker mehr als nur die Kinomanie. Der einflußreiche Streiter gegen die bildungsbürgerliche Dichotomisierung des Kinos in Trivialvergnügen (»Zerstreuung«) und Bildungsauftrag (mit dennoch nicht zu übersehendem Hang zur »hohen« Kunst) hatte seinen »Sichtbaren Menschen« im März 1924, also etwas mehr als ein Jahr vor Bernfelds Arbeit an den »Drei Welten . . .«, vorgelegt. Neben den bemerkenswerten Analysen filmischer Montageprinzipien wird Balázs darin nicht müde, die Beziehung zwischen innerer Verfaßtheit des Subjekts und äußerem Erscheinungsbild einer Filmfigur aus der Perspektive der Ästhetik des deutschen Idealismus zu beleuchten. Wenn Bernfeld in seinem Exposé der Dingwelt filmisches Leben einzuhauchen sucht und aus ihr »gerade so lebendige Wesen wie die Menschen, mit Physiognomien und Gebärden, mit Willen und Empfindung« macht, so bewegt er sich zweifellos im Kontext der Balázsschen Ästhetik: »Jedes Kind«, schreibt dieser, »kennt die Gesichter der Dinge und geht mit klopfendem Herzen durch das halbdunkle Zimmer, in dem Tisch und Schrank und Sofa wilde Grimassen schneiden und mit wunderlichen Mienenspiel etwas sagen wollen.« (Balázs, 1982, S. 92) Das Kind macht – wie das Kino – die vielzitierte »Physiognomie der Dinge« sichtbar und bahnt den schwierigen Weg von den Oberflächenphänomenen zur »entscheidenden, wesentlichsten Substanz«, zum »Charakter« und zum »Gewicht der selbstverständlichen Existenz« (Balázs, 1982, S. 71). Diese Ausgewogenheit zwischen dem Typus als abstrakter Bestimmung und der konkreten Individualität als irreduziblen inneren ästhetischen Wert ist, so Balázs, »in der Physiognomie und in den Gebärden des Menschen viel deutlicher sichtbar und mittels des Films viel präziser und klarer zu erfassen als mit den feinsten Worten.« (Balázs, 1982, S. 75)

Wenn es also darum geht, den »Inhalt« der Psychoanalyse zu vermitteln, so hätte, glaubt man Balázs, das Ganze im Kino schlicht nichts zu suchen. Dem Logozentrismus der Psychoanalyse steht das Laufbild diametral entgegen, da »hier auf rein gedankliche Werte verzichtet werden (muß), sowie auch auf jene seelischen Konflikte, die nur im Gedanken ausgetragen werden.«

Das Husarenstück Bernfelds besteht nun darin, den Freudschen Anspruch auf adäquate Darstellung eines theoretischen Gebäudes mit einer substanzialistischen Konzeption des Bildes zur Sprache zu bringen.

Dies gelingt ihm, weil er kaum an dem interessiert ist, was für Balázs den irreduziblen Rest der Persönlichkeit, das Einzigartige und Unverwechselbare der Psychologie seiner Figuren ist. Er gibt den Familienmitgliedern seiner Filmgeschichte keine innere Tiefe, schert sich weder um eine Wesenschau des Individuums, noch um ästhetische Dimensionen. Was er zeigen will, ist eben die Verarbeitung von Wahrnehmungsreizen der Figuren der erzählten Geschichte im sozialen Feld der bürgerlichen Kleinfamilie; und diese ist genuin visueller Natur. Er greift zwar, besonders in den Stellen, die den Wahrnehmungshorizont des Dreijährigen beschreiben, sowohl die von Balázs hervorgehobene Kapazität der Isolierung einzelner Wirklichkeitspartikel in Großaufnahmen, als auch die Balázsschen Kategorien von Physiognomie und Gebärde auf. Doch seine Introspektion peilt nicht das Wesen des Menschen und die Materialität von Stoffen an. Sie zeigt eine künstliche Welt der Einbildung, gesetzt aus den Bausteinen bürgerlicher Ordnung. Wenn Balázs im Troß der Kantschen Ästhetik die Humanisierung der Natur zu seinem Programm wählt, so Bernfeld die Animierung der Artefakte. Die Ordnung der Dinge ist ihm zunächst eine sozialer und psychischer Reglementierung.

Um diese immanente Kritik an Balázs sinnfällig zu machen, entwirft Bernfeld die Figur des dreijährigen Kindes als Kinomaschine. Es fingiert als visueller Reizverarbeitungsapparat, der eng mit den Kodes filmischer Darstellung verknüpft ist, indem es den Dingen den Schleier ihrer alltäglichen Erscheinungsweisen abnimmt: »Den Schleier unserer traditionellen und abstrakten Betrachtungsweise« (Balázs, 1982, S. 92). Daß »das Kleine« obendrein systematisch als geschlechtsloses, oder vielleicht besser bisexuelles Wesen vorgestellt wird, ist dieser Strategie keinesfalls abträglich. Es hat den unzensierten analytischen Blick, für den die »Totalität des Raumes ganz anders zusammenhängt, wie bei den Erwachsenen«. Seine Wahrnehmung ist noch nicht der Rücksicht auf Darstellbarkeit unterworfen, sie isoliert, deckt auf und analysiert. Es blickt nicht, sondern sieht, es nimmt nicht wahr, sondern es nimmt hin. Dieses Sehen verläuft außerhalb der ordnenden Macht des väterlichen Blicks und ist von dem Zensurmechanismus der großen ödipalen Synthese zu einer in sich stimmigen, »verständlichen« Totalität noch verschont. Um die Ordnung des Gesetzes zu gewährleisten, muß das Kleine folgerichtig (am Ende des ersten Akts) aus dem elterlichen Einflußbereich entfernt werden. Seine Zeichenwelt ist unabhängig von der uniformierenden Macht, die erst die Totalität der Raumvorstellung gewährleistet. Es sieht nicht nur das Andere, das die ausformulierte (Geschlechts)Identität genötigt ist, unter den Tisch zu kehren, sondern es sieht dieses Andere obendrein noch ganz anders. Noch nicht als identes Subjekt von der ödipalen Ordnung in die Welt der Geschlechterdifferenz geführt, sind ihm die Bedingungen der Diskursivität nach den Gesetzen von Kontinuität und linearer Logik fremd. Die Zerstükkelung der Welt ist ihm der eigene zerstückelte Körper. Daß Bernfeld diese Verfaßtheit, die gewöhnlich vor dem achtzehnten Monat angesetzt wird, ins dritte Lebensjahr verlegt, tut dabei nichts zur Sache. Entscheidend ist, daß die Formierung figurativer Wahrnehmungsbilder mit dem Prozeß sexueller Differenzierung verknüpft wird.

Die Schwierigkeit, einerseits dem Freudschen Ansatz zu genügen, »unsere Abstraktionen in irgendwie respektabler Weise plastisch darzustellen«, und dies andererseits mit der ästhetischen Konzeption von Balázs zu bewerkstelligen, für den die Darstellungsmöglichkeiten des Films sich »nicht in den abstrakten Tatsachen eines abstrakten Inhalts« (Balázs, 1982, S. 61) erschöpfen, mag einer der Gründe sein, vom Projekt einer »filmischen *Darstellung* der Freudschen Psychoanalyse« abzurücken und stattdessen – wesentlich wichtiger – die »Idee eines Films mit psychoanalytischen *Perspektiven*« zu entwickeln. Dieser Perpektivenwechsel zeigt sich nicht nur in der programmatischen Wahl der Projekttitel, sondern prägt die Sequenzen und Szenen – soweit diese im Exposé angedeutet sind – bis hinein in einzelne Details filmischer (das heißt eben vor allem perspektivischer) Darstellung.

Theresia Erich

Siegfried Bernfeld in Berlin

Eine Arbeitschronik

Ende November 1925 kam Siegfried Bernfeld nach Berlin.

Die sieben Jahre seines Wirkens in Berlin von 1925 bis 1932 zeichneten sich durch eine intensive Lehr- und Forschungstätigkeit aus und können, gemessen an der Zahl seiner gesamten wissenschaftlichen Publikationen und der Intensität seiner Vortragstätigkeit, als die produktivste Periode seines Schaffens angesehen werden. Bernfeld war bemüht, die Ergebnisse seiner Arbeit auch einer über die Fachkreise hinausgehenden Öffentlichkeit über Tagespresse, Rundfunk und Vorträge zugänglich zu machen, und erwies sich dabei als qualifizierter »Wissenschaftsjournalist«. Er veröffentlichte in zahlreichen Zeitungen und Zeitschriften, im Spektrum von liberal bis links.

Berlin war Bernfeld nicht fremd und er war dort kein Unbekannter. Bereits am Beginn des Jahres 1924 hielt er vor der Hörerschaft der Lessing-Hochschule einen Vortrag über Psychoanalyse. Im Herbst des selben Jahres sprach er in einem fünfstündigen öffentlichen Vortragszyklus am Berliner Psychoanalytischen Institut zum Thema »Psychoanalyse und Erziehung« und im November 1924 hielt er einen Vortrag über »Seele und Schicksal des Erziehers«. (Deutsche Psychoanalytische Gesellschaft, 1930, S. 25).

Vor dem Hintergrund des Erfolges seines Buches *Sisyphos oder die Grenzen der Erziehung* begann Siegfried Bernfeld seine psychoanalytische Praxis in Berlin aufzubauen und galt als Spezialist für die Anwendung der Psychoanalyse auf die Pädagogik.

In der 1926 gegründeten *Zeitschrift für psychoanalytische Pädagogik* publizierte Bernfeld regelmäßig. Im Jänner 1926 übernahm Siegfried Bernfeld die Aufgabe des Unterrichts der Pädagogen am Berliner Psychoanalytischen Institut und deckte damit einen Aufgabenbereich Karl Abrahams ab, der im Dezember 1925 verstorben war.

Die Bereiche, denen sich Bernfeld während der Jahre 1925-1932 widmete, können nach folgenden Schwerpunkten gegliedert werden:

Psychoanalytische Pädagogik
Erziehung und Klassenkampf – sozialistische Erziehungskritik – das Konzept der Schulgemeinde
Sozialpädagogik (Fürsorge- und Anstaltserziehung)
Libidometrie
Psychoanalyse und Marxismus
Psychoanalyse und akademische Psychologie
Die Stellung der Psychoanalyse in der Öffentlichkeit

Im Folgenden soll dokumentiert werden, an welchen Institutionen und mit welchen Fragestellungen Siegfried Bernfeld die genannten Bereiche seines Interesses zur Diskussion brachte.

Kurse und Vorträge am Berliner Psychoanalytischen Institut und im Rahmen der psychoanalytischen Fachöffentlichkeit

Im Jahr 1908 entstand in Berlin unter dem Vorsitz Karl Abrahams die Berliner Psychoanalytische Gesellschaft. 1910 wurde sie zur Deutschen Psychoanalytischen Gesellschaft erweitert und Teil der im selben Jahr gegründeten Internationalen Psychoanalytischen Vereinigung.

Der Erste Weltkrieg unterbrach eine kontinuierliche Entwicklung der Deutschen Psychoanalytischen Gesellschaft. Die Berliner Ortsgruppe blieb bestehen und entwickelte sich nach dem Krieg zur bedeutendsten Zweigvereinigung der psychoanalytischen Bewegung.

Am 16. Februar 1920 gründete die Berliner Psychoanalytische Vereinigung, vertreten durch Max Eitingon, Ernst Simmel und Karl Abraham, das Berliner Psychoanalytische Institut in der Potsdamerstraße 29. Es bestand aus einer psychoanalytischen Poliklinik und einer Lehranstalt. Am Berliner Psychoanalytischen Institut sollten Forschung, Lehre und Therapie verbunden und Angehörigen sozial benachteiligter Schichten der Zugang zu Therapie ermöglicht werden. Das Institut sollte in der Folge allen entstehenden Ausbildungsstätten als Vorbild dienen.

Die Mitarbeiter des Instituts waren, neben ihrer therapeutischen Tätigkeit, in ihrer theoretischen Auseinandersetzung größtmöglicher Interdisziplinarität verpflichtet.

Jänner bis März 1926:[1]
Seminar »Pädagogische Psychologie auf psychoanalytischer Grundlage« (Hörerzahl 75).
27. März 1926:
»Psychoanalyse und Öffentlichkeit«. Öffentliche Diskussion am Berliner Psychoanalytischen Institut zu der Bernfeld gemeinsam mit Franz Alexander das einleitende Referat hielt.
13. April 1926:
Fortsetzung der Diskussion »Psychoanalyse und Öffentlichkeit«.
12. Mai 1926:
»Möglichkeiten einer psychoanalytischen Pädagogik.« Öffentlicher Vortrag am Berliner Psychoanalytischen Institut.
Mai 1926 bis Dezember 1929:
Kurs »Psychoanalytische Besprechung praktisch-pädagogischer Fragen« für Fortgeschrittene (Hörerzahl 37 für das III./IV. Quartal 1926).
8. Juni 1926:
»Zur Pathologie der Über-Ich-Bildung«. Öffentlicher Vortrag am Berliner Psychoanalytischen Institut.
12. Oktober 1926:
»Einige spekulative Bemerkungen über Telepathie«. Öffentlicher Vortrag am Berliner Psychoanalytischen Institut.
Dezember 1926:
»Seele und Schicksal des Erziehers«. Öffentlicher Vortrag am Berliner Psychoanalytischen Institut.
April bis Juni 1927:
Vorlesung »Was ist Psychoanalyse?« (Hörerzahl 31)
Mai 1927 bis März 1928:
Kurs »Psychoanalytische Besprechung praktisch pädagogischer Fragen« für Anfänger.
4. Oktober 1927:
»Faszination und Identifikation«. Vortrag am Berliner Psychoanalytischen Institut.
12. Mai 1928:
»Möglichkeit einer psychoanalytischen Pädagogik«. Diskussion am Berliner Psychoanalytischen Institut. Bernfeld hielt gemeinsam mit Anna Freud das einleitende Referat.
Oktober 1928 bis Dezember 1929 (gemeinsam mit Jenö Harnik):
»Arbeitsgemeinschaft für psychoanalytische Kinder- und Jugendpsychologie«.

1 Die folgende Zusammenstellung wurde aus den Korrespondenzblättern der Internationalen Psychoanalytischen Vereinigung, die in der *Internationalen Zeitschrift für Psychoanalyse* enthalten sind, der *Zeitschrift für Psychoanalytische Pädagogik* und den Vorlesungsverzeichnissen der Deutschen Psychoanalytischen Gesellschaft ermittelt.

20. Februar 1929:
»Psychoanalyse und Soziologie«. Vortrag aus Anlaß des am 16. des Monats eröffneten Frankfurter Psychoanalytischen Instituts.
27. Juli 1929:
»Infantile Sexualität«. Vortrag am XI. Internationalen Psychoanalytischen Kongreß in Oxford.
28. September 1929:
»Das Milieu und seine Bedeutung für Neurose, Verwahrlosung und Pädagogik«. Öffentlicher Vortrag am Berliner Psychoanalytischen Institut.
26. Oktober 1929:
»Über den Todestrieb«. Vortrag am Berliner Psychoanalytischen Institut.
Jänner bis Juni 1930 und Jänner bis Dezember 1931 (gemeinsam mit Carl Müller-Braunschweig):
Kurs »Pädagogische Arbeitsgemeinschaft«.
3. Juni 1930:
»Über Temperaturdifferenz zwischen Gehirn und Körper«. Kleine Mitteilung am Berliner Psychoanalytischen Institut.
28. September 1930:
»Infantile Sexualität und sexuelle Anomalien«. Vortrag im Rahmen der Tagung der Deutschen Psychoanalytischen Gesellschaft in Dresden.
Jänner bis Juni 1932:
»Pädagogische Arbeitsgemeinschaft«.
Mai/Juni 1930 und von Jänner 1931 bis Juni 1932:
Seminar »Praktische Fragen der psychoanalytischen Pädagogik«. (Für Fortgeschrittene)
Jänner bis März 1930:
Kurs »Infantile Sexualität«. (Hörerzahl 51).
Oktober bis Dezember 1931:
Vorlesung »Einführung in die Psychoanalyse: Analytische Normalpsychologie« (Hörerzahl 107).
Oktober bis Dezember 1931:
Vorlesung »Psychoanalytische Sozialwissenschaft« (Für Fortgeschrittene). (Hörerzahl 70).
Jänner bis März 1932:
Vorlesung »Einführung in die Psychoanalyse. Allgemeine Neurosenlehre.« (Hörerzahl 62).
Jänner bis März 1932:
»Freud als Kulturphilosoph«. Öffentlicher Vortrag am Berliner Psychoanalytischen Institut.
10. Mai 1932:
»Thomasius, ein Vorläufer der Psychoanalyse im 17. Jahrhundert.« Öffentlicher Vortrag am Berliner Psychoanalytischen Institut.

Ankündigung eines Vortrages in einer Leipziger Tageszeitung, 1927: »Dr. Siegfried – Berlin spricht in der Vortragsreihe: 'Die Anwendung der Psychoanalyse' am Montag, 7 Uhr, über: 'Der Verkehr mit Kindern'. Er ist persönlicher Schüler des Begründers der Psychoanalyse Prof. Sigmund Freud – Wien und beschäftigt sich hauptsächlich mit der Anwendung der Psychoanalyse auf Fragen der Seelenkunde und des Erziehungswesens. Mehrere Veröffentlichungen behandeln die Theorie der sozialistischen Pädagogik. Dr. Bernfeld wirkt in Berlin als Dozent am psychoanalytischen Institut und der Hochschule für Politik.«

Vorträge vor öffentlichem Publikum

Siegfried Bernfeld war bekannt als hervorragender und faszinierender Redner. Aus Berichten und Briefen wird deutlich, wie gut Bernfeld seine Rednergabe und Vortragskunst einzusetzen wußte. In einem Empfehlungsschreiben hob ihn Freud als einen »hinreißenden Redner und sehr einflußreichen Lehrer« (Freud, 1931) hervor. Nach seiner Vortragsreihe »Psychoanalyse und Erziehung« im März 1926 in Leipzig ist einem Zeitungsbericht zu entnehmen:

> ». . . einem glänzenden, gewandten Dialektiker zuzuhören, der noch dazu ein ausgezeichneter Rhetoriker ist, und der ein umfassendes Wissen besitzt, bei dem dieser Ernst mit wissenschaftlichem Ethos gepaart und mit einer ganz kleinen Dosis Ironie gewürzt ist, war eine Quelle der Belehrung und des Vergnügens zugleich«.[2]

Ein anderes Blatt lobte, daß seine Vorträge »durch seine Vortragsweise und die gewandte Verteidigung der Freud'schen Lehren einen hohen Genuß« boten.[3]

Im Jahre 1927 berichtete die *Leipziger Volkszeitung*: »Der Vortrag zeichnete sich durch große Klarheit und logischen Aufbau und durch das ausgezeichnete Vermögen des Referenten aus, auch schwierige wissenschaftliche Dinge und Ergebnisse der modernen Tiefenpsychologie einem breiten Hörerpublikum zugänglich zu machen.«[4]

In der *Vossischen Zeitung* vom 19. Jänner 1926 wurde zum Vortrag über »Psychoanalyse und Öffentlichkeit« als von »einem ausgezeichnet klaren Überblick über Entwicklung und Ziele der psychoanalytischen Wissenschaft«, den Bernfeld gab, gesprochen.[5]

In einer Ausgabe der *Leipziger Tageszeitung* hob man Bernfelds »besondere Fähigkeit, auch verwickelte Gedankengänge der Psychoanalyse durch einfache, dem Alltag entnommene Beispiele rednerisch zu behandeln« hervor.[6]

2 In *Leipziger Volkszeitung*. 16. März 1926.

3 In *Leipziger Neueste Nachrichten*. 19. März 1926.

4 »Die Religion im Lichte der Psychoanalyse«. In *Leipziger Volkszeitung* am 25. Jänner 1927.

5 »Leiden, die unnötig sind«. In *Vossische Zeitung* am 19. Jänner 1926.

6 »Der neue Weg in der Seelenforschung« in einem Leipziger Blatt vom November 1926. Siegfried Bernfeld Archiv. Library of Congress. Washington D.C.

Auch Bernfeld war sich seiner Rednergabe bewußt und beschrieb sich selbst in Briefen an seine Lebensgefährtin Elisabeth Neumann: »Ich habe vor 400 Lehrern und Univ. Bonzen gesungen wie 400 Götter. Die ältesten Leipziger können sich an einen solchen Erfolg nicht erinnern.« Und später: »Habe Do. und Fr. 1x wie ein ganzer Olymp von Göttern gesungen, sogenannte Schwanengesänge.«

Zur Perfektion fehlte nur ein zu meisterndes Mißgeschick:

> »Großes Ereignis meines Lebens: Vorgestern bin ich zum ersten Mal in meinem Vortrag stecken geblieben, konnte nicht weiter, bin geschwommen! Einige haben es sogar gemerkt, und sich sehr gefreut bei diesem einzigartigen Ereignis dabei gewesen zu sein. Mir wars zwar peinlich, aber hinterher sehr leicht; so als hätte ich was lang ersehntes erreicht; als hätte ich 1000 Vorträge halten müssen, damit das endlich passiert. Jetzt erst bin ich wirklich sicher im Reden geworden.«[7]

In seinen öffentlichen Vorträgen behandelte Bernfeld vor allem Fragen der psychoanalytischen Pädagogik, gab Einführungen in die Psychoanalyse und Stellungnahmen zu spezifischen Fragen der Sozialpädagogik und Anstaltserziehung ab.

In diesem Zusammenhang verweise ich auch auf die Gesamtbibliographie am Ende des Bandes, die einen Überblick über die große Zahl der Publikationen Bernfelds aus seinen Berliner Jahren gibt.

> 14. Jänner 1926:
> »Psychoanalyse und Öffentlichkeit«, Buchhandlung »Ostertag« in Berlin.[8]
> Februar 1926:
> »Psychoanalyse und Sozialismus«. 5 Vorträge beim jüdischen Studentenverein in Berlin.[9]
> 18.-21. März 1926:
> »Psychoanalyse und Erziehung«. Vortragsreihe in Leipzig beim Lehrerverein, unter Mitwirkung eines der Psychologischen Institute/Leipzig und des Lehrervereins Leipzig/Land.[10]

7 Briefe von Siegfried Bernfeld an Elisabeth Neumann vom 24. Juni 1932 und 26. November 1932. Privatbesitz

8 Leo Greiner: »Psychoanalyse und Öffentlichkeit«. In *Berliner Börsencourier*. Morgenausgabe vom 19. Jänner 1926. Und: »Leiden, die unnötig sind – Psychoanalyse will sie ausrotten«. In *Vossische Zeitung* vom 19. Jänner 1926.

9 *Internationale Zeitschrift für Psychoanalyse*. 12/1926, S. 576.

10 »Schwer erziehbare Kinder«. In *Neue Leipziger Zeitung* vom 9. März 1926; »Psychoanalyse und ihre Bedeutung für den Erzieher«. In *Leipziger Neueste Nachrichten* vom 19. März 1926 und »Psychoanalyse und ihre Bedeutung für den Erzieher«. In *Leipziger Volkszeitung* vom 23. März 1926.

19. März 1926:
»Das notwendige Schicksal der Versuchsschule« beim »Bund entschiedener Schulreformer« in Berlin.[11]
22. März 1926:
»Jugend und Erziehung«.
27.-28. April:
»Erziehung und Psychoanalyse« in der »Jungsozialistischen Vereinigung«.[12]
14. Juni 1926:
»Psychoanalyse und Sozialismus« im »Verein sozialistischer Ärzte«.[13]
30. August 1926:
»Psychoanalyse und Erziehung« im Lehrerkollegium der »Freien Schulgemeinde« in Wickersdorf in Thüringen.[14]
22. September 1926:
»Psychoanalyse und Erziehung« und »Traum, Phantasie und Kunst« bei der literarischen Gesellschaft in Sonneberg in Thüringen.[15]
22.-25. November 1926:
»Die Grundbegriffe der Psychoanalyse« (erster Abend: »Vorpsychoanalytische Psychologie und Unbewußtes«) und »Zur Anwendung der Psychoanalyse«, ein vier Abende umfassender Einführungskurs bei der Psychoanalytischen Arbeitsgemeinschaft/Leipzig, im Frauenklub Leipzig, von über 150 Hörern besucht.[16]
15. November 1926:
»Soziologische und psychologische Grundlagen der neuen Schule«. Leipzig Lehrerverein.[17]
29. November 1926:
»Der Verkehr mit Kindern«. Rundfunkvortrag vor den Mitteldeutschen Sendern, Leipzig.[18]

11 *Internationale Zeitschrift für Psychoanalyse.* 12/1926. S. 576.

12 *Internationale Zeitschrift für Psychoanalyse.* 12/1926. S. 576.

13 *Internationale Zeitschrift für Psychoanalyse.* 12/1926. S. 576. »Psychoanalyse und Sozialismus«. In *Welt am Abend* vom 25. Juni 1926. »Freud und Marx«. In *Die Rote Fahne* am 26. Juni 1926 und »Bernfeld, Siegfried: Sozialismus und Psychoanalyse«. In *Imago* 1928.

14 *Internationale Zeitschrift für Psychoanalyse.* 12/1926. S. 576.

15 *Internationale Zeitschrift für Psychoanalyse.* 12/1926. S. 576 und »Ein psychoanalytischer Nachmittag und Abend«. In *Sonneberger Kreis-Anzeiger* vom 26. September 1926.

16 *Internationale Zeitschrift für Psychoanalyse.* 13/1927. S. 248. *Neue Leipziger Zeitung* vom 29. November 1926 und »Der neue Weg in der Seelenforschung«. Leipzig. Ohne Angaben in: Siegfried Bernfeld Archiv. Library of Congress. Washington D.C.

17 »Über die soziologischen und psychologischen Grundlagen der neuen Schule«. In *Leipziger Lehrerzeitung* Nr. 36 am 17. November 1926.

18 »Der Verkehr mit Kindern«. Auszug aus einem Rundfunkvortrag innerhalb der Vortragsreihe »Die Anwendung der Psychoanalyse«. In *Mitteldeutsche Monatshefte.* Literarische Beilage der Mirag am 10. Jänner 1927.

8. Dezember 1926:
»Vom Wesen der Psychoanalyse«. Vortrag im Rahmen der akademischen Kurse im Konzertsaal der Börse in Essen.[19]
21. Jänner 1927:
»Die Religion im Lichte der Psychoanalyse«. Vortrag im Rahmen einer öffentlichen Versammlung vom Deutschen Monistenbund und vom Bund sozialistischer Freidenker im Rathaussaal von Leipzig.[20]
Februar 1927:
»Massen und Führer«. Vortrag bei einer Mitgliederversammlung der Sozialistischen Partei in Leipzig mit dem allgemeinen Vortragsthema »Psychoanalyse und Marxismus«.[21]
30. August 1927:
1. »Dressur – Erziehung – Führung«. 2. »Psychologie der Kinder- und Jugendgruppen; ihre pädagogische Bedeutung«. 3. »Psychologie des Erzieherberufs«. Vorträge im Rahmen einer Pädagogischen Woche vom 24.-30. August 1927 in Stuttgart.[22]
1. Oktober 1927:
»Die (männliche) Großstadtjugend«. Vortrag im Rahmen einer Tagung des »Bund Entschiedener Schulreformer« über »Großstadt und Erziehung« vom 30. September bis 4. Oktober 1927 im Rathaussaal Berlin-Schöneberg.[23]
18. Oktober 1927:
»Psychologie des Erziehers«. Öffentliche Bundesversammlung vom »Bund Entschiedener Schulreformer« in der Aula des Werner-Siemens Realgymnasiums über das Thema »Psychoanalyse und Erziehung«.[24]
Ende März 1928:
»Kirche als sozialpsychologische Erscheinung«. Vortrag beim »Deutschen Monistenbund« in Hamburg.[25]

19 »Aus dem Reich der Psychoanalyse«. In *Essener Allgemeine Zeitung* vom 9.Dezember 1926, Abendausgabe, und »Vom Wesen der Psychoanalyse«. In *Essener Volks-Zeitung* vom 10.Dezember 1926.

20 »Die Religion im Lichte der Psychoanalyse«. In *Leipziger Volkszeitung* vom 25. Jänner 1927 und »Religionswissenschaft und Psychoanalyse«. In *Mitteilungsblatt für die Funktionäre des Bezirks Leipzig des Bundes sozialistischer Freidenker* Nr. 1. Jänner 1927.

21 »Psychoanalyse und Marxismus«. In *Leipziger Volkszeitung* im Februar 1927.

22 *Zeitschrift für Psychoanalytische Pädagogik.* 1926/27, S. 317. »Aus der Landeshauptstadt, Schluß der pädagogischen Woche«. In *Stuttgarter Neues Tagblatt* (Morgen-Ausgabe) vom 31. August 1927 und »Kurs für psychoanalytische Pädagogik«. In *Stuttgarter Neues Tagblatt* vom 31. August 1927.

23 Tagung »Großstadt und Erziehung«. In *Die Neue Erziehung.* 4 und 10/1927.

24 »Arbeitsberichte«. In *Die Neue Erziehung.* 12/1927.

25 »Religion als Verdummungsmittel«. In *Der Abend* Hamburg am 23. März 1928 und im *Hamburger Anzeiger* vom 25. März 1928.

Juni 1928:
»Strafe und Disziplin in den Erziehungsanstalten«.
Vortrag im »Verein preußischer Anstaltspädagogen«.[26]
13. September 1928:
»Marxistische Erziehung«. Vortrag beim Verband sozialistischer Junglehrer in Wien.[27]
1928:
»Die Schulgemeinde und ihre Funktion im Klassenkampf«. Vortrag bei der pädagogischen Tagung des 5. Weltkongresses der Bildungsarbeiter-Internationale in Leipzig.[28]
14. April 1929:
»Sozialismus und Erziehung«. Vortrag auf der jungsozialistischen Gautagung in Springe am Deister (bei Braunschweig)[29]
2. November 1929:
»Verwahrloste Jugend«. Vortrag bei der Allgemeinen freien Lehrergewerkschaft Deutschlands in Braunschweig, im Haus der geistigen Arbeit.[30]
3. Jänner 1930:
»Psychische Fehlentwicklungen durch die Einflüsse des Milieus« und
4. Jänner 1930:
»Die Wirkung der Strafe in der Erziehung«. Beide Vorträge bei einer Pädagogischen Tagung in Braunlage vom 2.-4. Jänner bei der Allgemeinen Freien Lehrergewerkschaft.[31]
5. Oktober 1930:
»Die psychoanalytische Psychologie des Kleinkinds«. Vortrag im Rahmen des Kongresses für Kleinkind-Erziehung des Bundes für entschiedene Schulreformer der »Deutschen Psychoanalytischen Gesellschaft« u.a. in Berlin-Schöneberg von 1.-5. Oktober 1930. (Oestreich, 1932, S. 142f.)
1932:
»Naturwissenschaftliche Bewußtseinspsychologie«. Vortrag bei der »Berliner Gesellschaft für empirische (wissenschaftliche) Philosophie«. (Stadler, 1982, S. 211)

26 »Hinter Mauern«, veraltete und Moderne Fürsorgeerziehung. In *Der Abend* (Beilage) am 8. Juni 1928.

27 »Freudianisch-adlerianisch-sozialistische Plänkelei«. In *Der Tag* (Wien) am 14. September 1928 und »Marxistische Erziehung«. In *Der Abend* (Wien) am 14.September 1928.

28 *Proletarische Pädagogik.* Leipzig, 1928.

29 »Sozialismus und Erziehung«. In *Der Volkslehrer,* 11/1929, am 7. Juli 1929.

30 »Verwahrloste Jugend«. In *Der Volkslehrer* am 10. November 1929.

31 »Die pädagogische Tagung in Braunlage«. In *Der Volkslehrer,* 12/1930.

Zwei seiner Stellungnahmen zu öffentlich diskutierten Themen sollen hier herausgegriffen werden: seine, von psychoanalytisch-pädagogischen Fragen ausgehenden Diskussionsbeiträge zu »Prügel als Erziehungsmittel« und jene Beiträge zur öffentlichen Debatte der »Schmutz und Schund« Lektüre. Im Jahr 1926 wurde in der Öffentlichkeit eine lebhafte Debatte rund um die Prügelstrafe in der Erziehung geführt. Im Hintergrund dieser Diskussionen standen Bestrebungen, in Folge des sogenannten »Lützow-Prozesses« eine Gesetzesgrundlage gegen die Prügelstrafe auszuarbeiten. Die Berliner Öffentlichkeit war durch einen Skandal alarmiert worden: ein Lehrer mußte sich wegen brutaler Prügelexzesse vor Gericht verantworten. Als Psychoanalytiker, Pädagoge und an gesellschaftlichen Veränderungen interessierter Denker meldete sich Bernfeld in dieser Frage im Jahre 1926 wiederholt zu Wort. In der *Arbeiter Illustrierten Zeitung*, dem *Berliner Börsencourier* sowie der *Zeitschrift für psychoanalytische Pädagogik* wurden seine Ansichten zum Thema Prügel aufgegriffen. Seine Reflexionen über pädagogisches Handeln, etwa über die Anwendung von körperlicher Strafe, bezogen immer die konkrete Gesellschaft, die solches ermöglichte, mit ein. Das Strafwesen in der Erziehung steht in engem Zusammenhang mit dem Rechtswesen, dem jeder Erzieher unterworfen ist. (Bernfeld, 1931c). Im *Tagebuch* beschrieb Bernfeld in einem Aufsatz »Kinder-Enquete über das Prügeln« autobiographische Erfahrungen berühmter Personen, wie J. J. Rousseau, Hl. Augustinus, M. Gorki u.a. über erlittene Prügelstrafen. (Bernfeld, 1926o) Prügel können nicht nur als Ausdruck einer Notsituation des Erziehers angesehen werden, sondern sind als ein Herrschaftsmittel zu entlarven. Kommunisten und Sozialdemokraten sprachen sich für ein Verbot der Prügelstrafe aus. Der Berliner Lehrerverein hingegen setzte sich für die gesetzliche Erlaubnis zur körperlichen Züchtigung ein mit gleichzeitigen Forderungen an Erziehungsreformen, die erst die Prügelstrafe in der Schule unnötig erscheinen lassen würden.

1926 wurde auch die Frage der Zensur der Literatur debattiert. Ein Gesetz zum sittlichen Jugendschutz zur Bekämpfung von Schund- und Schmutzschriften und »zum Schutz der Jugend bei öffentlicher Schaustellung« war in Ausarbeitung, das die Freiheit künstlerischen Schaffens gefährdete. In diesem Streit, der längst ein politischer geworden war, gab es vehemente Proteste seitens der Sozialdemokraten gegen die Einrichtung von sogenannten »Schwarzen Listen«, in denen gesetzlich verbotene Schriften registriert werden sollten. Die Anreger und Befürworter des Gesetzes aus den bürgerlichen Parteien aber beriefen sich auf einen Artikel in der Reichsverfassung, in welchem gesetzliche Maßnahmen zum Schutze der Jugend als zulässig erachtet wurden. Nicht nur Siegfried Bernfeld vermutete hinter dieser Auffassung eine Tendenz zur Verdummung der Jugend und das Bestreben, sie möglichst fern von politischer und sozialer Aufklärung zu halten. Schriften von Freidenkern, sozialistische und kommunistische Literatur sollten als verderbliche Schmutz- und Schundlektüre zensuriert werden; Kinderlektüre sollte gleichermaßen in zulässige und unzulässige eingeteilt werden. Bernfeld kommentierte diese Bestrebungen im *Berliner Börsen-Courier*, dem *Hessischen Volksfreund* und der *Literarischen Welt* aus psychoanalytisch-pädagogischer Sicht. In der letztgenannten Zeitschrift, einer der bekanntesten und angesehendsten Literaturzeitschriften dieser Zeit, publizierte er einen Aufsatz mit dem Titel: »Das Kind braucht keinen Schutz vor Schund, es schützt sich selbst!« (Bernfeld, 1926s). In ironischer Form weist er darin Erzieher und Eltern zurecht, die sich anmaßen, die Lektüre ihrer Kinder bestimmen zu können. Ein »schundhungriges Kind« schreibt er, »brauche schließlich beträchtliche Quantitäten, um sein lebensnotwendiges Schundminimum zu erhalten« und erläutert dazu: »Indem das Kind die Schundphantasie pflegt, schreitet es von einer primitiven kulturferneren Stufe zu einer höheren vor.« Nach Bernfelds Meinung sind die Erwachsenen nicht in der Lage zu entscheiden, was für die kindliche Psyche förderlich bzw. schädlich ist. Er spricht dem Kind eigene Fähigkeiten der Verarbeitung jedweder Literatur zu.

Von Bernfelds umfassendem Interesse an Fragen der psychoanalytischen Pädagogik zeugte seine schon in Wien entstandene Spielzeugsammlung. Sie ergänzte seine theoretische Auseinandersetzung mit der Kinderpsychologie. Im *UHU. Das neue Ullstein Magazin* veröffentlichte Bernfeld im Dezember 1926 eine Schrift zum Thema Spielzeug. In dieser Schrift – die zahlreiche Abbildungen enthält (sehr wahrscheinlich auch Abbildungen von Stücken aus seiner eigenen Sammlung) und den Titel »Zerbrochenes Spielzeug – Ganze Menschen, das Spielzeug als Blitzableiter böser Triebe« trägt – erläutert Bernfeld die Funktion des Spielzeugs für das Kind und die damit verbundene Bedürfnisbefriedigung. Wie schon im Titel des Artikels angekündigt ist, vertrat Bernfeld die Meinung, daß es dem Kind möglich sein muß, Aggression an seinem Spielzeug auszuleben, ohne daß es für zerbrochenes Spielzeug bestraft würde. (Bernfeld, 1926r).

Im Februar 1928 verkaufte Bernfeld seine Spielzeugsammlung dem größten »Deutschen Spielwarenmuseum« in Sonneberg/Thüringen. Einem Bericht über die Übernahme der Bernfeldschen Sammlung in den Museumsbestand ist zu entnehmen, daß die Sammlung historisches Spielzeug aus

»Neun Blaubärte zittern um Herz, Seele und Leib« mit »Hals- und Beinbruchwünschen« für Elisabeth Neumann zu einer Premiere; Berlin, März 1926.

den verschiedensten Produktionsgebieten enthielt. Es wird von Stücken aus Indien, Ägypten, Russland, Japan, Italien, Österreich und Böhmen, von altägyptischen Holzpferdchen, altgriechischen Tonspielzeugen und Puppen berichtet.[32]

Bernfeld forderte einen Kaufpreis von 2500 Mark, in dem auch der Betrag für seine in noch Wien verbliebene Sammlung von Gesellschaftsspielen enthalten war. Der Ankauf wurde in Lokalzeitungen begrüßt. So wurde beispielsweise von einer »wertvollen Bereicherung für das Museum« , von einer »guten Ergänzung« für die bisherige Sammlung und von dem regen Besuch, den der Neuerwerb der Bernfeldschen Sammlung veranlaßte, berichtet.[33]

Lehrtätigkeit an der »Deutschen Hochschule für Politik«

Bernfeld war in Berlin auch als Dozent der »Deutschen Hochschule für Politik« bekannt. In der alten Bauakademie am Schinkelplatz unterrichtete er seit dem Sommersemester 1926. An der »Wohlfahrtsschule« der »Deutschen Hochschule für Politik« hielt er Seminare über psychologische Probleme der Jugendfürsorge.

Die »Deutsche Hochschule für Politik« kann als institutionelle Vorläuferin der westdeutschen Politikwissenschaft bezeichnet werden, die sich aus der von Friedrich Naumann gegründeten Staatsbürgerschule des Berlin der Kriegszeit entwickelt hatte. Sie war ein Experiment »einer an der Weimarer Republik orientierten staatsbürgerlichen Erziehung«. (Missiroli, 1987, S. 21) Damit sollte ein neuer Hochschultyp geschaffen werden, eine Art freie politische Volkshochschule, die jedem zugänglich war, der mit der Idee eines freien deutschen Staates übereinstimmte. Die »Deutsche Hochschule für Politik« bestand von 1920 bis zum Ende der Republik 1933. In ihrem Lehrplan verpflichtete sie sich einer »Wissenschaft der Grenzgebiete« (Theodor Heuss in seiner Eröffnungsrede 1921) und zeichnete sich durch weitgehende Interdisziplinarität aus. Das sozialpolitische Seminar, unter Leitung von Carl Mennicke, war aufgeteilt in eine »Wohlfahrtsschule« und eine »Wirtschaftsschule«. Bei der »Wohlfahrtsschule« handelte es sich

32 In *Thüringer Volksfreund* vom 4. Februar 1928.

33 *Sonneberger Zeitung* am 4. Februar 1928 und *Sonneberger Kreisanzeiger* am 5. Februar 1928. Für diese Informationen und die Hinweise auf die Berichte über den Ankauf der Sammlung danke ich dem heutigen Museumsdirektor Hans Gauß.

um die einzige Abteilung der Hochschule, die eine Ausbildung für Beamte des »Mittleren Dienstes« vermittelte. 1926 wurde sie staatlich anerkannt. Sozialbeamte, Erzieher und Lehrer nahmen an den Kursen teil. Ausschließlich in Abendseminaren, um auch berufstätigen Hörern die Teilnahme zu ermöglichen, widmete sich Bernfeld den Fragen der Jugendfürsorge und deren psychologisch-pädagogischen Grundlagen.

Von Sommersemester 1926 bis Sommersemester 1930 hielt er folgende Seminare und Vorlesungen:

Sommersemester 1926:
Seminar »Soziologie der Jugendlichen«
Wintersemester 1926/27:
Seminar »Psychologische Probleme der Jugendfürsorge II« (für Hörer des 4. Semesters)
Sommersemester 1927:
Seminar »Psychologische Probleme der Jugendfürsorge I« (für Hörer des 3. Semesters)
Wintersemester 1927/28:
Arbeitsgemeinschaft »Psychologische Probleme der Jugendfürsorge I«
Sommersemester 1928:
Seminar »Psychologische Probleme der Jugendfürsorge I« (für Hörer des 3. Semesters)
Wintersemester 1928/29:
Vorlesung »Psychologie« (für Hörer des 4. Semesters)
Sommersemester 1929:
Seminar »Psychologische Probleme der Jugendfürsorge« (für Hörer des 3. Semesters)
Wintersemester 1929/30:
Vorlesung »Psychologie« (für Hörer des 4. Semesters)
Sommersemester 1930:
Aufbaukurs für Sozialbeamte (zusammen mit seinem Kollegen Carl Mennicke) = Sozialpädagogisches Praktikum. Zur Behandlung gelangten folgende Themen: Pädagogische Probleme des Gruppenlebens und der Gruppenführung; das Verhältnis von Erziehung und Strafe in der Behandlung jugendlicher Krimineller (anhand von praktischen Fällen); pädagogische Probleme der Heim- und Anstaltserziehung; die Frage der Charakterkunde und Charakterbildung im Zusammenhang der Jugendfürsorge.[34]

34 Geheimes Staatsarchiv Preußischer Kulturbesitz Berlin-Dahlem. Rep. Nr. 303. Neue Bestandsnummer 13-20.

Pfingsten 1927, Elgersburg

Im Jahr 1929 wechselte die »Wohlfahrtsschule« zur »Arbeiterwohlfahrt« über. Die »Wohlfahrtsschule der Arbeiterwohlfahrt« war ebenso staatlich anerkannt und wurde von der sozialdemokratischen Arbeiterschaft getragen, der Bernfeld nahe stand. Sie bot einen zweijährigen Lehrgang, in dem Fürsorgern theoretisches und praktisches Wissen vermittelt werden sollte. Bernfeld lehrte dort im ersten Jahr »Psychologie von Kindheit und Jugend – die Verwahrlosung und ihre Bekämpfung« und im zweiten Jahr »Psychopathie – Psychosen und Neurosen – Intellekt und Moraldefekte – die Bedeutung von Verwahrlosung und Kriminalität, Methoden zur Heilung und Besserung – die Entwicklung bzw. Fehlentwicklung der Sexualität des

Elisabeth Neumann und Siegfried Bernfeld in Berlin

Menschen«. Im Jahr 1930 fand eine Arbeitsgemeinschaft zur »Psychologie der Gegenwart und ihre Anwendung in der Sozialpädagogik« statt, die Bernfeld mit dem Stadtschulrat Hering und anderen leitete. (Wachenheim, 1930).

Im Verlauf der Jahre 1930 bis 1932 versuchte Siegfried Bernfeld an der Berliner Universität Fuß zu fassen. Zur Erlangung eines Lehrauftrages an der Philosophischen Fakultät wurde er von Beamten des Preussischen Kultusministeriums und von Rudolf Olden, Ernst Simmel und Sigmund Freud unterstützt. Das Vorhaben scheiterte am Widerstand der Fakultät und an einem Gutachten des Münchner Professors Oswald Bumke.[35] Auch dieser Versuch zeugt von seinen vielfältigen Bemühungen, der Psychoanalyse unter verschiedenen institutionellen Bedingungen und Öffentlichkeiten Diskussionsräume zu schaffen.

Im Sommer 1932 überläßt er Jeanne Lampl, Steff Bornstein und Carl Müller-Braunschweig seinen Platz am Berliner Psychoanalytischen Institut und kehrt für knappe drei Jahre nach Wien zurück. Siegfried Bernfeld konnte an seine Zeit in Berlin auf sieben Jahre intensiven Engagements für Forschung, Lehre und die Darstellung der Psychoanalyse in der Öffentlichkeit zurückblicken; den letztgenannten Einsatz bestätigten seine Analytikerkollegen mit der scherzhaften Charakterisierung, ein »Wanderprediger über Analyse« gewesen zu sein.[36]

35 Für diese Informationen danke ich Prof. Elmar Tenorth in Frankfurt/Main.

36 Brief von Siegfried Bernfeld an Hans Lampl vom 29. Jänner 1935. Siegfried Bernfeld Archiv. Library of Congress. Washington D.C.

Richard Bacher

Libidometrie

Ein Beitrag für eine Wissenschaft vom Menschen im 20. Jahrhundert

Die »Libidometrie« wurde als Projekt im Jahre 1929 von Siegfried Bernfeld und Sergei Feitelberg, einem damals 23-jährigen Moskauer Ingenieur und Medizinstudent, gestartet. Unter der späteren Beteiligung von Hans Lampl[1], Walter Marseille[2] und Franz Urbach[3] wurde es bis 1935 fortgeführt. Dann

1 »Hans Lampl wurde in Mauer bei Wien am 15. Oktober 1889 geboren. ... Als Freund und späterer Reisegefährte von Martin Freud war er regelmäßig bei der Familie Freud zu Gast. Nach der Matura 1908 studierte Hans Lampl Medizin und promovierte im Jahre 1914. Nach dem Studium arbeitete er acht Jahre Lang bei Karl Landsteiner. ... Während dieser Zeit lag das Interesse Lampls auf den Gebieten der Pathologie und Anatomie sowie in der Bakteriologie und Serologie. 1920 war Lampl Gast am VI. Internationalen Psychoanalytischen Kongreß in Den Haag. 1921 ging er nach Berlin, um eine psychoanalytische Ausbildung zu machen. Nach der Analyse bei Hanns Sachs wurde er zur selben Zeit wie Franz Alexander 1922 an der Psychoanalytischen Poliklinik in Berlin als Arzt angestellt. ... Hans Lampl wurde Anfang 1926 außerordentliches und 1930 ordentliches Mitglied der Deutschen Psychoanalytischen Gesellschaft. ... Nach der Machtübernahme Hitlers in Deutschland, gingen der konfessionslose jüdische Arzt Hans Lampl und seine nicht-jüdische Frau (die Nervenärztin Jeanne de Groot; Heirat 1925 in Berlin) zurück nach Wien und wurden als Mitglieder in die Wiener Vereinigung übernommen. ... 1938 emigrierte Hans Lampl mit seiner Familie nach Holland. ... Von Amsterdam aus wollte er weiter nach den Vereinigten Staaten, und beantragte eine Lehreinladung. Es kam in der Folge aber zu keiner weiteren Übersiedlung. In Holland wurde Hans Lampl Mitglied der psychoanalytischen Vereinigung und war an der Ausbildung der Kandidaten während des Krieges maßgeblich beteiligt. ... Während des Zweiten Weltkriegs wurde die psychoanalytische Vereinigung in Holland aufgelöst, Lampl setzte sich für die Neugründung eines Lehrinstituts ein (gegründet am 30. August 1946). ... Hans Lampl war mehrere Jahre Präsident des Instituts. Hans Lampl starb, als er am 1. Dezember 1958 auf dem Weg von seinem Landgut 'Wapenveld' zur Arbeit war, bei einem Autounfall.« (Mühlleitner, 1992)

2 Dr. Walter Marseille half bei Versuchen, die den Einfluß des Luftdrucks auf die Druckempfindlichkeit der Haut feststellen sollten. Diese Versuche wurden in der Überdruckkammer des Wiedner Krankenhauses in Wien durchgeführt. Außerdem unterstützte Marseille Versuche zur Ermittlung der Druckempfindlichkeit bei kleinen Gewichten (Bernfeld 1934c, S. 227ff). Genaueres über die Biographie Marseilles konnte ich bedauerlicherweise nicht finden.

3 »Franz Urbach wurde am 28. Juni 1902 in Wien geboren, wo er auch das Gymnasium und die Universität besuchte. 1926 promovierte er mit einer Arbeit über Luminiszenzerscheinungen

wurde es, ohne ein befriedigendes Ergebnis und bedingt auch durch die Emigration der Beteiligten, abgebrochen. Die Idee des Projekts der Libidometrie bestand darin, unter Verwendung des Begriffs des »Systems« physiologisch-physikalisches Material mit der Theorie der Psychoanalyse in Einklang zu bringen, durch theoretische, auch wissenschaftstheoretische Überlegungen einerseits, gestützt auf eigene Versuche andererseits. Ihr Forschungsansatz weist dabei in zwei Richtungen: zum einen versuchen sie zu beweisen, daß die Annahme einer »eigenen psychischen Energie« unhaltbar ist. Sie zeigen, wie das Weber-Fechnersche Gesetz, das die Abhängigkeit der Intensität einer psychischen Empfindung von der Energie eines äußeren Reizes beschreibt, mit dem Energieerhaltungssatz in Einklang zu bringen ist. Dazu stützen sie sich auf Versuche, die die Tastempfindung betreffen. Zum anderen unternehmen es Bernfeld und Feitelberg, die schwankende Temperaturdifferenz zwischen zentralem Nervensystem und anderen Körperbereichen als schwankende Energiedifferenz zu deuten, die die Annahme einer »frei verschiebbaren« psychischen Energie erhärten soll. Diese Überlegungen führen Bernfeld und Feitelberg auch zu einer Deutung des »Todestriebs« im Sinne der Entropie. Bernfelds eigene Erwartungen in das Projekt blieben zwiespältig: »Ob . . . was herauskommt, weiß ich nicht. Aber es soll was Wichtiges sein, oder eben gar nichts.« (Ekstein u. a., 1988, S. 235) Eine nachträgliche Einschätzung von Seiten der Beteiligten fehlt. Es scheint aber verfehlt, aus der ausgebliebenen Aufnahme des Projekts zu schließen, daß die Beteiligten eine Fortführung nicht mehr der Mühe wert befunden hätten: das Exil zwang jeden, sich anderweitig zu profilieren. Die Meinung der Rezipienten scheint einhellig, bestritten wurde vor allem die Sinnhaftigkeit des Bezugs von »Naturwissenschaft« und Psychoanalyse. Kennzeichnend für die Mißachtung,

nach radioaktiver Bestrahlung, die er unter der Obhut Karl Przibrams ausführte. . . . In den Jahren von 1926 bis 1931 arbeitete Urbach zusammen mit der Gruppe um Przibram an den Erscheinungen der Photoluminiszenz und der Thermoluminiszenz in Festkörpern nach Bestrahlung und beschrieb als erster die in der Literatur als 'glow curves' bezeichneten Erscheinungen, die er 'Buckel' nannte. 1931 übernahm er die physikalische Leitung der neuerrichteten Strahlenabteilung am Krankenhaus der Stadt Wien in Lainz, kehrte aber immer wieder zu Forschungsarbeiten an das Radiuminstitut zurück, wo er sich mit infrarotempfindlichen Phosphoren und der Temperatur- und Formabhängigkeit von Absorbtionskanten in Festkörpern befaßte. . . . 1939 gelang ihm zusammen mit seiner Frau Anna, der Tochter des Psychoanalytikers Paul Federn, die auch am Radiuminstitut arbeitete, die Flucht aus dem Machtbereich der Nazis, und er siedelte sich in den USA an, wo er ab 1941 zuerst als Research Physicist am Institut für Optik der Universität Rochester und dann, sowie parallel dazu, in verschiedenen leitenden Funktionen in den Forschungsabteilungen von Eastmann Kodak/Rochester tätig war. Sein Name ist mit den 'Urbach-Regeln' in die wissenschaftliche Literatur eingegangen.« (Reiter, 1988, S. 723)

Sergei Feitelberg (1905-1967); Ausschnitt eines Gruppenphotos des Pharmakologischen Instituts in Wien, 1937. Sergei Feitelberg wurde am 13. November 1905 in Moskau geboren. Nach dem Zweiten Weltkrieg emigrierte er von Rußland nach Deutschland. 1928 wurde er Dipl. Ing. an der TH Berlin. 1934 ging er nach Österreich, 1937 weiter in die Schweiz, wo er 1939 als Mediziner eine Stellung an der Universität Lausanne annahm. Im selben Jahr allerdings erfolgte die endgültige Emigration in die USA. In New York wurde er (von 1939-1967) Mitglied des Mt. Sinai Hospitals, 1966 erhielt er an der angeschlossenen Schule eine Professur für Medizin. Im Zweiten Weltkrieg trat er in die US-Army ein. Von 1942 bis 1967 war er Mitglied der Columbia University. In seiner Tätigkeit konzentrierte er sich auf Arbeiten über radioaktive Nukleide und Isotope. Als Experte war er Mitglied in diversen Subkommissionen der amerikanischen Atomenergie-Behörde und der Strahlenschutzbehörde. Feitelberg starb am 16. September 1967 in New York.

die durch schlichtes Ignorieren der Libidometrie widerfuhr, mag die Erwähnung sein, daß kein einziger Text, der der Libidometrie zuzuordnen wäre, in die dreibändige Werkausgabe Bernfelds aufgenommen worden ist. An Häme und Geringschätzung hat es auch in direkten Äußerungen zur Libidometrie nicht gefehlt. Von einem »Widersinn« ist die Rede, von etwas, das bestenfalls »die Abirrungen demonstriert, zu denen das Buchstäblichnehmen einer theoretischen Metapher«[4] (Lacan, 1980, S. 149) führen kann; von etwas, das ausführlicher zu diskutieren »unfruchtbar« scheint, da eine gemeinsame Basis mit Autoren schwerlich zu finden wäre, die Sätze wie folgenden niederschreiben konnten:

> »Mit der Problemformel EP = f (EC, ER) wird nur behauptet, daß es eine solche mathematische Funktion gebe. Eine Aussage über die Art der Beziehung wird erst in unserer Grundformel gemacht:
> dER = dEP + dEC. Hier wäre es in der Tat möglich, uns einer nachlässigen Schreibweise zu beschuldigen, denn exakt hätten wir schreiben sollen:
> dER = (dER/dEP)dEP + (dER/dEC)dEC
> EC EP«[5]«

oder, anders gesagt: weil der »mathematische Sprachgebrauch« von Bernfeld und Feitelberg »in so hohem Maße von dem gemeinverständlichen« abweicht, »daß es zu viel Zeit und Papier kosten würde, bis wir so weit wären, die eigentliche Diskussion anfangen zu können.« (Balint/Csillag, 1931a, S. 419f) Sie könnte gar als – wohl abschreckend gemeintes – »eklatantes Beispiel« dessen angeführt werden, was Jürgen Habermas das »szientistische Selbstmißverständnis« (Habermas, 1968, S. 300f) der Psychoanalyse genannt hat. Gemeint ist, daß »Freud in der Tat eine neue Humanwissenschaft begründet, aber in ihr stets eine Naturwissenschaft gesehen hat.« (Grubrich-Simitis, 1981, S. 17). Freud selbst, lapidar: »Ich fürchte, ich werde mit ungemessener Libido sterben.«[6]

Zu Grunde liegt dem Projekt der Libidometrie folgende Prämisse: die Dynamik psychischer Vorgänge hat ihr »Reales«[7] in physikalisch erfaßbaren Energien. Daher gilt auch im Bereich des Psychischen, wie für alle Energien, der Energieerhaltungssatz: »Ist das Psychische ein Teil des Natur-

4 Gemünzt allerdings nur auf »Der Entropiesatz und der Todestrieb«.

5 Das Zitat stammt aus Bernfeld und Feitelberg, 1931f, S. 415.

6 Freud zu Bernfeld nach einer mündliche Mitteilung von George Gerö, New York.

7 Im Unterschied zum »Symbolischen« und »Imaginärem«.

geschehens, so müssen die Gesetze, die für alles Naturgeschehen als gültig erkannt wurden, auch für das Psychische gelten.« (Bernfeld und Feitelberg, 1930d, S. 3f)

Bestritten wird solcherart die Annahme einer eigenen »psychischen« Energie:

> »Es ist kaum sinnvoll im psychologischen Zusammenhang von Energie zu reden, wenn das Wort nicht im physikalischen Sinn gemeint wird, wenn mit ihm nicht – und wäre es auch bloß ernstlich heuristisch – das Postulat aufgestellt wird, die psychischen Leistungen als Energieverschiebungen zu verstehen, wie jede andere Leistung der Natur auch.« (Bernfeld und Feitelberg, 1930d, S. 13)

Notwendig wird dieser »heuristische Ernst« durch die energetische Betrachtungsweise der Psychoanalyse, die sie von anderen statischen Psychologien unterscheidet. Diese »Notwendigkeit« bedeutet, den Diskurs zu wechseln, die analytische Position mit einer physiologisch-physikalischen zu vertauschen, um dann einen Standpunkt zu gewinnen, der die Ergebnisse dieser unterschiedlichen Wissenschaften zu subsumieren erlaubt.[8]

Es ist wichtig zu sehen, daß psychoanalytische Beobachtungen dadurch weder ersetzt bzw. überflüssig gemacht werden sollen und auch nicht können. Das Feld der analytischen Beobachtung kann ohne weiteres Eigenständigkeit beanspruchen[9]; das von Psychoanalyse Beobachtete ist das Gespräch, analysiert werden Sprache, in der sich das Unbewußte artikuliert[10], »Bekenntnisse«, »Widerstände« etc.[11] Physik und Physiologie

8 »Die Anregung aber zur Befassung mit diesem Forschungsgebiet (die Libidometrie; Anm. d. Verf.) und die konkreten Fragestellungen, die zu neuartigen Versuchen und Ergebnissen führten, habe ich im Zusammenhang mit dem weiteren Problem der Einordnung der Psychologie und Psychoanalyse in die physikalische Welt gewonnen . . .« (Siegfried Bernfeld: Vortrag über die Messbarkeit von psychischer Energie und der Libido. Siegfried Bernfeld-Archiv, Library of Congress, Washington D.C., (1934), S. 1)

9 »So anspruchslos wie möglich geht es (in der Psychoanalyse; Anm. d. Verf.) darum, daß wir unser methodisches Wissen auf Beobachtungen gründen, die wir durch gewisse Beobachtungsmittel unter bestimmten Beobachtungsbedingungen gewannen.« (Bernfeld, 1937, S. 204)

10 Und daß, insofern es in diesem analytischen Feld des Sprechens seinen privilegierten Ort hat, »strukturiert ist wie eine Sprache« (Lacan, 1987, S. 26). Solcherart zeigt sich Psychoanalyse als die systematische Behandlung der ersten (von vier) Arten der Erkenntnis nach Spinoza: »Es gibt ein Wissen (perceptio), das wir durch Hörensagen (ex auditu), oder durch irgend ein sogenanntes beliebiges Zeichen erhalten haben.« (Baruch de Spinoza, 1977, S. 9)

11 Bernfeld, 1978, S. 355-373 und Lacan, 1986, S. 73-169.

haben andere Verfahrensweisen, um zu ihren Beobachtungsdaten zu kommen. Es geht also um eine Position, die eine Vereinheitlichung dieser unterschiedlichen Beobachtungsdaten und den daraus gewinnbaren Gesetzmäßigkeiten erlaubt, um eine einheitliche Wissenschaft vom Menschen. Durch diese »Vereinheitlichung« wird eben nicht eine »Gleichheit« der Phänomenbereiche von Psychoanalyse und z.B. Physik behauptet. Wenn Psychoanalyse sprachliche Inhalte untersucht, so wird dieser Phänomenbereich durch physikalisch-physiologische Untersuchungen nicht erreicht. Wenn Psychoanalyse aber die Annahme einer frei verschiebbaren Energie zu ihrer Voraussetzung hat, darf eine solche Annahme den energetischen Befunden über Funktionsabläufe im menschlichen Organismus nicht nur nicht widersprechen, sondern sie müssen (und sollen) – auf verschiedenen »Systemhöhen« – einander ergänzen. In diesem Sinne möchte ich auch meine These von der gesuchten »Vereinheitlichung« verstanden wissen. Diese vereinheitlichende Position ist durch die Psychoanalyse möglich geworden: »Die Psychologie wird aufgeteilt in Physiologie und Soziologie (Physiologie = Sinneswahrnehmung; Soziologie = Sublimierung).« Die Psychoanalyse aber »hat die Scheidewand zwischen Körper und Geist ... niedergerissen.«[12] Ist sie durch Psychoanalyse möglich geworden, ist sie doch nicht mit ihr identisch.[13] Gesucht ist also ein Schematismus, der die Überschreitungen der einzelnen Beobachtungsfelder erlaubt. Gefunden wird er, in Anlehnung an die Naturwissenschaften, in der Mathematik[14], in die der Energetismus psychischer Leistungen allerdings erst transkribiert werden muß. Bernfeld und Feitelberg können und wollen also weder Psychoanalyse auf das Niveau von Physik und Physiologie »reduzieren«, noch auch sie experimentell bestätigen: wenn es um Libidometrie geht »nehme ich an, daß Ihnen am wenigsten daran liegt, zu

12 Siegfried Bernfeld: Psychoanalyse und Soziologie. Vortrag vom 23. 10. 1931. Siegfried Bernfeld Archiv, Library of Congress, Washington D.C., S. 2. Wenn Psychoanalyse die Scheidewand zwischen Geist und Körper niedergerissen hat, fällt auch die Trennung zwischen Human- und Naturwissenschaft; die Rede vom »szientistischen Selbstmißverständnis der Psychoanalyse« bleibt davor und naiv.

13 Weil sie eben eine eigene, von anderen Wissenschaften unterschiedene Form der Erzeugung ihrer Beobachtungstatsachen besitzt.

14 »Um Gesetze auszusprechen, die über die Grenze einer« Einzelwissenschaft »hinausreichen, braucht es eines besonderen Verfahrens, einer eigenen theoretischen Disziplin, die Ausdrücke und Formeln findet, welche die Gesetze jener zwei Wissenschaften übergreifen, sie zum Beispiel als spezielle Fälle eines allgemeinen Satzes ableiten lassen. ... Die an sich untereinander unvergleichbaren Gesetze der Wissenschaften werden vergleichbar, wenn sie und soweit sie sich mathematisch formulieren lassen.« (Bernfeld, 1937, S. 205)

hören, ob und inwieweit dabei die Freudsche Psychoanalyse eine experimentelle Bestätigung oder eine theoretische Grundlegung erfährt . . .«[15] Freilich schien es wohl wünschenswert, solche Bestätigung dem geschichtlichen Zweifel, »ob denn Psychoanalyse eine Wissenschaft sei« entgegenhalten zu können. Doch kündet ein solches Unternehmen weniger von einem »Selbstmißverständnis« als vielmehr davon, wie bereitwillig die Psychoanalyse unter der Repression neukantianischer Wissenschaftsparadigmen (etwa des »Wiener Kreises«)[16] daran ging, ihren Gegenstand, das Unbewußte, aufzugeben.[17]

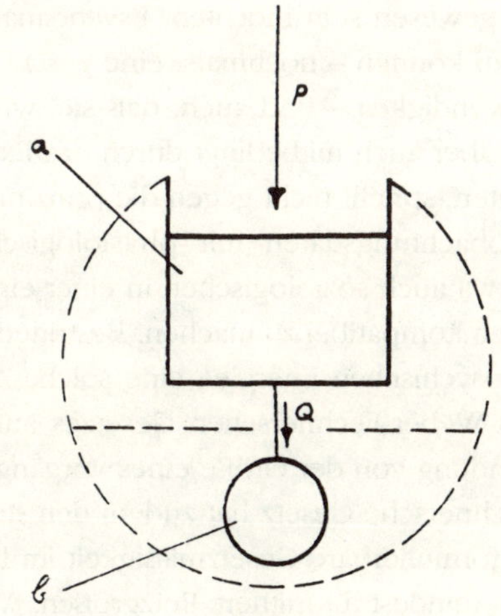

Fig. 1

15 Siegfried Bernfeld: Vortrag über die Messbarkeit von psychischer Energie und der Libido. Siegfried Bernfeld Archiv, Library of Congress, Washington D.C., (1934), S. 1. 1930 sieht Bernfeld in seinen Experimenten »Vorversuche« deren Ziel es sei »zu entscheiden, ob der gegenwärtige Bestand an psychoanalytischen Kenntnissen, an Physik und Physiologie konkrete Bemühungen zum Aufbau einer praktischen Libidometrie als lohnend erscheinen lassen.« (Brief von Siegfried Bernfeld an einen Stipendienfonds der Berliner Psychoanalytischen Gesellschaft vom Oktober 1930. Siegfried Bernfeld Archiv. Library of Congress. Washington D.C.)

16 Die Kontakte zum »Wiener Kreis« bestanden nicht nur theoretisch, sondern lassen sich auch biographisch nachweisen. So schreibt Bernfeld in einem Brief an Elisabeth Neumann vom 12. Oktober 1932: »Montags habe ich 8-3 Uhr (nachts) überaus wichtige Gespräche mit den Leuten vom Schlick-Kreis gehabt, die Physiker und Mathematiker, die dabei waren, sehr von der Libidometrie überzeugt.« (S. 208 in diesem Band) Auch ein Vortrag, den Bernfeld am 9. Februar 1934 im Neurologischen Institut in Wien für den Verein Ernst Mach und den Verein für angewandte Psychopathologie und Psychologie unter dem Titel »Die Person als meßbares System« hält, belegt dies, sowie auch der Kontakt zu Franz Urbach, der im Wiener Radiuminstitut angestellt war und Bernfeld bei Versuchen zur Bestimmung der Druckempfindung behilflich war.

Diese Wissenschaftsparadigmen geben den geschichtlichen Rahmen der Libidometrie. Sprach Bernfeld 1931 noch von einer »neuen Situation . . . in der es gilt, die Beziehungen zwischen der 'neuen' Physik und der neuen Psychologie[18] zu finden« (Bernfeld, 1931h, S. 180), hat er zehn Jahre später keine Mühe mehr, souverän die Originalität psychoanalytischer Beobachtung zu formulieren. Bernfeld retrospektiv: »Bis vor wenigen Jahren galt eine Theorie als wissenschaftlich, sofern sie ihr Objekt im Hinblick auf Atome, Zellen und Hirnpartien, zwischen denen physische Kräfte ihr Wesen treiben, konzeptualisierte. Dies Kriterium ist inzwischen außer Kurs gesetzt.« (Bernfeld, 1978, S. 355) Daß Bernfeld und Feitelberg nicht frei von der Sehnsucht gewesen sein mochten, Psychoanalyse auch als »hard science« betreiben zu können – nochmals: eine geschichtliche, nicht aber eine sachliche Notwendigkeit – und auch, daß sie, wissenschaftlich konsolidierter, mindest aber auch mitbedingt durch das Exil das Projekt nicht mehr weiter verfolgten, spricht nicht gegen die prinzipielle Intention, psychoanalytische Beobachtungsdaten mit physiologischen, physikalisch-chemischen oder etwa auch soziologischen in einer einheitlichen Wissenschaft vom Menschen kompatibel zu machen. Bestritten wurde die Annahme einer eigenen »psychischen Energie«; eine solche Annahme wurde in der Diskussion des Weber-Fechnerschen Gesetzes aufgrund der Abhängigkeit einer Empfindung von der Größe eines vorgängigen Reizes geäussert. Das Weber-Fechnersche Gesetz hat zudem den strategischen Vorteil, eine mathematisch formulierbare Gesetzmäßigkeit im Bereich des Psychischen darzustellen – mindest für mittlere Reizgrößen. Was liegt einer theoretischen Psychologie[19] also näher als zu zeigen, daß das Weber-Fechnersche Gesetz dem Energieerhaltungssatz nicht widerspricht. Allgemein muß angenommen werden, daß die psychische Energie entweder von außen (Reiz) zugeführt oder interzellulär produziert wird:

E PSYCHISCH = E REIZ + E CELLULÄR.[20]

17 Dahmer und Heinz, 1978, S. 127-167.

18 Bernfeld, 1934b, S. 54. Dort erwähnt Bernfeld die anzustrebende Verbindung der Libidometrie zu den physischen Gestalten Köhlers und den psychischen Gestalten Wertheimers. Verbindungen gibt es auch zu Kurt Lewin und William Stern.

19 »Die Diskussion der Befunde und Annahmen der psychischen Forschung unter dem Axiom, daß alles Psychische nur ein Teil des Naturgeschehens sei, verdient vielleicht als theoretische Psychologie abgegrenzt und gepflegt zu werden.« (Bernfeld, 1925, S. 102)

20 Bernfeld und Feitelberg, 1930d, S. 22ff.

Bei Wahrnehmungsvorgängen kann man (normalerweise) von zellulär produzierter Energie absehen; wir haben also »psychische Energie« gleich Reizenergie. Energie ist Arbeit, Kraft mal Weg. In einer 1929 gestarteten Versuchsreihe entwickelten Bernfeld und Feitelberg eine Reihe von Versuchsanordnungen, mit denen sie diese Überlegungen auf den Tastsinn applizierten.[21]

> »Die Reizarbeit bei einer Drucksinnleistung wäre die mechanische Arbeit, die an dem Hautgewebe geleistet wird. Den Weg setzen wir als Eindringungstiefe in Rechnung. . . . Daß als Kraft das Gewicht einzusetzen sei, mit dem die Hautstelle belastet wird, scheint selbstverständlich.« (Bernfeld und Feitelberg, 1932e, S. 246f)

Gekoppelt mit klassischen Wahrnehmungsversuchen – dem Feststellen des Minimalreizes, der noch bewußt wahrnehmbar ist und der Unterschiedsschwellen, d.h. welche Erhöhung des Reizes im Verhältnis zu einem vorgängigen Reiz noch wahrnehmbar ist – ergibt sich als Ergebnis:

> »Die Reizschwelle und die Unterschiedsschwelle sind im Energiemaß gleich. Somit läßt sich im Energiemaß die Reizschwelle als Spezialfall der Unterschiedsschwelle für das Vergleichsgewicht Null ableiten; dasselbe Gesetz bestimmt das Verhalten beider Schwellen.« (Bernfeld und Feitelberg, 1934c, S. 227f) »Die Konstanz der Schwellenarbeit ist also das umfassendere Gesetz, aus dem sich das Webersche als Aussage über einen Kraftfaktor der Reizarbeit ergibt.« (Bernfeld und Feitelberg, 1934c, S. 231)

Mathematisch läßt sich das Verhältnis von Eindringungstiefe und Kraft als direkt proportionales bestimmen, das aber nicht direkt verläuft, sondern in Form einer hyperbolischen Annäherung bis zu einem Maximalwert (Zerstörung des Gewebes bzw. Schmerzgrenze). Nun gilt es, die solcherart explizierten Ergebnisse, dem folgend, »was man seit Wundt die physiologische Deutung des Weberschen Gesetzes nennt« (Bernfeld und Feitelberg, 1934c, S. 231), auf die zelluläre Struktur des Nervensystems anzuwenden. Dazu wird eine »einfache Maschine« konstruiert, ein »Systemdual« von Kugel und Zylinder, in dem analoge energetische Verhältnisse zu finden sind:

21 Diese Versuche wurden später unter der Mithilfe von Walter Marseille weitergeführt; sie stellten sich die weitere Differenzierung der Ergebnisse (insbesondere bei niedrigen Gewichten und kleinen Druckpunkten) als auch zur Berechnung anderer Faktoren (Einfluß des Luftdrucks, Membranspannung der Haut etc.).

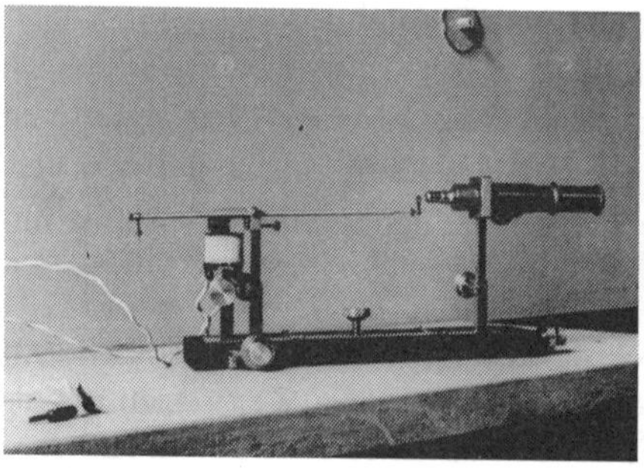 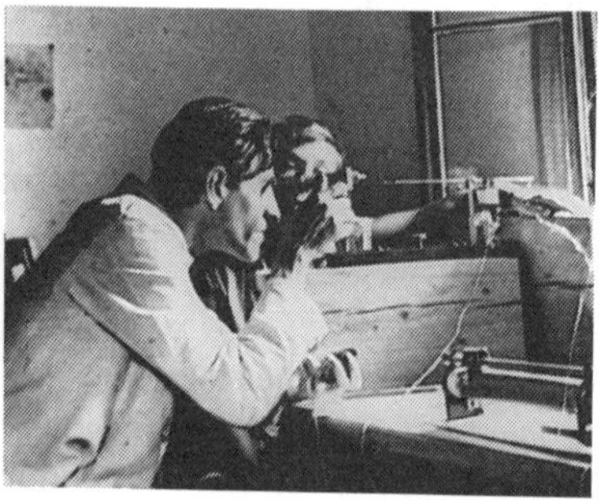

Libidomeßgerät – nach dem Prinzip des Tangometers – zur Bestimmung der Eindringungstiefe eines Gewichts in die Hautoberfläche. – Ein libidometrischer Versuch; Siegfried Bernfeld und Elisabeth Neumann.

»Ein gußeisener Waagebalken ruht . . . auf einem Träger, der auf einer schweren Gußeisenplatte . . . montiert ist, die durch Schrauben auf dem Tisch horizontal gestellt werden kann. (In einem gewissen Abstand) von der Schneide befindet sich eine Öffnung, in der die Pelotten befestigt werden können. Die Belastungen geschehen mit Hilfe eines Elektromagneten . . ., der einen Eisenkern anzieht. Dieser Eisenkern ist fest mit dem Waagebalken verbunden . . . Am anderen Ende des Waagebalkens befindet sich eine Vorrichtung zur Messung seiner Verschiebungen . . ., die im Prinzip die gleiche ist, wie beim Tangometer. Jedoch ist die Achse des Zeigers, die durch einen Seidenfaden, der am Balken befestigt ist, bewegt wird, mit einer Schraubenrinne ausgestattet, so daß der Faden mehrmals um sie geschlungen werden kann, ohne sich zu überkreuzen ... Für die Bestimmung der kleinen Verschiebungen durch den Zusatzreiz haben wir ein Mikroskop verwendet. (Dort) ist ein Fadenkreuz, auf Glas geritzt, befestigt, das durch ein Mikroskop G mit einer Okularmikrometerleitung beobachtet wird. Die Belastungen werden durch eine Widerstandsschaltung vorgenommen . . . Als Stromquelle dient ein Akkumulator . . . Bei der Ausführung der Versuche wurde in folgender Weise verfahren: Die Gipsform, in der die Hand der Vp. ruhte, war auf einem Tischchen so befestigt, daß die gewünschte Hautstelle unter der Pelotte des Apparates zu liegen kam. Wenn die Pelotte die Hautstelle berührte, was durch eine geringe Überbelastung des Waagebalkens mittels der Justierschraube S zur Gleichgewichtseinstellung bewirkt wurde, wurde die Nullstellung des Waagebalkens abgelesen. . . . Nun wurde ein Widerstand eingeschaltet . . . Der Vl. drückte (einen Schalter) und las auf der Skala . . . die Eindringungstiefe ab.« (Bernfeld und Feitelberg, 1932e, S. 228f.) Die Kosten von 1.500,- Mark für diese Versuche, als 6-10monatige Experimentenserie veranschlagt, trug Bernfeld zum größten Teil selbst. Die Geräte lieferte die Mechanische Werkstatt E. Himer in Charlottenburg. (Brief von Siegfried Bernfeld an einen Stipendienfonds des Berliner Psychoanalytischen Instituts vom Oktober 1930. Siegfried Bernfeld Archiv. Library of Congress, Washington D.C.).

»Der Zylinder a (Fig. 1), von einem beweglichen Kolben abgeschlossen, ist mit idealem Gas gefüllt. Die Metallkugel b, durch eine Wärmeleitung mit dem Zylinder verbunden, hat eine niedrigere Temperatur als der Zylinder, dessen Temperatur konstant gehalten wird, indem bei jeder Temperaturerhöhung des Zylinders eine entsprechende Wärmemenge Q in die Kugel geleitet wird ... Wirkt nun der Druck p auf den Zylinder, der größer als der Gegendruck des Gases ist, so senkt sich der Kolben; diese Arbeitsleistung hätte eine bestimmte Temperaturerhöhung des Gases zur Folge, zu deren Ausgleichung das entsprechende Wärmequantum dQ an die Kugel abgegeben wird und dementsprechend deren Temperatur erhöht.« (Bernfeld und Feitelberg, 1930d, S. 29)

Die Verhältnisse von Kugel und Zylinder werden mit intrazellulären – Zellkern und Zellplasma – und auch mit interzellulären Verhältnissen – Nervensystem und übrige Zellen – parallelisiert.[22] Dies sei nun mehr bloße Analogie, da das oben beschriebene thermodynamische Modell angenähert auch bei osmotischen Drücken mit semipermeabler Wand, einer tatsächlichen Zellfunktion, gilt.

Um die Sinnhaftigkeit eines solchen Vergleichs zu gewährleisten, wird es notwendig, die Einheit des Gegenstandes der Psychologie nicht aus dem Auge zu verlieren, die Beziehung des »Systems Person« – ein Begriff, den Bernfeld in Anlehnung an die »Personwissenschaft« William Sterns einführt[23] – zu den zellulären Vorgängen abzuklären. Dazu wieder ein Vergleich: »Denken wir etwa an ein Fußballteam. Wollten wir uns etwa nach der Energie dieses Kollektivs ... erkundigen, so würden wir gewiß nicht auf den Gedanken kommen, eine eigene Team-Energie einzuführen, wir könnten aber andererseits auch nicht ... einfach die körperlichen und psychischen Energien der Spieler addieren.«[24] Auch

22 »Der Zentralapparat des Systems, der morphologisch und funktionell ungefähr dem Zentralnervensystem entspricht, steht als Regulator den integrierten Zellensystemen gegenüber, wie der Kern dem Plasma, wie die Kugel b dem Zylinder a unseres Modells.« (Bernfeld und Feitelberg, 1930d, S. 33).

23 »Daß der Psychologe nicht vor einem 'Bündel von Vorstellungen', nicht vor einem 'Aggregat' von 'Empfindungen und Reaktionen' steht, nicht vor einem 'Mosaik von Empfindungselementen', sondern daß er mit 'ganzheitlichen' Phänomenen oder doch mit Reaktionen der 'Einheit Person' zu tun hat, dürfte heute niemand mehr leugnen, wenngleich die Psychologien darin sehr unterschieden sind, wie weit dieses Anerkenntnis bloß Zugeständnis ist, und wie weit es Forschung und Denken konkret beeinflußt.« (Bernfeld, 1931h, S. 180)

24 Siegfried Bernfeld: Vortrag über die Messbarkeit von psychischer Energie und der Libido. Siegfried Bernfeld Archiv, Library of Congress, Washington D.C., (1934), S. 10.

»hätte es gar keinen Zweck, lediglich die vom Spielball und etwa auch noch von den springenden, stoßenden Körpern geleistete Arbeit einzusetzen und zu summieren. Diese Rechnung würde uns bestimmt über all das nicht Auskunft geben, was wir vom Kollektiv wissen wollen ... Sondern wir werden etwa sagen: Aus den Energiereservoiren, welche durch die zweiundzwanzig Spieler dargestellt werden, wird ein Anteil kollektiviert. Diese kollektivierte Energie wird durch bestimmte Bedingungen des Kollektivs zu Leistungen gewisser Form verwendet. Diese Bedingungen sind ihrerseits entweder physikalische Eigenschaften der verwendeten Mittel, Elastizität des Fußballs z.B., oder historisch gewordene Strukturen, die Spielregeln z.B. ...«[25] »Die Regeln sowohl wie die Eigenschaften der materiellen Mittel, so unvergleichlich verschieden sie sind, sind doch gegenüber den kollektivierten Energien eine Einheit, die man wohl unmißverständlich Apparat des Kollektivs nennen kann. Solch ein Kollektiv ließe sich demnach als ein recht kompliziertes physikalisches System betrachten, das aus einer größeren Anzahl ihm eingeordneter Systeme, der Spieler, besteht. Ich nenne solche Systeme niedrigerer Ordnung integrierte Systeme. Die integrierten Systeme werden nun durch einen Apparat des übergeordneten Systems, des Kollektivs, bestimmt. Die Leistung des Kollektivs wird durch die kollektivierte Energie der integrierten Systeme vollbracht.«[26]

Diese Betrachtungsweise

»bringt den Gedanken, die Person als solch ein kompliziertes System anzusehen, sozusagen als ein Kollektiv von Zellen. Wir hätten die Zellen als Energiereservoire mit ihrem eigenen Leben, sogar mit einem Privatleben wie das der Spieler, die aber einen Teil ihrer Energie 'personieren', dem Kollektiv von Zellen = Person zur Verfügung zu stellen. Wir haben ferner einen Apparat, der die in der Person integrierten Zellen zusammenhält und ihre kollektiven Leistungen bestimmt. Dieser Apparat besteht mindestens aus dem Zentralnervensystem. Danach käme es gar nicht darauf an, eine eigene psychische Energie zu suchen, sondern den personierten Anteil der Zellenenergie zu bestimmen.«[27]

Deutlich wird hier wiederum der Versuch, eine vereinheitlichende Positi-

25 Siegfried Bernfeld: Vortrag über die Messbarkeit von psychischer Energie und der Libido. Siegfried Bernfeld Archiv, Library of Congress, Washington D.C., (1934), S. 18.

26 Siegfried Bernfeld: Vortrag über die Messbarkeit von psychischer Energie und der Libido. Siegfried Bernfeld Archiv, Library of Congress, Washington D.C., (1934), S. 19.

27 Siegfried Bernfeld: Vortrag über die Messbarkeit von psychischer Energie und der Libido. Siegfried Bernfeld-Archiv, Library of Congress, Washington D.C., (1934), S. 19.

on, die unterschiedlichste Ergebnisse zu integrieren im Stande ist, einzunehmen, wobei die einzelnen Wissenschaften sich nur durch »verschiedene Höhen des Systems«[28] unterscheiden. Problematisch bleibt allerdings die Verwendung des Begriffs »System«. Unter System wird nämlich »ein materielles Gebilde verstanden, dessen Zustand durch eine Anzahl von Zustandsgrößen – Parameter genannt – eindeutig beschrieben ist.« (Bernfeld und Feitelberg, 1930d, S. 4) Es mag schon stimmen: »Auf die Person ist der Systembegriff der Physik selbstverständlich anwendbar; der Ausdruck Person sagt ja nichts anderes, als daß ihr gesamtes Verhalten systembestimmt ist.« (Bernfeld und Feitelberg, 1930d, S. 4f) Nur dann wäre zu fragen, welches genau die Parameter sind, die das System Person bestimmen und wie deren Abhängigkeitsverhältnisse zu ermitteln wären; solche Fragen bleiben allerdings aus.

Das an der Thermodynamik orientierte Maschinenmodell von »Zentralapparat« und »integrierten Zellen« legt nahe, Energiedifferenzen über Temperaturdifferenzen zwischen diesen beiden Systemteilen zu bestimmen. Gestützt auf entsprechende Literatur[29] und eigene Versuche[30] wird nun die schwankende Temperaturdifferenz zwischen Gehirn und Körper (Anus oder Hauptschlagader) energetisch gedeutet.[31] Für die Bevorzugung der

28 Siegfried Bernfeld: Psychoanalyse und Soziologie. Vortrag vom 23. 10. 1931. Siegfried Bernfeld Archiv, Library of Congress, Washington D.C., S. 5.

29 Mosso, 1894, Berger, 1910 und Winterstein, 1929.

30 Diese wurden in der Hauptsache von Sergei Feitelberg und Hans Lampl am Pharmakologischen Institut in Wien durchgeführt. Ihre Ergebnisse publizierten sie in zwei Aufsätzen im Naunyn-Schmiedeberg Archiv für experimentelle Pathologie und Pharmakologie, Berlin 1935, Bd. 177, 5./6. Heft, S. 600-613 und S. 726-736.

31 Feitelberg und Lampl beschreiben einen ihrer Versuche zur Temperaturdifferenzbestimmung an Katzen folgendermaßen: »Es muß möglich sein, die Temperaturdifferenz zwischen dem Gehirn und dem zuströmenden Blut fortlaufend zu messen und zu registrieren, ohne daß das Vesuchstier durch die Thermometer, Operationswunden und Behelfe, wie Narkose usw., nachhaltig gestört und seine Organtätigkeit damit pathologisch verändert wäre. . . . Wir haben Thermometer benutzt (thermoelektische Meßmethode; Anm. d. Verf.). Die eine Lötstelle wurde in die Carotis vor der Abzweigung der C. interna eingebunden; die andere an eine bestimmte Stelle der Großhirnrinde gebracht. Die Abzweigung des Stromkreises ging zu einem kleinen Steckkontakt, der an der Kopfhaut des Tieres (wir haben an Katzen gearbeitet) angenäht wurde. Die ganze Leitung befand sich unter der Haut, nur das Kabel zur Steckdose durchbrach die Naht. 1-2 Tage nach der Operation, wenn sich das Tier von der Operation erholt hatte, wurde an die Steckdose ein dünnes Kabel angeschlossen, das zu einer Meßordnung (inklusive eines Kymogramms; Anm. d. Verf.) führte, an der die Temperaturdifferenz unmittelbar abgelesen werden konnte (bei verschiedenen Zuständen des Tieres; Anm. d. Verf.).« (Feitelberg und Lampl, 1935, S. 602f)

Wärme spricht auch die Tatsache, daß die Oxydationsprozesse im Nervensystem eine besondere Rolle einnehmen.[32]

»Die vorhandenen Untersuchungen (von Hans Berger; Anm. d. Verf.) gehen darauf aus, die Gehirntemperatur mit der Temperatur der anderen Körperorgane zu vergleichen und die Änderungen der Gehirntemperatur in bestimmten Zuständen (Wachen, Schlaf, Narkose) und unter der Wirkung verschiedenartigster Reize zu beobachten. Im allgemeinen ist nach den vorliegenden Experimenten die Temperatur des Gehirns niedriger als die der verglichenen Organe.« (Bernfeld und Feitelberg, 1930d, S. 67)

Ergebnis:

»Die Temperaturdifferenz zwischen Zentralapparat und übrigem Körper steigt im Ruhezustand des Systems Person und sinkt bei dessen Arbeitsleistungen. Die Temperaturdifferenz benimmt sich genau so, wie sich die freie Energie des Systems Person benehmen müßte. Die freie Energie als Maß der Arbeitsfähigkeit des Systems Person muß bei Arbeitsleistungen sich verringern und im Ruhezustand anwachsen.« (Bernfeld und Feitelberg, 1930d, S. 69)

Die Ergebnisse dieser Untersuchung werden auf den Begriff der Entropie, der Logik der Verwendung von thermodynamischen Modellen folgend, angewandt – wohl der umstrittenste Teil der Libidometrie –, wobei insbesondere das Freudsche »Lustprinzip« eine originelle energetische Deutung erfährt. Sinkt bei Arbeitsleistungen die Energiedifferenz zwischen Nervensystem und Körperzellen, so geschieht dies gemäß dem Gesetz der Entropie, das besagt, daß der Ausgleich von Energiedifferenzen der »Zustand der größeren Wahrscheinlichkeit« (Boltzmann) ist. Anders beim Schlaf: »Unser Befund besagt, daß im Ruhezustand (Schlaf) das Potential der Person wächst. Die Ruhe ist demnach keine Entropievermehrung, sondern im Gegenteil steigen die Intensitätsdifferenzen nicht unbeträchtlich.« (Bernfeld und Feitelberg, 1930d, S. 88)[33] Der Schlaf wäre also ein negentropischer Zustand, der Traum freilich, als Negentropie innerhalb des Schlafs,

32 Die gälte auch dann, wenn man berücksichtigt, daß die entscheidende Energieform im Gehirn elektrisch ist, denn auch dafür wäre die Temperatur ein »brauchbarer Indikator«. (Bernfeld und Feitelberg, 1934c, S. 226)

33 Im Schlaf herrscht rege Zellaktivität bei nur gering vorhandener Tätigkeit des Nervensystems; beim Erwachen wird das Zentralnervensystem stärker aktiviert, das Energiereservoir, das von den regenerierten Zellen nunmehr aufgefüllt zur Verfügung steht, »personierbar«.

der Entropie gemäß.[34] Wenn nun der Zustand der Arbeitsleistung einen Ausgleich der Intensitätsdifferenzen darstellt, löst sich ein Problem der Theorie des Lustprinzips:

> »Die Intensitätsdifferenz, also das Potential der Person, muß die Tendenz aufweisen, möglichst niedrig zu sein ('Konstanzprinzip' Fechners, 'Lustprinzip' Freuds; Anm. d. Verf.). . . . Diese Fechner-Freudsche Theorie trägt . . . eine große Schwierigkeit in sich. Nach ihr müßte nämlich alle Wahrnehmung als Energiezufuhr unlustvoll sein. An unserem Modell verliert diese Theorie ihre Paradoxie. Denn Wahrnehmung ist zwar eine Energiezufuhr, aber eine, die das Potential der Person herabsetzt, das ja eine Differenz ist, die kleiner wird, wenn einer ihrer Posten wächst. Man kann sogar sagen, unter bestimmten Bedingungen muß diese Maschine bei einer bestimmten Höhe ihres Potentials geradezu Reizhunger entwickeln. Wenn sie sich daraufhin den Objekten zuwendet, Energie von ihnen erhält, so verringert sich ihr Potential, welches sie Fechner und Freud zuliebe als lustvoll empfindet.«[35]

Scheint die Beschreibung einer Pulsation zwischen Entropie und Negentropie in Bezug auf das, was Freud unter dem Begriff des »Wiederholungszwangs«[36] einführt, diskutabel, so bleibt doch der Versuch, den Todestrieb als Spezialfall des Entropiegesetzes nachzuweisen dürftig. Denn selbst wenn dies energetisch nicht falsch sein mag – das »Leben besteht . . . im Verbrauch von Energieintensitäten zum Aufbau von Substanz, aus der keine Arbeit mehr gewonnen werden kann, die teils auf dem Körper ausgeschieden, teils in ihm, als Zellkernstruktur, als Apparatstruktur, niedergeschlagen wird« (Bernfeld und Feitelberg, 1930d, S. 87); in einem Kadaver freilich können sich keine Intensitätsdifferenzen mehr aufbauen, es kommt zu einem allgemeinen Energieausgleich unter den Zellen – so hält sich der Erkenntniswert einer solchen Aussage in Grenzen, nicht nur, weil er am zentralen, psychologisch interessanten Gehalt des Todestriebes als dem Spiel der diversen Sadismusformen, vorbeigeht. Bernfeld und Feitelberg unterliegen hier wohl dem Mißverständnis, eine behauptete Teleologie biologischer Prozesse für die Erklärung derselben zu halten. Ähnliches läßt sich auch von dem Versuch sagen, das Prinzip von Le Chatelier, das

34 »Der Traum ist eine teilweise Wiedereinschaltung des Systems Person mit der Funktion, den Schlaf zu hüten« (Bernfeld und Feitelberg, 1930d, S. 88).

35 Siegfried Bernfeld: Vortrag über die Messbarkeit von psychischer Energie und der Libido. Siegfried Bernfeld Archiv, Library of Congress, Washington D.C., (1934), S. 22.

36 Freud, 1920.

als allgemeines Systemverhalten ebenso einen Spezialfall des Entropiesatzes darstellt, als ebenso für das System Person mehr oder minder relevant darzustellen.[37]

Die Begeisterung der Rezipienten hielt sich, ebenso wie die Quantität der Rezensionen, in Grenzen. Balints und Csillags Einwände sind freundlicher, als sie klingen[38], stellen sie das Projekt insgesamt als notwendig dar, kritisieren aber – nicht zu unrecht – die mangelnde Differenziertheit der vorliegenden Ergebnisse. Unverständig zeigt sich Reginald Kapp (1931), polemisch Penrose (1931); beide Arbeiten richten sich gegen die Thesen von Bernfeld und Feitelberg über den Todestrieb, bleiben aber selbst nicht minder problematisch. Notiz davon nehmen auch die Arbeiten von Hermann (1934) und Brun (1953). Erwähnenswert ist auch ein kurzer Text von Paul Kecskeméti[39], in dem er phänomenologisch-erkenntnistheoretisch argumentierend Problemstellungen einer naturwissenschaftlichen Psychologie allgemein verhandelt.

Einen zwar andersartigen, aber durchaus parallelen Versuch eines Psychoanalytikers, psychologisches und physiologisch-physikalisches Material auf mathematischer Basis miteinander zu verknüpfen, stellen einige Arbeiten von Franz Alexander dar[40], der in seiner »Vektortheorie« drei Triebrichtungen (»directions of impulses«), eine gegen das Individuum gerichtete (Aufnahme, Inkorporation), eine, die vom Individuum hinausweist (Ausscheidung, Destruktion) und eine retentive (Zurückhaltung) unterscheidet und diese weiter differenziert (aggressiv, neutral oder passiv).[41]

37 »Das allgemeine Systemverhalten, das unter dem Namen des Le Chatelierschen Prinzips bekannt ist und das besagt, jedes System setze den Einflüssen der Außenwelt Widerstand entgegen, tendiere also auf 'Selbsterhaltung', ist eine spezielle Formulierung des umfassenderen Entropiesatzes. Es gilt für Systeme im stabilen Gleichgewicht. Das System Person kann sich nicht einfach im Sinne des Prinzips von Le Chatelier verhalten, weil es nur in besonderen Grenzzuständen ein stabiles Gleichgewicht . . . besitzt.« (Bernfeld und Feitelberg, 1930d, S. 98) Man vergleiche dazu auch: Das Prinzip von Le Chatelier und der Selbsterhaltungstrieb in: Bernfeld und Feitelberg, 1930d, S. 4-12, wo die allgemeine Differenzialität zwischen »Widerstand« und »Anpassung« als auch auf das Verhalten des Systems Person anwendbare Kategorien anwendbar gesetzt wird. Auch in diesem Text ist das Anliegen zentral, das System Person als nicht mit den sonstigen Naturgesetzlichkeiten in Widerspruch stehend zu behaupten.

38 Vgl. dazu Absatz 3 in diesem Text.

39 Paul Kecskeméti: Die Einheit des Naturgeschehens und die Psychologie. Siegfried Bernfeld Archiv, Library of Congress, Washington D.C.

40 Alexander, 1935 und 1935a sowie die relativ ausführliche Darstellung dieser Theorie in Bernfeld 1937, S. 224-234.

41 Brief von Franz Alexander an Siegfried Bernfeld vom 24. Juni 1937. Mit einem Abriss der

Die Rezeptionsgeschichte zeigt aber nicht nur Desinteresse oder innerwissenschaftliche Kritik; so verweist die Korrespondenz mit Wilhelm Wirth[42], einem dem Projekt der Libidometrie durchaus wohlgesonnenen Professor für »Philosophie, insbesondere Psychophysik«, auf den zeitgeschichtlichen Hintergrund des Machtwechsels in Deutschland und gibt zugleich einen Eindruck in die Lage intellektuellen Schaffens unter dem Hitler-Regime. Ausführlich dargestellt sei sie als eine der spärlichen direkten Aussagen Bernfelds zum Thema Nationalsozialismus.

1931, ein Jahr vor der Drucklegung von »Deformation, Unterschiedsschwelle und Reizbarkeit bei Druckreizen« in Wirths Zeitschrift, herrscht noch inhaltliche Auseinandersetzung[43] neben der Anerkennung der wissenschaftlichen Arbeit des anderen:

> »Sehr verehrter Herr Professor Wirth, für den neuerlichen Beweis Ihres großen Interesses an unserer Arbeit danke ich Ihnen herzlich. Ich bin überaus froh, daß Sie in liebenswürdigster Weise sich mit der korrektesten Fassung soviel Mühe machen . . . mit Dank bin ich Ihr sehr ergebener (S.B.).«[44]

1934, als Bernfeld eine Fortführung der Arbeit in Aussicht stellt, bekommt er die politischen Veränderungen schriftlich:

> »Sehr verehrter Herr Professor Wirth, Sie hatten seinerzeit die große Liebenswürdigkeit, sich für meine drucksinnespsychologischen Arbeiten zu interessieren . . . Ich zweifle nicht, daß Sie dieses Ergebnis mit mir für interessant genug halten . . . Aber meine Vorstellung über das, was die Gleichschaltung praktisch für Ihre Zeitschrift bedeutet, ist unklar. Da sowohl ich wie Herr Feitelberg den rassischen Ansprüchen nicht genügen, möchte ich Ihnen und mir die Peinlichkeit einer Ableh-

Vektortheorie von Leon Saul, den Assistenten Alexanders am Institut für Psychoanalyse in Chicago. Siegfried Bernfeld Archiv, Library of Congress, Washington D.C.

42 Wilhelm Wirth (geb. 26. 7. 1876 in Wunsiedel im Fichtelgebirge; gest. 13. 7. 1952 in Amberg) war (seit 1900) am Institut für experimentelle Psychologie in Leipzig tätig, später Mitdirektor des Instituts und Direktor des »Psychophysichen Seminars«; Herausgeber des »Archivs für die gesamte Psychologie«, Autor einer allgemeinen Psychophysik (Wirth 1912).

43 Vergleiche dazu auch die Briefe Sergei Feitelbergs an Siegfried Bernfeld vom 17., 24. und 28. Juli 1931, in denen die Korrekturvorschläge Wirths diskutiert werden. Siegfried Bernfeld Archiv, Library of Congress, Washington D.C.

44 Brief von Siegfried Bernfeld an Wilhelm Wirth vom 21. Juli 1931, Siegfried Bernfeld Archiv, Library of Congress, Washington D.C.

> nung ersparen und bitte Sie, mir noch ehe ich unsere Arbeit der Redaktion des Archivs offiziell anbiete, private Nachricht zukommen zu lassen, ob die Mitarbeit ausländischer jüdischer Autoren an Ihrem Archiv erwünscht ist. . . . Mit ergebenen Grüßen und vorzüglicher Hochachtung Ihr (S.B.).«[45]

Die persönliche Antwort Wirths gab Bernfeld prompt und nicht minder persönlich, aber mit unmißverständlicher Klarheit und Schärfe zurück:

> »Sehr verehrter Herr Professor Wirth, meinen besten Dank für Ihre Mitteilung. Leider muß ich danach darauf verzichten, Ihrem Archiv für die gesamte Psychologie die Fortsetzung meiner Untersuchungen zu Psychophysik anzubieten. Ich müßte, wie Sie schreiben, 'öffentlich zu bekennen bereit sein', daß ich 'die üblem Machenschaften der Emigranten' ablehne, bzw. 'diese Glaubensgenossen' ablehne. Ich habe es mir vor vielen Jahren zum Gebot gemacht als Wissenschaftler nichts anderes öffentlich zu bekennen als die Ergebnisse meiner Forschungsarbeit. Ich sehe für mich keine Möglichkeit von diesem seither streng eingehaltenen selbstauferlegten Gebot eine Ausnahme zu machen. – Auch Ihrem Wunsch, die Arbeit allein zu zeichnen, könnte ich nicht nachkommen. . . . Zu Ihrer persönlichen Information teile ich Ihnen gerne mit, daß weder ich noch Herr Feitelberg Emigranten sind. Ich bin im Juli 1932 aus beruflichen Gründen für einige Zeit nach Wien gegangen. . . . Ich habe so wenig Beziehung zu den 'Emigranten', daß ich nicht einmal weiß, was Sie unter jenen üblen Machenschaften verstehen mögen. Ich hoffe sehr, wenn sich die Bedingungen für die Mitarbeit an Ihrer Zeitschrift geändert haben werden, von Ihnen Nachricht zu erhalten.«[46]

Rekapitulieren wir: das Projekt der Libidometrie situiert sich in einer Zeit, in der die herrschenden erkenntnistheoretischen Paradigmen die Naturwissenschaften als einzig gültiges Modell zur Erkenntnisproduktion ausgaben. Bernfeld und Feitelberg verschließen sich davor nicht; was sie aber tatsächlich entwickeln ist ein Modell, das – den engeren Rahmen von Psychoanalyse sprengend – die verschiedenen Einzelwissenschaften, Physik, Physiologie etc. kompatibel machen soll, ohne dabei Differenzen im jeweilig untersuchten Phänomenbereich unterschlagen zu wollen. Problematisch bleibt der Name des Projekts; wenn Libido den dynamischen Aus-

45 Brief von Siegfried Bernfeld an Wilhelm Wirth vom 12. Juli 1934, Siegfried Bernfeld Archiv, Library of Congress, Washington D.C.

46 Brief von Siegfried Bernfeld an Wilhelm Wirth vom 13. August 1934, Siegfried Bernfeld Archiv, Library of Congress, Washington D.C.

druck des Sexualtriebs im Seelenleben meint[47], so hat dies einen speziellen Sinn, auf dessen Ebene das Projekt der Libidometrie nicht gelangt. Problematisch blieben auch die Ergebnisse im einzelnen auf Grund ihrer mangelnden Differenziertheit. Richtig und sinnvoll allerdings bleibt der allgemeine Ansatz, der nicht zuletzt darin besteht, Psychologie vom Mythos, sie sei Wissenschaft vom ganz anderen, zu entzaubern. Richtig auch der Versuch, die energetischen Grundlagen der Psychoanalyse, insbesondere deren »ökonomischer Betrachtungsweise« genauer zu durchdenken und auf Basis der Energielehre der Physik zu diskutieren. Bernfeld, der sich, erstaunlich flexibel, bemüht, der Psychoanalyse Anschlußstellen an alle anderen Formen der Erkenntnisproduktion offen zu halten, zeigt hier großes Gespür dafür, wie die Aufgabe einer Wissenschaft vom Menschen im 20. Jahrhundert lauten kann.

47 »Der Sexualtrieb, dessen dynamische Äußerung im Seelenleben 'Libido' genannt sei . . .« (Freud, 1922, S. 220)

Sommer 1928. Die Damen von links nach rechts: Edith 'Mummi' Kramer, Elisabeth und Josepha (Pepa) Kramer

oben: Siegfried Bernfeld und Elisabeth Neumann, Sommer 1928. unten: vordere Reihe von l. nach r. Pepa Kramer, , 'Mädi' Olden, Siegfried Bernfeld; hintere Reihe von l. nach r.: Richard Kramer, Wilhelm Reich, Sergei Feitelberg, Elisaeth Neumann

von links nach rechts: Clara Happel und deren Schwester Liesl mit ihren beiden Kindern, Elisabeth Neumann-Bernfeld, Siegfried Bernfeld, Hanns Sachs. Sommer 1932. »Die Sommerferien (mit Gästen und Besuchern) wurden in den Jahren 1927-1932 meist am Grundlsee im Haus von Christine 'Mädi' Olden und (ab 1930) im Haus von Elisabeth Neumann-Bernfeld verbracht.«

Johannes Reichmayr

Rückkehr nach Wien (1932-1934)

Aus beruflichen Gründen, wie er selbst angab, kehrte Siegfried Bernfeld Anfang September 1932 von Berlin nach Wien zurück. Er hatte zunächst an keine Übersiedlung gedacht, sondern wollte drei Monate in Wien arbeiten, um, aller Voraussicht nach, anschließend wieder nach Berlin zurückzukehren. In diesem Zeitraum sollten sich auch die komplizierten persönlichen Verhältnisse zwischen ihm und seiner Frau Elisabeth Neumann-Bernfeld (die beiden hatten 1930 geheiratet) klären, die durch ihre Liaison mit dem gemeinsamen Freund Karl Frank entstanden waren. Die persönlichen Verunsicherungen und zunehmend die politischen Veränderungen führten dazu, daß sich Siegfried Bernfeld Ende 1932 entschloß, in Wien zu bleiben. Im darauffolgenden Jahr trennten sich Elisabeth Neumann und Siegfried Bernfeld. Sie blieben freundschaftlich verbunden, davon zeugen die über 110 Briefe aus den Jahren 1932 und 1933. Im Herbst 1933 kehrte auch Elisabeth Neumann von Berlin nach Wien zurück, die offizielle Scheidung fiel in diese Zeit und der rege Briefwechsel endete. Siegfried Bernfeld hatte Anfang 1933 mit Suzanne Aimée Cassirer-Paret eine Beziehung begonnen; sie kannten sich aus Berlin, Suzanne Cassirer kam im Spätherbst 1932 nach Wien, um bei Sigmund Freud ihre Analyse fortzusetzen, die sie 1934 beendete.[1]

Gewöhnlich wurde die Rückkehr Bernfelds nach Wien als Durchgangsstation auf seinem Weg ins Exil beschrieben und keiner genaueren Betrachtung unterzogen. In Wien gab es in dieser Zeit noch die anregende geistige Kultur, die sich im »Roten Wien« entfalten konnte und von der demokratischen Volksbildung, der Schulreform-Bewegung und der gesamten Sozial- und Kulturpolitik der Wiener Sozialisten mitgetragen wurde.

1 Sie hatte ihre Ausbildungsanalyse bei Hanns Sachs in Berlin, vor dessen Weggang nach Boston (1932), absolviert. Sachs empfahl ihr Bernfeld für Kontrollanalysen, die sie bei ihm begann und in Wien bei August Aichhorn und Anna Freud fortsetzte.

Zwischen vielen Zirkeln, Vereinen, wissenschaftlich-politischen Clubs, Arbeitsgemeinschaften und einer außerakademischen und akademischen Bildungskultur fand eine Vernetzung und ein Austausch statt. In dieses Wien, dessen Arbeiterkultur 1934 von den Austrofaschisten zerstört werden sollte, kehrte Siegfried Bernfeld zurück. Während der Trennung von seiner Frau und inmitten düsterer politischer Entwicklungen versuchte sich Bernfeld in dem dichten wissenschaftlichen und intellektuellen Milieu anzusiedeln, sich eine psychoanalytische Praxis aufzubauen, seine Vortragstätigkeit und die Libidometrieforschungen fortzusetzen und weiterführende Pläne zu schmieden.

Für die nachfolgenden Beschreibungen Bernfelds, in denen er Einblicke in sein Leben, seine wissenschaftlichen Interessen und seine Verbindungen im intellektuellen Milieu Wiens gab, wurde seine Korrespondenz mit Elisabeth Neumann in Berlin benutzt und mit Anmerkungen versehen. Das Hauptgewicht dieser Korrespondenz aus den Jahren 1932-34 lag auf der Ebene der persönlichen Auseinandersetzungen und Klärung ihrer Liebesbeziehung. Bernfeld schilderte in den Briefen auch regelmäßig seine Situation in Wien und diese Passagen wurden für die folgende Zusammenstellung ausgewählt.

> 8. September 1932
> Im Appartementhaus Wiedner Hauptstraße (900 Sch. monatl.!!) traf ich einen Amerikaner, der sich von mir analysieren wollte, als ich nach Berlin ging; da konnt ich ihn nicht übernehmen. Jetzt ist er wieder in Europa, noch immer nicht analysiert. Sagt, er besucht mich. – Stephansplatz 5 (Haus wo das Kerzen- und Herzengeschäft ist; katholisch von oben bis unten) treffe ich Herrn Duschinsky, der dort auch mieten wollte. Mit dieser Wirtin gab es folgenden Dialog: Ich: Wanzen? Sie: Aber, woher, was denken Sie von mir! Ich begütigend: sie könnten ja in dem alten Haus in den Wänden sein. Sie: A, gar ka Spur; die Mieter habens eingeschleppt! – U.s.w. in jedem Haus eine Sketchpointe und manchmal unbeschreiblich schöne Aussicht auf Kahlenberg oder Belvedere. ... Seife habe ich schon; auch Eintrittskarte in die Bibliothek – kostet in Wien gar nichts! (10 M. gespart). Und sonst wird man ja sehen; morgen sehe ich schon Jekels, Deutsch u.s.w.[2] – Von Wels bis Linz bin ich sehr gealtert. Die ununterbrochene Wohnungssuche heute hat mich wieder erfrischt; Wien ist eine hübsche Stadt – wenn man hier nichts zu

2 Helene Deutsch (1884-1982) war die Leiterin des Lehrinstituts der Wiener Psychoanalytischen Vereinigung (Deutsch 1975; Roazen 1989). Ludwig Jekels (1867-1954) war ein Pionier der Psychoanalyse in Polen und arbeitete nach dem Ersten Weltkrieg als Psychoanalytiker in Wien (Mühlleitner, 1992)

tun hat. Ich bin noch voll im Wohnungswahnsinn und muß jetzt noch schnell weggehen.

10. September 1932
Ich habe gestern wieder den ganzen Tag auf Wohnungen verwendet; bis ich dann abends mietete. – Mittag war ich mit Deutsch geschäftlich beisammen. ... Abends war ich bei Nunbergs. Margarete[3] sehr nett, schwanger, mutterstolz. ... Er hat Angst ich werde ihm hier alle guten Patienten wegfischen. Sie wollen hier bleiben; er ist von Amerika finanziell und überhaupt sehr enttäuscht. ... Ich sitze auf der – sehr schönen Bibliothek und warte auf Bücher, weil ich anfangen muß normal zu leben.

12. September 1932
Heute sind schon drei Stunden Analyse. Mit Frau Pareth wirds auch klappen. Heute mit Anna F. telephoniert. Die Besprechung mit ihr, Lehrinstitut, Vereinigung, u.s.w. werden wohl Ende der Woche die Situation überblicken lassen. Ich bin nicht pessimistisch, was den Plan angeht, in wenig Stunden genug Geld zu verdienen. Ich werde wie ich sehe wirklich nicht viel Geld brauchen. Ich freu mich auf Berlin. Wenn nur nicht die bösen politischen Nachrichten von heute grad Anfang Oktober eine Reise unmöglich machen.

13. September 1932
Karli[4] soll mir doch ein Wort über die Lage schreiben! ... Nachtmahlessen ist regelmäßig um 1/2 8 oder 8. In verschiedenen Restaurants (weil ich nicht eingeladen bin, was immer öfter ist). Ich mag aber nicht gern allein essen, darum lege ich mir halboffizielle Besprechungen zu dieser Zeit, so weit das geht. Wie ißt Du? Mittag allein? Sehr nauzig[5] ist die Englischstunde. Ein Frl. Felsner. Kostet 3 Schilling 30! Mit Geld gehts überhaupt, anscheinend. Da Frau Paret in diesen Tagen kommt, und Anfang Okt. meine Kurse beginnen, habe ich – selbst wenn Du nichts verdienst, und ich keinen neuen Pat. bekomme – bis Weihnachten keinerlei Angst.

14. September 1932
Mein Budget übersehe ich genau erst Ende der Woche, weil ich erst ab heute eine Tagesordnung habe: 9-1/2 11 Frühstück, Telephon, Englisch.

3 Margarete (Rie-)Nunberg war Schauspielerin und mit dem Wiener Psychoanalytiker Hermann Nunberg verheiratet. Ihre Schwester Marianne war Psychoanalytikerin und mit dem Wiener Psychoanalytiker und Kunsthistoriker Ernst Kris verheiratet. Ihr Vater Oskar Rie war ein Freund und Tarockpartner Sigmund Freuds.

4 Karl Frank.

5 »Nauzig« ist eine private Wortschöpfung und bedeutet »angenehm«.

1/2 11 bis 1/2 2 Analysen. 1/2 2 bis 3 Mittag. Dann frei, vorläufig noch mit viel Besprechungen. Ich war heute bei Anna F. Prof. hinreißend liebenswürdig; hat weder mit den Hunden noch über sie gesprochen, sondern sehr lieb mit mir. Scheint sogar, was ein großes Entgegenkommen für mich ist, die Sitzungen, bei ihm in der Wohnung, die seit mehr als einem halben Jahr nicht mehr stattfinden, wieder aufzunehmen. Ich habe erklärt, dann fiele eine Hauptattraktion von Wien für mich weg. Er meinte etwa, wenn ich da wäre, könnte man die Sitzungen gern wieder halten, weil ja dann ein Pfeiler da wäre. U.s.w. Ich habe den Eindruck, daß ich durch F. gut und bequem werde verdienen können. Aber ich will doch erst sehen was wird. Kursprogramm steht noch nicht fest, ist aber schon weit gediehen. Es ist aber fad darüber Provisorisches zu schreiben. – Willi Schlamm Redakteur der »Österreichischen- Weltbühne« zusammen mit Tucholsky; 1. Nummer erscheint demnächst. Sie wollen mich unbedingt drin haben.[6] . . . Ich geh jetzt zu den im Cafe Künstler versammelten Psychoanalytikern.

15. September 1932
Bei Freuds war es berauschend; nämlich er! Ich habe den boshaften Gorilla doch sehr gern. – So viel steht fest: als Wissenschaftler und Psychoanalytiker werde ich nichts verlieren, wenn ich dauernd in Wien bliebe.

19. September 1932
Seit zwei Tagen arbeite ich richtig: Thomasius.[7] Vielleicht wirds bis 1. Oktober fertig.

28. September 1932
Tete a tete mit Genia[8], die mir 1000 Geschichten von Bühler, Adler u.s.w. erzählte . . . Jetzt gehe ich zu Freuds und heute erste Sitzung der

6 *Die Wiener Weltbühne* war die österreichische Ausgabe der von Siegfried Jacobsohn begründeten und von Carl von Ossietzky unter Mitarbeit von Kurt Tucholsky geleiteten Wochenschrift *Die Weltbühne* (Bernfeld veröffentlichte darin zwei Aufsätze (1927i, 1927p). Die österreichische Ausgabe enthielt neben Artikeln, die aus der Hauptausgabe übernommen wurden, Beiträge, die sich mit Fragen der österreichischen Politik, Kunst und Wirtschaft beschäftigten. Das erste Heft erschien am 29. September 1932. 1933 wurde die Zeitschrift in Prag unter dem Namen *Die Neue Weltbühne* weitergeführt. Viele Aufsätze stammten von Willi Schlamm (1904-1978), einem österreichischen Kommunisten, der in der Emigration in den Vereinigten Staaten zum glühenden Antikommunisten wurde. *Die Wiener Weltbühne* enthält keine Beiträge von Siegfried Bernfeld.

7 Ein undatiertes Manuskript und Forschungsmaterial über Christian Thomasius befindet sich im Bernfeld-Archiv (Grubrich-Simitis, 1981, S. 27)

8 Eugenie Schwarzwald (1872-1940), Pädagogin und Sozialarbeiterin, begründete die berühmten »Schwarzwaldschen Schulanstalten« und erkämpfte 1910 in Wien die Errichtung eines

Vereinigung. ... Thomasius gibts auf der Nationalbibliothek überhaupt nicht! Ich muß ihn aus Berlin holen lassen. ... Gestern in der Telephonstunde habe ich z.B. drei Einladungen, zu Heller, Hartmann, Pappenheim wegen little Trip to Berlin abgelehnt.[9]

10. Oktober 1932
Gestern war ich in der Berggasse, Nachtmahl mit Professor, der trotz der kleinen Operation[10], die er Donnerstag wieder hatte, frisch und lieb, sogar gesprächig war. Mit Anna und teilweise mit ihm wurden verschiedene Arbeitspläne für Wien, die mich angehen besprochen; aber natürlich noch nichts Definitives. In Holland wird für ein Jahr ein Lehranalytiker gesucht; (so wie Sachs in Boston).[11] Freuds sagen, ich bin der einzige in Wien und Berlin, den sie empfehlen können. Ich habe aber sehr wenig Lust auf so was; immerhin sollen sie zunächst einmal die finanziellen Bedingungen erfragen; denn wenn sich in Wien nichts entwickelt, und ich bei Rückkehr nach Berlin dort auch keine gescheit bezahlten Stunden bekomme, so müßte ich ja wohl so ein Engagement annehmen. ... Bitte diese Sache ganz diskret zu behandeln; gerade Lampls sollen nichts davon erfahren, daß in Holland jemand gesucht wird. ... Zu meinen Vorträgen ist jetzt schon größter Andrang hör ich, – toi toi toi. ... Meine »Kritiken« über Trieb und Tradition[12], die Du mir neulich geschickt hast, hast Du wohl gelesen. Es ist eine wirklich wich-

Reform-Realgymnasiums für Mädchen, das mit einer Maturaprüfung abgeschlossen werden konnte, die zur Zulassung zum Hochschulstudium erforderlich war. In ihrer Schule unterrichteten unter anderem Oskar Kokoschka, Adolf Loos und Arnold Schönberg. Elisabeth Neumann und ihre Freundin Liccie (Alice Herdan-Zuckmayer) waren Absolventinnen dieses Gymnasiums (Herdan-Zuckmayer, 1979; Scheu, 1985; Deichmann, 1988).

9 Martin Pappenheim (1881-1943) und Heinz Hartmann (1894-1970) waren Mitglieder der Wiener Psychoanalytischen Vereinigung. Mit »Heller« ist Hans Heller (* 1896) gemeint, »ein mit der literarisch intellektuellen, avantgardistisch exklusiven Linken sympathisierender, eleganter junger Herr, der zugleich eine bedeutende und einträgliche Stellung als 'Zuckerl Heller', d.h. als Unternehmer und Mitinhaber einer, für österreichische Verhältnisse, großen und sehr bekannten Fabrik innehatte ...« (Heller, 1983, S. 18). Er war mit Otto Fenichel schon am Gymnasium befreundet, in der Jugendbewegung engagiert und begann 1929 eine Analyse bei Ludwig Jekels. Sein Sohn Peter Heller war in derselben Zeit bei Anna Freud in Behandlung. Hans Heller, der Nationalökonomie studiert hatte, unterstützte die von Willi Schlamm geleitete *Wiener Weltbühne,* in der er auch publizierte. (Heller, 1983)

10 Freud wurde am 6. Oktober 1932 operiert (Jones, 1982, Bd. 3, S. 540 und S. 556)

11 Hanns Sachs übersiedelte 1932 nach Boston.

12 1931 erschien in Leipzig als 54. Beiheft der *Zeitschrift für angewandte Psychologie* Bernfelds wichtige empirische Studie »Trieb und Tradition im Jugendalter. Kulturpsychologische Studien an Tagebüchern«.

tige darunter, die in unserem Jargon, so wichtig ist, wie ein Artikel von Montag für Dich; sie ist ungeheuer positiv. ... Mit meinen Töchtern habe ich jetzt große politische Diskussionen über Partei u.s.w. Ruth bewährt sich dabei sehr tüchtig. – Jetzt geh ich zu Pappenheim Nachtmahl essen (wo Neurath ist ...)[13] ... morgen bei Deutsch, übermorgen Hamburgerstraße.[14]

12. Oktober 1932
Ich fange jetzt an bei Freud und Deutsch wegen neuer Patienten energischer zu werden; es ist noch früh, man muß jedoch dazu sehen, sonst sitze ich im Jänner mit 2 Pat. in Berlin da. Die Schwierigkeit ist: a) sind noch kaum heuer Ausländer da, b) vor allem: man will, daß ich mich erst entscheide, ich bleibe hier, und dann will man für mich sorgen; ich will es umgekehrt. ... Montags habe ich 8-3 Uhr (nachts) überaus wichtige Gespräche mit den Leuten vom Schlick-Kreis[15] gehabt, die Physiker und Mathematiker, die dabei waren, sehr von der Libidometrie überzeugt. ... Abends war ich dann bei Deutschs, wo wieder hitzige Diskussionen waren.

11. Oktober 1932
Es geht mir heute besonders gut, weil ich den Aufsatz über Kausalität – sehr schön! – fertig gemacht habe.[16]

14. Oktober 1932
Heute abend beginnt mein Kurs; ich habe natürlich wieder Sorge, daß er leer sein wird. Übrigens diesmal ist die Sorge nicht ganz unreal, weil wirklich gleichzeitig ein Vortrag von Neurath ist, zu dem die Psychologen und Psychotherapeuten gehen werden und müssen. Einige haben sich schon entschuldigt. Bernfeld ist 10 X, Neurath nur 1 X. ... Ich habe auch noch eine andere Premiere heute: ich erwarte die erste zahlende Konsultation, die zu einer Analyse bei mir führen soll. Ich zweifle aber daß eine Wienerin so viel zahlen kann, als ich verlangen muß,

13 Otto Neurath (1882-1945), Soziologe, Nationalökonom, Theoretiker und Organisator des »Wiener Kreises«, war in der sozialdemokratischen Volksbildung aktiv und unterrichtete an der Wiener Arbeiterhochschule; er gründete und leitete das Gesellschafts- und Wirtschaftsmuseums in Wien und entwickelte die »Wiener Methode der Bildstatistik«. Er emigrierte 1934 nach Holland und 1940 nach Großbritannien. (Hegselmann, 1979)

14 In der Hamburgerstraße wohnten die Eltern Elisabeth Neumanns.

15 Der an der Universität Wien lehrende Philosoph gehörte dem »Wiener Kreis« an. Er wurde 1936 ermordet.

16 Im Bernfeld-Archiv finden sich keine Unterlagen zu diesem Aufsatz.

auch wenn sie sehr reich ist. ... Wurde unterbrochen. Mit der Patientin ists noch nicht entschieden. Habe 2 Stunden geschlafen, war beim Friseur, sitze jetzt im Cafe und dichte den Vortrag.

16. Oktober 1932
Meine eigene Premiere ist wie gewöhnlich verlaufen. Sehr viele Leute; saßen auf den Stiegen. Habe gut gesungen. ... Trude Bien z.B. sehr begeistert. Mir selbst hats nicht sehr viel Spaß gemacht, weil mir die Psychologen gefehlt haben, die waren nebenan bei einem Vortrag von Neurath. Ich war dort noch bei der Diskussion, die sehr nauzig war. Herr Prof. Bühler gebärdete sich wie ein rasender. Und besonders interessant war die Nacht-Nach-Diskussion im Regina.[17] Heute war ich bei Federn zu Mittag[18], wo ich einen jungen Physiker (der ein Institut mit allem was ich brauche hat) traf, der schon ohne mich zu kennen sich für die Libidometrie interessiert. Hübsch ists in Wien, daß die Leute alle meine uralten Witze und Geschichten noch nicht – oder nicht mehr – kennen, braucht man keine neuen erfinden. Arbeiten tue ich noch immer nicht ordentlich, aber es wird doch täglich besser. Tatsächlich tun mir die vielen Diskussionen für meine Gedanken sehr wohl, und ich denke, es wird sich bald auch an meiner Produktion zeigen. ... Aber ich denke eigentlich ununterbrochen an meine und Deine Privataffaire. ... Ich muß mich ja bald entscheiden, ob ich in Wien bleiben werde. ... Im Augenblick habe ich nämlich eine Berlin-Phobie.

20. Oktober 1932
Es ging zwar hier bisher alles programmgemäß, mein Kurs wird auch schön tragen. Es sollte aber noch ein Privatkurs für Amerikaner durch Anna Freud dazukommen. ... In den nächsten Tagen wird sich das entscheiden; wird daraus nichts, so richte ich einen Kurs bei Kinderfreunden ein.[19] ... Ich tratsche mich hier weiter durch die wissenschaftliche Welt von Wien durch. Auch durch die unwissenschaftliche, so bin ich heute bei Inge, wo Polgars und Hans sein werden.[20]

17 Das Gasthaus im Hotel Regina, die »Regina-Schwemme«, war ein beliebter Treffpunkt. Es lag im 9. Bezirk in der Nähe verschiedener Universitätsinstitute und Veranstaltungsorte.

18 Paul Federn (1871-1950) gehörte seit 1902 zur ersten Gruppe um Sigmund Freud (»Mittwoch-Gesellschaft«) und war ein prominentes Mitglied der Wiener Psychoanalytischen Vereinigung. Später war er der Vertreter Sigmund Freuds als Obmann der Wiener Psychoanalytischen Vereinigung. Er emigrierte 1938 nach den Vereinigten Staaten.

19 Die »Kinderfreunde«, eine sozialistische Elternorganisation, wurde 1908 von Anton Afritsch gegründet (Uitz, 1975).

20 »Hans« dürfte Hans Lampl gewesen sein.

LEHRAUSSCHUSS DER WIENER
PSYCHOANALYTISCHEN VEREINIGUNG

GRUNDPROBLEME DER PSYCHOANALYSE

10 VORTRÄGE
von Dr. Siegfried Bernfeld, Berlin (a. G.)

1. Das Wesen der Psychoanalyse als Wissenschaft und „Weltanschauung.
2. Angst, Wut, Gier, Lust (Affektlehre).
3. Aggression und Liebe (Trieblehre).
4. Verdrängung und Sublimierung.
5. Der Sexualtrieb (Libidolehre).
6. Die Konflikte des Kindes mit der Umwelt.
7. Ich und Über-Ich.
8. Neurose und Charakter.
9. Trieb und Tradition.
10. Die Kulturgebilde (Sprache, Technik, Religion, Kunst).

Jeden Freitag 1/2 8 Uhr abends.
Beginn Freitag den 14. Oktober.
Ort: IX. Währingerstraße 13 a,
Hörsaal des pharmakologischen
Instituts, Parterre.

22. Oktober 1932
Für Nov. sieht es jetzt doch wieder besser aus, als ich neulich schrieb, weil der Amerikanerkurs, wie sich gestern bei Anna F. zeigte, doch zustande kommen dürfte, ziemlich sicher und bald. Mein Einführungskurs scheint auch noch etwas mehr zu tragen als ich rechnete, wenn er

annähernd so weiter geht, wie am 2. Abend, gestern. ... Ich möchte aber, wenn irgendwo und irgendwie zu machen, nicht mehr als 4 Stunden Analyse durchschnittlich geben. Ein ruhiges kleinbürgerliches Familienleben als bloßer Therapeut – aus dieser blöden masochistischen Bestemmphantasie hast Du mich ja Gott sei Dank aufgeweckt. Ich komme Ende nächster Woche Samstag, Sonntag.

27. Oktober 1932
Hingegen muß ich Feitelberg für 1-2 Stunden sprechen.[21] Weil mir hier ein großes physikalisches Institut ganz zur Verfügung steht und ich mit ihm wissenschaftliche und persönliche wichtige, dringliche Beschlüsse zu fassen habe. ... Bin ein bisserl meschugge, weil ich gestern und heute ganz große Sachen in der Libidometrie herausgekriegt habe, z. T. mit Dr. Urbach[22], dem Feitelberg-Ersatz.

12. November 1932
Es sieht nicht so aus, als würde hier bis Weihnachten etwas mit Dollar-Praxis und auf längeres Hier-Warten laß ich mich nicht ein. Es muß jetzt in Berlin mit Gewißheit verkündet werden, daß ich wieder komme, damit sich die Herrschaften nicht auf meinem Sessel breit machen. Ich fahre komischerweise nicht gern weg von Wien. Die Landschaft und die wissenschaftliche Atmosphäre gefällt mir. Aber nicht unter 3000 Schilling mit 3 Stunden! ... Noch ein Beschluß, der mich sehr beschäftigt: Ich werde ein großes, gründliches richtiges dickes Lehrbuch der Psychoanalyse schreiben (nicht für Psychotherapeuten, sondern für Wissenschafter und gebildete Laien) Einverstanden?[23]

16. November 1932
Ich muß jetzt schnell ins Bühler-Seminar![24]

19. November 1932
Ich halte viele Vorträge, in dieser Woche 4, in der nächsten 5 ... Mache mich allmählich mit der Rückübersiedlung vertraut. Klar und deutlich möchte ich lieber in Wien bleiben – aber nicht ohne Dich ... Etwas Sorge macht mir freilich die politische Entwicklung, unter Hitler möchte ich doch nicht gerne leben, wenns auch kaum gefährlich sein wird.

21 Siehe S. 183.

22 Siehe S. 181 Anm. 3 in diesem Band.

23 Im »Bernfeld-Archiv« finden sich dazu keine Unterlagen oder Hinweise.

24 Karl Bühler (1879-1963) hielt jeden Mittwoch ein »Kolloquium für Fortgeschrittene« (mit persönlicher Anmeldung) ab.

21. November 1932

Er kommt nicht dran! sagt wohl jetzt unser so erfolgreicher Hausprophet täglich – möchte er es noch lange sagen. Mich interessiert zwar die Politik gar nicht mehr, aber wer in Deutschland regiert, bleibt wichtig für allerhand Entscheidungen. Ärmster Jo[25] wird nun auch von der Politik direkt betroffen, muß in Ministerien antichambrieren, um synchronisieren zu dürfen. ... Indessen verkünden die Wiener Zeitungen, daß Wien zum europäischen Hollywood sich entwickelt, weil Granowski[26] nach W. übersiedelt ist. ... Hab gestern einen sehr hübschen Sonntag gehabt. Mit Willi und Aichhorn in sehr schönem Packard-Wagen nach Hochroterd bei Breitenfurt gefahren. Halbe Stunde Auto mitten im wirklichen Wiener Wald; sehr schön. Das Haus von Anna F. und Dorothy Burlingham sehr sauber ... mit vielen erstklassigen bunten Bauernmöbeln, schönen Vorhängen, Öfen, Truhen, Halle. Stall mit Kuh, vielen eierlegenden Hühnern, Buttermaschinen, Gemüsegärten, Mistbeeten – eine sehr geschmackvolle, teure Primitivität. Aber wirklich behaglich. Man glaubt, daß man ganz weit weg von der Stadt ist.[27] ... Meine Mama hat gestern Nacht im Bett ihres schüchternen Dienstmädchens einen Soldaten gefunden! Gesprächsstoff für 10 Familien!

23. November 1932

Heute habe ich durch Kris[28] sogar die Thomasius Bände aus der Bibliothek bekommen. ... Mit Wexberg[29], dem hiesigen Individualpsycholo-

25 Ein Name für Elisabeth Neumann.

26 Am Sonntag, den 20. November 1932 erschien in der *Neuen Freien Presse* ein Feuilleton von Felix Salten, in dem er über den Regisseur Alexis Granowsky berichtete, der sich zu dieser Zeit für Dreharbeiten in Wien aufhielt. Granowsky hospitierte bei Reinhardt, war Direktor der Petersburger Oper und arbeitete als Filmregisseur in Paris.

27 Die Wiener Psychoanalytiker Willi Hoffer und August Aichhorn. Dorothy Burlingham (1891-1979) kam 1925 aus den Vereinigten Staaten nach Wien. Sie war mit Anna Freud befreundet und gehörte zum engen Freundeskreis der Familie Freud. Sie arbeitete als Kinderpsychoanalytikerin, gründete eine Privatschule (1927-1933), an der August Aichhorn und die späteren Psychoanalytiker Erik Erikson, Peter Blos und Kurt R. Eissler arbeiteten. Ende 1930 erwarb sie mit Anna Freud das Haus in Hochroterd, von dem im Brief die Rede ist. 1937 übernahm sie mit Anna Freud und weiteren Kollegen die Leitung eines Kindergartens der Montessori-Schule (Peters, 1979, S. 185ff.)

28 Ernst Kris (1900-1957) war Kunsthistoriker und Mitglied der Wiener Psychoanalytischen Vereinigung. Er redigierte gemeinsam mit Robert Wälder ab 1933 die von Sigmund Freud herausgegebene *IMAGO. Zeitschrift für psychoanalytische Psychologie, ihre Grenzgebiete und Anwendungen.* Emigration 1938 nach Großbritannien, 1940 nach den Vereinigten Staaten.

29 Erwin Wexberg (1881-1957) war ein führender Vertreter der Individualpsychologen in Wien;, er gehörte schon vor dem Ersten Weltkrieg zur Gruppe um Alfred Adler. Wexberg emigrierte 1937 nach den Vereinigten Staaten (Handlbauer, 1988, S. 277f.)

Vor dem Haus von Anna Freud und Dorothy Burlingham in Hochroterd, 1934. Links: Anna Freud bei einem Spiel, das die Burlinghams aus den USA mitgebracht hatten.

gen-Chef habe ich eine komische Unterredung gehabt; die Leutchen sind durch meine Vorträge hier sehr entmutigt und kompensieren ihr Minderwertigkeitsgefühl durch Hochachtung vor mir. Die Assistentin von Bühler[30] schreibt meinen Vortragskursus auf, so daß er vielleicht druckfertig zu machen sein wird und als Buch erscheinen kann. Das heißt aber: wenn ich lange hier bin, habe ich bald schrecklich viele sehr böse Feinde bei den Bonzen.

26. November 1932
Heute endet mit dem Vortrag im Gomperz-Schlick-Kreis die schwere Woche. Von morgen an habe ich wieder sozusagen Ferien, nämlich nur noch den Freitagkurs. Es ist fest beschlossen diese Zeit zum Schreiben auszunutzen. ... Es waren so viele verschiedene Vorträge, zum Teil ganz neue Sachen, immer vor verschiedenem Publikum, u.s.w. ... Großes Ereignis meines Lebens: Vorgestern bin ich zum ersten Mal in meinem Vortrag stecken geblieben, konnte nicht weiter, bin geschwommen! Einige haben es sogar gemerkt, und sich sehr gefreut bei diesem einzigartigen Ereignis dabeigewesen zu sein. Mir wars zwar peinlich,

30 Es könnte sich um Marie Jahoda gehandelt haben. Es gab keine fest angestellten Assistentinnen oder Assistenten bei Bühler.

aber hinterher sehr leicht; so als hätte ich was lang Ersehntes erreicht; als hätte ich 1000 Vorträge halten müssen, damit das endlich passiert. Jetzt erst bin ich wirklich sicher im Reden geworden.

8. Dezember 1932
Das neue Buch von Freud fängt großartigst! an.[31]

13. Dezember 1932
Also: ich bleibe in Wien. Feierlich beschlossen. Es hat sich zwar der Milliardenfall noch nicht gemeldet, aber ich habe mich überzeugt, daß es ganz unrichtig wäre, den Jänner noch als Provisorium zu machen; erst wenn ich wirklich hier bin, werden sich die Dinge hier richtig entscheiden. Gründe habe ich keine fürs Hierbleiben, aber für Berlin auch eigentlich nur Bequemlichkeit, dem stehen hier Chancen gegenüber. ... In einer SPÖ Bonzen Sitzung gestern, in der man sich über Sexualfragen der Jugendlichen unterhielt, war große Stimmung für den Vorschlag von Jalkotzy[32]: Die 40er sollten so wie ehedem, aber nun im Parteiauftrag die jungen Mädchen verführen, weils die Jungen doch nicht können und deshalb Sexualprobleme in der Jugend wecken! Wär das nicht eine Wiener politische Laufbahn für einen uns bekannten Berliner Genossen?[33]

15. Dezember 1932
Ich bin seit Wien-Beschluß ein anderer Mensch; nicht daß Wien so eindeutig gescheit wäre. ... Ich bin nun auch entschlossen mit Freud zu besprechen, ob eine Perfektion[34] möglich wäre; doch ist die Ausführung auch aus äußeren Gründen noch eine Weile zu verschieben.

18. Dezember 1932
Jetzt muß ich zu meinem Vortrag beim Club von Otto Bauer.[35]

31 Sigmund Freuds *Neue Folge der Vorlesungen zur Einführung in die Psychoanalyse* wurde am 6. Dezember 1932, einen Monat vor dem offiziellen Erscheinungsdatum, ausgeliefert.

32 Alois Jalkotzy (1892-1987) war einer der führenden Funktionäre in der sozialistischen Erziehungsbewegung und deren wichtigster Organisation, der »Kinderfreunde«. (Uitz, 1975)

33 Dies könnte auf Karl Frank, der 1893 geboren wurde, gemünzt gewesen sein.

34 Der Hintergrund könnte folgender sein: Siegfried Bernfeld hatte die Absicht geäußert, bei Sigmund Freud eine Analyse zu beginnen. Zu diesem Zeitpunkt war aber noch Suzanne Cassirer bei Freud in Behandlung. Später wurde der Plan aufgegeben (siehe Brief vom 25. September 1933).

35 Diesem Diskussionskreis gehörten auch Otto Neurath und Edgar Zilsel an. (Stadler, 1985, S. 121)

6. Januar 1933
Gut angekommen; sehr lange, sehr beruhigende und klärende Unterredung mit Freud. Morgen beginnt Arbeit.

16. Januar 1933
Freitagkurs habe ich sehr gut gehalten; ... Es waren bei weitem weniger Leute, als im ersten Kurs, aber der Saal war voll. Es war Verkehrsstreik (teilweiser) und habe den Eindruck, daß die nächsten Male etwas Zuwachs sein wird. ... Leider mußte ich den Burlinghamkurs[36] absagen, wegen Verkehrsstreik, ich wäre sonst in meinen großen Kurs zu spät gekommen.

28. Januar 1933
Sehr besorgt wegen der Wirkung der Hitlerei auf Dich; vor allem auf Karl. ... Ich warte auf Freud.

7. Februar 1933
Ich bin sehr besorgt, wie es Dir im jetzigen Deutschland geht. Hier gibt es immer ganz wilde Gerüchte.

9. Februar 1933
Spürt ihr den Hitler? Und wie?

24. Februar 1933
Ich bitte alle meine Papiere, Hefte, Aktendeckel (natürlich nur die vollen) aus den Bücherstellagen und dem schwarzen Kasterl an mich, baldigst, in Paketen »Geschäftspapiere«; oder als »Übersiedlungsgut«, wenn nötig, auf Grund meines Meldezettels, in Kiste zu schicken. Ausgenommen die Kartothek und alte Checkbücher, Bankabrechnungen, Kassa- und Wirtschaftsbücher. Diese Sachen sind zu verbrennen; die Kartothek weiter aufzuheben. Ich möchte das jetzt schon haben, weil wahrscheinlich in einiger Zeit Papiere nur schwierig, eventuell mit Zensur, aus Deutschland heraus können. Es ist zwar alles harmlos und nichts Unerlaubtes; aber es kann doch Scherereien und Kosten machen. Bitte schreibe, wann das abgeht. Schicke es so, daß es Dich möglichst wenig kostet.

4. März 1933
Ich habe heute noch ein Referat im Gomperz-Kreis über das neue Buch von Freud.[37]

36 Möglicherweise ein Kurs für die Mitarbeiter der Burlingham-Schule, siehe Anm. 26. Am Montag, den 16. Januar 1933 führten die Wiener Lohnfuhrwerker (Autotaxis) einen Warnstreik durch, unter anderem wurde die Aufhebung der Benzinsteuer gefordert.

37 Bernfeld referierte über Freuds *Neue Vorlesungen zur Einführung in die Psychoanalyse.* Heinrich Gomperz (1873-1942) war Philosophieprofessor an der Universität Wien und »eine

6. März 1933
Auf reiche Patienten und Schüler ist nicht zu rechnen. Vorträge in Deutschland fallen aus, aber ich denke daß ich von April an eine billigere Praxis beginne und es so, eventuell mit Borgen ausgehen wird. ... Die Bibliothek lasse ich früher oder später, aber nicht vor Ostern, übersiedeln.

7. März 1933
Erschienen ist von mir nichts seit Weihnachten; das war der Vortrag, den ich bei Oestreich[38] gehalten hatte; Du hattest das gelesen. Natürlich werde ich Dirs schicken, wenn was erscheint. Druckfertig geworden ist seit 1. Juli nur der Aufsatz über die Unschärferelation.[39] Einige kleinere Aufsätze mache ich gerade fertig. Ob man meine Arbeitsweise seit Juli, eigentlich schon seit etwas früher eine Produktionshemmung nennen soll, weiß ich nicht. Tatsächlich schreibe ich, trotzdem ich ja jetzt seit vielen Monaten unverhältnismäßig viel Zeit habe, sehr wenig. Aber ich habe auch gar keine Lust dazu. Meine Einstellung zur Arbeit ist sehr verändert. Wenn ich die verschiedenen Sachen erledigt habe, die noch von früher laufen, so will ich gar nicht weiter derart schreiben, d.h. ich spüre gar nicht mehr inneren Zwang jede freie Stunde zu schreiben, oder gar mir Zeit dazu frei zu machen. Ich habe wirklich Sachen vor, die ich für groß und wichtig halte: Libidometrie, mathematische Psychologie und Sachen mit Logik, Psychoanalyse, Psychologie und Soziologie, die sich nicht in ein Schlagwort bringen lassen. Ich denke darüber nach, lese viel dazu, notiere auch gelegentlich was; aber ich darf und muß (und ich bin sehr froh, daß ich kann) dabei mit zehn Jahren rechnen,

der bedeutendsten Randfiguren des Wiener Kreises« (Stadler, 1982, S. 193). Am Gomperz-Kreis nahmen Edgar Zilsel, Viktor Kraft, Herbert Feigl und Karl Popper teil. Gomperz verlor 1934 aus politischen Gründen seine Stelle an der Universität und emigrierte 1935 in die Vereinigten Staaten (Stadler, 1982, S. 193 und S. 275).

38 Paul Oestreich leitete den »Bund Entschiedener Schulreformer«. Eine zentrale Tagung dieses Verbandes, der »Kongreß für Kleinkinderziehung«, fand vom 1. bis zum 5. Oktober 1932 in Berlin statt. Sie wurde gemeinsam mit dem Internationalen Verein für Individualpsychologie, dem Deutschen Fröbelverband, dem Verein Montessori-Pädagogik, der Deutschen Psychoanalytischen Gesellschaft und der Freien Waldorfschule Stuttgart veranstaltet. Siegfried Bernfeld hielt ein Referat mit dem Titel »Die psychoanalytische Psychologie des Kleinkindes«. Es wurde in dem von Paul Oestreich herausgegebenen Tagungsband *Das Kleinkind, seine Not und seine Erziehung* (Jena 1932) und in der *Zeitschrift für psychoanalytische Pädagogik* 1934 veröffentlicht.

39 Ein 28-seitiges Typoskript mit dem Titel »Über die Unschärfe Relation in der Psychologie und Psychoanalyse« und seine englische Übersetzung befinden sich im Bernfeld Archiv. Sie war für das *Psychoanalytic Quarterly* bestimmt und ist ein Diskussionsbeitrag zu dem ebenfalls im *Quarterly* erschienen Aufsatz von M. Reiner über »Causality and Psychoanalysis« (1932); Bernfelds Beitrag ging erst Anfang Oktober bei der Redaktion dieser Zeitschrift ein und wurde nicht publiziert.

nicht mit Wochen und Monaten. Die Libidometrie stockt, weil Feitelberg nicht in Wien ist, Urbach aus Familiengründen noch nicht anfangen kann. Trotzdem gibt es hier jetzt eine Versuchsreihe, die wichtig ist. Ob nach diesen zehn Jahren was herauskommt, weiß ich nicht. Aber es soll was Wichtiges sein, oder eben gar nichts. . . . Sehr gut, oft geradezu vollendet, bin ich in Vorträgen, Kursen, Diskussionen. Ich hab hier ein Niveau erreicht, das ich weder sachlich noch formal überbieten kann.

9. März 1933 (aus Riga)[40]
Ich habe schön gesungen, und singe weiter.

13. März 1933
Ich bin gestern nachts aus Riga zurückgekommen. War dort sehr anstrengend, aber erfolgreich; auch bisserl Geld verdient. Samstag Nachmittag und abends und Sonntag vormittag habe ich in Prag Vorträge.

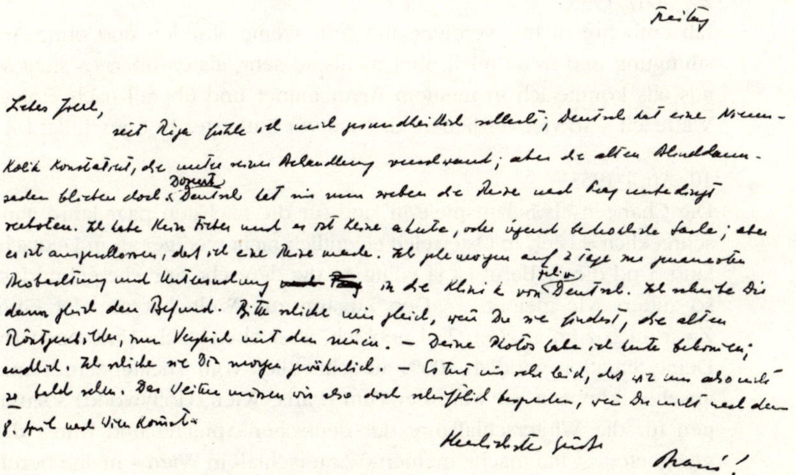

Liebes Joerl, Freitag, 17. März 1933
seit Riga fühle ich mich gesundheitlich schlecht; Deutsch hat eine Nierenkolik konstatiert, die unter seiner Behandlung verschwand; aber die alten Blinddarmsachen blieben doch. Dozent Deutsch hat mir nun soeben die Reise nach Prag unbedingt verboten. Ich habe kein Fieber und es ist keine akute, oder irgend bedrohliche Sache; aber es ist ausgeschlossen, daß ich eine Reise mache. Ich gehe morgen auf 2 Tage zur genauesten Beobachtung und Untersuchung nach Prag in die Klinik von Felix Deutsch. Ich schreibe Dir dann gleich den Befund. Bitte schicke mir gleich, wenn Du sie findest, die alten Röntgenbilder, zum Vergleich mit den neuen. – Deine Photos habe ich heute bekommen; endlich. Ich schicke sie Dir morgen gewöhnlich. – Es tut mir sehr leid, daß wir uns also nicht so bald sehen. Das Weitere müssen wir also doch schriftlich besprechen, wenn Du nicht nach dem 8. April nach Wien kommst.

Herzlichste Grüße

Brassi!

40 Bernfeld hielt Vorträge in Riga.

20. März 1933
Bin eben aus der Klinik heraus. Befund: Blinddarm Katarrh, chronisch. Therapie: neue Diät, schonende Lebensweise. Keine Operation. Keinerlei Besorgnisse. ... Bitte meine Bücher mitsamt Gestellen (alle, auch aus dem kleinen Zimmer!) auf Grund meines Meldezettels durch Schenker als Übersiedlungsgut auf billigste Weise, so bald als möglich hierher Lindengasse zu senden. ... Viele neue Patienten, auch gut zahlende sind gemeldet. Ob was draus wird, entscheidet sich diese Woche.

27. März 1933
Nur im April werde ich etwas, aber nur wenig borgen müssen. Ich habe nämlich neue schlechtzahlende Patienten und Kurse, und einen sehr gut zahlenden Lord, der zunächst zur Probe da ist, wofür ich aber allein schon 1500 Schill. bekomme.

29. März 1933
Ich entbehre nichts, verdiene mit sehr wenig Stunden und ohne Anstrengung und freue mich über nichts so sehr, als darüber: es sieht so aus, als könnte ich in meinem Beruf immer und überall nach einiger Wartezeit – so viel verdienen, daß Du vor äußerster Not geschützt bist.

10. April 1933
Die Chancen als Schauspielerin sind für die nächsten paar Jahre ganz schrecklich düster. In Österreich eigentlich nicht weniger als in Deutschland. Und dieser Beruf ist ja völlig an die deutsche Sprache gebunden, so anders wie meiner. ... Den Zugang zur »Welt« hat nur der Film. Zwar auch zum größten Teil nebbich; aber eben doch. Und wenn Du Deine Situation wirklich 100% ausschließlich vom Theater-Standpunkt ansehen könntest, so wäre der Film (Paris, Wien, Hollywood) sozusagen für die Winterschlafjahre der deutschen Sprache und Kunst das geeignete. ... Ich mache meinen »Winterschlaf« in Wien – meine berufliche Situation ist ja überhaupt sehr günstig. Sollte das aber finanziell wegen der österr. Politik unmöglich sein, was sehr unwahrscheinlich ist, so gehe ich nach Genf, Amsterdam oder Rom. Am liebsten nach Genf. Ich bin augenblicklich mit meinen ganzen Patienten vom Ort unabhängig.

23. April 1933
Bei der völligen Revolution unseres persönlichen Lebens, die wir uns auferlegt haben, gleichzeitig mit diesen riesigen Veränderungen in der Welt, darf man wirklich etwas analytische Hilfe als sein gutes Recht in Anspruch nehmen. Ich habe doch doppelten Vorteil vor Dir, ich habe eine lange und sehr weit wirksame Analyse hinter mir und meine Berufsarbeit bleibt bei all den Veränderungen fast unberührt. Darum steht

Dir die Analyse sozusagen zu! Die Apparate möchte ich gelegentlich, d.h. wenn Deine Möbel wegtransportiert werden, hierher haben. Aber nicht allen Kram, sondern bloß die zwei wertvollen Apparate mit dem Dazugehörigen (Kymographion). Sergi[41] kommt auf ein paar Tage nach Berlin. Ich veranlasse, daß er die Sachen heraussucht und das sie transportfähig verpackt werden. Sollte er nicht funktionieren, schicke ich noch an Dich eine Liste, bei der Du Dich auskennst.

29. Mai 1933
Ab morgen habe ich 5 Analysen, 1 Kurs (3 Stunden in der Woche) privat und 1 Stunde wöchentl. Burlingham Kinder. Da nicht alle Analysen täglich sind, komme ich alles in allem auf 5 Stunden täglich. Mit Mittagspause von 9-4 oder von 10-4. Ich bin sehr zufrieden. Suse wieder einigermaßen gesund erhöht meine Laune sehr beträchtlich. Da ich nun gar für einen Schweizer Verlag ein Buch schreiben soll über XVII. Jahrhundert, Großer Krieg und seine Wirkungen, Hexenprozesse, Aufgang und Niedergang der Vernunft fühle ich mich wieder sehr gut in Form[42], und glaube, daß ich in der neuen Wohnung mehr, konzentrierter, vor allem produktiver und zielvoller arbeiten werde als bisher in Wien.

19. Juni 1933
Auf ein Stück Analyse mit dem Prof. kann ich noch hoffen.; es ist ein Luxus, den ich aber sehr erwünsche und bezahlt oder unbezahlt nach Beendigung von Suses Analyse vielleicht doch kriegen werde.

28. Juli 1933
Dr. Hoffmann[43], der mein Furunkel verabschiedete, lobte mein Aussehen und Gesundheitszustand. ... Die Pleite ist groß, aber die Aussichten für den Herbst sehr gut, da der Lord sich definitiv wieder angemeldet hat! . . . Aus Deutschland habe ich viele Nachrichten, sie alle lauten: wer nicht muß soll (als Jude) von dort fernbleiben.

29. August 1933
Bin schon in Wien, um hier ein paar Tage lang einige Aufsätze druckfertig zu machen.

25. September 1933
Ich war wirklich in diesen Tagen sehr bedrückt durch die Krankheit

41 Sergei Feitelberg.

42 Siehe S. 275 in diesem Buch.

43 Möglicherweise war der Psychoanalytiker Ernst Paul Hoffmann gemeint.

vom Professor. Es ist wieder sehr viel besser. Und ich habe mich derfangen. Mit seinem Tod muß man ja immer rechnen bei seinem Alter, aber ich weiß was ich in diesem Fall zu tun habe; es wird zwar traurig sein; doch trifft es mich innerlich jetzt völlig vorbereitet. Am schlimmsten bleibt, daß es gar keine Chance mehr für eine Analyse bei ihm gibt. Da muß man halt mit allem neurotischen Rest selbst und energisch fertig werden. Doch das ist ein weites Feld; worüber mündlich besser zu verhandeln ist.

Ende März 1934
Wies mir geht? Ganz ausgezeichnet. Ich heirate demnächst, wieder einmal; unwiderruflich letztes Mal! Und übersiedle im Sommer nach Holland.

11. Juni 1934
Bin morgen (Dienstag) 5 Uhr Cafe Zentral. Vielleicht kommst Du hin?

Im Wintersemester 1933/34 richtete der Lehrausschuß der Wiener Psychoanalytischen Vereinigung einen Lehrgang für Pädagogen ein, dessen Kurs- und Arbeitsprogramm von Willi Hoffer, Siegfried Bernfeld, August Aichhorn, Anna Freud, Editha Sterba, Grete Bibring und Jenny Waelder gestaltet wurde. Siegfried Bernfeld hielt seine Veranstaltung »Einführung in die Psychoanalyse (für Studenten, Pädagogen, Akademiker)« vor gewohnt großem Publikum. Ende 1933 wurde er in den Vorstand der Wiener Psychoanalytischen Vereinigung gewählt. Im Jahre 1934 hielt er Vorlesungen über »Psychoanalytische Kinderpsychologie« (vom 6. Februar bis zum 23. April), »Psychoanalytische Pädagogik« (vom 8. Mai bis 19. Juni) im Rahmen des Pädagogen-Lehrgangs, sowie acht Vorträge über »Psychoanalytische Pädagogik« (vom 8. Mai bis 26. Juni). Am 9. Februar 1934 fand der Vortrag »Die Person als meßbares System« statt, der vom »Verein Ernst Mach« gemeinsam mit dem »Verein für angewandte Psychopathologie und Psychologie«[44] veranstaltet wurde.

44 Der 1929 gegründete »Verein Ernst Mach« unterstützte durch Vorträge, Kurse, Arbeitsgemeinschaften und Veröffentlichungen das Programm der »wissenschaftlichen Weltauffassung« des »Wiener Kreises«, der Metaphysik in allen ihren Formen entgegenzutreten (Neurath, 1981). In seine breite Vortragstätigkeit mit interdisziplinärer Ausrichtung wurde auch die Psychoanalyse einbezogen. Die Psychoanalytiker Siegfried Bernfeld, Heinz Hartmann, Martin Pappenheim und Josef K. Friedjung hielten Vorträge im Rahmen des Veranstaltungsprogramms des Vereines (Stadler, 1985, S. 121). Auch in Berlin stand Siegfried Bernfeld mit den Vertretern der wissenschaftlichen Weltauffassung in Verbindung. Im Veranstaltungsprogramm der Berliner »Gesellschaft für empirische Philosophie« wurde Bernfelds Vortrag »Naturwissenschaftliche Bewußtseinspsychologie« (1932) angeführt (Stadler, 1982, S. 211). Es bestanden Pläne, daß

Verein Ernst Mach gemeinsam mit Verein für angewandte Psychopathologie u. Psychologie

Freitag, 9. Februar 1934 um 19 Uhr 15
Neurologisches Institut, IX. Schwarzspanierstrasse 17

Vortrag

DR. SIEGFRIED BERNFELD

DIE PERSON ALS MESSBARES SYSTEM

Die Vereinsleitungen

Bernfelds Aktivitäten nach dem Bürgerkrieg im Februar 1934 und der Errichtung der austrofaschistischen Diktatur zeigen, daß er als Sozialist und bekannter fortschrittlicher Intellektueller vom Regime nicht unmittelbar bedroht war oder verfolgt wurde. Mit der Zerstörung des »Roten Wien« und seiner intellektuellen Kultur, der Zerschlagung der Verbindung zwischen Arbeiterkultur und Wissenschaft war ihm jedoch die Basis für eine Weiterführung seiner wissenschaftlichen Projekte entzogen. Wanderpläne hatte er schon gemacht. Mit einigen seiner Patienten war er vom Ort unabhängig. Seine Teilnahme am 14. Internationalen Psychoanalytischen Kongreß in Luzern (vom 26. bis 31. August 1934) (Gidal, 1990) hatten ihm vermutlich Gelegenheit gegeben, seine weiteren Wege und Übersiedlungspläne zu konkretisieren. Am 17. Oktober 1934 feierte man Abschied von Wien.

Siegfried Bernfeld und Heinz Hartmann in der psychoanalytischen Zeitschrift *IMAGO* über Publikationen von Mitgliedern des Wiener Kreises regelmäßig berichten sollten (Stadler, 1982, S. 275, Anm. 307). Mit dem Berliner Philosophen Hans Reichenbach hatte Bernfeld auch in den Vereinigten Staaten Kontakt. Im »Verein für angewandte Psychopathologie und Psychologie« wurden die Seminarabende der Arbeitsgemeinschaft zwischen der Wiener Psychologenschule (K. Bühler) und der Wiener Psychopathologenschule (O. Pötzl) abgehalten.

Gerhard Benetka

Psychoanalyse und akademische Psychologie

Einleitung

»Der Verfasser des 'Sisyphos', der 'Psychologie des Säuglings', der 'Heutigen Psychologie der Pubertät' bekennt gerne, daß er versucht hat, die Grenzen der Psychoanalyse durch Sprünge über jene Schranken zu ermitteln, die ihr die Tradition setzt. Sei es, daß seine Sprungkraft zu klein ist, sei es, daß die Grenzen zu fern sind, er fühlte sich nirgends auf fremdem Gebiet.« (Bernfeld, 1930h, S. 109)

Getrost könnte diese kurze Selbstcharakterisierung wohl dem gesamten Lebenswerk Siegfried Bernfelds als eine Art Motto vorangestellt werden. Im Besonderen gilt sie jedenfalls für sein Verständnis der Beziehungen von Psychoanalyse und akademischer Psychologie. Denn anders als Freud selbst oder als das Gros seiner Schüler und Anhänger hatte der weniger auf eine Abgrenzung als auf eine Integration unterschiedlicher wissenschaftlicher Denk- und Arbeitsrichtungen bedachte Bernfeld keinerlei »Berührungsängste« gegenüber der Hochschulpsychologie. Im Gegenteil: Über Jahrzehnte hinweg publizierte er Arbeiten auch in psychologischen Fachzeitschriften; prominente Psychologie-Professoren kannte er persönlich. Und am Ende der zwanziger Jahre wurde er sogar als Mitglied in die »Deutsche Gesellschaft für Psychologie« aufgenommen. Stets um den wissenschaftlichen Gedankenaustausch bemüht, beteiligte er sich 1932 in Berlin und 1933 in Wien an Arbeitsgemeinschaften von Psychoanalytikern und Vertretern der dort ansässigen Psychologen-Schulen. Wie sehr diese anhaltende Diskussion mit der »anderen« Psychologie sein psychoanalytisches Denken vor allem hinsichtlich methodologischer Fragen befruchtete und schärfte, ist Gegenstand der folgenden Abhandlung.

Es waren vor allem die psychologischen Konzeptionen von William Stern, Kurt Lewin und der Berliner gestalttheoretischen Schule, denen sich

Bernfeld mit metatheoretischen Fragestellungen von Seiten der Psychoanalyse aus näherte. Seiner produktiven Auseinandersetzung mit diesen Denkrichtungen ist jeweils ein Kapitel der vorliegenden Arbeit gewidmet. Abschnitt 4 über Bernfelds Stellung zu dem von Karl und Charlotte Bühler geleiteten Wiener Psychologischen Institut fällt demgegenüber etwas aus dem Rahmen. Er gibt bloß den historischen Kontext wider, in dem ein bisher unbekanntes Vortragsmanuskript Bernfelds entstanden ist: Ein Referat, das er über den Begriff der »Unschärferelation« an einem Diskussionsabend von Psychoanalytikern und Bühler-Schülern im Frühjahr 1933 in Wien hielt.

Keine Berücksichtigung findet Bernfelds Rezeption der akademischen Kinder- und Jugendpsychologie im Zusammenhang mit seinen Bemühungen um eine psychoanalytische Theorie des Kleinkinderalters und der Pubertät. Aus Platzgründen mußte auch auf eine Auseinandersetzung mit Bernfelds frühen Schriften zum Verhältnis von Psychoanalyse und Psychologie (Bernfeld, 1914s und 1915d) verzichtet werden. Bernfeld interpretierte darin eine Untersuchung des Psychologen Walter Poppelreuter, die in sehr einfachen Versuchsanordnungen die Allgemeingültigkeit der klassischen Assoziationsgesetze für die Ordnung des Vorstellungsverlaufs widerlegte (Poppelreuter, 1912), als experimentelle Bestätigung der Richtigkeit des für die psychoanalytische Forschung zentralen Verfahrens der »freien Assoziation«.

Die Kritik an William Sterns »Personalismus«: Der Begriff der »Deutung« in der Psychoanalyse

Aufgrund ihres vagen institutionellen Status und ihrer kaum erwiesenen praktischen Relevanz (Ash, 1985 und Geuter, 1984) geriet die akademische Psychologie im Zuge der gesellschafts- und wirtschaftspolitischen Umwälzungen am Ende der zwanziger Jahre in eine tiefe Krise. Die Zahl ihrer Forschungsstätten an Universitäten war – wie Karl Bühler in seiner Eigenschaft als Vorsitzender der »Deutschen Gesellschaft für Psychologie« beklagte – in einem »besorgniserregenden Ausmaß« zurückgegangen (Bühler, 1932, S. 3). Aber auch der »innere Zustand« der Psychologie galt damals als krisenhaft. Die mit der Überwindung der alten Assoziationspsychologie einhergehende Aufsplitterung in einander mitunter heftig befehdende Schulen, das langsame Eindringen des amerikanischen Behaviorismus und der vom Interesse eines breiten Laien-Publikums begleitete Aufstieg einer »geisteswissenschaftlichen Psychologie« trugen zu dem Bilde bei, das Karl Bühler in seinen berühmt gewordenen Einleitungssätzen zu seiner Programmschrift *Die Krise der Psychologie* zu beschreiben versuchte: »Soviele Psychologien nebeneinander wie heute, soviele Ansätze auf eigene Faust sind wohl noch nie gleichzeitig beisammen gewesen. Man wird mitunter an die Geschichte vom Turmbau zu Babel erinnert.« (Bühler, 1927, S. 1) Dieses beziehungslose Nebeneinander der verschiedenen psychologischen Richtungen wollte Bühler als Symptom einer »Aufbaukrise« verstanden wissen, als ein »embarras de richesse, wie er das Ausholen zu einem umfassenden Gemeinschaftswerke begleiten kann« (Bühler, 1927, S. 1).

In einer kleinen, im Jahr 1930 erschienen Schrift mit dem Titel »'Neuer Geist' contra 'Nihilismus'. Die Psychologie und ihr Publikum« (Bernfeld, 1930h) schloß Bernfeld sich der Bühlerschen Krisen-Diagnose an. Diese »Krise der Psychologie« war für ihn primär aber eine Krise ihrer Wissenschaftlichkeit. Die vollzogene Ablösung vom alten, »lebensfernen« Assoziationismus positiv hervorhebend, kritisierte Bernfeld das Fehlen eindeutiger Kriterien, anhand derer sich die vorliegenden fruchtbaren Ansätze zu einer »naturwissenschaftlichen« Forschung von jenen »wilden« Psychologien abgrenzen ließen, die, durchsetzt von philosophischen und weltanschaulichen Wertungen, zwar das Interesse und die Zustimmung breiter Kreise der Öffentlichkeit zu finden, nicht aber die Kenntnisse über das Psychische zu befördern imstande seien.

Alle wissenschaftlichen Grundeinstellungen in der Psychologie kämen aber – ob deren Protagonisten es eingestehen wollten oder nicht – in einem beträchtlichen Ausmaß den altbekannten Positionen der Psychoanalyse nahe. Als die am weitesten entwickelte Psychologie, nach der hin die wertvollsten unter den psychologischen Denkrichtungen konvergierten, erhalte die Psychoanalyse ihre besondere Funktion in der Krise der Psychologie. Nur in der Auseinandersetzung mit ihr könne die akademische Psychologie die »Krise ihrer Wissenschaftlichkeit« überwinden. Die Psychoanalyse selbst habe jenen Entwicklungen bisher viel zuwenig Beachtung geschenkt. Sie müsse nun von sich aus daran gehen, durch den Aufweis der Gemeinsamkeiten und der Differenzen mit den verschiedenen Psychologen-Schulen dieser Auseinandersetzung die Grundlagen zu bereiten. (Bernfeld, 1931h, S. 176-177)

Mit diesen Überlegungen hatte Bernfeld den ersten Aufsatz einer unter dem gemeinsamen Obertitel »Die Krise der Psychologie und die Psychoanalyse« geplanten Reihe von Arbeiten über die Beziehungen der Psychoanalyse zu den wichtigsten zeitgenössischen Strömungen in der akademischen Psychologie eingeleitet.[1] Thema dieser ersten Publikation war eine Kritik der personalistischen Psychologie William Sterns.

William Stern (1871-1938) hatte die institutionelle und theoretische Entwicklung der akademischen Psychologie in den ersten Jahrzehnten des 20. Jahrhunderts entscheidend mitbestimmt. Er war Direktor des 1906 gegründeten »Instituts für angewandte Psychologie und psychologische Sammelforschung« der »Gesellschaft für experimentelle Psychologie«, er gab von 1908 an gemeinsam mit Otto Lipmann die *Zeitschrift für angewandte Psychologie* heraus und leitete von 1916 an als Nachfolger Ernst Meumanns das Psychologische Laboratorium am Kolonialinstitut in Hamburg.[2] Er galt als Begründer der »Differentiellen Psychologie«, als ein Pionier in der praktischen Anwendung psychologischen Wissens, als Wegbereiter der modernen Intelligenzforschung und als eine weithin anerkannte Autorität auf dem Gebiete der Kinder- und Jugendpsychologie. Trotz der Bedeutung seiner psychologischen Arbeiten seinem Selbstverständnis nach vor allem auch Philosoph geblieben, versuchte Stern die Ergebnisse seiner Psychologie in ein allgemeines philosophisches System zu integrieren. Diese seine, jeder empirischen Einzelforschung übergeordnete Philosophie bezeichnete er als »Personalismus«.

In den Auseinandersetzungen der akademischen Psychologie mit der Psychoanalyse kam Stern eine zentrale Stellung zu. Wohl als einziger »Fachpsychologe« beschäftigte er sich kontinuierlich über mehr als dreißig Jahre hinweg mit der Psychoanalyse. Er war der erste Psychologe, der Freuds *Traumdeutung* rezensierte (Stern, 1901). Kurz vor dem Ausbruch des Ersten Weltkriegs, als die Psychoanalyse unter anderem auch auf das Gebiet der Kinder- und Jugendpsychologie, das die akademische Psycho-

1 Bernfeld sollte seinen Publikationspläne aber bald ändern. 1934 schrieb er in einer Anmerkung zu seinem Gestalttheorie-Aufsatz: »Es war meine Absicht, unter dem gemeinsamen Titel 'Die Krise der Psychologie und die Psychoanalyse' in einer Reihe von Aufsätzen die Schulen und Standpunkte darzustellen, in welche die heutige Psychologie zersplittert ist. Das Motiv und den Grundgedanken dieser Bemühung versuchte ich in der Einleitung zum Bericht über W. Sterns Personalismus . . . zu rechtfertigen. Dieser vorliegende Aufsatz sollte der zweite in der Reihe sein. Die vierte Stelle war der sowjetrussischen Psychologie zugedacht. Aus äußeren Gründen erschien die Kritik dieser Schule außer der Reihe . . . und ohne den Obertitel der Serie, auf die auch jetzt und bei zukünftigen Berichten verzichtet werden mag.« (Bernfeld, 1934b, S. 32) Die kritische Auseinandersetzung mit sowjetischen Psychologen, auf die Bernfeld hier hinweist, findet sich in seiner Replik auf Wilhelm Reichs »Widerlegung der Todestriebhypothese« (Bernfeld, 1932b) verarbeitet.

2 Nach dem Ende des Ersten Weltkriegs wurde das Kolonialinstitut zu einer Universität ausgestaltet und Stern zum Leiter des neuen psychologischen Universitätsinstituts ernannt.

logie zu ihrer ureigensten Domäne zählte, vorzudringen begann, eröffnete Stern mit einem Protestaufruf eine scharfe Polemik gegen sie.[3] Mit den Jahren wich aber der polemische Ton mehr und mehr der sachlichen Diskussion psychoanalytischer Grundannahmen. 1931 konnte Bernfeld anmerken, daß Stern »immer deutlicher« einen »zustimmenden Standpunkt« vertrete: ». . . d. h. es wird immer deutlicher oder aus seiner Polemik gegen die Psychoanalyse wird immer deutlicher, daß eine Reihe grundsätzlicher Gedanken der Psychoanalyse seinem Personalismus nahe stehen, ja konsequent sich aus ihm ergäben.« (Bernfeld, 1931h, S. 187)

Die wesentlichen Motive der Sternschen Rezeption der Psychoanalyse waren aber schon in seiner Rezension der *Traumdeutung* klar hervorgetreten: »Die Anerkennung eines unbewußten Affektlebens und der Notwendigkeit des Deutens einerseits, die methodische Kritik der Deutung und die Kritik am Konzept des Sexualtriebs andererseits, diese Punkte kennzeichnen über alle Jahre hinweg Sterns Verhältnis zur Psychoanalyse.« (Geuter und Nitzschke, 1989, S. 110)

Bernfeld begann von 1914 an Arbeiten in Sterns *Zeitschrift für angewandte Psychologie* zu publizieren. Im Siegfried Bernfeld-Archiv der Library of Congress, Washington D.C., finden sich mehrere Briefe und Karten William Sterns, die vor allem aus den Jahren 1913 bis 1917 und 1929 bis 1932 stammen und die eine sehr angeregte, über bloß technische Publikationsfragen hinausgehende Korrespondenz der beiden Persönlichkeiten dokumentieren. Stern dürfte den um mehr als zwanzig Jahre jüngeren Bernfeld zunächst als eine Art Fachmann in Sachen der Psychologie der Jugendbewegung geschätzt haben, wofür seine wohlwollenden Bemerkungen zu den ihm von Bernfeld zugesandten und einschlägige Themen behandelnden Manuskripten sprechen. Auch persönlich am wissenschaftlichen Werdegang seines jungen Autors interessiert, gratulierte Stern am 26. Oktober 1915 zum bestandenen Doktorexamen und erkundigte sich gleichzeitig, ob Bernfeld seine Dissertation zu publizieren gedenke.[4] Ein Jahr später machte er den Vorschlag, Bernfeld möge sich mit einer »Darstellung der neuesten Wandlungen in der Jugendbewegung, natürlich mit gebührender Hervorhebung der psychologischen Faktoren« an der seit 1916 von ihm mitredigierten *Zeitschrift für Pädagogische Psy-*

3 Vgl. dazu Geuter und Nitzschke (1989, S. 111-118) und Graf-Nold (1988, S. 207-220).

4 Brief von William Stern vom 26. 10. 1915, Siegfried Bernfeld Archiv, Library of Congress, Washington D.C.

chologie beteiligen.[5] Bernfelds Naheverhältnis zur Psychoanalyse, die er wenige Jahre zuvor heftig zu attackieren begonnen hatte, empfand Stern als nicht sonderlich störend. Auf ein von Bernfeld verfaßtes Manuskript »Über das Dichten eines Jugendlichen«[6] eingehend, schrieb er am 23. Juni 1916: »Die Art, wie Sie hierbei von der Psychoanalyse Gebrauch machen, ist so zurückhaltend, dass darauf meine frühere Kritik nicht anzuw[e]nden wäre. Ich habe übrigens den Eindruck, dass Ihre Auffassung den Gedanken der Adlerschen Schule näher steht als der Freudschen.«[7]

Bernfeld seinerseits schien nicht nur die Persönlichkeit Sterns, sondern auch dessen psychologische Forschungsarbeit großen Eindruck gemacht zu haben. Aus den Briefen Sterns geht hervor, daß er 1916 mehrmals nach Möglichkeiten einer Mitarbeit am Hamburger Psychologischen Laboratorium anfragte.[8] Für Anregungen und Vorschläge, die Stern seinem jugendlichen Kollegen brieflich zukommen ließ, zeigte sich Bernfeld zumeist sehr zugänglich. In einem Brief vom 10. März 1917 hieß es: »Müsste sich nicht eigentlich auch die Jugendbewegung des Berufseignungsproblems annehmen? Eine den wirklichen Anlagen und Neigungen gemäße Berufswahl gehört doch zu den wichtigsten Bedingungen wirklicher Persönlichkeitsentfaltung. Ich werde Ihnen demnächst einige kleinere Drucksachen darüber aus unserem Institut senden«.[9] Diese Bemerkung Sterns könnte dazu beigetragen haben, daß Bernfeld sich um 1918 im Rahmen der jüdischen Jugendbewegung unter anderem auch dem Problem der Berufsberatung zuwandte (Bernfeld, 1918r).

In den Briefen Sterns, die aus den späten zwanziger und frühen dreißiger Jahren erhalten sind, ist von dem fast väterlichen Mentoren-Ton, der

5 Brief von William Stern vom 20. 8. 1916, Siegfried Bernfeld Archiv, Library of Congress, Washington D.C.

6 Bernfeld zog das Manuskript, nachdem es in der von Stern und Lipmann herausgegebenen Reihe der *Beihefte zur Zeitschrift für angewandte Psychologie* nicht erscheinen konnte, von einer Publikation zunächst zurück. Acht Jahre später erschien dann sein Buch *Vom dichterischen Schaffen der Jugend* (Bernfeld, 1924a), in das er seine frühe Schrift eingearbeitet haben dürfte.

7 Brief von William Stern vom 23. 6. 1916, Siegfried Bernfeld Archiv, Library of Congress, Washington D.C. Die Bemerkung, daß Bernfeld in seinem Denken der »Adlerschen Schule« nahe stehe, können wir als einen Hinweis dafür nehmen, wie oberflächlich sich Stern bis dahin mit den Theorien Freuds – und wohl auch mit denen Adlers – auseinandergesetzt hatte.

8 Briefe von William Stern vom 11. 2. und vom 3. 9. 1916, Siegfried Bernfeld Archiv, Library of Congress, Washington D.C.

9 Brief von William Stern vom 10. 3. 1917, Siegfried Bernfeld Archiv, Library of Congress, Washington D.C.

zumindest Teile der Korrespondenz von 1913 bis 1917 gekennzeichnet hatte, nichts mehr zu spüren. Aus der Vielfalt der Forschungsaktivitäten Bernfelds, die Stern offensichtlich mit großem Interesse verfolgte, ergaben sich für ihn wichtige Bezugspunkte zur eigenen Arbeit, über die er nun von sich aus den Gedankenaustausch mit dem fest in der psychoanalytischen Bewegung verankerten Bernfeld suchte. Zur Illustration – auch der mittlerweile sehr sachlich gewordenen Haltung Sterns gegenüber der Psychoanalyse – sei hier ein längerer Auszug eines Briefes aus dem Jahr 1930 wiedergegeben:

> ». . . erst jetzt, nachdem die Semesterarbeit abgeschlossen ist, bin ich dazugekommen, den Le Chatelier-Aufsatz[10] zu lesen. Mir war dieser neue Versuch einer Physikalisierung der Person umso interessanter, als ältere Gedankengänge, denen ich selbst vor Jahrzehnten nachging, dabei wieder anklingen. Sie selbst nehmen ja auf meine Entropiearbeit[11] Bezug; vielleicht interessiert Sie auch die Vorgeschichte dazu, die ich kürzlich veröffentlichte und wovon ich Ihnen ein Exemplar beilege.
> Freilich habe ich den Eindruck, dass die Anähnelung der Person an rein physikalische Systeme, die Sie vornehmen, zu weit geht. Denn die physikalische Selbsterhaltung steht und fällt mit dem substantiellen Identischbleiben, während die personale Selbsterhaltung unter ständigem Wechsel der konstituierenden Substanz vor sich geht. . . .
> Da Sie schreiben, dass Sie in einem Schlussaufsatz Ihrer Reihe auf das Verhältnis der Psychoanalyse zum Personalismus eingehen wollen, darf ich Sie vielleicht auf folgende Punkte hinweisen.
> 1.) In Ihrer Psychologie des Säuglings zitieren Sie meine Stellungnahme zur Psychoanalyse nach der ersten Auflage der Psychologie der frühen Kindheit.[12] Inzwischen waren aber längst weitere stark umgearbeitete Auflagen erschienen, in denen ich viel ausführlicher auf die Kleinkindpsychoanalyse einging, zwar zum Teil ebenfalls polemisch, aber doch zugleich auch das herausarbeitend, was die Kindespsychologie meines Erachtens an wertvollen Gesichtspunkten und Betrachtungsweisen der Psychoanalyse entnehmen kann. In der letzten Auflage von 1928 ist auch auf Ihr Buch mehrfach Bezug genommen.
> 2.) Ich weiß nicht, ob Ihnen meine neueren Bemühungen bekannt sind, den Tiefenbegriff dem personalistischen System einzugliedern. Auf dem Wiener Psychologenkongress 1929 sprach ich zur 'Theorie der persona-

10 Bernfeld und Feitelberg (1929f)

11 Stern (1903)

12 Stern (1914)

len Ganzheit und Tiefe'.[13] Ausführlicher und grundsätzlicher wird das Thema behandelt in meinem Ostern dieses Jahres erscheinenden Buch 'Studien zur Personwissenschaft I'. . .

3.) Meine Studien und auch äussere Anlässe haben mich in letzter Zeit zur direkten Beschäftigung mit der Sexualpsychologie des Kindes und Jugendlichen geführt. Obgleich noch nichts Systematisches darüber vorliegt, so wird doch für Kenner der Problematik schon aus meinem 'Gutachten' über Sittlichkeitsvergehen an höheren Schulen (für das Preussische Kultusministerium) erkennbar, in wie weit hier Verwandtschaft und Gegensätzlichkeit zur Psychoanalyse vorliegt.«[14]

Der im obigen Brief von Stern angesprochene Aufsatz über »Das Verhältnis der Psychoanalyse zum Personalismus« erschien dann außerhalb der Reihe der gemeinsam mit Sergei Feitelberg verfaßten Schriften zur Libidometrie als erste Arbeit der von Bernfeld angekündigten Artikelserie zur Diskussion der Rolle der Psychoanalyse in der Krise der akademischen Psychologie (Bernfeld, 1931h).

Dennoch stand die Kritik des Personalismus in einem engen Zusammenhang zur Libidometrie. Sichtbar wird die Einheit der Interessen und Fragestellungen, durch die Bernfelds mannigfaltigen Forschungen motiviert waren: Die Analyse der Sternschen Begriffe der »Person« und der »Deutung«, die den Kern der Auseinandersetzung mit der personalistischen Philosophie bildete, verwies unmittelbar auf jene Probleme, die Bernfeld in seiner Libidometrie zu bearbeiten versuchte. Darüberhinaus ermöglichte die Kritik an Sterns »Deutungs«-Konzept aber einen ersten Ansatz zu einer methodisch exakteren Fassung des Verfahrens der Deutung innerhalb der Psychoanalyse.

Stern hatte sein metaphysisches System des Personalismus in dem dreibändigen Werk *Person und Sache* (Stern 1906, 1918 und 1924) entwickelt. Jenseits aller wertphilosophischen Spekulationen, die in Sterns Philosophie deutlich im Vordergrund standen, glaubte Bernfeld im Personalismus für die Psychologie ganz wesentliche Grundeinsichten zu erkennen, die, einmal losgelöst aus ihrem philosophischen Kontext, sich »als sehr frühe und sehr entschlossen neuartige psychologische Theorien« erweisen konnten (Bernfeld, 1931h, S. 178).

Metaphysische Grundkategorie der Philosophie Sterns war der Begriff

13 Gemeint ist der XI. Kongreß der Deutschen Gesellschaft für Psychologie in Wien 1929. Sterns Referat ist in dem von Volkelt (1930) herausgegebenen Kongreßbericht abgedruckt.

14 Brief von William Stern vom 3. 3. 1930, Siegfried Bernfeld Archiv, Library of Congress, Washington D.C.

der »Person«: »Person ist ein solches Existierendes, das trotz der Vielheit der Teile eine reale eigenartige und eigenwertige Einheit bildet und als solche trotz der Vielheit der Teilfunktionen eine einheitliche, zielstrebige Selbsttätigkeit vollbringt. Eine Sache ist das kontradiktorische Gegenteil der Person«. (Stern, 1906, S. 16)

Auch unabhängig von ihren metaphysischen Absichten könne – so Bernfeld – die Sternsche Definition von »Person« einfach als allgemeinste Formulierung der Charakteristika der »menschlichen Persönlichkeit« gelten. »Person« bezeichne dann jene Einheit, an der die menschlichen Lebensvorgänge existieren und ablaufen. In dieser Betonung des »personalen Zusammenhangs«, der letztlich alle konkreten personalen Lebensäußerungen bestimmt, sei die Abstraktheit der alten Elementenpsychologie, die sich in dieser oder jener Form noch immer auf David Humes »Bündeltheorie« der persönlichen Identität[15] stütze, entschieden überwunden worden.

Problematisch blieb für Bernfeld die Gegenüberstellung von »Person« und »Sache«, die der Sternschen Definition zugrunde lag. Stern bezwecke damit »unstreitig die Abtrennung der Personwissenschaft von der Naturwissenschaft, der 'Teleologie' von der 'Mechanik'«. Zwischen »dem sachwissenschaftlichen Verfahren (Physik) und den personwissenschaftlichen Verfahren (Biologie, Psychologie, Soziologie)« werde eine »grundsätzlich unüberwindbare Kluft aufgerissen und durch ontologische, weltanschauliche, wertphilosophische Gedankengänge offen gehalten« (Bernfeld, 1931h, S. 180). Die darin implizierte radikale Trennung zwischen dem physikalischen und dem psychologischen Diskurs war für Bernfeld nicht zu rechtfertigen: »Ist das Psychische ein Teil des Naturgeschehens, so müssen die Gesetze, die für alles Naturgeschehen als gültig erkannt wurden, auch für das Psychische gelten«, formulierte er gemeinsam mit Feitelberg in ihrer Studie über »Das Prinzip von Le Chatelier« (Bernfeld und Feitelberg, 1929f, S. 289f). In Frage stand beispielsweise die Anwendung des Energieerhaltungsprinzips auf die Psychologie, was Bernfeld mit seinem »libidometrischen Unternehmen« entschieden bejahte. Entgegen der Sternschen Intention bemühte er sich in seinen frühen Arbeiten zur Libidometrie nur folgerichtig um eine »Anähnelung der Person an physikalische Systeme«, wie Stern in seinem Brief vom 3. März 1930 kritisch anmerkte. Aber schon Sterns eigene Begriffsbildung trug genug von jenem »einheitswissenschaftlichen« Potential in sich, auf das es Bernfeld hier ankam.

15 Nach David Hume war das Ich »nothing but a heap or a collection of different perceptions united together by certain relations« (Pongratz, 1967, S. 163).

Indem Stern die »Person« als »psychophysisch neutral«, als ein Etwas, das jenseits oder vor der Scheidung von Physischem und Psychischem liege, definierte, erreichte er, wenn auch keine Lösung, so doch eine radikale Verschiebung des alten »Leib-Seele-Problems«: ». . . als psychologische Arbeitshypothese ernstgenommen, ergibt sie eine ganz beträchtliche Verwandlung der Psychologie. Sind alle personalen Äußerungen psychophysisch neutral, so verschwinden die Grenzen zwischen Physiologie, Biologie und Psychologie entweder völlig oder doch provisorisch, bis der Personenstufenbau, als der nach Stern die menschliche Persönlichkeit aufgebaut ist, nach seiner Struktur erkannt ist, und die Möglichkeit besteht, diese Wissenschaften nach der Rangordnung der Teilpersonen zu definieren, aus denen die Gesamtperson besteht«. (Bernfeld, 1931h, S. 181-182) Aus dem Gesichtspunkt der »psychophysischen Neutralität« folgte für Stern aber vor allem auch eine Nicht-Identität von »Person« und »Bewußtsein«, daraus die Anerkennung eines »Unbewußten« und der Notwendigkeit einer Theorie desselben: »Wir bezeichnen als 'unbewußt' alles dasjenige an der Person, was zu ihren Bewußtseinstatsachen Beziehung oder für sie Bedeutung hat und doch nicht selbst Bewußtseinstatsache ist.« (Stern, 1918, S. 241) Dies führte Stern wiederum zu einer erkenntnistheoretischen Kritik an einer der Grundannahmen der »alten« Psychologie, nämlich an der Gewißheit der Selbstbeobachtung, und schließlich zu einer methodischen Erörterung der Möglichkeiten einer Aufdeckung von »personalen Zusammenhängen«. Wollte die Psychologie sich nicht bloß auf die Beschreibung von Bewußtseinstatsachen beschränken, so müßte sie danach trachten, diese in ihrem personalen Zusammenhang, d. h. innerhalb der vorgegebenen Sinn- und Bedeutungsstruktur, die selbst eben keine Bewußtseinstatsache ist, zu verstehen und zu erklären. »Aus dem Bedeutungs-Problem muß sich folgerecht das Deutungs-Problem entwickeln; denn nunmehr hat es Sinn zu fragen, auf welche personale Wesenszüge gewisse psychische Tatbestände 'hindeuten'. Was wir bisher an Ausdrucks-, Handschrift-, Traum-, Test- und anderen Deutungen besitzen, sind nur zaghafte Ansätze zu einer wissenschaftlichen Deutungskunde, die eines der wichtigsten Teilgebiete der personalistischen Psychologie zu werden verspricht«. (Stern, 1927, S. 174)

Dem »Deutungs-Problem« widmete Stern dann in seinen *Studien zur Personwissenschaft* (Stern, 1930) konzentrierte Aufmerksamkeit. Er war damit der erste, wie Bernfeld anerkannte, der sich bemühte, das Verfahren der Deutung in die Methodologie der Psychologie aufzunehmen (Bernfeld, 1931h, S. 186).

Stern unterschied zwischen »teleologischer« und »symbolisch-symptomatischer« Deutung. Die teleologische Deutung ordne »den einzelnen Tatbestand in die Zweckstruktur der persönlichen Ganzheit ein«, erfasse ihn also »in seiner Dienstbarkeit gegenüber dem Sinngefüge«. Die symbolisch-symptomatische Deutung hingegen gehe vom zu beobachtenden Einzelmoment aus und strebe »unbedingt und ausnahmslos« zur Ganzheit hin, auf die »Totalität der Person«, d. h. »von außen nach innen, von der Oberfläche in die Tiefe, vom aktuell Wirklichen zum dispositionell Möglichen« (Stern, 1930, S. 68 und 73). Stern betonte, daß das »Deuten« seine eigene »logische« Struktur habe, die es scharf vom »induktiven Schließen« unterscheide: Jenes suche »vertikale« (von der personalen Oberfläche zur personalen Tiefe hin) Zusammenhänge, dieses »horizontale«; jenes sei vieldeutig, dieses stets eindeutig.

Im Anschluß an die Sternsche Begriffsbildung versuchte Bernfeld in der Folge das Verfahren der Deutung als Forschungsstrategie innerhalb der Psychoanalyse methodisch aufzuklären. Der wesentliche psychoanalytische Erkenntniserwerb, so hielt er als Hauptresultat seiner kritischen Untersuchung fest, erfolge nicht durch »Deutungen« im Sternschen Sinne, weder durch teleologische noch durch symbolisch-symptomatische, sondern durch die historische »Rekonstruktion abgelaufener Geschehnisse aus dem Studium ihrer Spuren« (Bernfeld, 1931h, S. 200). »So wie der Detektiv (im Roman) aus den Spuren, die ein kriminelles Geschehnis hinterlassen hat, den vergangenen und nur in seinen Spuren vorhandenen Vorgang rekonstruiert, so verfährt der Psychoanalytiker, indem er aus den Spuren abgelaufener personaler Prozesse diese selbst zu rekonstruieren versucht.« (Bernfeld, 1932d, S. 291)

Ein derartiges methodisches Vorgehen sei aber gar nicht für die Psychoanalyse allein spezifisch. Letztlich bedienten sich seiner alle genetisch argumentierenden Wissenschaften, die historischen ebenso wie die naturwissenschaftlichen Disziplinen. Das Problem der grundsätzlichen Mehrdeutigkeit historischer Rekonstruktionen und die sich daraus ergebenden Schwierigkeiten der Verifizierung gälten für diese Einzelwissenschaften in der gleichen Weise wie für die Psychoanalyse.

Zweifellos stand das von Bernfeld explizierte Verfahren der »historischen Rekonstruktion« dem »linearen Schließen« näher als den Sternschen Bestimmungen der »logischen« Struktur von »Deuten«. Eine Klärung des »Deutungsaktes« selbst, d. h. jener kognitiven Operationen, die für das »Rekonstruieren« wesentlich sind, ließ Bernfeld in seinem Personalismus-Aufsatz noch offen. Erst die intensive Beschäftigung mit den denkpsychologischen Ansätzen der Berliner »gestalttheoretischen Schule« sollte ihm hier neue, originelle Lösungswege eröffnen.

Neben der »historischen Rekonstruktion« als Forschungsmethode der Psychoanalyse, die streng genommen nicht als »Deutung« bezeichnet werden könnte, gab es für Bernfeld in der psychoanalytischen Theoriebildung dennoch ganz zentrale Momente, die durchaus mit der Sternschen Begriffsbildung in Einklang zu bringen wären. Freuds Formel, daß der »Traum der Hüter des Schlafes« sei, daß also »der durch äußere oder innere Reize gestörte Schlafzustand halluzinatorische Störungsüberwindungen« ansetze und daher »irgendwelche Träume produziere«, käme dem, was bei Stern »teleologische Deutung« heißt sehr nahe. Es handle sich jedenfalls um eine »funktionelle Aussage«, die die »allgemeine Funktion des Traumes im biologisch-physiologischen Zusammenhang der Person« bestimme. (Bernfeld, 1932c, S. 462) Von solchen »teleologisch-funktionellen Deutungen« mache die Psychoanalyse nicht nur in der Traumdeutung, sondern vor allem in der Betrachtung des sogenannten »ökonomischen« und zum großen Teil auch des »strukturellen« Gesichtspunkts sehr zahlreich Gebrauch. Die Verifizierung »funktioneller Erklärungen« sei prinzipiell äußerst schwierig.[16] Aber schon Freud selbst habe die Wege zu einer Lösung angebahnt, indem er alle »funktionellen Erklärungen« im gewissen Sinne als »vorläufige« betrachtete, »die an Stelle zu erhoffender quantitativer Kausalerklärung, im engsten Sinne des Wortes, stehen« (Bernfeld, 1932c, S. 463). Wieder eröffnet sich uns ein Zugang zum Verständnis des Bernfeldschen Ansatzes einer »Libidometrie«: »Es ist kein Zufall, daß Freud gerade bei seinem ökonomischen Gesichtspunkt den Anschluß an die Biologie, ja die Physik fordert. Die Fragen der Lust sind ihm letztlich quantitative Fragen; der Trieb – Telos der Person – mündet in die Tendenz nach dem Ruhezustand, dem Ausgleich; das Lustprinzip ist mit dem physikalischen 'Stabilitätsprinzip' verknüpft. Gerade bei dem exquisit qualitativen, teleologischen Deutungsprinzip ruft Freud nach dem Anschluß an die übrige quantitative Naturwissenschaft.« (Bernfeld, 1931h, S. 198)

1932 veröffentlichte Bernfeld in Sterns *Zeitschrift für angewandte Psychologie* eine systematische Darstellung seiner in der Kritik des Personalismus entwickelten Klärung des Begriffs der »Deutung« in der Psychoanalyse (Bernfeld, 1932c). Die Psychoanalyse definierte er nun – entsprechend seiner Bestimmung ihrer Forschungsmethode – als Spurenwissen-

16 Was aber wiederum nicht nur auf die Psychoanalyse allein zutrifft, sondern auf alle wissenschaftlichen Disziplinen, die sich funktioneller Erklärungen bedienen, also etwa auch auf die Biologie und die Physik.

schaft, d. h. als ein System des Wissens um die Spuren seelischer, personaler Abläufe (Bernfeld, 1932c, S. 472). Stern lud Bernfeld nach Erhalt des Manuskripts dazu ein, seine »Gedanken über 'Deutung'« auf dem XII. Kongreß der Deutschen Gesellschaft für Psychologie in Hamburg 1931 vorzutragen.[17]

Bernfeld war bereits kurz vor oder nach dem XI. Kongreß in Wien 1929 Mitglied der Deutschen Gesellschaft für Psychologie geworden (Volkelt, 1930, S. 206). An diesem XI. Kongreß hatte die »scientific community« der akademischen Psychologen ganz formell das Monopol einer an den naturwissenschaftlichen Fächern abgelesenen experimentellen Forschungsstrategie zugunsten eines Pluralismus der Methoden aufgegeben. Die Bezeichnung »Gesellschaft für experimentelle Psychologie« war damals in »Deutsche Gesellschaft für Psychologie« abgeändert worden. »Die Gesellschaft«, so teilte Stern Bernfeld brieflich mit, »hat ja jetzt nicht nur in ihrem Namen, sondern auch in ihren Bestrebungen aufgehört, bloss der experimentellen Psychologie zu dienen; sie will die wissenschaftliche Psychologie überhaupt vertreten.«[18] Diese neu gewonnene methodische »Toleranz« in der Psychologie (Elliger, 1986, S. 55) ließ es nun sogar zu, daß Psychoanalytiker auf den Fachkongressen Referate beisteuern konnten: Am XI. Kongreß in Wien sprach Paul Schilder »Über Komplexe« (Schilder, 1930), am XII. Kongreß in Hamburg Bernfeld über den psychoanalytischen Deutungsbegriff (Bernfeld, 1932d).

Psychoanalyse und Gestalttheorie

Mit ihrem theoretischen Grundpostulat, daß die Wahrnehmung komplexer Gestalten eine primäre psychische Leistung sei, eben nicht durch den Rekurs auf eine »und-summenhafte« Verknüpfung elementarer Sinnesempfindungen zu erklären, hatte die Berliner »gestalttheoretische Schule« mit ihren Protagonisten Wolfgang Köhler (1887-1967), Kurt Koffka (1887-1941) und Max Wertheimer (1880-1943) innerhalb der in den ersten Jahrzehnten des 20. Jahrhunderts einsetzenden »ganzheitlichen Wende« der akademischen Psychologie am radikalsten die Abkehr von der alten assoziationi-

17 Brief von William Stern vom 20. 2. 1931, Siegfried Bernfeld Archiv, Library of Congress, Washington D.C.

18 Brief von William Stern vom 20. 2. 1931, Siegfried Bernfeld Archiv, Library of Congress, Washington D.C.

stischen Elementenpsychologie vollzogen. Von konkurrierenden zeitgenössischen psychologischen Richtungen ob ihres streng naturwissenschaftlichen Anspruchs bekämpft, geriet dieser wohl fruchtbarste Ansatz in der deutschsprachigen Psychologie – trotz aller internationaler Beachtung und Anerkennung – rasch in eine gewisse Außenseiterposition.[19]

Spätestens mit den naturphilosophischen Arbeiten Wolfgang Köhlers, in denen er versuchte, »die allgemeinen Eigenschaften phänomenaler Gestalten von ebenso allgemeinen Eigenschaften physikalischer Strukturen aus zu verstehen« und letztlich »eine Physik der psychophysischen Gestalten« zu begründen (Köhler, 1920, S. 174), waren die weit über das eigentliche Gebiet der Psychologie hinausführenden Implikationen der Gestalttheorie – ihrer eigenen »interwissenschaftlichen« Programmatik (Bernfeld, 1932g, S. 130) nach von der Physik über die Biologie bis zur Logik und Erkenntnistheorie reichend (Bernfeld, 1934b, S. 33) – offen zu Tage getreten. Doch Köhler explizierte in seinem Buch von 1920 nur das, was Wertheimer schon in seinen frühesten gestalttheoretischen Arbeiten angelegt hatte: die Theorie eines »psychophysischen Isomorphismus«, d. h. die Annahme, daß es den psychischen Tatsachen zugrundeliegende physische bzw. physiologische Vorgänge geben müsse, die in ihren allgemeinen Strukturcharakteristika den phänomenalen Gestalten entsprächen.

Nur allzu offensichtlich ergaben sich für Bernfeld daraus Parallelen zu seinem eigenen Verständnis der Natur des Psychischen: Der Nachweis der Existenz physischer Gestalten führe Köhler zu der Feststellung, daß »physische und psychische Prozesse in diesem Gestaltcharakter identisch« seien. Nichts anderes aber habe die Psychoanalyse von je her behauptet: daß das Psychische nämlich »nicht prinzipiell anderer Art sein« könne »als die Natur sonst«. (Bernfeld, 1934b, S. 55)

Obwohl die führenden Vertreter der Gestalttheorie selbst sich einer kritischen Auseinandersetzung mit der psychoanalytischen Forschung weitgehend enthalten hatten, seien sie – so Bernfeld – in vielen Bereichen zu sehr ähnlichen Resultaten gelangt. Bernfeld nahm den Freudschen »Trieb«-Begriff als Beispiel: Freud habe den »Trieb« nicht als einen Deskriptions-, sondern als einen Erklärungsbegriff eingeführt: Alle nicht an Aussenreize gebundenen Handlungen sollten durch ihn erklärt werden. »Der Trieb ist in einem inneren Spannungszustand begründet, . . . der die Ener-

19 Die akademische Psychologie der Weimarer Republik wurde weitgehend von der sog. »Leipziger Schule der genetischen Ganzheitspsychologie« Felix Kruegers beherrscht. Vgl. dazu Geuter (1980 und 1984); zur Geschichte der Gestalttheorie, insbesondere zur Geschichte ihrer Exilierung in der NS-Zeit vgl. Ash (1985a).

gie für eine Handlung abgibt« und – »indem die Spannungsgröße im ganzen herabgesetzt wird« – die Richtung dieser Handlung »eindeutig bestimmt«. Köhler behaupte nun, daß das »spezifisch 'zweckmäßige' oder 'triebgerichtete' Geschehen bei den Organismen« letztlich solchen Abläufen entspräche, »die in der Physik mit dem zweiten Hauptsatz der Thermodynamik, dem sogenannten Entropiesatz bewältigt« würden. »Gerade das Spezifische des Lebens wird so mit der Physik verbunden. Sucht man nach einem einfachen, wenn auch nicht ganz zutreffenden Vergleich, so könnte man sagen: Physikalische Systeme, für die der Entropiesatz gilt, benehmen sich so, als hätten sie einen Trieb, im Ganzen ihre inneren Spannungsgrössen herabzusetzen. Eine Formulierung, die für den Psychoanalytiker geradezu tautologisch ist . . .« (Bernfeld, 1934b, S. 53)

Bernfelds Darstellung der Grundprinzipien der Gestalttheorie (Bernfeld, 1934b, S. 32-40) ist sehr klar und äußerst kenntnisreich geschrieben. Auch heute noch kann sie als eine gelungene Einführung in das gestalttheoretische Denken Gültigkeit beanspruchen. Schärfer als viele der späteren Adepten der Gestalttheorie wußte Bernfeld die Stärken und Schwächen ihres Ansatzes zu benennen. Zum einen habe sie trotz des Ausgangs von der »Gestalt« die Anknüpfung der Psychologie an die Physiologie nicht nur nicht aufgegeben, sondern diese sogar ins Zentrum ihrer Theorie gerückt, wodurch die radikale Zurückweisung der alten, psychophysiologisch begründeten Elementenhypothese erst logisch einwandfrei möglich wurde. Zum anderen aber sei ihr physiologisches Fundament »völlig hypothetisch« geblieben und durch empirische Einzelbefunde kaum genügend abgesichert worden: ». . . die Gestalthypothese der Physiologie scheint zu schmal, um den stolzen Bau der Gestalttheorie zu tragen.« (Bernfeld, 1934b, S. 38) In der Erörterung des Verhältnisses von Psychoanalyse und Gestalttheorie zueinander war Bernfeld dann sichtlich bemüht, vor allem die Gemeinsamkeiten der beiden Richtungen herauszustreichen. Dort, wo die Gestalttheorie Gegenstände behandle, die auch Forschungsobjekte der Psychoanalyse sind, käme sie – so lautete seine These – zu Formulierungen, die nicht selten wie »Übersetzungen« psychoanalytischer Grundannahmen anmuten (Bernfeld, 1934b, S. 61). Ihre Behauptung, eine »radikal neue, das ganze psychologische Denken umwälzende Entdeckung oder Erfindung« zu sein (Bernfeld, 1934b, S. 71), ließe sich schon allein deshalb wohl kaum mehr rechtfertigen. An längeren Textproben aus der *Traumdeutung* versuchte er zu zeigen, mit welcher Selbstverständlichkeit schon Freud eine »Gestalt«-Psychologie handhabte, »freilich ohne sich bei den Gestaltkriterien aufzuhalten« (Bernfeld, 1934b, S. 47).

Bei aller Übereinstimmung, die Bernfeld zwischen Gestalttheorie und Psychoanalyse zu konstatieren vermochte, sah er sich zu der Kritik veranlaßt, daß die Erkenntnisse, die die gestalttheoretischen Arbeiten zu Tage fördern, verglichen mit jenen der Psychoanalyse, schlichtweg als »lebensfremd« zu bezeichnen seien: »Von Sexualität, auch nur von Liebe, Haß und Hunger, vom künstlerischen und religiösen Genießen und Produzieren, von Kindheit und Pubertät, von Traum, Neurose und Psychose, von Charakter und Erziehung weiß die Gestalttheorie – bis jetzt – überhaupt nichts oder nichts Bedeutsames zu sagen.« (Bernfeld, 1934b, S. 62) Wenn beispielsweise Wertheimer in einigen wenigen Untersuchungen ganz »lebensnahe« Fragen anzugehen vorgebe, komme er zumeist über »schwächlichste Psychoanalyse, nämlich fast Adlersche Psychologie« nicht hinaus (Bernfeld, 1934b, S. 63). Nur andeutungsweise machte Bernfeld den Versuch, diese auffallende »Lebensferne« der Gestaltpsychologie mit ihrer Methodologie in Verbindung zu bringen: Durch die weitgehende Ausklammerung des »historischen Moments« verstelle sie sich selbst den Zugang zu jener Fakten-Fülle, auf der gerade die Psychoanalyse ihre an den lebenspraktischen Problemen der Subjekte orientierte Psychologie errichtet habe (Bernfeld, 1934b, S. 65-66 und 75).

Trotz der bestehenden methodischen und inhaltlichen Differenzen überwog Bernfelds zustimmende Haltung seine kritischen Einwände. Eine »enge Verwandtschaft« zwischen den beiden Richtungen stellte sich für ihn gerade auch durch die gestalttheoretischen Arbeiten auf jenen Gebieten her, mit denen sich die Psychoanalyse selbst nicht beschäftigt hatte. Indem beispielsweise die Gestalttheorie, ausgehend von ihrer Wahrnehmungspsychologie, den Nachweis erbringe, daß Gestaltkriterien nicht nur den Wahrnehmungsgebilden, sondern auch Affektvorgängen, Handlungen oder Denkprozessen zukommen, habe sie die in der alten »Schulpsychologie« vollzogene Auftrennung des Psychischen in seperate Sphären etwa des »Denkens«, »Fühlens« und »Wollens« endgültig überwunden. Sie bestätige und teile damit eine der Grundvoraussetzungen der Psychoanalyse, daß nämlich sämtliche psychische Leistungen und Geschehnisse »in einem personalen Zusammenhang miteinanderstehen, daß sie untereinander wesensähnlich sein müssen, weil sie nur je andere Funktionen im Ganzen der Lebens-, Trieb-, Bedürfnisabläufe erfüllen« (Bernfeld, 1934b, S. 41). Die bisher unüberwindbar erscheinende Kluft zwischen Psychoanalyse und akademischer Psychologie sei dadurch überbrückt und die Anknüpfung der Psychoanalyse an die einzelwissenschaftliche Psychologie möglich geworden.

Welch großer Nutzen für den Psychoanalytiker aus dem Studium der gestalttheoretischen Schriften zu ziehen war, versuchte Bernfeld an der von ihm in der Kritik der Sternschen Philosophie 1931 begonnenen Klärung des psychoanalytischen »Deutungs«-Begriffs zu demonstrieren. In seinem Personalismus-Aufsatz hatte er die Frage nach der Art der logischen Operationen, die während eines »Deutungs-Akts« ablaufen, noch unbeantwortet lassen müssen. Die Problemstellung selbst war aber bereits in aller Klarheit formuliert worden: Beim Verfahren der »historischen Rekonstruktion«, als das die »Deutung« in der Psychoanalyse besser zu bezeichnen wäre, handle es sich in gewisser Weise wohl um »Induktionsschlüsse«. Nur seien die einzelnen Schlußketten, die zu einer Rekonstruktion führen, »in Wirklichkeit . . . nicht vorhanden«. »Intuitionen«, »Gestaltauffassungen« stünden an ihrer Stelle. Und doch lasse sich »das Resultat des Deutens, Erfassens, Erhaltens« nachträglich als Induktionskette darstellen (Bernfeld, 1931h, S. 191). Die gestalttheoretische Denkpsychologie wies nun neue Wege, auf denen sich eine Lösung dieses Paradoxons anzubahnen schien. Bernfeld zitierte zunächst ein einfaches denkpsychologisches Experiment: Gegeben waren einzelne Inhalte, ohne manifesten Zusammenhang untereinander: Kochherd, Kühlschrank, Glasflaschen, Chemikalien, Reißbrett, Tinten, Geldscheine, Verhaftung. Unter der Annahme, die Aufgabe stelle einen Vorgang dar, der nur mit Stichworten beschrieben sei, sollte ein den einzelnen Inhalten übergeordneter Zusammenhang erschlossen werden. Die Lösung lautete: »Falschmünzerwerkstatt«. Beim Finden der Lösung sei ein »merkwürdiges ‘Einschnappen’, ‘Ineinanderkippen’« zu beobachten, das Wertheimer mit Karl Bühlers Begriff des »Aha-Erlebnisses« zu charakterisieren versuchte. »Es ist verblüffend« – folgerte Bernfeld –, »wie genau solches denkpsychologisches Experiment die Bedingungen herstellt, unter denen der Analytiker deutet und den Erlebnissen gerecht wird, die er beim Deuten hat und von denen er sich als Kriterien leiten läßt. Die Gestalttheorie ermöglicht den nachdrücklichen Hinweis, daß wir es bei der psychoanalytischen Deutung zum entscheidenden Anteil mit Operationen zu tun haben, die sich mit den Regeln der Induktion nicht einfach bewältigen lassen; denen gegenüber eine Methodologie, die auf der üblichen Schullogik aufgebaut wäre, nicht ganz adäquat ist: nämlich mit Gestalt-Erfassen. Dies heißt nun gewiß nicht, daß wir also keiner Methodologie bedürfen, im Gegenteil, es lädt uns die wissenschaftliche Pflicht auf, jene auszubauen, die dem psychoanalytischen Gegenstand adäquat ist. Dies verlangt freilich nicht weniger als den Umbau der schulüblichen Logik.« (Bernfeld, 1934b, S. 50) Die Gestalttheorie, die dem eigenen Anspruch nach nicht bloß eine neue Psychologie, sondern darüberhinaus eine neue Logik und Erkenntnistheorie begründen will, habe erste »Denkwerkzeuge« geschmiedet, mit denen dieses metatheoretische Unterfangen in Angriff zu nehmen wäre. Kein an der methodologischen Fundierung der Psychoanalyse interessierter Forscher könne an diesen Ansätzen vorbeigehen.

Bernfeld hatte sich seine genauen Kenntnisse der gestalttheoretischen Schule nicht nur durch ein intensives Studium ihrer grundlegenden Schriften, sondern auch in direktem persönlichen Kontakt mit einigen ihrer Vertretern angeeignet. Im Sommersemester 1932 beteiligte er sich in Berlin an einer Arbeitsgemeinschaft von Psychoanalytikern und Gestaltpsychologen, die sich zu regelmäßigen Diskussionsabenden zusammenfand. Die Protokolle dieser Sitzungen sind nahezu vollständig erhalten.[20] Sie dokumentieren in erster Linie Bernfelds Auseinandersetzung mit den Ideen des Kreises um Kurt Lewin. Vor allem der letzte Abschnitt seines Gestalttheorie-Aufsatzes, in dem er Berührungspunkte zwischen beiden Richtungen an konkreten Beispielen aus der gestalttheoretischen Literatur aufzuzeigen versuchte, bezog wichtige Anregungen und Argumente aus diesen Debatten.[21] Neben der Besprechung einer gestalttheoretischen Arbeit über Paranoia, deren Kritik aus psychoanalytischer Sicht dann auch in der Abhandlung von 1934 breiten Raum einnehmen sollte (Bernfeld, 1934b, S. 63-66), diskutierte man in der Arbeitsgemeinschaft recht eingehend das Verhältnis von psychoanalytischen Kategorien zu zentralen Begriffen der Lewinschen Psychologie: Etwa »Über-Ich« versus »Anspruchsniveau« oder »Sublimierung« und »Ersatz«. Zudem brachte Bernfeld alle diejenigen Themen zur Sprache, die ihn selbst damals beschäftigten: So die Methode der »historischen Rekonstruktion« als eigentliches Kernstück des psychoanalytischen Deutungsverfahrens, dann die Libidometrie, die er mit einem Referat »Trieb

20 Lediglich das erste Sitzungsprotokoll von Anfang März 1932 scheint im Bernfeld-Archiv zu fehlen.

21 Bernfeld rechnete Lewin ohne Vorbehalte der gestalttheoretischen Schule zu. Vom Anfang seiner akademischen Karriere an nahm Lewin jedoch am Köhler-Institut in Berlin eine gewisse Sonderstellung ein. Wesentliche Positionen der Gestalttheoretiker, vor allem die Köhlersche Isomorphie-Hypothese, wurden von ihm nicht geteilt. Sehr früh schon hatte der stets seine Psychologie mit Fragen der Wissenschaftstheorie verknüpfende Lewin explizit die Möglichkeit einer Übertragung physikalischer Prinzipien auf die Ebene des Psychischen bestritten (Lewin, 1911 und 1912). Aus der prinzipiellen Ablehnung einer Vereinbarkeit von Physik und Psychologie folgte für ihn die Notwendigkeit der Ausarbeitung einer genuin psychologischen Methode, die sich ausschließlich auf mentale Phänomene und die dort herrschenden Gesetzmäßigkeiten beziehen sollte (Metraux, 1981, S. 39).

und Energie«[22] vorstellte. Die Kontroversen, die sich an Bernfelds Ausführungen anschlossen, wurden von den Psychologen stets im Geiste der Theorien Lewins geführt. Lewin selbst nahm übrigens nur an den ersten Sitzungen der Arbeitsgemeinschaft im Frühjahr teil. Im Mai 1932 trat er eine Gastprofessur an der Stanford University in den USA an. Die meines Erachtens zentralen Momente der Auseinandersetzung Bernfelds mit der Psychologie Kurt Lewins sollen uns in einem eigenen Abschnitt beschäftigen. Als eine Art Überleitung zu den dort in Frage stehenden Theorieproblemen und gleichzeitig zur Illustration der in Berlin stattgefundenen Diskussionsabende zwischen Psychoanalytikern und Gestaltpsychologen gebe ich in der Folge längere Auszüge aus zwei Sitzungsprotokollen wieder. Ausgehend von einer Gegenüberstellung der Begriffe »Über-Ich« und »Anspruchsniveau«[23] rückte man in den betreffenden Debatten das Problem der Differenz zwischen »historischer« und »systematischer« Erklärung in der Psychologie in den Vordergrund. In der daran anschließenden Erörterung der Stellung Bernfelds zu Kurt Lewin werden wir uns dieser Problematik dann eingehender zuwenden.

Sitzungsprotokoll vom 25. März 1932:

> Bernfeld gibt als Grundlage für die weitere Diskussion eine zusammenfassende Darstellung der »psychoanalytischen Lehre vom Ueberich«:
> . . . Nun machen wir die Erfahrung, dass die Handlungen und Zustände der Menschen nicht alle dem Es oder dem Ich zugeordnet werden können, mit anderen Worten: das Lustprinzip und die Umweltbedingungen reichen zur Erklärung nicht aus. Es sind noch zusätzliche Bedingungen wirksam, die der Betreffende selbst im allgemeinen nicht formulieren könnte. Die Psa. hat nun gefunden, dass es sich bei diesen

22 Sitzungsprotokolle der Arbeitsgemeinschaft von Psychoanalytikern und Gestaltpsychologen vom 16. 3. und 26. 5. 1932, Siegfried Bernfeld Archiv, Library of Congress, Washington D.C.

23 Der Begriff »Anspruchsniveau« stammt aus einer Arbeit des Lewin-Schülers Ferdinand Hoppe über »Erfolg und Mißerfolg«. Hoppe war in seinem Bemühen, allgemeine, d. h. unmittelbar »aus der gegebenen Gesamtsituation, ganz ohne Geschichte« (Bernfeld, 1934b, S. 59) abzuleitende Gesetzmäßigkeiten über die Bedingungen des Auftretens von Erfolgs- und Mißerfolgserlebnissen aufzufinden, dazu gezwungen, auch »innere Faktoren« in Rechnung zu stellen: Erfolgs- und Mißerfolgserlebnisse seien prinzipiell nicht an bestimmte Leistungen gebunden; als ausschlaggebend erweise sich vielmehr das Verhältnis der Leistung zum momentanen »Anspruchsniveau«: »Die Versuchsperson geht . . . immer mit gewissen Ansprüchen und Erwartungen an die Arbeit, die sich im Verlaufe der Handlung ändern können. Die Gesamtheit dieser mit jeder Leistung sich verschiebenden, bald bestimmteren, bald präziseren Erwartungen, Zielsetzungen oder Ansprüche an die zukünftige eigene Leistung wollen wir das Anspruchsniveau der Person nennen.« (Hoppe, 1930, S. 10)

Zusatzbedingungen ausschließlich um verinnerlichte Forderungen aus der Oedipussituation handelt. Forderungen, die zwischen dem 3. und 5. Lebensjahr dem Kind von Aussen gegenübertraten, regulieren das Es und das Ich weiter, als ob die Situation von damals noch bestünde. Diese zusätzlichen Regulierungen sind verinnerlichte Gebote und Verbote, die von den Personen ausgingen, an denen der Oedipuskomplex erlebt wurde. Diese Genese ist dem Individuum unbekannt. Ausnahmen sind selten und betreffen höchstens Teile des Ueberichs. Die psa. Theorie des Ueberichs, die unbedingte Allgemeingültigkeit beansprucht, lässt sich folgendermassen zusammenfassen: immer dann, wenn Handlungen und Zustände des Menschen aus den Befriedigungswünschen des Trieblebens und den Anforderungen der Umwelt nicht erklärt werden können, handelt es sich um verinnerlichte Gebote und Verbote aus der Oedipussituation. Das Ueberich ist die Narbe des Untergangs des Oedipuskomplexes.

Als konkrete Grundlage für die weiteren Auseinandersetzungen werden nun von verschiedenen Seiten Beispiele von Ueberichwirkungen in Handlungen und Zuständen vorgebracht. Auf Vorschlag von *Lewin* werden die Tatsachen, die er unter dem Titel »Gesetz von der Erhöhung des Anspruchsniveaus« zusammenfasst, zum Gegenstand näherer Besprechung gemacht. Es handelt sich also um die Frage, warum die Versuchspersonen bei psychologischen Experimenten, wenn man ihnen Gelegenheit dazu gibt, spontan zu schwereren Aufgaben übergehen bez. bessere Leistungen von sich fordern – eine Frage, die weder durch Lustprinzip noch durch Umweltforderungen zu beantworten ist. *Bernfeld* bezweifelt, dass es sich um ein allgemeines Gesetz handelt. Es müssen wohl bestimmte Bedingungen erfüllt sein, z. B. dass die Versuchsperson ein persönliches Interesse am Versuchsleiter, am psychologischen Institut usw. hat. Dann könnte das Gesetz von der Erhöhung des Anspruchsniveaus daraus erklärt werden, dass bei vielen Menschen die Ueberichforderung besteht: du sollst gegenüber den Autoritätspersonen die möglichste Vollkommenheit erreichen. Das Individuum findet sich in der paradoxen Lage, dass es möglichst alles können soll – aber doch auch wieder nicht zu viel; es soll viel wissen, aber vieles auch nicht! Die Erhöhung des Anspruchs folgt aus dem *Schuldgefühl gegenüber dem Erfolg.* Aus diesem Grund kann die Versuchsperson etwa sich getrieben fühlen, so lange weiter zu versuchen, bis sie eine Aufgabe findet, an der sie scheitert. Also auf der einen Seite ergibt sich Befriedigung, solange die Versuchsperson Erfolg hat, nämlich Stolz aus der Verringerung der Spannung zwischen Ich und Ueberich (die methodische Leistung des Begriffs »Ueberich« ist also hier die, das Lustprinzip durchzusetzen für Fälle, in denen es anscheinend durchbrochen wird), auf der anderen Seite wird schliesslich auch der Forderung, es dem

Vater nicht gleich zu tun, Genüge getan. – Wenn für Erscheinungen, die nicht auf das Es und das Ich, also auf Lustprinzip und Umweltforderungen, zurückgeführt werden können, ein allgemeines, nicht-psychoanalytisches Gesetz gefunden würde, so wäre die Theorie vom Ueberich falsch.

Lewin: ich bin fest überzeugt, dass wir solche allgemeinen Gesetze finden werden. Die Dynamik des Lebensraums, in dem der Mensch steht, speziell des sozialen, soll diese allgemeinen erklärenden Gesetze liefern. (Für das Gesetz von der Erhöhung des Anspruchsniveaus etwa das Eingespanntsein in den beruflichen Konkurrenzkampf u. ä.)

Bernfeld gibt zu, dass die genetische Erklärungen der Psa. für viele Fragestellungen nichts leisten. Aber in denjenigen Fällen, wo das allgemeine Gesetz, wie Lewin es finden möchte, versagt, ist eine historische Erklärung notwendig.

Lewin stellt sich demgegenüber auf den Standpunkt, dass die gesuchten Gesetze bei Erfüllung der zugehörigen Bedingungen ausnahmslos gelten müssen. Das konkrete Verhalten einer Person muss restlos ableitbar sein aus den Umweltgegebenheiten und der gegenwärtigen Struktur der Person. Zur Berücksichtigung der gegenwärtigen Struktur müssen wir in das Gesetz jeweils bestimmte Konstanten einsetzen, aber eine historische Untersuchung brauchen wir für diese individuellen Unterschiede nicht. Trotzdem brauchen wir noch Historie: nämlich um die gegenwärtige Aufbaustruktur der Person zu erklären . . .[24]

Sitzungsprotokoll vom 6. April 1932:

. . . Die Diskussion wendet sich . . . der Frage zu, ob die Kenntnis der momentanen Situation genügt, um den künftigen Verlauf des Geschehens zu bestimmen.

Bernfeld: man könnte alles leisten, wenn man die im Augenblick wirksamen Kräfte (und die in einem unendlich nah benachbarten vorausgehenden Augenblick) kennt und sie quantitativ bestimmen könnte. Wir sind aber gezwungen, qualitative Aussagen zu machen, und dafür brauchen wir die Herkunftsbetrachtung. Dazu kommt noch, dass es sich ja in Wirklichkeit nicht nur um einen überschaubaren Zusammenhang handelt, sondern um eine Verflechtung von vielen Zusammenhängen, von denen immer nur ein Teil aktualisiert ist. Es lässt sich also nicht das ganze wirkende Feld aus der aktuellen Situation bestimmen. Weil es »technisch« nicht möglich ist, zu einer Totalkenntnis des Momentanquerschnitts zu kommen, brauchen wir die Historie. Dieses Technische ist allerdings in seiner Weise »notwendig«. Bei dem notwendigen Zurück-

24 Sitzungsprotokoll der Arbeitsgemeinschaft von Psychoanalytikern und Gestaltpsychologen vom 25. 3. 1932, S. 2-5, Siegfried Bernfeld Archiv, Library of Congress, Washington D.C.

gehen in die Geschichte leistet uns das Ueberich etwas Besonderes: die Erscheinung der Erhöhung des Anspruchsniveaus könnte uns gleichgültig sein; wissen wir aber, es handelt sich dabei um eine Ueberichwirkung, so wissen wir damit etwas Belangvolles über die Zukunft.

Duncker: Lewin ist bestrebt, die Historie gleichsam in den Momentanquerschnitt einzuarbeiten und aus diesem das gegenwärtige Verhalten nach Gesetzen abzuleiten. . . .

Goldberg: was heisst denn bei Lewin »Einbeziehung der Geschichte in die gegenwärtige Situation«? – wenn ein Kind dies und das erlebt hat, so kann daraus ein »gehemmter Mensch« werden. Aber die Gestaltpsychologie hat doch keinen Zugang zu dem, was die Psa. Geschichte nennt, zur unbewussten Geschichte. Es genügt nicht, zu kennen, was die Versuchsperson selbst weiss und preisgibt. – . . .

Bernfeld: die Psa. würde . . . fragen: was für eine Art Menschen sind das, und diese Frage würde in die Geschichte führen. Die Schwierigkeit beruht darauf, dass die Vergangenheit physiologisch gegenwärtig ist, dass wir aber als Psychoanalytiker nicht in einem physiologischen Laboratorium arbeiten sondern mit aussagenden Menschen. Aber es kann nur ein vorläufiger Zustand der Wissenschaft sein, dass *nebeneinander* Gesetze für das momentane Verhalten und »nur historisch zu verstehende Fälle« bestehen. – Es gibt doch Gesetze des Geschehens, z. B. dafür, wie aus einem Neugeborenen ein erwachsener Mensch wird, der sich unter dem Einfluss seines Ueberichs so und so benimmt. Die Psa. kann sich nicht mit Aussagen begnügen, die nicht über die Gegenwart hinausgehen. Sie ist keine »verstehende Psychologie«. Wir wenden allgemeine Gesetze auf den Einzelfall an.[25]

Kurt Lewin:
Historischer versus systematischer Aspekt des Psychischen

In der Entwicklung der modernen Psychologie als einer akademischen Einzeldisziplin wird Kurt Lewin (1890-1947) für gewöhnlich die Rolle eines Bahnbrechers zugeschrieben. Er gilt als »Vater der kognitiven Sozialpsychologie; . . . als einer, der Verhalten von Personen durch mehr oder weniger regelmäßige Ellipsen versinnbildlicht, die durch feinschraffierte Linien abgegrenzte Bezirke umfassen . . .; als Theoretiker der Vektorpsy-

25 Sitzungsprotokoll der Arbeitsgemeinschaft von Psychoanalytikern und Gestaltpsychologen vom 6. 4. 1932, S. 4-6, Siegfried Bernfeld Archiv, Library of Congress, Washington D.C. An der Diskussion beteiligten sich: Karl Duncker (1903-1940), seit 1929 Assistent am Psychologischen Institut der Universität Berlin; über Goldberg konnte ich keine Daten ermitteln.

chologie, der psychische Kräfte durch Pfeile darstellt; als Psychologe des demokratischen und des autoritären Erziehungsstils; als Begründer der Kleingruppenforschung – und damit endet die Merkmalsliste bereits« (Metraux, 1983, S. 13).

Dieses altbekannte Lewin-Bild ist typisch für die »präsentistischen Verzerrungen« einer affirmativen Psychologiegeschichtsschreibung (Stocking, 1965). Ausgeblendet sind jene Aspekte der Biographie und des Werks Kurt Lewins, die aus heutiger Sicht nicht so ganz zur Psychologenrolle passen wollen. Vorab zu nennen ist hier die ungeheuere Breite der Interessen, die Lewin zeitlebens verfolgt hat. Erst über die Biologie und über Ernst Cassirers Wissenschaftslehre kam er zur Psychologie. Seine erste große wissenschaftliche Arbeit schrieb er über den *Begriff der Genese in Physik, Biologie und Entwicklungslehre* (Lewin, 1922), was ebenso in Vergessenheit geriet, wie die enge Verschränkung seiner Psychologie mit Fragen der Wissenschaftstheorie. Die »Feldtheorie« – um jene Bezeichnung zu wählen, die in späteren Jahren die Begriffe »Vektorpsychologie« und »topologische Psychologie« ablöste – verstand Lewin selbst nie als »psychologische Theorie« im üblichen Sinne. Sie war im letztlich nichts anderes als ein »wissenschaftlicher Arbeitsstil« (Graumann, 1982, S. 24), mit dem Theorie, Methodik, Empirie und Praxis der Psychologie interdependent entwikkelt und weiterentwickelt werden konnten (Graumann, 1981, S. 8). Und sie war für ihn vor allem auch ein Verfahren, um in Zusammenhang von konkreten empirischen Untersuchungen das Problem der Begriffsbildung anzugehen, das man in der heutigen Psychologie nur allzu gerne vom eigentlichen Forschungsprozeß losgelöst und der »Intuition« der Forscherpersönlichkeit überantwortet sehen will.

Sein Leben lang weigerte sich Lewin, die psychologische Theoriebildung einseitig irgendwelchen methodischen Grundsätzen zu unterwerfen. Jeder Form von Forschungsroutine begegnete er mit kritischem Mißtrauen (Metraux, 1981, S. 22-23). Als ausgebildeter Psychologe begeisterte er sich für die Entwicklungen der modernen Mathematik, die er mit der Psychologie in neuer und origineller Weise zu verknüpfen trachtete. Die Statistik dagegen – jener Methoden-Fetisch der heutigen Psychologie – interessierte ihn kaum. Am Höhepunkt seiner akademischen Laufbahn angelangt, war er schließlich weniger um eine »Verselbständigung und Abgrenzung der Psychologie von anderen Sozialwissenschaften« bemüht, als um eine »die institutionell bedingte Arbeitsteilung überwindende Integration aller Sozialwissenschaften« (Metraux, 1981, S. 20).

Nicht der heutigen Psychologenrolle gemäß und daher vergessen ist auch sein sozialreformerisches Engagement, das ihn sehr früh zur Beschäftigung mit Fragen der Anwendung psychologischen Wissens führte. Mit »deutlich politischen Absichten« griff er in die am Beginn der zwanziger Jahre schwelende »Taylorismus-Debatte« ein (Metraux, 1981, S. 21). Der aufkommenden Psychotechnik trat er ob ihrer pragmatistischen Theorielosigkeit mit äußerster Skepsis gegenüber. Aber schon vor und während des Ersten Weltkriegs hatte sich sein gesellschaftliches und politisches Interesse »auf Möglichkeiten der Emanzipation durch Bildung« gerichtet. »In der Tradition der Arbeiterbildungsvereine engagiert tätig, fand er sich politisch auf der Seite der Sozialdemokratie.« (Graumann, 1981, S. 8) Mit dem marxistischen Philosophen Karl Korsch eng befreundet[26], zählte Lewin zu jenen nicht-kommunistischen Intellektuellen, die »der Sowjetunion Gutes wünschten« (Ash, 1985a, S. 118). Anfang der dreißiger Jahre stand er in einem engen Kontakt zur sogenannten »Kulturhistorischen Schule« der sowjetischen Psychologie (Scheerer, 1980). Auf seine aus der eigenen Beschäftigung mit dem Medium Film entstandenen Beziehung zu Sergei Eisenstein hat Helmut Lück (1985) aufmerksam gemacht.

Es ist sehr wahrscheinlich, daß Bernfeld und Lewin bereits vor Beginn ihrer Arbeitsgemeinschaft engeren Kontakt zueinander hatten. Bernfeld jedenfalls wußte über Lewins Forschungsarbeit – auch über seine wissenschaftstheoretische – gut Bescheid. In seinem Gestalttheorie-Aufsatz zitierte er sogar aus den schriftlichen Unterlagen zu einer von Lewin im Wintersemester 1931/32 an der Universität Berlin abgehaltenen Übung über »Grundbegriffe der Psychologie« (Bernfeld, 1934b, S. 77). Schon im März 1931 war Bernfeld von Lewin »zur Mitarbeit an einer internationalen kinderpsychologischen Zeitschrift 'Das Kind' (L'enfant)«, die in französischer, deutscher und englischer Sprache erscheinen sollte und deren Schriftleitung für Deutschland Lewin übernommen hatte, eingeladen worden: »Ich darf wohl annehmen« – so schloß Lewin seinen Brief an Bernfeld –, »daß Sie diese internationalen Bestrebungen begrüßen werden, und würde mich freuen, auch aus psychoanalytischen Kreisen geeignete Arbeiten zu erhalten.«[27]

Die sehr wohlwollende Haltung gegenüber der Psychoanalyse, die aus jenen Zeilen herauszulesen ist, war für Lewin bezeichnend. Noch als Stu-

26 1939 erarbeitete Lewin gemeinsam mit Korsch ein Referat für den 5. International Congress for the Unity of Science in Cambridge, Mass., (Lewin und Korsch, 1939).

27 Brief Lewins vom 26. 3. 1931, Siegfried Bernfeld Archiv, Library of Congress, Washington D.C.

dent hatte er sich in Freuds *Traumdeutung* vertieft und Träume von Angehörigen und Freunden gesammelt und interpretiert (Lück und Rechtien, 1989, S. 147). Mehrfach kam er in seinem Werk auf die »Lehre Freuds« zu sprechen, als deren Hauptverdienst er die Beseitigung der »Grenzen zwischen normal und pathologisch, zwischen Alltag und Außergewöhnlichem« und damit die Anbahnung einer »Homogenisierung des Gesamtgebiets der Objekte der Psychologie« zu erkennen glaubte (Lewin, 1931, S. 254).[28]

Im April 1936 bot ein Vortrag an der Menninger Clinic Lewin die Gelegenheit, sein Verhältnis zur Psychoanalyse ausführlich und kritisch darzustellen: Der Psychoanalyse gebühre zwar das Verdienst, »den historischen Aspekt des psychologischen Geschehens« hervorgehoben zu haben; sie scheitere aber letztlich darin, daß sie »die historischen Probleme (bezüglich des Ursprungs) und die systematischen Probleme (bezüglich allgemeiner Gesetze) nicht klar« zu unterscheiden verstehe (Lewin, 1937, S. 299). Diese ungenügende Trennung zwischen historischem und systematischem Gesichtspunkt beeinflusse den Inhalt der psychoanalytischen Theorie entscheidend: »In dieser Hinsicht hat die Psychoanalyse manche Gemeinsamkeit mit der älteren Assoziationstheorie. Diese beiden Theorien beantworten die Frage: 'Warum verhält sich eine Person auf die und die Weise?' häufig mit dem Hinweis auf ein ähnliches Verhalten in der onto- oder phylogenetischen Vergangenheit der betreffenden Person«. Konträr dazu halte sich die topologische Psychologie »streng an den 'Grundsatz der konkreten Ursache'. . . . Nach diesem Grundsatz können nur existierende Fakten das Verhalten beeinflussen. Dies bedeutet, daß ein psychologisches Geschehen von heute nicht durch psychologische Fakten von gestern beeinflußt werden kann, da diese heute genau so wenig existieren wie die psychologischen Fakten von morgen.« (Lewin, 1937 S. 300)

Um dieses Lewinsche »Prinzip der Gleichzeitigkeit« besser verstehen zu können, ist es notwendig, einige Grundgedanken seiner »Feldtheorie« einzuführen. Logischer Ausgangspunkt der Entwicklung der Feldtheorie war

28 Die »Homogenisierung des Gesamtgebiets der Objekte der Psychologie« war für Lewin gleichbedeutend mit der Aufgabe, die Qualität der psychologischen Begriffsbildung dem weit höher entwickelten Niveau der Begriffe in der Physik anzunähern. Der Physik sei es längst gelungen, sehr heteronome Vorgänge anhand einer homogenen und umfassenden Theorie zu erklären. Der Psychologie hingegen fehle es noch an Begriffen, »die nicht allein auf die Tatsachen eines einzigen Feldes wie der Kinderpsychologie, der Tierpsychologie oder der Psychopathologie, sondern auf allen gleichermaßen anwendbar ist. Man sollte imstande sein, dieselben Begriffe für Probleme des Affektgeschehens wie des Verhaltens zu benutzen; oder für Probleme der Kinder, Jugendlichen und Alten; der Gesunden und der Kranken; der Tiere und Menschen; der Person und der Umgebung.« (Lewin, 1936, S. 4, zit. nach Weinert und Gundlach, 1982, S. 18)

Lewins Forderung nach einem Übergang von einer bloß auf Regelmäßigkeiten basierenden klassifizierenden (»aristotelischen«) zu einer den jeweiligen Geschehenstypus berücksichtigenden »konditionalgenetischen« (»galileischen«) Begriffsbildung. Konditionalgenetische Begriffe zielten eben nicht auf eine zusammenfassende Beschreibung verschiedener Qualitäten von psychischen Erscheinungen ab, sondern auf die Rekonstruktion der dem Verhalten zugrundeliegenden Ursachen. Lewin bestand darauf, Verhalten als »phänotypisches Geschehen« aufzufassen. Verhalten konnte dann nicht als durch anderes, früheres Verhalten verursacht erklärt werden, sondern nur über die Einführung einer »genotypischen Ebene« von »psychologischen Konstrukten«. Die allgemeinste Zusammenfassung der zwar nicht direkt beobachtbaren, aber keineswegs von einer empirischen Bewährung befreiten psychologischen Konstrukte erfolgte im Lewinschen Konzept des »psychischen Feldes« bzw. des »Lebensraumes« (Weinert und Gundlach, 1982, S. 19-20). »Lebensraum« meinte die Gesamtheit all jener zum Teil widersprüchlichen und in übergreifende Zusammenhänge eingebetteten psychischen Faktoren, die zu einem bestimmten Zeitpunkt »hier und jetzt« auf das Individuum einwirken. Dazu zählte vor allem auch die psychische Repräsentation der vorfindlichen Gesamtsituation, der sich das Individuum gerade ausgesetzt sieht. Verhalten konnte somit als Funktion des aktuell gegebenen »Lebensraumes« verstanden werden. Als Formel angeschrieben: $V = f(L)$. »Vergangenheit« und »Zukunft« waren zur Erklärung von Verhalten also nur insofern heranzuziehen, als sie in Form von aktualisierten Vorerfahrungen, Erinnerungen bzw. Wünschen und Plänen konkrete Bestandteile des je existierenden »Lebensraumes« bildeten.

Wenden wir uns nach diesem kurzem Einschub wieder Lewins Kritik an der Psychoanalyse zu. Die Psychoanalyse nehme – so argumentierte Lewin – die Ähnlichkeit zweier Ereignisse als Kriterium für ihre historische Abhängigkeit. Sie behaupte etwa, daß gewisse Affektäußerungen eines Erwachsenen ihre bestimmte Eigenart deshalb aufweisen, weil sich der Betreffende als Kind unter ähnlichen Bedingungen ähnlich verhalten habe. Die topologische Psychologie hingegen anerkenne den Satz: »'Gleiche Bedingungen haben gleiche Wirkungen'; denn dieser Satz drückt genau das aus, was mit einer Gesetzmäßigkeit gemeint ist, nämlich die Unabhängigkeit von absoluten Zeit- und Raumindices. Kommt deshalb unter gleichen Bedingungen das gleiche Verhalten zustande, so ist dies nicht als erklärungsbedürftig zu betrachten; es bedeutet nur die Gesetzmäßigkeit des fraglichen Sachverhaltes. Wissenschaftlich ist es unzulänglich, für diese Ähnlichkeit eine historische Erklärung zu geben.« Im Gegenteil: Historische Einflüsse seien nur dann vorauszusetzen, »wenn eine Wiederholung der Situation zu einem andersartigen Verhalten führt. Nicht die Ähnlichkeit ist historisch von Bedeutung, sondern die Unähnlichkeit der Wirkung in ähnlichen Situationen (oder die Ähnlichkeit der Wirkung in unähnlichen Situationen).« (Lewin, 1937, S. 301)

Lewin folgerte aus diesen Überlegungen, daß es sich bei dem mit den psychoanalytischen Methoden der »freien Assoziation«, der Deutung von Träumen etc. – alles übrigens Verfahren, die nach der topologischen Psychologie ihrerseits wiederum primär vom gegebenen Zustand der Person abhängig wären – rekonstruierten Lebenslauf um ein Artefakt handeln könnte: »Zumindest ist es denkbar, daß die Geschichte 'hinter' einer Neurose, wie sie durch die psychoanalytischen Methoden aufgedeckt wird, beträchtlich von der tatsächlichen Geschichte verschieden ist.« (Lewin, 1937, S. 305) Die therapeutischen Erfolge der Psychoanalyse müßten dem nicht widersprechen: Da Krankheit, »freie Assoziation« wie auch Kur vom gegenwärtigen Zustand der Person abhängig seien, könnten alle drei untereinander übereinstimmen »trotz beträchtlicher Unterschiede zwischen dem tatsächlichen und dem psychoanalytisch aufgedeckten Lebenslauf der Person.« (Lewin, 1937, S. 305)

Vier Jahre nach dem Erscheinen von Kurt Lewins Kritik der Psychoanalyse hat Siegfried Bernfeld zentrale Argumente des Lewinschen Ansatzes – vor allem seine strenge Sonderung von historischen und systematischen Problemstellungen – aufgegriffen und auf deren Nützlichkeit für eine Präzisierung der psychoanalytischen Methodologie programmatisch hingewiesen. Um uns Bernfelds Gedankengang verständlicher zu machen, müssen wir Lewins Konzept eines »systematischen Vorgehens« noch etwas verdeutlichen. Wir wählen uns dazu die feldtheoretische Behandlung des Phänomens der »Frustration«[29] als Beispiel. Die Feldtheorie geht zunächst streng analytisch vor, indem sie eine Vielzahl von Situationen, in denen »Frustration« auftritt, zu unterscheiden und miteinander zu vergleichen sucht. Unbestreitbar seien nun – so Lewin – die Unterscheidungen, die sich dabei ergeben, »qualitativer Natur«. Eine im Sinne der Feldtheorie durchgeführte »Mathematisierung« der in Frage stehenden Phänomene solle ermöglichen, a) jede einzelne Frustrations-Situation einer Quantifizierung zugänglich zu machen und b) diese qualitativ voneinander verschiedenen

29 Lewins Analyse nahm hier explizit von einem Freudschen Begriff ihren Ausgang, nämlich von dem Begriff der »Versagung«, der englisch mit »frustration« übersetzt worden war und dann als »Frustration« – nach einigen begriffsgeschichtlichen Wandlungen – wieder ins Deutsche zurückkam (Lewin, 1944, S. 74 und 85).

Situationen nicht als ganz und gar verschiedene Begebenheiten zu begreifen, »sondern als eine Folge bestimmter quantitativer Veränderungen oder als das Ergebnis wechselnder Verteilung von Kräften«:

> »Wir erreichen dieses scheinbar paradoxe Kunststück mit einer 'Konstruktionsmethode', welche ursprünglich der reinen Mathematik entstammt. Seit griechischer Zeit ist es das Geheimnis dieser Methode, qualitativ unterschiedliche geometrische Sachverhalte (zum Beispiel Kreis, Quadrat, Parabel) als das Produkt einer bestimmten Kombination von bestimmten 'Konstruktionselementen' (zum Beispiel Punkt und Bewegung) zu betrachten. Man hat das auch die Methode der 'genetischen Definition' genannt. Sie vermag zugleich zu verbinden und zu trennen. Ohne die qualitativen Unterschiede zu vernachlässigen, legt sie deren Bezüge zu allgemeinen quantitativen Variablen frei. Cassirer hat dargelegt, daß die gleiche Methode sich auch in den empirischen Wissenschaften als fruchtbar erweist, sofern die 'Konstruktionselemtente' als empirische Gegebenheiten in mathematischer Weise beschrieben werden (wie zum Beispiel Kräfte, Ionen, Atome).
>
> Die feldtheoretische Analyse der Frustration leistet eine derartige qualitative und quantitative Erfassung, eine begriffliche Trennung und Verbindung durch Konstrukte wie 'psychologische Kraft', 'psychologische Region', 'Machtfeld'. Mit Hilfe solcher Begriffe lassen sich Ableitungen aufstellen: Unter welchen Bedingungen wird Frustration zu einem Umwegverhalten führen und wann zum Ausweichen aus der Situation, wann kommt es zu sozialer Aggression, und welche Form ruheloser Bewegtheit wird resultieren? Teils beruhen solche Vorhersagen auf der Beschaffenheit der jeweiligen Bedingungen, teils sind sie auch verknüpft mit quantitativen Verhältnissen (zum Beispiel der relativen Stärke der Kräfte) innerhalb der gegebenen Situation.
>
> Solche Voraussagen stellen die Grundlage der Planung und Auswertung der verschiedensten Experimente dar.« (Lewin, 1944, S. 74-75)

Mit der hier skizzierten »kausal-genetischen« Methode hatte Lewin schon drei Jahre zuvor im Zusammenhang mit seinen Bemühungen um eine theoretische Erfassung von »psychischer Entwicklung« den Freudschen Begriff der »Regression« zu reformulieren versucht (Lewin, 1941). Deutlicher als in seiner Psychoanalyse-Kritik betonte er darin die Notwendigkeit und die Berechtigung beider Zugänge, des systematischen und des historischen: »Beide Fragestellungen sind durchaus legitim und müssen in einer psychologischen Untersuchung der Regression abgehandelt werden.« (Lewin, 1941, S. 298)

Im selben Jahr, in dem die von Lewin initiierten Experimente zur »Regression« erschienen, veröffentlichte Bernfeld eine kurze, aber methodologisch äußerst wertvolle Analyse des psychoanalytischen Forschungsverfahrens, in der er der auch von Lewin intentierten Integration des historischen Ansatzes der Psychoanalyse und des systematischen Zugangs der modernen Experimentalpsychologie den Boden zu bereiten bestrebt war (Bernfeld, 1978). Bernfeld beschäftigte zunächst die Frage, mit welcher Art von Beobachtungstatsachen es die Psychoanalyse eigentlich zu tun habe. Die Psychoanalyse, so lautete seine Antwort, gelange zu ihren Beobachtungsdaten, indem sie das aus der Alltagserfahrung des Gesprächs entlehnte Verfahren, hintangehaltene Wünsche, Ängste und Informationen (»Geheimnisse«) durch Aufhebung situationsspezifischer Barrieren (»Widerstände«) kommunizierbar zu machen, wissenschaftlich nutze. Die »Tatsachen«, auf die sich die Psychoanalyse beziehe, seien also letztlich nichts anderes als die »Bekenntnisse« von Analysanden: »Der Psychoanalytiker bedient sich des gewöhnlichen Verfahrens der Beseitigung von Kommunikationshindernissen. Indem er zur rechten Zeit das Richtige sagt, schafft er Bedingungen, unter denen es dem Patienten leicht fällt, Geheimnisse zu offenbaren.« (Bernfeld, 1978, S. 363)

Wolle man nun das psychoanalytische Modell des Gesprächs als Instrument zur Beseitigung von Kommunikationsbarrieren zu einer verläßlichen Untersuchungsmethode weiterentwickeln, so müsse man es einmal aus dem Zusammenhang des psychoanalytischen Interviews herauslösen. Wie etwa das Mikroskop zum Objekt einer systematischen Untersuchung gemacht werden kann, um die physikalischen Gesetzmäßigkeiten seiner Struktur und Funktion aufzudecken, so sollte man danach trachten, nun auch dies Modellverfahren der Psychoanalyse einer experimentellen Prüfung zu unterziehen: »Die Aufgabe ist eine doppelte: Es geht darum, ... unsere Kenntnisse über Geheimnisse und Bekenntnisse zu vermehren« und zu einer präziseren Bestimmung des bei der Anwendung des Modells ablaufenden Prozeßgeschehens zu kommen; »zum anderen wollen wir die Dynamik der Hindernisbeseitigung erforschen« (Bernfeld, 1978, S. 371-372). Möglichkeiten zu einer Lösung dieser zweifachen Aufgabe ergäben sich eben dann, wenn das Gespräch – in der Psychoanalyse eigentliche Mittel zur Forschung – jetzt selbst zum Gegenstand psychologischer Forschung werden: »In der Psychoanalyse dienen die wie immer erlangten Geständnisse als Ausgangspunkt für wesentlich historisch gerichtete Untersuchungen. Im Rahmen des eben vorgeschlagenen Forschungsprogramms wären die erlangten Geständnisse sicherlich nicht als Daten einer Geschichte von Interesse. Im Gegenteil: eine Forschung, die auf die Ermittlung der Gesetzmäßigkeit dynamischer Prozesse ausgeht, ist, mit Lewin zu reden, 'systematisch' orientiert. Theoretisch sind entsprechende Experimente möglich, praktisch schwierig – und faszinierend. . . . Die Arbeit Kurt Lewins und seiner Schüler, die in vielfältiger Weise mit dem hier entwickelten Programm in Beziehung steht, bietet dafür ein Beispiel.« (Bernfeld, 1978, S. 372)

Aus dem Gesagten folgten für Bernfeld unmittelbar sehr konkrete Vorstellungen darüber, wie eine Verknüpfung der Psychoanalyse mit der Psychologie und damit die Überwindung der seit Jahrzehnten bestehenden Kluft zwischen den beiden Richtungen angebahnt werden könnte. Die ersten Schritte dieses Unternehmens waren – da zugleich eine verallgemeinerte Zusammenfassung der Hauptresultate seiner Studie – rasch umrissen: »Grundlegend ist die logische Analyse der Beobachtungsdaten der Psychoanalyse. Entsprechend den spezifischen Techniken, mit deren Hilfe man sie erhält, werden sie in verschiedene Klassen eingeteilt. Einige dieser Techniken gehören zu den bekannten und anerkannten Beobachtungverfahren. Andere sind neu: Formen des Alltagswissens und des alltäglichen Umgangs mit Menschen und ihren Angelegenheiten, die in der Psychoanalyse als Forschungsverfahren genutzt werden. Diese Techniken wird man, sofern sie den Status neuer Beobachtungsinstrumente haben, aus dem psychoanalytischen Rahmen herausnehmen, um ihre Struktur und Funktion angemessen – vor allem experimentalpsychologisch – zu untersuchen. Derart bewährt und verbessert werden sie dann Psychologie und Psychoanalyse zur Verfügung stehen und vielfältiger Anwendung in Theorie und Praxis fähig sein.« (Bernfeld, 1978, S. 373)

Die Psychoanalyse am Wiener Psychologischen Institut

Das Wiener Psychologische Institut war 1922 in engem Zusammenhang mit den Schulreformplänen der Wiener Sozialdemokratie unter der Leitung von Karl Bühler gegründet worden (Ash, 1987 und 1988; Benetka, 1990). Sechzehn Jahre lang arbeiteten Karl Bühler und Sigmund Freud in ein und derselben Stadt, in ihren letzten Jahren in Wien nur einige hundert Meter entfernt voneinander, der eine in der Liebiggasse hinter dem Universitätshauptgebäude, der andere in seinem Domizil in der Berggasse. Und dennoch waren sie sich nicht ein einziges Mal persönlich begegnet. Die Psychoanalyse, so erinnerte sich Marie Jahoda Jahrzehnte später, habe am Psychologischen Institut von Karl und seiner Frau Charlotte Bühler »kaum existiert. ... Bühler hat gelegentlich eine Vorlesung gehalten in der er Freud angegriffen hat. ... in den kleinen, intensiven Seminaren, die wir bei den Bühlers gehabt haben, wäre es uns allen schlecht ergangen, wenn wir die Psychoanalyse verteidigt hätten. So haben wir sie halt nicht verteidigt. Aber im Privatleben sind viele von den Studenten im Institut in Analyse gewesen, und wir haben es durchaus diskutiert. Es war ein wirkliches intellektuelles Doppelleben, das wir geführt haben.« (Jahoda, 1979, S. 117)

Die Wiener Schulreformer hatten sich nicht zuletzt aufgrund seines Buches *Die geistige Entwicklung des Kindes* (Bühler, 1918) für eine Berufung Karl Bühlers an die Universität Wien eingesetzt. Verweise auf Freud fanden sich in dieser, zur damaligen Zeit zu den bedeutendsten Werken der akademischen Kinderpsychologie zählenden, mehrere hundert Seiten starken Schrift keine. In seinem Beitrag zum IX. Kongreß der »Gesellschaft für experimentelle Psychologie«, in dem Bühler über eine große Anzahl von einschlägigen Arbeiten zum Thema »Die Instinkte des Menschen« (Bühler, 1926) referierte, brachte er das Kunststück zuwege, die Psychoanalyse mit keinem Wort zu erwähnen. Dabei konnte man – wie Brodthage und Hoffmann (1981, S. 169) ironisch anmerkten, »der Psychoanalyse gewiß viel vorwerfen – einen Mangel an triebtheoretischen Konzeptbildungen allerdings wohl kaum«. Erst in seiner *Krise der Psychologie* von 1927 setzte sich Bühler ausführlich mit der Psychoanalyse auseinander. Seine Kritik (Bühler, 1927, S. 162-212), die sich vorwiegend auf Freuds *Jenseits des Lustprinzips* (Freud, 1920) bezog, andere wesentliche Schriften, etwa *Das Ich und das Es* (Freud, 1923), aber nicht zur Kenntnis nahm, galt am Institut als offizielle »Lehrmeinung«.[30]

Kontakte zu Psychoanalytikern gab es dennoch: Paul Schilder und Heinz Hartmann, beide Assistenten an der Neurologisch-Psychiatrischen Universitätsklinik, nahmen gelegentlich an den Bühlerschen Kolloquien teil. René Spitz zählte aufgrund längerer Forschungsaufenthalte ohnehin zum engeren Kreis der Mitarbeiter des Instituts. (Ch. Bühler, 1965, S. 189-190) Nach der von den Nazis erzwungenen Emigration nahezu aller Angehörigen des alten Bühler-Instituts (Benetka und Kienreich, 1989, S. 149-150), wandten sich einige ehemalige Schülerinnen Charlotte Bühlers gänzlich der Psychoanalyse zu. Um hier nur die bekanntesten Namen zu nennen: Käthe Wolf, Liselotte Frankl und Else Frenkel.

30 Zur Psychoanalyse-Kritik Karl Bühlers vgl. Brodthage und Hoffmann (1981, S. 166-169) und Elliger (1986, S. 98-102)

Blieb die Psychoanalyse aus dem Forschungs- und Lehrbetrieb des Psychologischen Instituts weitgehend ausgeklammert, so gab es außerhalb des universitären Rahmens doch Institutionen, in denen eine Begegnung zwischen der akademischen Psychologie und den »tiefenpsychologischen Schulen« stattfand: Z. B. in dem von Fritz Wittels, Maximilian Silbermann und Viktor E. Frankl gegründeten »Akademischen Verein für medizinische Psychologie«. Die Leitung dieses Vereins oblag Studierenden[31]; ihnen zur Seite stand ein wissenschaftlicher Beirat, dem neben Sigmund Freud und den Psychoanalytikern Josef K. Friedjung und Paul Schilder bemerkenswerter Weise auch Karl und Charlotte Bühler angehörten. Das Programmangebot des Vereins, das vor allem Medizinern Gelegenheit bieten sollte, sich mit psychologischen Grundbegriffen und Denkweisen vertraut zu machen, umfaßte Vorträge, Kurse, Seminare, Praktika und Exkursionen, wobei sich die jeweiligen Referenten aus allen Lagern der Psychologie rekrutierten. Wolfgang Huber führte u. a. folgende Namen an: Alfred Adler, Rudolf Allers, August Aichhorn, Egon Brunswik, Charlotte Bühler, Otto Kauders, Heinz Hartmann und Anna Freud. Am 7. und 8. Mai 1936 veranstaltete der »Akademische Verein« zwei große Feierstunden zu Freuds 80. Geburtstag, eine im Saal der »Gesellschaft der Ärzte«, die andere im Wiener Konzerthaus. Festredner waren Ludwig Binswanger und Thomas Mann. Der Vortrag von Thomas Mann wurde im Konzerthaus von dem Bühler-Schüler Peter R. Hofstätter eingeleitet. (Huber, 1977, S. 29 und 33-35)[32]

Ob Siegfried Bernfeld bereits vor 1925 am Wiener Psychologischen Institut verkehrte, wo neben den von Karl Bühler geleiteten Arbeiten zur Denk- und Sprachpsychologie die kinder- und jugendpsychologischen Forschungen von Charlotte Bühler und ihren Schülern den eigentlichen Arbeitsschwerpunkt bildeten, wissen wir nicht. Sein Name war aber mit Sicherheit den meisten Institutsangehörigen ein Begriff. Sowohl Karl als auch Charlotte Bühler zitierten aus seinen Schriften.[33] Paul Felix Lazars-

31 Präsidenten des Vereins waren zunächst Maximilian Silbermann, dann Fritz Redlich, später der Bühler-Schüler Peter R. Hofstätter.

32 Zu Peter R. Hofstätters Haltung gegenüber der Psychoanalyse vgl. Benetka (1989)

33 Karl Bühler bezog sich an zwei Stellen seiner *Krise der Psychologie* (Bühler, 1927, S. 174-175 und 209) sehr kritisch auf Bernfelds *Psychologie des Säuglings* (Bernfeld, 1925b). Charlotte Bühler zitierte in der zweiten Auflage ihres Buches *Das Seelenleben des Jugendlichen* (Ch. Bühler, 1922) Bernfelds Aufsatz »Über Schülervereine« (Bernfeld, 1916a), in der fünften, verbesserten Auflage zudem *Vom Gemeinschaftsleben der Jugend* und *Vom dichterischen Schaffen der Jugend* (Bernfeld, 1922a und 1924a). In *Kindheit und Jugend* (Ch. Bühler, 1931) verwies sie dann auf Bernfelds Baumgarten-Schrift (Bernfeld, 1921a), auf *Vom Gemeinschaftsleben der*

feld, auf dessen gemeinsam mit Ludwig Wagner durchgeführten Erziehungsexperimente (Lazarsfeld und Wagner, 1924) Bernfeld großen intellektuellen Einfluß ausübte (Jahoda, 1979, S. 106), und der Bernfeld vom gemeinsamen Engagement in sozialistischen Jugendorganisationen her persönlich kannte, begann sich damals aktiv an den Seminaren der Bühlers zu beteiligen. Spätestens von 1925 an gehörte Lazarsfeld mit seinen statistischen Spezialkenntnissen zum engeren Mitarbeiterkreis um Charlotte Bühler. Eine seiner ersten größeren, vom Psychologischen Institut geförderten Publikationen – die 1931 erschienene Studie *Jugend und Beruf* (Lazarsfeld, 1931) – nahm unmittelbar, wenn auch kritisch, Bezug auf das von Bernfeld einige Jahre zuvor entwickelte Konzept der »gestreckten Pubertät« (Bernfeld, 1923a).[34]

Bernfelds Forschungsarbeiten zur Kinder- und Jugendpsychologie aus den frühen zwanziger Jahren, die sich mit ihrem starken Interesse für eine »methodische Betrachtung der Wissenschaften« vor allem auch um eine Verbindung empirisch-psychologischer Ansätze mit der Psychoanalyse bemühten (Grubrich-Simitis, 1981, S. 27), konnten dem Bühler-Institut schließlich auf Dauer gar nicht verborgen bleiben. Zu ähnlich waren einander die Fragestellungen und Zielsetzungen. So hatte sich beispielsweise Charlotte Bühler schon vor ihrer Übersiedelung nach Wien mit ihrem Buch *Das Seelenleben des Jugendlichen* (Ch. Bühler, 1922) als Theoretikerin einer Psychologie der Pubertät auszuweisen versucht – ein Thema, mit dem Bernfeld selbst über Jahrzehnte hinweg beschäftigt war. Neben Beispielen aus der Literatur zog sie darin Tagebücher von Jugendlichen als Quellenmaterial heran. In Wien begann sie ihre Tagebuch-Sammlungen erheblich zu erweitern und – angeregt durch das von Hermine Hug-Hellmuth 1919 mit der Unterstützung Freuds zunächst anonym herausgegebene *Tagebuch eines halbwüchsigen Mädchens*, dessen Echtheit sie anzweifelte – einzelne Stücke aus ihrer eigenen Sammlung zu publizieren (Ch. Bühler 1922a und 1925).

In der ersten Auflage von *Das Seelenleben des Jugendlichen* nahm Charlotte Bühler von den Werken Sigmund Freuds überhaupt keine Notiz. Nur das erwähnte *Tagebuch eines halbwüchsigen Mädchens* fand – freilich äußerst reserviert – Erwähnung: »Das von Freud veröffentlichte Tagebuch benutze ich mit etwas Vorsicht, da mir niemals Ähnliches begegnet ist und

Jugend, die *Psychologie des Säuglings* und auf *Trieb und Tradition im Jugendalter* (Bernfeld, 1931a) – durchwegs zustimmend übrigens.

34 Vgl. dazu auch Lazarsfelds Autobiographie (Lazarsfeld, 1975, S. 174 und 215)

es zwar merkwürdig gut zu seinen Ideen, aber nur schlecht zu meiner Kenntnis des normalen Mädchens in seiner Entwicklung paßt.« (Ch. Bühler, 1922, S. VI)

Diese einleitenden Bemerkungen nahm Siegfried Bernfeld – selbst seit Jahren im Besitz einer großen Sammlung von Schriften Jugendlicher und mit den Problemen ihrer Analyse befaßt – zum Anlaß, um in einem witzig-polemischen Tonfall der Frau Universitätsdozentin nicht nur an ihren kritischen Bemerkungen zur Psychoanalyse ihre tiefgehende Unkenntnis derselben nachzuweisen, sondern um ihr nebenbei auch noch eine Art »Nachhilfeunterricht« in der methodisch korrekten Verwendung von Tagebüchern als Quellen zur psychologischen Jugendforschung zu erteilen (Bernfeld, 1927b). Vier Jahre später stellte er seine Kritik an der bei Charlotte Bühler wie in der akademischen Psychologie überhaupt sehr sorglosen und unreflektierten Aufbereitung von Tagebuchmaterial in einem umfassenden und systematischen Zusammenhang dar (Bernfeld, 1931a). Charlotte Bühler mußte in ihrer kurz darauf erschienenen dritten Auflage ihres Buch *Kindheit und Jugend* zugeben, daß Bernfelds Studie, »wenn man von Tendenziösem« absehe, »die bisher beste Untersuchung zum Problem des Tagebuchs« sei (Ch. Bühler, 1931, S. 330-331).

Bernfelds Auseinandersetzung mit Charlotte Bühler ist bezeichnend für seine Haltung gegenüber der Kinder- und Jugendpsychologie des Bühler-Instituts insgesamt. Trotz – oder gerade wegen – der thematischen Überschneidungen mit seinen eigenen Arbeitsinteressen hatte sie ihm – und zwar weder in theoretischer noch in methodischer Hinsicht – kaum Neues zu bieten. Die Ergebnisse zu denen sie gelangte, schienen seinem Verständnis nach nicht dazu geeignet, die Psychoanalyse wirklich herauszufordern: »Bernfeld stellt fest« – so hieß es in einem Sitzungsprotokoll eines Diskussionsabends zwischen Psychoanalytikern und Bühler-Schülern – »dass er in der zur Diskussion stehenden Literatur nur klare Bestätigungen für die Psa. gefunden hat, zum Teil wörtliche. Er fragt, ob es Tatsachen gibt, welche psa. Behauptungen widerlegen könnten.«[35]

Dennoch besuchte Bernfeld nach seiner Rückkehr nach Wien im Jahr 1932 die Bühlerschen Mittwoch-Seminare an der Universität.[36] Im Sommersemester 1933 engagierte er sich dann in einer Arbeitsgemeinschaft

35 Sitzungsprotokoll der Diskussionsabende von Psychoanalytikern, Bühler-Schülern u.a. vom 14. 2. 1933, S. 6, Siegfried Bernfeld Archiv, Library of Congress, Washington D.C.

36 »Ich muß jetzt schnell ins Bühler-Seminar!«, schrieb Bernfeld am 16. 11. 1932 an Elisabeth Neumann. Siehe S. 211 in diesem Band.

mit Angehörigen des Bühler-Instituts, an der sich auch Vertreter des Wiener Kreises und anderer Denkschulen – z. B. Viktor Kraft, Edgar Zilsel und der Philosoph Heinrich Gomperz – beteiligten. Von den vier Sitzungsprotokollen, die uns im Bernfeld-Archiv erhalten sind, dokumentiert nur das erste vom 14. Februar 1933 – das bereits von Ekstein, Fallend und Reichmayr (1988, S. 235-238) veröffentlicht wurde – eine dezidierte Auseinandersetzung mit der kinder- und jugendpsychologischen Forschung des Wiener Instituts. In der dritten Sitzung vom 31. März verlas Bernfeld Auszüge aus dem Protokoll einer Kinderanalyse von Steff Bornstein an einem ca. dreijährigen Knaben. Da »das Symptom so wie im vorgetragenen Fall schon ganz in der Genitalsphäre« liege, fanden die sich an der anschließenden Diskussion beteiligenden Instituts-Mitarbeiter, wie Paul F. Lazarsfeld es formulierte, »wenig Gelegenheit zu Einwänden«.[37] In den beiden übrigen Sitzungen standen dann eher allgemeinwissenschaftstheoretische Fragen als konkrete Aspekte der Institutsarbeit im Vordergrund. Am 28. Februar referierte Siegfried Bernfeld über »Die Unschärferelation in Psychologie und Psychoanalyse«, am 5. Mai Paul Lazarsfeld über »Begründungszusammenhänge«. Als historische Dokument sei Bernfelds Vortrag über den Begriff der »Unschärferelation« hier vollständig wiedergegeben. Gleichzeitig soll damit nochmals exemplarisch demonstriert werden, was auf den voranstehenden Seiten zu verdeutlichen versucht wurde: Bernfelds »grenzüberschreitende« Interessen und Forschungen als origineller Wissenschaftstheoretiker der Psychoanalyse.
Sitzung vom 28. Februar (zweite Sitzung):

> Diskussionsleitung: Prof. *Kraft.*
>
> *Bernfeld* trägt vor über »die Unschärferelation in der Psychologie und Psychoanalyse«.
>
> Ich habe zum Ziel, einen Haupteinwand gegen die Psa zu entkräften: die Psa suggeriere die Ergebnisse, die der Analytiker haben will, das Vorgehen der Psa sei anzuzweifeln, weil bei ihrer Ausübung eine Beeinflussung der zu untersuchenden Phänomene gesetzt werde. Dieses Argument wurde in der psa Literatur merkwürdig leicht genommen. Marcus Reiner hat in der »Psychoanalytic Quarterly«, New York, den Versuch unternommen, die Psa dadurch zu entlasten, dass er zeigt, dass es in der Physik ebenso zugeht. Jordan vertritt in den »Naturwissenschaften« den Standpunkt, in der Biologie und Psychologie gelten eben

37 Sitzungsprotokoll der Diskussionsabende von Psychoanalytikern, Bühler-Schülern u. a. vom 26. 2. 1933, Siegfried Bernfeld Archiv, Library of Congress, Washington D.C.

jene Ungenauigkeiten, die wir in der Physik erst heute kennen lernen. Ich wende mich gegen die Argumentation dieser Autoren, speziell gegen Reiner, weil ich glaube, dass die Uebertragung des Begriffes »Unschärferelation« auf die Psychologie nur für einen kleinen Kreis von Phänomenen gilt. Ich will also damit die Geltung der bisherigen psychologischen Ergebnisse gegen den erwähnten Einwand verteidigen. Die klassische Physik wurde erschüttert durch die Entdeckung, dass bei einem Elektron nur entweder sein Ort oder sein Bewegungszustand mit beliebiger Genauigkeit festgestellt bez. vorausgesagt werden können und zwar deswegen, weil das Sichtbarmachen des Elektrons für die Beobachtung sein Verhalten beeinflusst. Hier besteht also anscheinend eine Aehnlichkeit mit der methodischen Problematik der Selbstbeobachtung. Und ebenso könnte man von der Psa sagen, sie verändert den zu beobachtenden Menschen, seine seelischen Abläufe und seine psychische Struktur durch die Deutungen, durch die Widerstandsauflösung u.s.w. in unkontrollierbarer Weise. Von vornherein zeigt sich aber ein grosser Unterschied: aus der »Unschärfe« der Selbstbeobachtung ergibt sich keine zahlenmässig fassbare Unschärfe-»Relation«.

Das Problem soll an der Frage, die Lichtenberg einmal gestellt hat, verdeutlicht werden: erröten Mädchen auch im Dunkel[n]? Die Schwäche der gewöhnlichen Psychophysik zeigt sich an folgendem Zirkel: Erröten geht auf Scham zurück – wie stelle ich Scham fest? – Scham ist dann vorhanden, wenn jemand errötet. Sie kann also einen Affekt nicht unabhängig von Ausdruckserscheinungen kennen lehren. Dagegen der Psa: das Erröten kann dasein, oder fehlen, das ist nicht bezeichnend; bezeichnend ist das Schamerlebnis. Dieses kann charakteristisch sein für eine bestimmte Libidostruktur, bei der das Auftreten des Schamaffekts unabhängig vom Gesehenwerden, vom sozialen Kontakt, ist. Eine solche Libidostruktur könnte als »wirkliche Schamhaftigkeit« fixiert werden und wäre nach der Psa das Ergebnis eines bestimmten Schicksals des Kastrationskomplexes, der passiven und aktiven Tendenzen und des Exhibitionstriebes. (»Wirkliche« Schamhaftigkeit – bei Lichtenberg steckt ja hinter seiner Frage der Gedanke, dass die Mädchen sich nicht wirklich schämen.) Für diesen Typus »S w« würde nun gelten, dass er jederzeit im Dunkeln erröten kann. Der einzelne Fall bleibt zwar auch so immer noch ebenso schwer zu entscheiden wie vorher, aber diese Entscheidung erweist sich als eine belanglose Aufgabe für die Wissenschaft.

Mit dem Begriff »Libidostruktur S w« haben wir nun einen physikalischen bezw. quasi-physikalischen Begriff. Aus dem Wissen über das Vorhandensein von bestimmten Tatbeständen kann auf andere dazu gehörige Merkmale geschlossen werden. So etwas leistet z. B. der Begriff »orale Libidostruktur«. Solche Begriffsbildungen sind in gewisser

Weise tautologisch, weil die aus ihnen folgenden Aussagen in gewisser Weise schon in der Begriffsbildung selbst liegen; diese Aussagen ergeben sich nämlich in gewisser Weise »per definitionem«. Die Psa arbeitet hier sozusagen mit zwei »Tricks«: wenn wir z. B. bei einem Stotterer nicht die erwartete typische anale Situation der frühen Kindheit fänden, so würden wir nicht einen Moment zögern, das phänomenal identische Stottern in diesem Fall ein Nichtstottern zu nennen. Und umgekehrt: wir würden gewisse neue Phänomene, die sich in der Analyse eines Stotterers ergeben, in die Analität einbeziehen. Natürlich geschieht so etwas nicht in willkürlicher Weise, es sind vielmehr vielfach bestätigende Erfahrungen und ein gut begründeter Zusammenhang mit der analytischen Theorie zu fordern. Aber jede Naturwissenschaft tut dasselbe dort, wo sie hinaus ist über blosse Sammelnamen für empirische Tatbestände. Es findet hier der Uebergang statt von empirischen Hilfsworten zu definierten und nur-definierten Begriffen.

Die Vorleistung der Psa für die Psychophysik besteht also z. B. darin, dass beim Erröten nun nicht mehr danach geforscht wird, welche Blutdruckänderungen u.s.w. dazu gehören und dass darin die Psychophysik der Scham besteht, sondern dass gefragt wird, welcher physiologische Zustand ist dem zuzuordnen, was wir »exhibitionistische Libidostruktur« nennen. Damit wird die Grenze der klassischen Psychophysik überschritten. (Ihre Grenze wurde durch das Lichtenbergsche Paradox angegeben.)

2.Teil. Man hat es auch ausserhalb der Psychologie oft genug gar nicht mit der Beobachtungssituation zu tun, welche das klassische Beobachtungsaxiom fordert. Wie wird z. B. festgestellt, ob eine bestimmte Substanz Schwefel ist? Die Feststellung ist eigentlich eine Feststellung, dass die bestimmten Prüfungen unterworfene Substanz Schwefel war. Die Physik hilft sich hier in einfacher Weise: sie nimmt nämlich technisch belanglose Proben. Der Organismus ist aber ein Ganzes; man kann also dies einfache Verfahren bei ihm nicht anwenden. Dasselbe gilt aber auch ausserhalb der Biologie, z. B. auch bei einer Maschine muss man die Probefahrt mit der ganzen Maschine machen. Der Behaviourist macht es ähnlich. Er lässt das ganze lebendige System etwas leisten und beobachtet das. Die Beobachtung des Probeverhaltens geschieht ohne eine weitere Beeinflussung des Systems. Es hat das also nichts mit der Unschärferelation zu tun. Dagegen: was das System »an sich« ist oder tut, also wenn es in Ruhe ist, das interessiert den Biologen nicht.

Wie ist es nun in der Psa? Der Analytiker beeinflusst zwar den Analysanden durch Deutungen u.s.w., in die zu beobachtende Situation gehen die Worte des Analytikers mit ein, und er hört ja auch sie. Seine beiden in Aktion tretenden Apparate, Mund und Ohr, beeinflussen sich nicht. Er veranlasst den Patienten zu »Probeleistungen«; er verfährt ganz behaviouristisch – soweit.

Er überschreitet aber dabei eine bestimmte Grenze, welche für die übrige Psychologie eine ausserordentliche Schwierigkeit bedeutet. Im Rahmen aller erdenkbaren psychologischen Methoden ist diese Grenze unübersteiglich: ein Experiment kann nicht gemacht werden ohne Einhaltung der Bedingung, dass nicht nur das System nicht geändert werden darf, sondern auch die Person, die Persönlichkeit, nicht. Es ist aber kein belangvolles Experiment, keine belangvolle Probeleistung möglich, welche nicht die Persönlichkeit tangiert. Belangvolle Aussagen sind also nicht behaviouristisch zu prüfen. In der Psychoanalyse besteht aber die Möglichkeit, in völlig harmloser Weise eine Probe Verliebtheit, Angst, Zorn, Paranoia u.s.w. zu erzeugen. Dieses Stück der psa Methode nennen wir »Uebertragung«.

Die so durch die Psa gegebene Forschungsmöglichkeit muss erst ausgeschöpft werden, ehe man von der Grenze sprechen kann, wo die Unschärferelation eine Rolle spielt. – 3. Teil. Alle psychologischen Beobachtungen, welche sich auf Selbstbeobachtung gründen, haben ein eigentümliches »Air« – hier gilt die Unschärferelation. Die »richtigen« Psychologen sind ja wegen des philosophischen Nimbus der Selbstbeobachtung dazu gekommen, sie aus ihrer Wissenschaft zu streichen, und bei den Behaviouristen sieht es dann so aus, als ob es Bewusstsein und Selbstbeobachtung überhaupt nicht gäbe.

Nur die Psa leistet das Kunststück, dass sie auf Introspektion nicht verzichtet und doch nicht in das Dilemma der Unschärferelation gerät. Wieso? Man kann die Psa mit Weizsäcker eine »Selbstbeobachtung zu zweit« nennen. Von Zustandsänderungen innerhalb des Körpers erhält die Person durch gewisse Signale Kenntnis, und sie gibt diese Signale durch Worte weiter. Ob aber ein Zustand oder eine Veränderung dem Bewußtsein Signale gibt, hängt von allerlei Bedingungen ab, und über diese Bedingungen erhält die Person keine Signale. Z. B.: je stärker mein Interesse bei der Selbstbeobachtung, desto besser die Beobachtung – desto weniger weiss ich aber über mein Interesse. Ganz raffinierte Psychologen sind zu einer »Selbstbeobachtung zweiter Stufe« fähig; aber das geht ja dann immer so weiter. Die Motive der Selbstbeobachtung sind in der Selbstbeobachtung nicht gegeben, und infolgedessen auch nicht die Motive der in der Selbstbeobachtung geübten Auslese. Der Psychoanalytiker bekommt Signale des Patienten, ausserdem aber auch noch eine sehr grosse Zahl von anderen Daten zur Kenntnis. Die Selbstbeobachtung des Patienten wird beobachtet: der Psychoanalytiker überschaut nicht nur die Signale, sondern auch die Bedingungen, welche die Signale einschränken u.s.w., also auch die Auslesekriterien. Kommt aber dabei nicht die Selbstbeobachtung des Analytikers in Frage? Nein. Nur an gewissen Stellen wird es möglich sein, dass der Analytiker nicht einfach die Signale abhört – seine Beobachtung, nicht seine Selbstbeobachtung, kann von Affekten, Trieben u.s.w. getrübt werden. Er soll aber durch die Lehranalyse – also gewissermassen eine »Selbstbeobachtung dritter Stufe« – gelernt haben, die Signale abzuhören, ohne sie zu stören. Wir haben also in der Psa die Möglichkeit, behaviouristisch die Introspektion zu verwerten, Wir tun dabei etwas, was in der Physik (von Planck?) in der Verzweiflung über die Unschärferelation (fiktiv) vorgeschlagen wurde: wir bilden ein Doppelsystem, so dass alle Beeinflussung, die das System erfährt, sich im System selbst registriert und dann nachträglich ohne weitere Beeinflussung des Systems abgelesen werden kann. In der Psychologie ist der von den Physikern gewünschte in den zu beobachtenden Gegenstand eingebaute Beobachtungsapparat eben tatsächlich vorhanden.

Herr *Lazarsfeld* bezweifelt, ob es sich bei der Bedingung, dass die Persönlichkeit beim psychologischen Experiment intakt bleiben muss, wirklich um eine prinzipielle Grenze und nicht bloss um eine sozusagen technische Schwierigkeit handelt.

Bernfeld: Man kann einen Menschen zum Experiment nicht zwingen, man muss ihn dafür geneigt machen. Das ist wichtig für die psychoanalytische Widerstandstheorie. Z. B. wenn jemand nicht will, produziert er gar keinen sexuellen Schamaffekt.

Lazarsfeld: Bernfeld hat die Lichtenbergsche Frage schon positiv beantwortet, nämlich so, dass die Mädchen überhaupt im Dunkeln erröten (können). Es kommt eben darauf an, wie man erröten definiert. Das wirkliche Problem der Psychologie liegt aber nicht in der Lichtenbergschen Problematik, sondern in der Frage nach der Möglichkeit einer psychologischen Gesetzeswissenschaft. Die Frage, ob die Phänomene durch die Beobachtung geändert werden, kümmert uns relativ wenig. Es ist aber eine Tatsache, dass es in der Psychologie noch nicht gelungen ist, Tatsachenbegriffe so zu definieren, dass das Historische des Individuums herausfällt. Man kann also bisher in der Psychologie keine »Wenn-Sätze« aufstellen. Aber vielleicht hat die Psa das in gewisser Weise geleistet, etwa in der Weise: wenn einer im dritten Lebensjahr das und das erlebt hat, so ist er im 17. Jahr in der und der Situation. Das wären also genetische Sätze. Ob die Psa hier weiterkommt, als etwa die Testpsychologie oder die Bühlersche Entwicklungstheorie, müsste man erst sehen. In der individuellen Voraussage, ob z. B. ein Schüler mit gutem Testergebnis sich in seiner Klasse gut behaupten wird, ist die Testpsychologie unsicher; aber sie ist trotzdem von hohem Wert – nämlich für den Schuldirektor, also statistisch. Also: eine bestimmte Gruppe mit einer bestimmten gegenwärtigen Verteilung wird in einigen Jahren so und so aussehen, d.h. eine bestimmte Verteilung haben.

Wir experimentellen Psychologen stellen uns nicht als psychologische Hoffnung vor, dass die Psychologie funktionaler Wegweiser für die Physiologie ist. Also sowohl der Zusammenhang mit der Physiologie wie mit der Therapie hat nichts mit der von uns gesuchten Regelhaftigkeit zu tun. Wir experimentellen Psychologen werden also durch Bernfelds Widerlegung der Unschärfeeinwandes nicht getröstet, weil es uns um die Regelhaftigkeit geht.

Bernfeld: Die Psychoanalyse ist die Vorordnung für die Physiologie überhaupt u. zw. weil es der Psa tatsächlich geglückt ist, das Individuum in Wenn-Sätze zu bringen. Wenn der Meier eine orale Libidostruktur hat, so kann ich die Situation, in die er kommen wird, voraussagen. – Wenn ich einmal weiss, was ein Schamaffekt ist und etwas weiss über die Beziehungen des Schamaffekts zur Anwesenheit von Menschen, so kann ich sagen: die Mädchen können erröten.

Auch für mich ist die Regelhaftigkeit das eigentlich wichtige Problem; aber der Unschärfeeinwand wird ja immer wieder gegen die Psa geltend gemacht und zwar eben in dem Sinn, dass sie keine Regeln aufstellen könne.

Auch ich lege Wert auf den Zusammenhang der wissenschaftlichen Aussagen mit der Statistik (in der Psychologie ebenso wie in der Physik); aber ich suche ihn nicht in der Sozialpsychologie sondern in der physiologischen Psychologie.

Die drei Leistungen der Psa, auf die ich in unserem Zusammenhang hinweisen wollte, sind:

Vorordnung des Materials für die Physiologie, Ermöglichung von Probeleistungen durch die Methode der Uebertragung und Ausweg aus der Schwierigkeit der Selbstbeobachtung.

Zilsel: die Unschärfeschwierigkeit tritt nicht erst auf der Systemhöhe des Atoms auf sondern z. B. schon bei einem so einfachen Unternehmen wie der Messung der Temperatur des Wassers in einem Gefäss. Die Schwierigkeit wird von den Physikern aber relativ leicht überwunden: durch Verwendung eines sehr kleinen Thermometers und durch die rechnerische Auswertung einer Hypothese über die Art wie sich die Temperatur des Wassers durch das Einführen des Thermometers ändert (die auf Grund einer solchen Hypothese rektifizierte Temperaturmessung kann dann durch weitere Temperaturmessungen geprüft, und damit auch jene Hypothese verifiziert werden). Es kommt also nicht erst im Bereich der Quantenmechanik zu dem diskutierten Problem. Es handelt sich da um eine sehr unsolide Uebertragung.

Zur Lichtenbergschen Frage: entweder ist im Begriff »wahrer Scham« schon enthalten: Erröten im Dunkeln – dann bin ich dem Lichtenbergschen Problem nicht entgangen; oder aber es ist nicht darin enthalten – dann kann ich es eben nicht feststellen. Diesem Dilemma könnte man aber z. B. durch Verwendung von Thermoelementen o. ä. entgehen. Zum Stottern: prinzipiell bin ich der Auffassung, dass das von Bernfeld dargestellte methodische Vorgehen der Psa statthaft ist und dass so etwas in der Naturwissenschaft immer wieder vorkommt. (z. B. die Unterscheidung der »veränderlichen Sterne« in »Bedeckungssterne« mit Dopplerschen Linien im Spektrum und in solche, die keine Dopplerschen Linien aufweisen und bei denen die Veränderlichkeit auf andere Weise erklärt werden muss.) Aber das Verfahren ist gefährlich – man muss sich davor hüten, in blosse Tautologien zu verfallen. Dingler behauptet, dass die Naturgesetze überhaupt diesen tautologischen Charakter hätten. Das trifft aber nicht zu; man muss nur verlangen, dass noch ein zweites Merkmal angegeben wird, wodurch sich die abgetrennte Klasse von Phänomenen unterscheidet.

Die von Lazarsfeld betonte besondere Schwierigkeit des Historischen in der Psychologie gilt höchstens quantitativ, aber nicht prinzipiell; denn das Historische spielt z. B. auch in der Physik eine Rolle, etwa so, dass ein weicher Eisenkern, der zum ersten Mal magnetisiert wird, sich anders verhält, als einer, der schon oft magnetisiert worden ist. Wir sprechen in der Naturphilosophie vom »mnemischen Charakter«.

Noch gegen eine andere Argumentation von Lazarsfeld ist etwas einzuwenden: wenn schon die Vorgeschichte des Individuums eine so grosse Rolle spielt im Sinne der Verunmöglichung von wissenschaftlichen Voraussagen, warum sollen dann gerade genetische Sätze trotzdem möglich sein? Auch ein dreijähriges Kind hat doch schon seine Vorgeschichte.

Bernfeld: In gewissem Sinn tendieren wir in der Psychologie, Psychoanalyse, tatsächlich auf Tautologie.

Zeisel: Ich möchte Lazarsfeld gegen den Einwand von Zilsel verteidigen, weil ja zwischen dem Eisenkern und dem Menschen ein enormer quantitativer Unterschied (in Hinsicht auf die methodischen Schwierigkeiten der Gesetzesaussagen) besteht, weil man einen Menschen nicht konstruieren kann und nicht weiss, was seine Relevantenstücke sind. Wenn die Psa leistet, dass sie durch die beobachtete Selbstbeobachtung eine neue Grössenordnung erschliesst, so ist das – am Vorbild der Physik gemessen – sehr viel.

Bernfeld: So ist es. Wenn einer sagt, ich habe kein Geld, so glaubt man ihm das im allgemeinen. Man wird sich vielleicht zu zweifeln geneigt fühlen, wenn einem der Betreffende Geld schuldet. Aber man könnte das ja objektiv prüfen. Wenn aber einer sagt, ich finde in mir keine Angst, so kann der Behaviourist das nicht prüfen und nichts dazu sagen, höchstens: »er sagt, ich finde keine Angst in mir«. Ob er wirklich keine Angst hat, ist für ihn kein echtes Problem. Ebenso besteht eine unlösbare Schwierigkeit für die Introspektion. Die Psa ist dagegen imstande, die Motive aufzufinden, die den Betreffenden veranlassen, keine Angst zu erleben, indem sie findet, was er für einen Grund hätte, Angst zu empfinden. Die Psa macht objektive Aussagen über phänomenale Bestände in anderen.

Kraft: Es handelt sich hier also um eine neue Methodik der fremd kontrollierten Selbstbeobachter. Der Psychoanalytiker macht seine Aussagen auf Grund eines Systems von Hypothesen. Der Psa steht nicht gegenüber ein Theoriensystem, das sich mit ihr messen könnte – es besteht also eine gewisse Diskrepanz zwischen den Psychologien, die hier aufeinander stossen.

Was sind nun aber die Tatbestände, mit denen das System der Psychoanalyse verifiziert wird? Ich glaube, da geht es dann sehr oft so, dass etwas als verifiziert gilt, weil es innerhalb der Theorie stimmt. Wie ist es dagegen bei der Verifikation einer physikalischen Theorie? Die Psa verfährt nicht rein induktiv, sondern sie geht heuristisch vor – das ist an sich ganz legitim.

Bernfeld: Einerseits ist die Psa empirisch; andererseits treten an nicht genau kontrollierten Stellen Hypothesensysteme ein.
Die Selbstbeobachtung zu zweit ist möglich, weil es die gröbere Selbstbeobachtung der einfachen Selbstbeobachtung schon gibt. Bei Freud werden zu einer Methode entwickelt die banalen Erfahrungen der Selbstbeobachtung wie sie z. B. Nietzsche formuliert: wenn mein Stolz und mein Gedächtnis miteinander streiten, gibt mein Gedächtnis nach. Die Psa macht hier den Schritt zu sagen: immer ist es so, dass die Affekte die Selbstbeurteilung trüben. Wir gewinnen unsere Erfahrungen nie so, dass wir uns auf 20 Fälle gründen, sondern wir sehen etwas an einem Fall und finden es dann auch bei anderen. Wir sind eigentlich antistatistisch. Wir gründen uns zunächst auf einsichtige Zusammenhänge. Wir verfahren also gewissermassen deduktiv, wie das überhaupt für das Deutungsverfahren gilt.[38]

38 Sitzungsprotokolle der Diskussionsabende von Psychoanalytikern, Bühler-Schülern u.a, Wien, 1933, Sitzung vom 28. 2. 1933, Siegfried Bernfeld Archiv, Library of Congress, Washington D.C. An der Diskussion beteiligten sich:
Victor Kraft, (1880-1975), a. o. Prof. für Philosophie an der Universität Wien, Mitglied des Wiener Kreises. Paul Felix Lazarsfeld, (1901-1976), von Beruf Mittelschullehrer, in der zweiten Hälfte der zwanziger Jahre dem engsten Mitarbeiter-Kreis des Wiener Psychologischen Instituts zugehörig, Begründer der »Wirtschaftspsychologischen Forschungsstelle«. Hans Zeisel, (1905-1992), Rechtsanwalt, Mitbegründer der »Wirtschaftspsychologischen Forschungsstelle«. Edgar Zilsel, (1891-1944), Mathematiker, Philosoph und Wissenschaftstheoretiker, von Beruf Mittelschullehrer, als Sozialdemokrat in der Arbeiter- und Volksbildung tätig, Mitglied des Wiener Kreises.

Johannes Reichmayr / Karl Fallend

Wanderschaft und Emigration

Menton, London, San Francisco

Siegfried Bernfelds Absichten von Wien wegzuziehen, lassen sich bis ins Frühjahr 1933 verfolgen. Am 10. April 1933 schrieb er: »Ich mache meinen 'Winterschlaf' in Wien – meine berufliche Situation ist ja überhaupt sehr günstig. Sollte das aber finanziell wegen der österr. Politik unmöglich sein, was sehr unwahrscheinlich ist, so gehe ich nach Genf, Amsterdam oder Rom. Am liebsten nach Genf. Ich bin augenblicklich mit meinen ganzen Patienten vom Ort unabhängig.«[1]

Diese Pläne schmiedete er gemeinsam mit seiner neuen Lebensgefährtin Suzanne Cassirer Paret, die nach der Machtübernahme Hitlers eine Rückkehr nach Deutschland ausschloß, da sie befand, daß es sich in diesem Land nicht mehr leben ließ;[2] ebenso war es für Bernfeld unmöglich geworden, dort zu arbeiten und Vorträge zu halten. Und was »unwahrscheinlich« schien, aber dennoch in Betracht gezogen wurde, traf ein. Mit den politischen Veränderungen nach den Februarkämpfen 1934 verschlechterten sich die Lebens- und Arbeitsbedingungen für Siegfried Bernfeld auch in Österreich. Mit seiner regen Vortrags- und Kurstätigkeit wurde er durch die Auflösung, Demontage und Illegalisierung wichtiger bildungs- und kulturpolitischer Einrichtungen des »Roten Wien«, von seinem Publikum und dem Wirkungs- und Einflußbereich der Psychoanalyse, isoliert.

Nach den spärlichen Informationen, die wir über diese Zeit haben, richteten sich Siegfried und Suzanne Bernfeld, die im Frühsommer 1934 heirateten, auf eine Übersiedlung nach Holland ein. Ihre Wanderung war nicht erzwungen, sondern entsprach mehr der Vorsorge von klugen Leuten, »die es auf Vertreibung oder Flucht nicht erst ankommen lassen wollen, weil sie damit auf kurze Sicht schon rechnen.« (Heymann, 1988,

1 Siehe S. 218 in diesem Band.

2 Persönliche Mitteilung von Peter Paret.

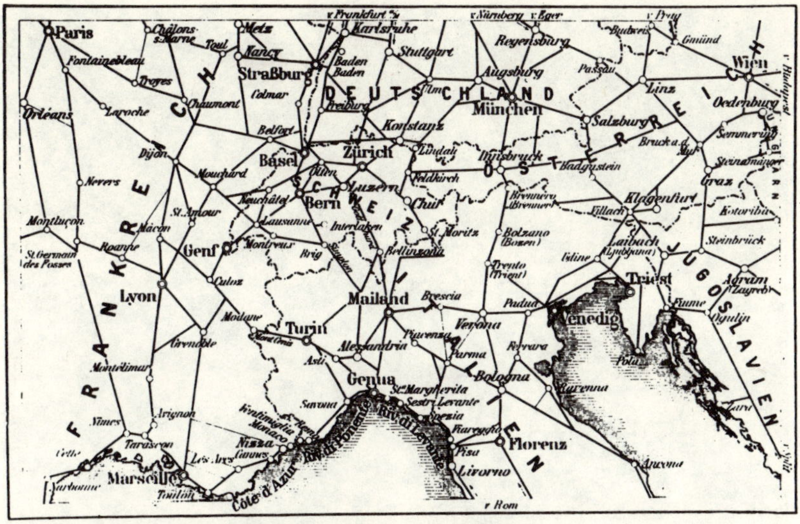

Reisewege nach der Riviera.

S. 104)[3] In der letzten Januarwoche 1934 war Siegfried Bernfeld in Amsterdam; Ende März teilte er seiner früheren Frau Elisabeth Neumann mit, daß er im Sommer nach Holland übersiedeln werde. Und noch am 21. Juni 1934 lesen wir in einem Brief von Karl Landauer an Siegfried Bernfeld über diese Pläne.[4]

3 Diese Voraussicht Bernfelds kann auch den Erinnerungen des Psychoanalytikers Richard Sterba entnommen werden, wenn diese Erinnerungen auch im Detail falsch sind: »1934 hatte Siegfried Bernfeld zu mir gesagt: 'Sterba, merken Sie sich, wenn ich Österreich verlasse, ist es hohe Zeit, das gleiche zu tun. Ich habe ein Gefühl dafür, wann es Zeit ist zu fliehen.' 1936 verließ er Österreich. Nach einem Aufenthalt in Rom ließ er sich in San Francisco nieder.« (Sterba, 1985, S. 160).

4 Karl Landauer, der 1933 mit seiner Familie von Deutschland nach Holland emigrierte, war Mitbegründer des Frankfurter Psychoanalytischen Instituts. Einige holländische Analytiker wehrten sich gegen den Zuzug ausländischer Kollegen und empfanden dies als »Einmischung«. Der Konflikt führte zur Spaltung der holländischen Psychoanalytiker. (Brecht, 1985, S. 56; Rothe, 1991, S. 20). Möglicherweise hielten diese Konflikte Siegfried Bernfeld vor einer Übersiedlung nach Holland ab. Karl Landauer wurde Mitglied der Ende 1933 neugegründeten psychoanalytischen Gruppe. Er wurde 1944 von den Nationalsozialisten gefangengenommen und nach Bergen-Belsen deportiert, wo er 1945 verhungerte. In seinem Brief an Siegfried Bernfeld schrieb er: »Dieser Tage hörte ich durch Zufall, dass Sie beabsichtigen sollen, im Herbst nach Harlem zu ziehen. Gestern nun erfuhr ich bei unserer Sitzung in Haag, dass auch dorthin Gerüchte von Ihrem Herkommen angelangt seien. . . . Denn bei dem, was wir für diesen Winter vorhaben, würden wir uns des Zuwachses an Kraft sehr freuen, den Sie für uns bedeuten würden. Wir haben nämlich vor, unter der Firma des Holländischen Psychoana-

Peter und Renate Paret-Cassirer

Am 14. Internationalen Psychoanalytischen Kongreß in Luzern (vom 26. bis 31. August 1934) hielt Siegfried Bernfeld am Nachmittag des letzten Kongreßtagen sein Referat »Über die einfache männliche Pubertät« (Bernfeld, 1935a). Mit Luzern war auch ein neues Domizil nähergerückt, das auf einer anschließenden Urlaubsreise an die Riviera entdeckt wurde: Menton und die Villa »Perugina«.

Eine kleine Stadt an der Cote d'Azur, unweit der italienischen Grenze und in der Nähe von Monaco gelegen. Ein traditioneller Winterkurort mit entsprechenden klimatischen und landschaftlichen Vorzügen, eine Stadt der Zitronen-, Orangen- und Olivenpflanzungen. An den Boulevard de Garavan, »der schönsten, aussichtsreichsten Straßen von Menton« (Grieben, 1928, S. 182), übersiedelten Mitte Oktober 1934 Siegfried Bernfeld, seine Tochter Ruth, seine Frau Suzanne und ihre beiden Kinder Peter und Renate; die Mutter Bernfelds kam für ein halbes Jahr mit nach Menton.

lytischen Institutes (offizieller Vorsitz Ophuijsen, Emden und ich) in den verschiedenen holländischen Städten Vorträge über Psychoanalyse zu halten.« (Brief von Karl Landauer an Siegfried Bernfeld vom 21. Juni 1934. Siegfried Bernfeld Archiv. Library of Congress. Washington D.C.).

Auch zwei ausländische Patienten folgten ihm von Wien ins französische Domizil.[5] Bernfeld ließ sich als praktizierender Psychoanalytiker nieder und setzte seine wissenschaftlichen Arbeiten und Kontakte fort. Die Korrespondenzen im Bernfeld Archiv in Washington zeigen, daß Siegfried Bernfeld mit dem Ehepaar Hans Lampl und Jeanne Lampl de Groot (Wien), René Spitz (Paris und Wien), René Laforgue (Paris), Hermann Nunberg (New York), Otto Neurath (Den Haag), Franz Alexander (Chicago), mit Willi Hoffer, Hedwig Schaxel-Hoffer, Ernst Kris, Robert Wälder und Paul Federn (alle Wien), Ernest Jones (London) und Heinrich Meng (Basel) und anderen in regelmäßigem Kontakt stand. In den Briefen seiner Kollegen und Freunde (Bernfelds Briefe sind ungleich schwerer aufzufinden und zugänglich als die im Bernfeld Archiv gesammelten seiner Briefpartner) sind uns Eindrücke zu seinem Leben an dem neuen Ort erhalten geblieben, an dem die Bernfelds sich fast zweieinhalb Jahre aufhielten; in diesem Zeitraum wurde auch der (vergebliche) Versuch unternommen, in Frankreich eine Einreiseerlaubnis für die Vereinigten Staaten zu organisieren.

Am 28. November 1934 begrüßte ihn René Spitz:

> »Lieber Dr. Bernfeld, von Ihrer Übersiedlung hatte ich vage Gerüchte gehört, aber nicht recht daran geglaubt, und nehme nun mit Vergnügen zur Kenntnis, daß wir sozusagen Landsleute geworden sind (ich meine, daß wir beide in Frankreich toleriert sind). . . . Ich freue mich, daß es Ihnen in Mentone gut geht; mir geht es hier nicht schlecht, wenngleich ich durchaus nicht mit Ihrer Praxis konkurrieren kann: Die meinige ist keineswegs die größte von Paris und sicherlich nicht die bestzahlende. Immerhin, sie existiert. Lebhafter als die Praxis ist die Vortragstätigkeit: Am 6. halte ich einen Vortrag an der Sorbonne, am 10. beginne ich einen Kurs in Prag: 'Von der Geburt zur Latenz' und werde auch einen oder den anderen Vortrag in der dortigen Vereinigung halten, am 7. Januar beginne ich einen Kurs über die Psychologie der Kindheit am Pariser ps.-a.Institut.«[6]

Nach einem ersten Besuch Siegfried Bernfelds in Paris im Januar 1935 vermittelte ihm René Spitz Kontakte zur Pariser Gruppe der Psychoanalyti-

5 Oral History Workshop: Politics and Analysis in Vienna. 19. Dezember 1985. Maschinenschriftliches Transkript. Boston Psychoanalytic Institute. S. 93.

6 Brief von René Spitz an Siegfried Bernfeld vom 28. November 1934. Siegfried Bernfeld Archiv. Library of Congress. Washington D.C.

ker, aus denen sich Möglichkeiten zu Vorträgen ergaben; er sprach, von René Allendy und seiner »Groupe d'études philosophique et scientifiques« eingeladen, am 16. Jänner 1936 über die libidometrischen Forschungen. Auch am Psychoanalytischen Institut in Paris war Bernfeld Gastvortragender.[7] Im Oktober 1934 hatte Hermann Nunberg Bernfeld ein Arbeitsangebot in den Vereinigten Staaten übermittelt, mit dem er die Leitung einer Anstalt für jüdische Dissoziale hätte übernehmen können. Nunbergs Brief vom 1. Dezember 1934 enthielt interessante Informationen über die Situation in Menton, New York und Wien:

> »Aus Ihrem Brief sehe ich, daß Sie keine große Lust haben herzukommen, was ich Ihnen nicht verargen kann, was mir aber dessenungeachtet sehr leid tut. Viele Leute bewerben sich um diese Stelle, es wäre also gut wenn Sie so bald als möglich Ihre Entscheidung treffen und, falls diese negativ ausfällt, bitte ich Sie, den Willi Hoffer zu empfehlen. – Mentone gefällt mir sehr gut, besser als New York (ich war noch nie in Mentone, deshalb beneide ich Sie, ich möchte auch dort sein. Falls Sie mir genügend Patienten verschaffen, die finanziell besser situiert sind als die Ihrigen, komme ich hin und wir können zusammen ein Kaffeehaus eröffnen. Hier, in New York nämlich, geht das Geschäft schlecht, die Konkurrenz ist widerwärtig, sie läßt einen einfach nicht leben. ... Ich erlaube mir, Ihnen eine indiskrete Frage vorzulegen: wie kommen Sie eigentlich nach Mentone? Wo bleibt Feitelberg, psychologisches Laboratorium, Kaffeehaus, jüdische Witze usw.? Die paar nicht zahlenden Patienten könnten Sie auch in Wien haben.«[8]

Hans Lampl hielt Siegfried Bernfeld über seine Arbeiten im Labor in Wien auf dem Laufenden und berichtete in seinen Briefen regelmäßig über Neues aus der psychoanalytischen Welt:

> »Jeanne hat ein sehr gutes Referat über Rados Buch gehalten und war dieses Wochenende in Prag und zeigte den Leuten dort wie 'das Weib' ausschaut. Sie sieht sich schon Ihren Fußstapfen als Wanderprediger über Analyse. Anna hat einen schönen Vortrag in der Vereinigung gehalten und wird ihn im zweiten Teil nächste Woche bringen. Fenichel war auch da, aber wenn Sie wissen, wie der ist, wissen Sie genau wie er ist; denn er hat sich gar nicht verändert. Reich ist in Oslo und be-

7 Brief von Suzanne Cassirer-Bernfeld an Ernest Jones vom 19. Februar 1955. Siegfried Bernfeld Archiv. Library of Congress. Washington D.C.

8 Brief von Hermann Nunberg an Siegfried Bernfeld vom 1. Dezember 1934. Siegfried Bernfeld Archiv. Library of Congress. Washington D.C.

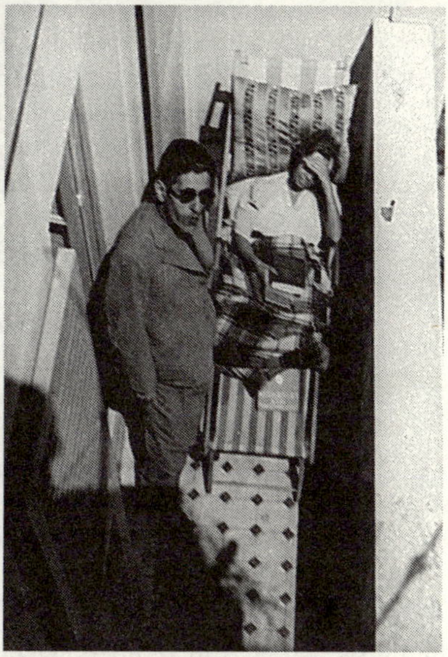

Menton, Villa Perugina, Balkon Villa Perugina – Siegfried Bernfeld und Suzanne Cassirer-Bernfeld

> kämpft Fenichel und Hitschmann hat gesagt, daß die Analyse eine komische Sache ist: Kaiser und Reich (gemeint sind die beiden Analytiker Wilhelm Reich und Hellmuth Kaiser, der Reichs Technik der Charakteranalyse vertrat. Anm. d. Verf.) sind die revolutionären Elemente in der Analyse. – Einen sehr schönen Vortrag von Thomas Mann haben wir gehört, in dem er sehr viel von Freud sprach . . .«[9]

Hans Lampl war es auch, der mit Sergei Feitelberg bis zum Herbst 1935 die Laboruntersuchungen fortführte, bis dieser nach Lettland ging, um seinen Militärdienst abzuleisten.[10] Im Zentrum der Forschungen standen experimentelle Untersuchungen, die an der Hirnrinde und im Hirnstamm von Katzen vorgenommen wurden. Lampl und Feitelberg erhofften sich experimentelle Bestätigungen über die Schlafvorgänge, Schlafentstehung und Schlafstörung zu finden. Was die Verbindung dieser Forschungen zur Psychoanalyse anging, war Lampl sehr vorsichtig, denn unter den Analytikern war das Verständnis für derartige Unternehmungen gering:

> »Ich habe einmal kurz mit dem Professor über die Katzerln gesprochen, aber er hat nur einen schlechten Witz dazu gemacht. Dazu ist er schon zu alt, um sich für Gebiete zu interessieren, die nicht ganz auf seiner Linie liegen und eigentlich war es immer eine Tendenz bei ihm. Er konnte sich mit Theorien auseinandersetzen, die wie die von Rank, ganz abstrus waren, weil sie doch auf seinem Gebiet lagen, er versucht in seinen Büchern Anregungen zu geben, die Dinge von einer anderen Seite anzupacken, aber wenn man es dann ernsthaft versucht, wendet er sich dann doch von der Richtung ab, oder besser gesagt ihr gar nicht zu. Ähnlich machen es eigentlich alle Analytiker mit mir, mehr oder weniger, aber es stört mich nicht sehr. Den Weg allein oder nur in Begleitung von wenigen zu gehen, hat auch etwas verlockendes und freut mich mehr, als wenn es mir gelingen würde, noch einen Befund von Freud zu erweitern oder bestätigen zu können und eine jubelnde Menge dabei um mich zu haben.«[11]

Neben den neuen Kontakten, zum Beispiel zum Psychoanalytiker Raymond de Saussure in Genf, versuchte Siegfried Bernfeld von Menton aus

9 Brief von Hans Lampl an Siegfried Bernfeld vom 29. Januar 1935. Siegfried Bernfeld Archiv. Library of Congress. Washington D.C.

10 Siehe den Beitrag von Richard Bacher in diesem Band.

11 Brief von Hans Lampl an Siegfried Bernfeld vom 18. November 1935. Siegfried Bernfeld Archiv. Library of Congress. Washington D.C.

Mundaneum Institute The Hague

Headquarters:
267 Obrechtstraat, The Hague, Holland

Telegraphic address:
Mundaneum
The Hague

Telephone:
33 57 32

Banking Account:
Rotterdamsche Bankvereeniging N. V.
The Hague

Dr Bernfeld
Mentone

6.II.36

Lieber Dr Bernfeld !

Wie nennt man das auf psychoanalytisch , wass ich gestern Nachts noch um 11 Uhr den mitfolgenden Brief schrieb , der heute Morgen abgehen sollte - da kam Ihr liebes Mahnschreiben ! Die gewöhnlichen Menschen nennen das Telepathie . Nein, nicht krank . Aber ums Leben rudernd ......

Die Verzögerung des Erscheinens tritt deshalb nicht ein, weil durch den Pariser Kongressbericht, der jetzt eben erscheint , das Heft 6 " gesperrt " war . Das nächste Heft ist sicher schon übervoll , weil ja alles Schlange steht . Aber Sie kriegen raschest einen langen Brief über das lange Manuskript.

Mit den allerbesten Grüssen Ihr

seine in Wien geknüpften wissenschaftlichen Beziehungen und Diskussionen fortzuführen. Er stand in Verbindung mit Otto Neurath, der in den Februarkämpfen 1934 von der Wiener Polizei gesucht wurde, weil er sowjetische Stellen beim Aufbau bildstatistischer Institute beriet. (Stadler, 1982, S. 191) Neurath war nach Holland geflüchtet und führte in Den Haag unter schwierigen Bedingungen seine bildpädagogischen Arbeiten weiter; außerdem organisierte er die Kongresse der Philosophen des Wiener Kreises und des logischen Positivismus. Am 6. August 1935 schrieb Neurath an Bernfeld über seine Vorbereitungen für den in Paris geplanten »Ersten Kongreß für Einheit der Wissenschaft«:

> »Sie erwägen von Berlin aus zu fahren? Was für eigenartige Möglichkeiten. Ich habe Sie natürlich sofort unter 'Diskussion' angemeldet, damit Sie wenigstens bei dem großen Andrang, der herrscht gut zu Wort kommen. Wenn Sie ein Referat ankündigen wollen, müßte es sehr rasch sein, denn wir runden eben das Programm ab, die erste Annäherung an diese Abrundung liegt bei. . . . Wie Sie sehen kommen Russell, Enriques usw. Es wird ein richtiger internationaler Kongreß mit seinen 100 Referaten sein, und nicht wie wir hofften ein Diskussionsmeeting für wackere radikale Physikalisten. Daß Sie sich dem wahren Glauben nähern, höre ich mit Freuden. Soll der Übertritt etwa feierlich vor dem Pariser Konzil erfolgen? Ich habe übrigens vor kurzem mit Vergnügen und Vorteil Ihre kleine Arbeit über den Druckreiz und das Weber-Fechnersche Gesetz gelesen. Sagen Sie, was Sie treiben, und wer alles mit Ihnen ist.«[12]

Bernfeld war in Begleitung seiner Frau auf dem Pariser Kongreß.[13] Bald darauf berichtete Neurath über die Vorbereitungen des »Zweiten Internationalen Kongresses für Einheit der Wissenschaft« (21. bis 26. Juni 1936), der zum Thema »Kausalprobleme in Physik und Biologie« handeln sollte. In den Briefen vom 16. März und 8. April 1936 kommentierte und diskutierte Neurath ein Manuskript Bernfelds, das als Beitrag für den Kopenhagener Kongreß im Juni 1936 bestimmt war. Außerdem plante Neurath diesen Text Bernfelds in der Zeitschrift *Erkenntnis* zu publizieren. Eine Veröffentlichung kam jedoch nicht zustande, Bernfelds Manuskript, in Menton entstanden, trug ursprünglich den Titel »Das quantenphysikalische Beobachtungsproblem in der Psychoanalyse und in der Selbstbeobachtung«, der dann durch »Beobachtung und Beeinflussung in Psychoanalyse und Selbstbeobachtung« ersetzt wurde. Es beginnt mit folgender Einleitungspassage:

> »Von ihren ersten Anfängen an begleitet die Psychoanalyse der Verdacht, sie sei von geringer Glaubwürdigkeit, weil sie ihre Resultate durch ein Verfahren gewinne, das tiefe Eingriffe in die seelische Struktur des

12 Brief von Otto Neurath an Siegfried Bernfeld vom 6. August 1935. Siegfried Bernfeld Archiv. Library of Congress. Washington D.C.

13 Neurath erwähnte Bernfeld in seinem Kongreßbericht (Neurath, 1981a).

beobachteten Patienten voraussetze. Ob man sie für 'Humbug' erklärte, ob man sie für eine Art Suggestion hielt, oder ob man in neuerer Zeit differenziertere Kritik übt; welches die Motive solcher Skepsis sein mögen – sie erscheint suspekt, weil der Psychoanalytiker als objektive Tatsache ansehe, was das Ergebnis seines aktiven Einflusses sei. Die jüngste Entwicklung der Physik gestattet diesen unklaren und mannigfach gewendeten Einwand gegen die Psychoanalyse einfach zu formulieren. Um über das Unbewußte etwas auszusagen, muß es bewußt gemacht worden sein, damit verliert es aber jene Eigentümlichkeiten, die wir beobachten wollten.«[14]

Siegfried Bernfeld war durch seine vielseitigen wissenschaftlichen Interessen prädestiniert, die Psychoanalyse in andere Wissenschaftsbereiche hineinzutragen, ihre Erkenntnisse und Methode mit den Ergebnissen philosophischer, physikalischer, psychologischer und biologischer Forschungen zu konfrontieren und sie im Rahmen der einheitswissenschaftlichen Bestrebungen der wissenschaftlichen Weltauffassung des »Wiener Kreises« und des logischen Positivismus zu begreifen. Im Verlaufe des Austausches mit Otto Neurath kam es auch zu anderen Überlegungen und gegenseitigen Anregungen, so zum Beispiel zum Vorschlag einer »Statistik für Psychoanalytiker« im Rahmen der bildstatistischen Arbeiten. Neurath war interessiert, in Anlehnung an seine bildstatistischen Arbeiten für marktanalytische Zwecke eine Erfolgsstatistik der Psychoanalyse zu erstellen. Am 26. Mai 1936 schrieb Neurath an Bernfeld:

»Die von Ihnen erwähnten statistischen Fragen würden mich natürlich sehr interessieren, nicht nur vom Standpunkt, daß man sie später bemanderln (gemeint sind die bildstatistischen Personen-Symbole; Anm. d. Verf.) kann. Vielleicht komme ich mal mit Ihnen und den Ihren in dieser Sache in Kontakt. Ja, das mit der Erfolgsstatistik – das kenne ich. Es ist das gleiche Problem, wie mit der Berufsberatung. Man müßte doch mal die Berufsberater abtesten, ob denn ihre Eignung zum Berufsberaten gegeben erscheint. Dazu müßte man aber sehn, was passiert mit der Jugend, wenn sie beraten wird, wenn sie nicht beraten wird usw. Es gibt nur ganz wenig Bewährungsstatistiken. Aber die Berufsberater erdenken ständig neue Methoden aus, ohne sie zu erproben. Sie

14 Siegfried Bernfeld Archiv. Library of Congress. Washington D.C. Das 61 Seiten umfassende Typoskript setzt die in dem Aufsatz »Über die Unschärfe-Relation in der Psychologie und Psychoanalyse« dargelegten Gedankengänge zur Psychoanalyse als Forschungsmethode und zu ihrer erkenntnistheoretischen Position fort. Der publizierte Aufsatz »The facts of observation in Psychoanalysis« (1941a) (»Psychoanalyse als Gespräch«, 1978) basiert auf diesen Überlegungen.

> haben recht, das ist alles mehr interessant als lukrativ. Ich kann ja schwer jetzt rasch zur Behebung des Minderwertigkeitskomplex von Psychoanalytikern einen Ziffernbetrieb eröffnen und als richtiger Zahlenhirt die Weiden mit den nötigen Herden versehen, bis alle beglückt sind. Ich begrüße es sehr, daß Sie mit so netten Briefen in unbehagliche Gegenden meine trüben Stunden erheitern.«[15]

Auch der rege Kontakt mit René Spitz ließ eine fruchtbare Zusammenarbeit erwarten. Ende 1935 war Siegfried Bernfeld an Spitz mit dem Vorschlag herangetreten, gemeinsam an einer Neufassung von Bernfelds *Psychologie des Säuglings* zu arbeiten. Das im Februar 1925 in Wien handschriftlich verfaßte Manuskript »Die Kindheit. II. Band. Konflikte mit der Umwelt« (die Fortsetzung seiner *Psychologie des Säuglings*) wurde in Menton in Typoskriptform gebracht und trägt ebenfalls den Titel *Psychologie des Säuglings.* Noch im August 1936 war die geplante Überarbeitung spruchreif, obwohl bereits wieder Pläne zu einer neuerlichen Übersiedlung gemacht wurden.

> »Daß ihnen der Säugling Sorge macht, da Sie bald mit dem Abschied von Europa Ernst machen wollen, ist mir begreiflich; leider kann ich diese Frage nicht beschleunigen – Sie wissen ja selbst, wieviel Arbeit diese Literaturzusammenstellung erfordert. Es ist also nicht gut möglich, daß der Säugling heute oder morgen fertig wird, im Augenblick bin ich im Begriff die bis jetzt erhaltenen Resultate schriftlich festzulegen, zwar noch nicht in einer für den Säugling geeigneten Form, aber sozusagen als Excerpte. Davon sind derzeit 110-120 Seiten Manuskript niedergeschrieben.«[16]

Ein anderes Buchprojekt Bernfelds, das ihn in Menton beschäftigte, sollte in der von Heinrich Meng und Paul Federn herausgegebenen Reihe *Bücher des Werdenden* im Verlag Hans Huber realisiert werden. Eine Ankündigung des geplanten Buches mit dem Titel »Psychoanalytische Kulturgeschichte des XX. Jahrhunderts«[17] erschien im *Almanach der Psycho-*

15 Brief von Otto Neurath an Siegfried Bernfeld vom 26. Mai 1936. Siegfried Bernfeld Archiv. Library of Congress. Washington D.C.

16 Brief von René Spitz an Siegfried Bernfeld vom 18. August 1936. Siegfried Bernfeld Archiv. Library of Congress. Washington D.C. Das Buch von R. Spitz *Vom Säugling zum Kleinkind* enthält keine Hinweise auf eine Zusammenarbeit mit Siegfried Bernfeld.

17 Ein Buchprojekt, das mit dem im Brief an Elisabeth Neumann vom 29. Mai 1933 beschriebenen zu tun haben könnte: »Da ich nun gar für einen Schweizer Verlag ein Buch schreiben soll über XVII. Jahrhundert, Großer Krieg und seine Wirkungen, Hexenprozesse, Aufgang und Niedergang der Vernunft . . .«. Siehe S. 219 in diesem Band.

analyse des Jahres 1935 neben den anderen in Vorbereitung befindlichen Titeln der Sammlung. Am 6. November 1935 hatte auch Willi Hoffer, der Schriftleiter der *Zeitschrift für psychoanalytische Pädagogik* bei Bernfeld in Menton wegen eines Vorabdruckes eines Kapitels aus diesem geplanten Buch angefragt.[18] Es erschien aber keine Originalarbeit Bernfelds in dieser Zeitschrift, sondern sein Referat »Über die einfache männliche Pubertät«, das er am Luzerner Kongreß 1934 gehalten hatte (Bernfeld, 1935a).

Bernfeld setzte in Menton sein umfangreiches wissenschaftliches Programm fort, das er in Berlin zu entwickeln begann und danach in Wien weiter konzeptualisiert hatte; in einem Brief an Elisabeth Neumann vom 7. März 1933 gab er eine kurze Beschreibung seiner Vorhaben:

> »Druckfertig geworden ist seit 1. Juli nur der Aufsatz über die Unschärferelation. Einige kleinere Aufsätze mache ich gerade fertig. ... Meine Einstellung zur Arbeit ist sehr verändert. Wenn ich die verschiedenen Sachen erledigt habe, die noch von früher laufen, so will ich gar nicht weiter derart schreiben, d.h. ich spüre gar nicht mehr inneren Zwang jede freie Stunde zu schreiben, oder gar mir Zeit dazu frei zu machen. Ich habe wirklich Sachen vor, die ich für groß und wichtig halte: Libidometrie, mathematische Psychologie und Sachen mit Logik, Psychoanalyse, Psychologie und Soziologie, die sich nicht in ein Schlagwort bringen lassen. Ich denke darüber nach, lese viel dazu, notiere auch gelegentlich was; aber ich darf und muß ... dabei mit zehn Jahren rechnen, nicht mit Wochen und Monaten.«[19]

Bernfelds Fragestellungen waren mit den Diskussionen und Arbeiten der Berliner und Wiener Philosophen der wissenschaftlichen Weltauffassung verbunden, wobei er sich darauf konzentrierte, den wissenschaftlichen Status der Psychoanalyse und ihre erkenntnistheoretische Position genauer zu bestimmen. In seinem Vortrag über »Naturwissenschaftliche Bewußtseins-Psychologie« in der Berliner »Gesellschaft für wissenschaftliche Philosophie« versuchte er mit den Denkmitteln der Mengentheorie und der Libidometrie das »Bewußtsein« zu fassen und in wissenschaftlich sinnvoller Weise von ihm zu reden. »In manchem Hörer hatte vielleicht der Name

18 Brief von Willi Hoffer an Siegfried Bernfeld vom 6. November 1935. Siegfried Bernfeld Archiv. Library of Congress. Washington D.C.

19 S. 216 in diesem Band.

Bernfelds die Erwartung erregt, er werde über Psychoanalyse sprechen. Interessant war seine Entschuldigung: daß er grade einmal nicht vom Unbewußten, sondern vom Bewußten habe reden wollen, um die Meinung zu widerlegen, die Psychoanalyse arbeite nur mit dem Unbewußten.« (Mühsam, 1932).

Bernfeld verfaßte einen Plan seiner Arbeiten und Forschungsabsichten, dem seine Bemerkungen im oben zitierten Brief an Elisabeth Neumann vorangegangen sein dürften. Erhalten sind mehrere Notizblätter, die im folgenden wiedergegeben werden; die Notizen sind ohne Datumsangabe, sie dürften Ende 1933 bis Anfang 1934 entstanden sein:

»An abschließenden Aufgaben wird sich nicht vermeiden lassen:
Grundriß der psychoanalytischen Pädagogik
System der Erziehungswissenschaften
Die Pubertät
Lehrbuch der Psychoanalyse (als Psychologie)
Dieses Lehrbuch enthält einige neue Aufgaben, die sowohl über das 'abschließende' hinausgehen, als auch über seinen bloß . . . (unleserliches kurzes Wort) Hauptteil, der bestenfalls didaktische Neuerungen enthält.
Diese sind
Geschichte der Psychoanalyse
Glaubwürdigkeit der Psychoanalyse
Affekt und Ichpsychologie
und sind eng verknüpft mit den eigenen Arbeiten, deren Beendigung sie zum Teil voraussetzen.
Die eigenen Arbeiten haben einen ältesten Teil
Psychophysik
Libidometrie, im besonderen
die im wesentlichen an Feitelberg übergegangen sein sollen. Sie bestehen ferner aus einem näheren Bündel, das sich großsprecherisch
Partitur des Lebens
nennt, von dem überschaubar ist
Die Theorie des Baus der Organismen
Die Theorie des Verhaltens der Organismen
Die Theorie des Bewußtseins
und am fernen Horizont, undeutlich, aber als Aufgabe präzis genug
Theorie des Aufbaus der 'lebenden' Substanz.
Es sind sehr viele erkenntnistheoretische Fragen, die sich von der Partitur des Lebens her auftürmen: sie gruppieren sich mir heute in zwei unterscheidbare Massen:
Zweckmäßigkeit in der Natur

Glaubwürdigkeit aller Wissenschaften, die deuten, insbes. physiognomische Urteile verwenden.
Das sehr viel fernere Bündel umfaßt soziologisch-kulturgeschichtliche Fragen, die
entweder als
Geschichte der Psychologie
oder als
Geschichte der neuesten Zeit (1850-1930)
diese besonders gern in Verbindung mit der Geschichte der Psychoanalyse
sich aufdrängend, bald
Machiavelli
Hobbes
Thomasius
bald
Neurasthenie, Braid
Charcot
Freuds Jugend
beachten lassen, bald
Französische Revolution
Romantik, romantische Wissenschaft
Vorkriegsjugendgeneration
Dreyfuss-Affaire
Die Achtzigerjahre
in den Vordergrund rücken. In dieses Bündel auch nur eine erste Ordnung bringen zu wollen, ist wohl noch so hoffnungslos, daß nur Pedanterie das Schicksal des Versuches sein konnte.«[20]

In Menton verfaßte Bernfelds ein umfangreiches Manuskript über die »Theorie des Bewußtseins. I. Teil: Topologische Betrachtung des Baus und Behaviors der Organismen«, eine Arbeit, die eine Anwendung der Topologie auf die Biologie und Psychologie versuchte. Der überwiegende Teil der Aufzeichnungen, Entwürfe und Papiere im Nachlaß Bernfelds aus der Zeit von 1934 bis 1948 besteht aus Arbeiten auf diesem Gebiet.

20 Siegfried Bernfeld Archiv. Library of Congress. Washington D.C. Mit vielen seiner Ideen, wissenschaftlichen Forschungsvorhaben und praktischen Anwendungsmöglichkeiten der Psychoanalyse war Siegfried Bernfeld seiner Zeit voraus. Viele scheiterten und oft verhinderten äußere Widerstände ihre Realisierung. Auch seine Vorstellungen zur Gründung eines für wissenschaftliche Zwecke ohne Einschränkungen benutzbaren Freud-Archives fand, wie Peter J. Swales in einem Vortrag (»Freud and the Unconscionable: The Obstruction of Freud Studies, 1946-2113«) im Institute of Contemporary Arts (London) am 10. Oktober 1991 darlegte, keinen Widerhall.

Bernfeld griff die Topologie, die schon von Leibniz und Cantor in ihren Untersuchungen verwendet und geschätzt wurde, als Forschungsmethode auf:

> »Was immer der Grund dafür sein mag: die konkrete biologische Forschung hat dieses Denkmittel noch nicht ergriffen; in der konkreten psychologischen Arbeit haben nur Lewin und seine Schüler es in einem ersten Ansatz verwendet. Hingegen hat der Mathematiker Menger, dem die Geometrie viel verdankt, konkrete, sagen wir, sozialpsychologische oder soziologische Fragen mit 'richtiger' Geometrie angefaßt. Und eben solches versuche ich hier auch. Probleme, die der Psychologe, genauer der Psychoanalytiker, bei sich zuhause vorfindet, und die mit seinen eigenen Mitteln sich nicht bewältigen lassen, drängen ihn in benachbarte und in der Folge immer entferntere Wissenschaften. Er holt sich dort, was ihm brauchbar erscheint. Es ist nicht seine Schuld, wenn er sich eine Weile in den fremden Gebieten aufhalten und sich gelegentlich sogar wie ein alter Fachmann gebärden muß. Für ihn ist es nur Vorarbeit. Im vorliegenden Fall, für eine Theorie des Bewußtseins.
>
> Von diesen Vorarbeiten lege ich hier als Teil I dieser psychologischen Theorie des Bewußtseins nun einige topologische Bemerkungen über Bau und Verhalten der Organismen vor.«[21]

Ein weiteres umfangreiches Manuskript über die »Geometrie der Organismen« wurde in Menton begonnen und in San Francisco fertiggestellt.[22] In einem Vortrag vor dem »Theoretical Biology Club« in Cambridge/England, hatte Siegfried Bernfeld 1937 über die Möglichkeit eines topologischen Systems der Organismen referiert.

> »Ich habe mir nun durch eine ganze Reihe von Ansätzen und Proben die Vermutung gesichert, daß der zentrale Teil der Psychologie, die Theorie des Bewußtseins, mit den Mitteln der heutigen Mengenlehre, bezw. Topologie im Prinzip bewältigbar ist. . . . Das Stückchen Geometrie der Organismen, das ich Ihnen nun vortragen will, habe ich in solchem Zusammenhang ausgearbeitet. Es gefällt mir und interessiert mich, weil es merkwürdigerweise einige morphologische Fakten in derselben Sprache auszudrücken erlaubt, in denen ich manche Behavioursachverhalte und einige psychologische Phänomene beschreiben kann.«[23]

21 Siegfried Bernfeld Archiv. Library of Congress. Washington D.C.

22 Siegfried Bernfeld Archiv. Library of Congress. Washington D.C.

23 Siegfried Bernfeld Archiv. Library of Congress. Washington D.C.

Zu diesen Untersuchungen gehört auch die 1937 in der *IMAGO* erschienene Arbeit »Zur Revision der Bioanalyse«. Robert Wälder, der mit Ernst Kris die Redaktion dieser Zeitschrift innehatte, kommentierte diese Arbeit in einem Brief vom 8. Februar 1937 an Siegfried Bernfeld:

> »Ihre Arbeit haben wir von Professor Freud erhalten. Kris und ich haben sie beide mit außerordentlichem Vergnügen gelesen, im kritischen Teile bin ich vollständig Ihrer Meinung, im positiven bin ich mit der Durchdenkung der Überlegungen nicht weit genug, um eine Meinung über diese Fragen schon zu haben; die Schwierigkeiten, welche ich vorläufig habe, bestehen darin, daß ich nicht ganz sicher bin, ob der Begriff der Physiognomik exakt bestimmt ist und ob es, wenn ich diesen Begriff recht verstehe, möglich ist, sie so weitgehend zu eliminieren. Soweit überhaupt Mathematik für solche Probleme herangezogen wird, ist die Wahl der Topologie sicher ein glücklicher Griff, weil sie wohl den allgemeinsten Formenkalkül darstellen dürfte. Allein ich bin mir auch hier nicht ganz sicher, ob die Heranziehung der Topologie grundsätzlich mehr leistet als die Forderung logisch-sauberen Denkens und präziser Behauptungen auch leisten könnte, wenngleich freilich sehr wahrscheinlich ist, daß das mathematische Hilfsmittel die Erfüllung dieser Forderung schärfer kontrolliert. In der mathematischen Nationalökonomie hat deren vielleicht bedeutendster Vertreter, Pareto, den Standpunkt vertreten, die mathematische Methode leiste in der Nationalökonomie grundsätzlich nichts Neues, es sei alles von ihr Formulierte auch ohne mathematische Hilfsmittel ausdrückbar, doch erleichtere das mathematische Instrument die Formulierung komplizierter Sachverhalte, insbesondere bei der Interdependenz der Phänomene. Ich würde vermuten, daß auch die mögliche Leistung der Topologie für unsere Wissenschaft ähnlich ist. Ich muß nicht ausdrücklich bemerken, daß die Andeutungen am Schlusse Ihrer Arbeit über Ihre eigenen Entwürfe unser lebhaftes Interesse dafür wachgerufen haben, diese möglichst bald und in möglichst umfangreicher Ausführung kennenzulernen. Sie werden sicher geeignet sein, die Anwendung psychoanalytischer Ideen auf biologische Probleme aus dem Bereich vorwissenschaftlicher Intuition und nicht nachprüfbarer Visionen, die einen appeal auf das Gefühlsleben ausüben, in den Bereich konkreter beweisbarer oder widerlegbarer Behauptungen zu rücken, und damit wohl die Grundlage bereitstellen, um das Problem der Bio-Analyse wissenschaftlich überhaupt zu diskutieren.«[24]

In Menton entstand auch das Typoskript »Die Glaubwürdigkeit der Psychoanalyse«, das sich als Teilarbeit von Bernfelds umfangreichen wis-

24 Brief von Robert Wälder an Siegfried Bernfeld vom 8. Februar 1937. Siegfried Bernfeld Archiv. Library of Congress. Washington D.C.

senschaftlichen Vorhaben, wie es in den wiedergegebenen Notizen beschrieben wurde, identifizieren läßt. Es ist wie die übrigen nichtveröffentlichten Papiere und Manuskripte im Bernfeld Archiv in der Library of Congress enthalten.

Im Spätherbst 1935 verschlechterte sich die ökonomische Situation der Bernfelds so sehr, daß an eine Übersiedlung innerhalb Mentons gedacht wurde;[25] sogar der weitere Aufenthalt an der Cote d'Azur stand in Frage. Heinrich Meng in Basel, der über die persönlichen Verhältnisse Bernfelds unterrichtet war, versuchte seinen Kollegen durch Übermittlung von Patienten zu unterstützen. Und René Spitz half, durch seine Kontakte zu einem Pariser Bankier und Kunstsammler »von nur erstklassigen Kunstwerken«[26], eine aussichtsvolle geschäftliche Verbindung herzustellen, die möglicherweise erfolgreich verlief und die wirtschaftlichen Schwierigkeiten der Bernfelds überwinden half. Die finanziellen Aufwendungen für fünf Personen: für Reisedokumente, Fahrtkosten nach England und den Vereinigten Staaten, für die Miete der Villa in Menton und für den Aufenthalt in London (Bernfeld hatte dort keine Arbeitserlaubnis) waren beträchtliche. Suzanne Cassirer war als Tochter des bekannten Kunsthändlers und Verlegers Paul Cassirer, der 1926 Selbstmord beging, im Besitz wertvoller Kunstwerke, von denen sie einige aus Deutschland heraus und in Sicherheit bringen konnte. Bernfelds Tochter Ruth erwähnt Aquarelle und ein großes Ölbild von Cézanne, die weit unter ihrem Wert veräußert werden mußten.[27]

Der letzte erhaltene Brief von René Spitz, der nun wieder in Wien arbeitete, datiert vom 21. Dezember 1936 und beantwortet eine Frage, die mit den weiteren Auswanderungsplänen der Bernfelds und den dabei auftretenden Schwierigkeiten im Zusammenhang stand: »Leider kann ich Ihnen über Ecuador keinerlei Mitteilung machen. Ich war nie dort und kenne auch niemanden, der dort war, habe jedoch den dunklen Eindruck, daß es ein böses Klima sein dürfte. . . . Ich bedaure sehr, daß Sie für Ihre

25 Ernest Jones, der Präsident der Internationalen Psychoanalytischen Vereinigung hatte in Menton ein Haus (»Villa Orientale«) das er nicht benutzte und Bernfeld zum Mieten anbot. Es kam nicht dazu. (Brief von Ernest Jones an Siegfried Bernfeld vom 15. November 1935. Siegfried Bernfeld Archiv. Library of Congress. Washington D.C.)

26 Brief von René Spitz an Siegfried Bernfeld vom 28. August 1936. Siegfried Bernfeld Archiv. Library of Congress. Washington D.C.

27 Oral History Workshop: Politics and Analysis in Vienna. 19. Dezember 1985. Maschinenschriftliches Transkript. Boston Psychoanalytic Institute. S. 94.

Absichten solche Hindernisse finden und wünsche Ihnen, daß diese bald aus dem Weg geräumt werden mögen.«[28]

Ende 1936 wurde den Bernfelds keine weitere Aufenthaltsgenehmigung für Frankreich erteilt. Die sich verstärkenden Unruhen des Spanischen Bürgerkrieges trugen zu dem Entschluß bei, Europa zu verlassen. Trotz großer Anstrengungen und Aufwendungen gelang es ihnen nicht, in Frankreich über den amerikanischen Konsul ein Visum in die Vereinigten Staaten zu bekommen; sie beschlossen nach London zu gehen und es von dort aus zu versuchen. Die Psychoanalytikerin Francis Deri, mit der die Bernfelds eng und freundschaftlich verbunden waren (ebenso wie mit dem Ehepaar Fenichel), und die kurze Zeit vorher von Prag nach Los Angeles ausgewandert war, gab bei einem Treffen in Paris den Anstoß, Santa Barbara in Kalifornien als Emigrationsziel ins Auge zu fassen.

Anfang 1937 fuhren die Bernfelds nach London, wo das langwierige Warten auf ein Affidavit für die Vereinigten Staaten begann. Die Einreisebestimmungen waren bereits soweit verschärft, daß nur mehr die direkten Unterstützungen von Verwandten berücksichtigt wurden. Auch die Chancen eine Arbeit zu finden, verringerten sich. Bernfelds hilfreicher Vertrauter in New York, Hermann Nunberg, der ihm bereits 1934 eine Arbeitsmöglichkeit offerierte, klagte im Februar 1937 über die verschlechterte berufliche Situation: »Recht geschieht Ihnen, lieber Rassengenosse, hätten Sie gefolgt, dann wäre heute alles gut und schön, nicht nur ein Schemmerl wäre Ihr eigen, sondern sogar ein chair. Jetzt weiss ich nicht, wie ich Ihnen auch nur ein Thrönchen verschaffen kann.«[29]

Trotzdem sah Nunberg noch Arbeitsmöglichkeiten für Bernfeld, wie etwa am »Institute for Human Relations«, »Yale University«, »Exile University« oder »Jewish Board of Guardians«. Die Chancen für einen 'Laien' eine psychoanalytische Praxis in New York zu eröffnen, beurteilte Nunberg hingegen als schwierig. Konkurrenz und die bekannte harte Linie gegen die Laienanalyse der New Yorker Psychoanalytiker wird Bernfelds Entschluß, Kalifornien als Emigrationsziel zu wählen, mitbeeinflußt haben. Wenig später sollte diesbezüglich Theodor Reik bittere Erfahrungen machen, als er versuchte, in New York Fuß zu fassen.[30]

28 Brief von René Spitz an Siegfried Bernfeld vom 21. Dezember 1936. Siegfried Bernfeld Archiv. Library of Congress. Washington D.C.

29 Brief von Hermann Nunberg an Siegfried Bernfeld vom 10. Februar 1937. Siegfried Bernfeld Archiv. Library of Congress. Washington D.C.

Durch private Unterstützung von Verwandten in Chicago und Empfehlungen von Analytikerkollegen – wie etwa durch Paul Federn – gelang es der Familie Bernfeld am 4. Juli 1937 das begehrte Visum zu bekommen.

Nach einer zirka fünftägigen Schiffsreise und einem kurzen Aufenthalt in New York, Chicago und Los Angeles erreichten sie Anfang September 1937 San Francisco. Bernfelds Tochter Ruth ging von Menton zurück nach Wien, um ihre Matura zu machen und kam anschließend über London nach den USA. Ihre Schwester Rosemie ging nach Beendigung des Gymnasiums 1934 von Wien nach Zürich, heiratete dort und kam 1939 in die Vereinigten Staaten.

In Los Angeles, wo sich Bernfelds Berliner Kollege Ernst Simmel angesiedelt hatte, nahm er den Vorschlag an, am Aufbau einer psychoanalytischen Organisation in San Francisco mitzuarbeiten.

In kurzer Zeit konnten Bernfeld und seine Frau die Anfangsschwierigkeiten überwinden, und sie fühlten sich in ihrer neuen Heimat sehr wohl. Zahlreiche Hilferufe ließen Bernfeld nicht vergessen, wovor er geflüchtet war. Nach dem Einmarsch der Nationalsozialisten in Österreich waren es vor allem Psychoanalytikerkollegen, die verzweifelt um Rat und Unterstützung baten.

Theodor Reik meldete sich aus Den Haag, um Hilfe für ihn und seine Familie zu erbitten. Ihnen gelang die Flucht nach New York im Jahre 1938.

30 Einzelne Äußerungen Reiks belegen seinen ungetrübten Ärger darüber, wie er als nichtärztlicher Psychoanalytiker von seinen Kollegen in New York aufgenommen wurde. An Bernfeld schrieb Reik am 14. Februar 1939: »Die amerikanischen Analytiker haben sich mit Ausnahme von Sachs und Nunberg geradezu abscheulich benommen . . .« (Brief von Theodor Reik an Siegfried Bernfeld. Siegfried Bernfeld Archiv. Library of Congress. Washington D.C.) Deutlicher wird Reik in einem Brief an Paul Federn vom 19. Juni 1940: »Meinen persönlichen Standpunkt in der Laienanalyse-Frage kennen Sie. Mit den Worten des Professors: 'Ich bin ein entschiedener Gegner der Laienanalyse, besonders der der Ärzte'. Wieviele von den New Yorker Ärzten in diesem Sinne Laien sind, überlasse ich Ihnen zu entscheiden. Gestatten Sie mir gegenüber den lächerlichen Angriffen bestimmter Kollegen hinzuzufügen, daß die Zukunft bestimmen wird, wer mehr für die analytische Wissenschaft geleistet hat, die Herren Kubie und Genossen oder ich. Ich bleibe dabei, daß manche meiner Bücher noch leben werden, wenn die Knochen des Herrn Kubie längst zu Staub geworden sind . . .« (Brief von Theodor Reik an Paul Federn. Paul Federn Archiv. Library of Congress. Washington D.C.). Und in einem Interview mit Bluma Swerdloff (Columbia University) berichtete Reik: »The first I remember, Lawrence Kubie wanted to give me, if I would not treat any patients, if I'd renounce to treat any patients, he promised to give me 200 Dollars a month. Now with four people, a wife and two children and myself, 200 Dollars was not enough. I said 'Thank you'.«
Theodor Reik löste sich von der New Yorker Vereinigung und gründete eine eigene psychoanalytische Gruppe, die »Society for Psychoanalytic Psychology«, die bestrebt war, die Psychoanalyse als psychologische Forschungsmethode und psychologische Wissenschaft weiterzuentwickeln.

GELBE POST

黄报半月刊

SEMI-MONTHLY – HALBMONATSSCHRIFT

PUBLISHER AND EDITOR A. J. STORFER VERLEGER UND SCHRIFTLEITER

117 HONGKONG ROAD

SHANGHAI, CHINA

Shanghai, den 31. März 1939.

Herrn

Dr. Siegfried B e r n f e l d,

3301 Broderick Street, San Francisco

Lieber Herr Dokter!

Wie Sie sehen, bi. ich gleichsam — wenn auch in entgegengesetzter Richtung fahrend — in Ihre Nähe gerückt. D.h. es trennt uns kein Festland mehr, nur Wasser, dies allerdings reichlich. Vielleicht rücke ich nach einiger, aber nicht allzunaher Zeit weiter ostwärts vor und gelange doch noch ~~oder doch~~ nach U.S.A.

In Shanghai bin ich vor 3 Monaten eingetroffen, nach mannigfaltigen bösen Abenteuern, in Wien sowohl, wie zum Schluss an der Reichsgrenze. Aber darüber will ich mich jetzt nicht weiter auslassen.

Die Zeitschrift, die im Briefkopf genannt ist, besteht noch XXXXXXund XXXXXXXX nicht. Das erste Heft wird gegen Ende April mit Datum vom 1. Mai erscheinen. Ich werde Ihnen das erste Heft zusenden und ich hoffe und ich bitte darum, dass Sie zu ihrer Verbreitun. .m "Goldenen Westen" beitragen. Ich gründe die Zeitschrift unter den tollsten reda... nellen, technischen und finanziellen Notverhältnissen.

Die "Gelbe Post" beschäftigt sich mit ostasiatischen Dingen, wird aber jede Möglichkeit suchen, die Psychoanalyse heranzuziehen, wenn's nicht anders geht, an den Haaren. Im ersten Heft habe ich einen Aufsatz von einem japanischen Ordinarius über die Psychoanalyse in Japan und einen von einem englischen Autor "Zur Psychoanalyse der chinesischen Schriftzeichen". Mein gegenwärtiger Brief hat einen besonderen Zweck. In einem Imago-Heft — ich habe das Gefühl, es muss innerhalb der Jahre 1927-1931 sein — ist ein ganz kurzer Aufsatz (von wem?) über eine chinesische Traumdeutung vor ixtausend Jahren erschienen. Diesen möchte ich in der Gelben Post abdrucken. Meine gesamte psa. Bibliothek musste ich in Wien lassen. Sie hätte keineswegs die Grenze passieren können. (Nebstbei bemerkt an der Grenze hat man mir u.a. das druckfertige Manuskript eines sprachwissenschaftlichen Buches, das in der Schweiz hätte erscheinen können und von dem ich keine Kopie habe,

GELBE POST

黄报半月刊

SEMI-MONTHLY – HALBMONATSSCHRIFT

PUBLISHER AND EDITOR A. J. STORFER VERLEGER UND SCHRIFTLEITER

117 HONGKONG ROAD

SHANGHAI, CHINA

-2-

weggenommen.) Ich habe nun folgende Bitte. Sind Sie so freundlich, zunächst festzustellen, wann der Aufsatz in der Imago erschienen ist. Wenn Sie die Hefte einzeln, d.h. ungebunden haben, schicken Sie mir bitte das betreffende "registered" her, ich sende es Ihnen mit nächstem Schiff sofort zurück. Sollten Sie den Aufsatz in einem gebundenen Bande haben, so stelle ich es Ihnen anheim, entweder den ganzen Band herzusenden, was auch ohne viel Kosten und ohne Risiko möglich ist, da ich auch den Band prompt und eingeschrieben retournieren würde, oder den Aufsatz, der, wenn ich mich gut entsinne, nur etwa 3-4 Seiten lang ist, für mich abschreiben zu lassen.

Jedenfalls geben Sie mir bitte bald Nachricht. Ich freue mich, die Verbindung mit Ihnen nach vielen Jahren wieder aufnehmen zu können. Ich habe die stille Hoffnung, dass ich, wenn ich einmal über die schwierigen Anfangshürden meiner Zeitschrift hinweggestolpert bin, bald hier einen englisch-deutschen Buchverlag werde machen können. Die Druckkosten sind hier phantastisch niedrig, es ist nur nicht leicht, den chinesischen Setzern anständige englische oder gar deutsche Bücher abzupressen, aber auf mich kann man sich verlassen, wenn ich mich auf einen Gaul setze, der kein geschultes Edelpferd ist, sondern ein wilder Mustang oder ein träges mongolisches Pony, ich bring' ihm schon bei, zu parieren. Schwierigkeiten reizen mich eher, als dass sie mich abschreckten. In meiner Phantasie sehe ich mich schon irgend etwas neues Sisyphoides [?] von Dr. Bernfeld in englischer und deutscher Sprache veröffentlichen. Hauptsache, dass ich finanziell den schwierigen Anfang meiner Zeitschrift übertauche. Und auch körperlich. Denn ich arbeite 15-16 Stunden täglich, schlafe 4-5 Stunden, — das Schlimmste kommt aber noch: Die verrufene Shanghaier warme Periode, die schon in einem Monat einsetzt. Ich will aber versuchen, mich auch von diesem Feind nicht unterkriegen zu lassen.

Was New-York anbelangt, so stehe ich mit Brill und Wittels schon ab Wien in ständiger Verbindung. Sie helfen mir sogar finanziell bei der Zeitschrift.

Ihre baldige Antwort erbittend, verbleibe ich mit herzlichen Grüssen

Ihr A J Storfer

Manfred, Hermine, Hans Günther und Käthe Bernfeld in Liebauthal (Böhmen) Mitte der dreißiger Jahre.

István Hollós aus Budapest erkundigte sich bei Bernfeld über die Chancen in Amerika. Er konnte nicht mehr fliehen und entkam 1944 in Budapest nur durch Zufall einem Erschießungskommando der Nationalsozialisten.

Albert Josef Storfer schrieb aus Shanghai zwecks Unterstützung seiner *Gelben Post*; einer Emigrantenzeitschrift, die auch in dieser schwierigen Situation über die Psychoanalyse berichtete (Kreissler, 1992).

Storfer starb 1944 in Australien, wo er zuletzt in einer Fabrik beschäftigt war.

Die größte Sorge Bernfelds galt jedoch seiner Familie. Während es seiner Schwester Lilli, seiner Mutter und den beiden Töchtern aus erster Ehe gelang, nach Kalifornien zu kommen, saß sein Bruder Manfred mit Frau und Kind in Prag fest. Die erhaltenen Briefe Manfreds an Siegfried Bernfeld zeugen von den verzweifelten Versuchen, doch noch den Nationalsozialisten zu entkommen. Obwohl Siegfried Bernfeld im Jahre 1940 ein monatliches Einkommen von 1000 Dollar nachweisen konnte, blieb seinen Angehörigen ein Einreisevisum verwehrt. Der Plan, ein südamerikanisches Land zu erreichen scheiterte, da nicht nur Bargeld, sondern auch ein Taufschein vorzuweisen war. Manfred Bernfeld durfte, weil er jüdisch getraut und geschieden war, nicht getauft werden. Inzwischen wurde er bereits von der Gestapo observiert. Als letzte Fluchtmöglichkeit bot sich nur mehr Shanghai an. Aber auch dieser Weg war bald verschlossen. Italien gewährte Juden kein Durchreisevisum mehr, womit ihnen der Seeweg versperrt blieb. Über Wladiwostock den Landweg zu nehmen, war ebenfalls unmöglich geworden.

Die ganze Familie Bernfeld bemühte sich vergeblich von Kalifornien aus, mit Geld, Bescheinigungen und Empfehlungsschreiben das Leben der Verwandten in Prag zu retten. Der letzte erhaltene Brief Manfred Bernfelds vom 15. Dezember 1940 zeugt von Resignation und Trauer über die kürzlich verstorbene Mutter. Manfred Bernfeld wurde am 2. Juli 1942 ins Ghetto Theresienstadt deportiert, wo er unterernährt und krank am 6. Juni 1944 gestorben ist; seine zweite Frau Edith überlebte Theresienstadt und starb am 24. März 1985 in Prag. Hans-Günther (geb. 1924), Sohn aus Manfred Bernfelds erster Ehe mit Käthe, überlebte Theresienstadt und Auschwitz und lebt heute in der Tschechoslowakei.[31]

31 Herrn Jan Jecha (Hans-Günther Bernfeld) verdanken wir wertvolle Informationen und Bildmaterial. Er zeigte uns auch die Textilfabrik in Liebauthal (Böhmen), in der sein Vater bis zur Arisierung des Unternehmens als Prokurist beschäftigt war. Besitzer dieser Fabrik war Walter Stross, Ehemann von Lilli Bernfeld.

Suzanne Cassirer um 1933

Suzanne Cassirer

Suzanne Aimée Cassirer wurde am 3. April 1896 in Brüssel geboren. Ihre Eltern waren der bekannte Kunsthändler und Verleger Paul Cassirer und Lucie Oberwarth, welche später unter dem Namen ihres zweiten Mannes, Ceconi, als Lektorin des Ullstein Verlages und als Verfasserin von Büchern über italienische Kultur hervortrat. Suzanne Aimée Cassirer studierte Philosophie und Kunstgeschichte in Marburg und Hamburg; später Medizin in Berlin. 1923 heiratete sie den Privatgelehrten und späteren Wirtschaftsberater Dr. Hans Paret, den sie im Kolleg Ihres Onkels, des Philosophen Ernst Cassirer, kennenlernte. Aus der Ehe stammen zwei Kinder: Peter und Renate. Suzanne Cassirer ging nach der Scheidung im Jahre 1932 nach Wien, wo sie ihre Analyse bei Sigmund Freud fortsetzte, die sie in Berlin bei Hanns Sachs begonnen hatte. In Wien ließ sie sich zur Psychoanalytikerin ausbilden. 1934 heiratete sie Siegfried Bernfeld, mit dem sie über Menton, London nach San Francisco emigrierte. Von 1937 an arbeitete Suzanne Cassirer-Bernfeld als Psychoanalytikerin in San Francisco. Gemeinsam mit Siegfried Bernfeld verfaßte sie biographische Aufsätze über Sigmund Freud, die in englischer, deutscher und italienischer Übersetzung vorliegen. Ihre wichtigste Arbeit nach Bernfelds Tod war ihr Essay »Freud and Archaeology«. Suzanne Cassirer-Bernfeld starb im Jahre 1963.

Ludger M. Hermanns

Der »komplizierte Fall San Francisco« oder »Psychoanalyse ist hier eine Laiensache«

Siegfried Bernfelds Brief an Anna Freud aus dem Jahre 1937

»Sehr verehrter Herr Dr. Eitingon, ich habe mich entschlossen, bis auf weiteres in Wien zu bleiben.« Diese Briefeinleitung vom 11. Januar 1933 (Brecht et al. 1985, S. 45) dokumentiert nichts anderes als den Beginn von Siegfried Bernfelds Weg ins Exil. Seine amerikanischen Emigrationsjahre (1937 bis 1953) sind bis heute nicht systematisch untersucht worden. Übersichtsdarstellungen zur Geschichte der amerikanischen Psychoanalyse (z.B. Oberndorf, 1953, Millet, 1966, May, 1976) haben nur wenige Worte für ihn übrig. Während Hedwig Hoffer in ihrem Nachruf meinte, »Bernfeld sei wohl zu spät im Leben nach Amerika gekommen, um nochmal einmal wirklich beginnen zu können« (zit. nach Grubrich-Simitis 1981, S. 22), hob Rudolf Ekstein Bernfelds pessimistische Weltsicht im amerikanischen Exil hervor. Das Freudsche Werk sei nun abgeschlossen, und er habe dazu keine Beiträge mehr zu liefern. Deshalb habe er sich der Erforschung von Freuds Leben und Werk verschrieben (Ekstein, 1966). Ilse Grubrich-Simitis hat 1981 die *Bausteine der Freud-Biographik* zusammengetragen, übersetzt und herausgegeben, um Siegfried Bernfeld als »ersten wissenschaftlichen Freud-Biographen« zu würdigen (Grubrich-Simitis 1981, S. 46).

Damit ist aber Bernfelds Wirkungsmacht in seinem letzten Lebensabschnitt nicht erschöpft. Seine immer wieder gerühmten Talente als begeisternder Lehrer haben im Universitäts- und sonstigen Geistesleben von San Francisco bis heute ihre Spuren hinterlassen. Der im Nachfolgenden abgedruckte Brief dokumentiert, mit welcher Sorgfalt und wie strategisch er gleich nach seiner Ankunft Ende 1937 öffentlich für die Psychoanalyse auf den Plan getreten ist.

Der »komplizierte Fall San Francisco« ist von Bernfeld gleich erkannt worden. Es seien im folgenden kurz die besonderen Bedingungen der Psychoanalyse in Kalifornien skizziert, wobei ich im wesentlichen Kandelin (1966) und May (1976) folge. Die ersten Analytiker in Kalifornien waren Laien. Die erste Gruppe in Los Angeles um David Brunswick (mit Thomas und Margrit Libbin, Marjorie Leonard und Estelle Levy) lud Ernst Simmel ein, der sich nach seiner Vertreibung aus Deutschland 1934 in Los Angeles niederließ. Die 1935 gegründete »Los Angeles Psychoanalytic Study Group« war offen für jedermann und gehörte nicht der »American Psychoanalytic Association« (APA) an. Unter den nach Los Angeles strömenden Emigranten waren mit Frances Deri, Christine Olden und Hanna Heilborn (später Hanna Fenichel) weitere Nichtärzte. Unter der Verantwortung der psychoanalytischen Institute von Chicago und ab 1938 von Topeka konnten Simmel und Fenichel gleichwohl die ersten einheimischen Ärzte zu Analytikern ausbilden (May Romm und Charles Tidd). 1938 waren von der Unterrichtskommission der APA Ausbildungsrichtlinien (»Minimal Standards for the Training of Physicians«) und im gleichen Zusammenhang eine Laiensperre (»Resolution against the Training of Laymen«) erlassen worden (May 1976, S. 1238). Während Robert Knight diese Resolution als Rebellion gegen »authority from abroad«, gegen die Machtballung im »trust« der Internationalen Vereinigung interpretiert (zit. nach May 1976, S. 1238), waren de facto die europäischen Zwangsimmigranten ihr erstes Opfer; deren direkte Mitgliedschaft bei der IPV wurde nicht mehr anerkannt, und sie mußten sich bei den lokalen Vereinigungen neu bewerben, was für die Nichtärzte ohne amerikanisches Examen in der Regel nicht zur ordentlichen Mitgliedschaft führte.

Die kalifornische Besonderheit bestand darin, daß die Gruppe in Los Angeles im wesentlichen aus Laien bestand und von zwei prominenten Ärzten (Simmel und Fenichel) geleitet wurde, während in San Francisco im wesentlichen Ärzte (Ausnahme u.a. Anna Mänchen) unter der anerkannten Führung eines Laien, nämlich Siegfried Bernfelds standen (Kandelin 1966, S. 353f.). Daß Bernfeld bei der Gründung eines lokalen Institutes aus vereinspolitischen Gründen ins zweite Glied rücken sollte, wollte seinen Kollegen in San Francisco nicht einleuchten. In diesem Fall wollten sie lieber keine Psychoanalytische Gesellschaft gründen (Kasanin und Barrett). In einem Bericht an Karl Menninger vom 1. April 1941 schrieb Simmel u.a.: »It would be unfair to both the lay analysts and the psychoanalytic movement in California to found a society with a tendency of ignoring the lay analysts. If such a stand were ever taken, both Bernfeld and myself would withdraw immediately from the psychoanalytic movement here.« (zit. nach Kandelin 1966, S. 354f.). Bernfeld hatte Simmel in einem Brief vom 23. Juli 1941 gestanden, daß er sich emotional am liebsten »von der ärztlichen Vereinigung der Psychoanalytiker vollständig unabhängig . . . machen« würde (zit. nach Dahmer 1986, S. 1127). Er hatte damit gespielt, aber später dem ärztlichen Charakter der Gesellschaft zähneknirschend zugestimmt (»but one can hardly feel as belonging to the Society if one were deprived of the rights to influence the selection (of candidates) and the policies of committees guiding training and teaching.« (Zit. nach Kandelin 1966, S. 354).

Einige wenige Ärzte waren mit den APA Minimal Standards identifiziert, und als 1941 aufgrund von Anzeigen das »State Board of Medical Examiners« sich mit den praktizierenden Psychoanalytikern beschäftigte und insbesondere eine (ergebnislose) Untersuchung gegen Ernst Simmel einleitete, zog sich eine ärztliche Fraktion von den Gründungsvorbereitungen zurück und wollte sich beim »State Board« wegen des geplanten Status des »accredited membership« für die Laienanalytiker rückversichern. Simmel machte energisch gegen diese Art von vorauseilendem Gehorsam Front und betrieb die Gründung der San Francisco Psychoanalytic Society im August 1941. Von den zehn Gründungsmitgliedern stammten sechs aus San Francisco (Barrett, Berliner, Kamm, Kasanin, MacFarlane und Windholz), Simmel und Fenichel aus Los Angeles, Orr aus Seattle und Gero aus Tucson. Drei Ärzte aus Los Angeles blieben der Gründung fern (Haenel, Romm, Tidd). Allerdings blieb die »accredited membership« für die Laienanalytiker auf der Strecke, als die Gesellschaft im Mai 1942 in Boston von der APA anerkannt wurde. Damit mußten verdiente Mitglieder wie Bernfeld, Deri und Mänchen mit Ehrentiteln, z.B. »honorary member«, abgespeist werden; sie konnten auf der Ebene des lokalen Institutes praktizieren und ausbilden, aber keine Funktionen in der APA auf nationaler Ebene bekleiden (Kandelin 1966, S. 355ff).

Helmut Dahmer hat die Auffassung vertreten, »daß er (Bernfeld) seine Aufgabe in den USA nicht in irgendeinem Neubeginn sah, sondern in der Nichtanpassung« (Dahmer 1986, S. 1126). In diesem Sinne ist Bernfeld seinen Utopien treu geblieben und hat diese 1949 in einem siebenseitigen Entwurf konkretisiert. Während er im ersten Teil seine Ideen für ein ideales Institut (The »Free Institute«) propagiert, skizziert er später ein Alternativmodell (The »Not-So-Free« Institute) für den Fall, daß die Veränderungen in die organisierte Psychoanalyse integriert werden könnten. In diesem Buch ist dieser Vorschlag zum erstenmal abgedruckt. Über die Rezeption dieser bis heute bedenkenswerten Ideen ist mir nichts bekannt. Bernfelds letzter Vortrag am 10. November 1952 vor der psychoanalytischen Gesellschaft von San Francisco über die psychoanalytische Ausbildung macht

Anleihen bei seinem utopischen Entwurf von 1949 und liefert eine schonungslose Abrechnung mit der bürokratisierten psychoanalytischen Ausbildung vom Standpunkt einer radikalen psychoanalytischen Pädagogik. Peter Paret, der darin »sowohl Protest wie ein Glaubensbekenntnis« sieht, hat überliefert, daß Bernfeld sich deshalb zuletzt entschloß, aus dem Ausbildungsausschuß auszutreten (Bernfeld 1982, S. 1f). Bis dieser leidenschaftliche Appell in Amerika gedruckt werden konnte, mußten zehn Jahre vergehen (Bernfeld, 1962); weitere 20 Jahre sollte es dauern, bis eine erste deutsche Übersetzung erschien (im *PsA-Info* 1982 mit einer kurzen Einführung von Peter Paret), der alsbald eine zweite folgte (in der *Psyche*, 1984).

Zum folgenden Briefabdruck: Den Brief von Siegfried Bernfeld an Anna Freud habe ich zufällig bei Recherchen zu Ernst Simmel im Januar 1988 im Archiv des Psychoanalytischen Institutes von San Francisco gefunden. Dabei handelt es sich um den Durchschlag eines neunseitigen schreibmaschinengeschriebenen Briefes in deutscher Sprache, der nicht unterzeichnet ist. Bernfeld hat handschriftlich auf dem Briefkopf in eckigen Klammern hinzugefügt: 'zu faul, Tippfehler zu verbessern'. Aus Gründen der Lesbarkeit sind einige Schreibfehler stillschweigend von mir korrigiert worden.

Dem seinerzeitigen Präsidenten des San Francisco Psychoanalytic Institute, Melvyn B. Schupack, M.D., gebührt Dank für den Zugang zum Archiv, Nancy Swanson, Marianne Zanetti und besonders Jennie Chiado für Hilfe bei der Sichtung des Materials und Hildegard Berliner für die erwiesene Gastfreundschaft. Prof. Peter Paret (Institute for Advanced Study, Princeton), der Stiefsohn Siegfried Bernfelds, hat freundlicherweise die Genehmigung zum Abdruck erteilt und uns dabei lediglich aus Diskretionsgründen um das Weglassen eines Namens gebeten (mit Dr. X. bezeichnet).

23. November 1937

Liebes Fräulein Freud,

seit 1. September sind wir hier, also, wenn Sie diesen Brief erhalten, rund ein Vierteljahr. Das ist nicht lange genug, um was Gescheites berichten zu können, aber der richtige Termin, um dem Wunsch, Ihnen, dem Professor, den Wiener Freunden und der I.P.V. Grüsse zu schikken, eine nette Rationalisierung anzuheften. Ich kenne den komplizierten Fall San Francisco nun ungefähr, so wie man einen Patienten nach der Probezeit kennt: Diagnose und einige besondere Züge. Eine vage Abschätzung des nächsten Verlaufs ist möglich.

Wenn ich San Francisco sage, meine ich eigentlich den Baydistrikt, der aus San Francisco, Oakland, Berkley und einem ganzen Haufen von kleineren Orten besteht. Die Eingeborenen machen da sehr feine und sehr bestimmte Unterschiede, aber ich kann die Ortsgrenzen durchaus noch nicht erkennen. Als Bürger der Weltstadt Wien scheinen mir Entfernungen von der Berggasse nach Hietzing oder gar nach Grinzing nicht Grund genug für besondere Vereinsstatuten zu sein. Auch diese kleinstädtischen Amerikaner wollen durchaus wissen, ob man in Berkeley oder in Oakland oder in San Francisco gesettelt ist. Ich bin also in San Francisco niedergelassen, benehme mich aber, als hätte die Wahlparole »great San Francisco« schon gesiegt, die man hier noch gar nicht wagt zu propagieren, nehme also an Seminaren der Universität in Berkeley teil und habe meinen ersten Patienten von einem alten Medikus aus Oakland bezogen. Alles was Sie über die Schönheiten dieses Baydistriktes z.B. in der Enzyclopädia Britannica gelesen haben mögen, ist nicht übertrieben. Have 15 Cent drink with 1 million view – heißt in beiden Ziffern exakt die Aufschrift auf einem hiesigen Drugstore. Auch hierin ist die Britannica zuverlässig, und ich will nur ergänzen, was sie nicht mitteilt, daß San Francisco – wie meine Frau entdeckte – ein Cocktail aus Marseille, New York und Wiener Prater Budenkunst ist, daß ferner die Luft zwischen den Wolkenkratzern, an der Bay und in der Tramway bei Sonnenschein und Regen nach tausend Metern oesterreichischer Alpenhöhe schmeckt, daß die berüchtigten Nebel einzelne Stadtteile prinzipiell meiden, so daß wir z.B. in schönster Sonne sitzen, während rundherum die Nebelhörner ängstlich tuten, daß schließlich die Bevölkerung hauptsächlich aus Chinesen, Juden und Italienern zu bestehen scheint, aber in ihrem Konservatismus und ihrem Mißtrauen vor Menschen britischer als in England und in Gelddingen schottischer als in Edinburgh. Die »Psycho-Analytiker« die ich hier vorgefunden habe, sind daher sehr kleine Leute, sie haben zwar viele Patienten in den Abendstunden, aber 5 Dollar für die Stunde gilt als sehr hohe Bezahlung.

Solche »Psycho-Analytiker« gibt es eine ganze Menge. Das Branchenverzeichnis des Telefonbuches klassifiziert sie unter drei verschiedenen Titeln: »Psycho-Analysts (Freudian)«, »Physician Psycho-Analysts« und »Psychologists Consulting«. Die Eintragung in das Branchenverzeichnis vermeiden außerdem die ganz Feinen, als die Bernfelds, Dr. Berliner und Dr. Donald McFarlane, ferner eine nicht näher bestimmte Zahl von Chiro- und anderen Praktikern, die aber dafür auf Adressenkarte, Türschild und Reklametafel das Wort Psycho-Analyse doppelt dick drukken. Überdies praktizieren hier einige Jungians, Rankians und Adlerians. Ein Branchentelefonbuch von Oakland habe ich noch nicht zu Gesicht bekommen. Es gibt Gerüchte, daß dort der Segen noch reicher sei.

Das Wort Psycho-Analyse ist hier so wohl bekannt wie im tiefsten amerikanischen Osten. Der Name Freud etwas weniger geläufig und mit Vorliebe Frud ausgesprochen. Außer der gemein-amerikanischen Magazin- und Drugstore-Literatur, die sich reichlich mit Psycho-Analyse und sogar mit Freud in ihrer Art beschäftigt, findet man in den Bücherläden nicht selten spezifisch kalifornisches Gewächs wie 400 Seiten »How to psycho-analyse yourself« oder »the psychological News« mit dem Titel »Don't miss reading our monthly prize story how we got the babys wordrobe. Astrology by Dr. James L. Gordon, Personality Concentration. Food Therapy and Psychoanalysis by the worlds greatest Psychologist«, welcher mit einem Bild, das eher aichhornähnlich ist und mit einem Auszug aus Hemmung, Symptom und Angst vertreten ist. Selbst sehr ungebildete Leute wissen, daß Psychoanalyse von Sorgen, Ehebeschwerden, Erfolglosigkeit und dergleichen Widerwärtigkeiten heilt, wenngleich sie die sicherere Therapie nicht in der Likörbar suchen. Daß diese Kunst mit ärztlichem Wissen verbunden sein könnte, ist Geheimnis der äußerst Gebildeten und der Emigranten. Psychoanalyse ist hier eine Laiensache. Die Ärzte interessieren sich für sie so gut wie gar nicht. Die »Psychoanalytiker« sind zwar zum Teil M.D., haben aber keine Verbindung mit der Ärzteschaft, stehen mit ihr zum Teil im offenen Kampf und werden von ihr – nicht ohne Ausnahme – boykottiert. Hingegen sind die Psychologen (selbst die offiziellen), Socialworker, Kriminologen, Anthropologen, gelegentlich auch Pädagogen für »Psychoanalyse« interessiert. Die Psychiater stehen hier seit alters her allen Psychologen scharf gegenüber. Doch fällt diese Barriere allmählich zusammen und unter den jüngeren Psychiatern, bis zu den Mitgliedern der Fakultät, wächst Interesse für »Psychoanalyse«.

Trotz dieses Wirrwarrs gibt es Ansätze einer Differenzierung der Freud'schen Psychoanalyse von der Psychoanalyse, der Psychologie und dergleichen. Da ist zunächst Kroeber, der hier vor 10 Jahren eine psychoanalytische Praxis begann, nicht reüssierte und jetzt Professor der Anthropology in Berkeley ist. Sein Freund und Schüler Joseph Thompson, M.D., ein ehemaliger Marineoffizier, an die 60, der seit 7 Jahren eine umfangreiche, aber in jeder Hinsicht ärmliche Praxis hat. Er war eine Zeitlang Mitglied der American Association, trat aus, weil er kein »Joiner« ist, hält unbedingt auf die Freud'sche Psychoanalyse und zu ihr, soweit er sie versteht. Er ist eine sehr eigenartige, erheblich exzentrische Persönlichkeit, ein glühender Hasser der medical profession, die ihm nichts schuldig bleibt. Es gibt hier etwa 10 seiner ehemaligen Patienten, die in pädagogischen, psychologischen und Fürsorgepositionen für die Psychoanalyse wirken. Die meisten von ihnen habe ich kennengelernt. Sie sind alle offenbar anständig, aber nicht ganz fertig analysiert, alle sind sehr durchschnittliche Persönlichkeiten, für hiesige Verhältnisse intelligent und gebildet. Sie wissen viel von Psychoanalyse, haben Übertragung auf Thompson, gute Verbindung untereinander und viel Libido für Psychoanalyse. Thompson erklärt zwei von ihnen als ausgebildete Analytiker und hat ihnen gestattet, eine Praxis aufzumachen. Beide sind nicht nur keine Ärzte, sondern haben keine entsprechende Vorbildung. Der eine, Aron Morawka erfreut sich starker Antipathien hier im Lande. Ich kenne ihn nicht. Der andere, Earl W. Nelson, ist kleinen Formats, scheint aber ein ordentlicher Mann zu sein, findet Sympathien in seinem Publikum und hat eine kleine wachsende Praxis. Er war vor seiner Analyse Kaufmann in der Annoncenbranche.

Ferner gibt es hier die Organisation der Psychiatric Socialworker, etwa 25 sehr strebsame und eifrige Menschen jeden Alters, die meisten natürlich offensichtlich neurotisch oder depressiv, die sich seit mehreren Jahren um »Psychoanalyse« bemühen, seit 2 Jahren jede Gelegenheit ergreifen, Psychoanalyse zu lernen und z.B. Alexander, Menninger, Berliner zu Vorträgen, Seminaren und dergleichen eingeladen haben. Einige von ihnen haben beachtliche Kenntnisse und sehnen sich nach einer Gratis-Analyse. Offenbar, unter dem Einfluß der Ärzte, mit denen sie nahe Verbindungen haben, kommt für sie Thompson, dessen Honorare sie vielleicht erschwingen können, nicht in Frage. Die gegenwärtige Präsidentin der Organisation ist die Frau von Berliners Lehr-Analysanden.

Das jüdische Hospital Mount Zion – das auch christliche Angestellte hat – führt eine Child-Guidance Clinic, deren Chef, der Kinderarzt Wolff ernstes Interesse für Psychoanalyse hat. Unter Wolffs Einfluß werden bei der Diagnose und Behandlung psychoanalytische Gesichtspunkte entscheidend mitverwendet. Seine Mitarbeiter sind veranlaßt, sich über die Psychoanalyse zu informieren, die Klinik sucht Wege, sich gründlicher und ernsthafter mit Psychoanalyse zu befassen. Zu ihren Mitgliedern gehört Berliner, der sich dort aber hauptsächlich neurologisch betätigt und sein sehr viel aktiverer Lehranalysant Dr. McFarlane.

Am Berkeley University Child Welfare Institute sind die beiden Chefs Professor Jones und Frau Dr. McFarlane (geschiedene 2. Gattin des obigen) nicht ohne Bedenken und Ambivalenz aber wesentlich mehr als Leute in ihrer Position zu sein pflegen, an Psychoanalyse interessiert. Sie suchen Wege, das Bedürfnis nach psychoanalytischer Information, das unter ihren Schülern sehr rege ist, zu befriedigen und träumen davon, einen Psychoanalytiker Freud'scher Schule aktiv an den Arbeiten des Instituts zu beteiligen. Redl hat einige Zeit mit ihnen gearbeitet und ihnen Lust gemacht, weiterzugehen.

Einige ehemalige Analysanden von New Yorker, Chicagoer und Wiener Analytikern leben hier in verschiedenen wissenschaftlichen und pädagogischen Berufen. Ich bin erst zweien von ihnen und bloß telefonisch begegnet.

Der einzige ungefähr regulär ausgebildete Psychoanalytiker, den ich hier vorfand, ist Dr. X. aus Berlin. er hat sein hiesiges M.D.-Examen gemacht und ist Mitglied der Chicagoer Gruppe geworden, die ihm – ausnahmsweise – eine Lehranalyse zugewiesen hat. Dr. X. hat in 17 Monaten die Anfänge einer sehr schlecht zahlenden und unsicheren Praxis aufgebaut. Er gilt allgemein als ordentlicher und zuverlässiger Arzt, hat einige korrekte und klare, aber langweilige Vorträge gehalten und wird von niemandem als »wirklicher Repräsentant« der Psychoanalyse angesehen. Über sein psychoanalytisches Können ein Urteil zu gewinnen, hatte ich keine Gelegenheit. Er bemüht sich, die Ärzte zu interessieren und findet selbst, daß er damit bisher keinen Erfolg hatte. Da er gewissen Typen Vertrauen einzuflößen vermag, würde er sehr langsam aber vermutlich recht stetig eine kleine ärztliche Gruppe entwickeln können, die zwar kaum für die Stadt oder die Psychoanalyse besondere Bedeutung haben würde, mit deren Hilfe er aber eine Miniatur-Poliklinik eröffnen könnte. Er hat keine wirklichen wissenschaftlichen Interessen. Er ist sehr ängstlich, besorgt, fürchtet Konkurrenz, versteht aber, daß eine solche Politik, von seinen Schülern getrieben, für ihn vorteilhaft wäre und er strebt dieses Ziel an.

Meine Tätigkeit bestand – unterstützt von meiner Frau – bisher ausschließlich in »meeting people«. Über hundert Leute, die von sich behaupten, sie seien an Psychoanalyse interessiert, und denen ihre Ausbildung, ihr Beruf oder ihre Stellung ein Recht auf solches Interesse gibt, habe ich, zum Teil mehrmals, gesprochen. Sie, so wie sie sind, zu einer »Gruppe« zu vereinigen, ist natürlich nicht möglich und hätte auch keinen Sinn. Es sind aber durch diese Gespräche außer den oben genannten Gruppen noch zwei neue möglich geworden.

Eine Anzahl von Lehrern an den beiden Universitäten (Berkeley und Stanford) scheinen bereit zu sein, in ihrer Weise die Entwicklung einer Stätte, an der man Freud'sche Psychoanalyse lernen und diskutieren kann, zu fördern. Ich habe mit jedem von ihnen einzeln den Plan eines losen Komitees von Sponsors besprochen. Das Komitee sollte a) Diskussionsabende für ausgewählte Gäste (Wissenschaftler verschiedener psychologischer und soziologischer Zweige und Ärzte) einrichten b) in geeigneter Weise Einleitungskurse und Seminare für bestimmte Berufsgruppen (Studenten der Psychologie oder Psychiatrie, Socialworker und Pädagogen) organisieren. Ob sich diese Sponsorkandidaten miteinander vertragen werden, soll die erste gemeinsame Sitzung zeigen, die für Dezember in Aussicht genommen ist.

Noch wichtiger scheint es mir zu sein, daß ich ein Urteil über die Kenntnis und Fähigkeiten der »Psychoanalytiker« gewinne. Da ich sehr gute Gründe habe, die ausübenden Thompson-Schüler nicht in Kontrollanalyse zu nehmen, habe ich Book Review Meetings in meiner

Wohnung in Aussicht genommen. Einladbar sind bloß Leute, die mehr oder weniger analysiert wurden und die eine wissenschaftliche oder praktische Beziehung zur Psychoanalyse und ihrer Anwendung haben. Diesen Bedingungen entsprechen 18 Personen. Wieviele von ihnen an einem Tisch oder auch nur unter ein Dach zu bringen sind, ist ungewiß. Die Vorbesprechung fand 8 Teilnehmer, mit deren weiteren Teilnahme zu rechnen ist.

Ich denke, daß wir in einigen Monaten werden eine Study Group a la Los Angeles gründen können, die ungefähr ein Dutzend Mitglieder, von denen einige ausreichend analysiert sind, um nützlich zu arbeiten und einige hierorts angesehen genug sind, um einen gewissen Schutz zu bieten, wird haben können. Diese Gruppe wird, so denke ich, die Atmosphäre schaffen, in der einige entsprechend vorgebildete Leute Lust bekommen werden, sich einer didaktischen Analyse zu unterziehen, und damit würden auch hier an der äußersten Grenze normale Anfangsbedingungen für eine psychoanalytische Bewegung geschaffen sein.

Im Staff Seminar des Child Welfare Institutes (University Berkeley) habe ich einen Vortrag gehalten; ein Vortrag im General Psychology Seminare des Psychology Departments (University Berkeley) ist für Januar angesetzt. Im Januar beginne ich einen Kursus über Psychoanalyse – mit einem vorsichtigen Titel – an der Extension Division (University Berkeley) also vor Lehrern, die in San Francisco berufstätig sind. Im Dezember spreche ich in der Wolff'schen Child Guidance Clinic. Sowohl meine Frau als auch ich wurden von Elternabenden verschiedener Schulen zu Vorträgen eingeladen. Mehrere halboffizielle Institutionen verhandeln mit uns über die Anstellung eines psychoanalytischen Beraters. Solche Einladungen sind durchaus mehr Symptom der Neugier nach europäischen Gesichtern und Meinungen als des Interesses an der Psychoanalyse. Aber sie gehören doch in meinen Bericht, weil sie indirekt nützlich werden können.

Wien hat in San Francisco einen sehr guten Ruf. Nach der kalifornischen Gefühlsgeographie liegt Wien unmittelbar an der amerikanisch-europäischen Zollgrenze. Nach etlichen ehrenhalber vorgeführten Grammophonplatten Wiener Musik fühlt man aber sein Wienertum nicht mehr mit Vergnügen und bei manchen scharfen Fragen nach heimatlichen Zuständen nicht immer ganz als Ehre. Aber Mitglied der Wiener Analytischen Vereinigung zu sein, gedeiht einem hierzulande immer und überall zum Vergnügen und zur Ehre.

Auch dafür dankbar, bin ich mit herzlichen Grüßen

Ihr

ca. 1943/44

Daniel Benveniste

Siegfried Bernfeld in San Francisco

Ein Gespräch mit Nathan Adler

Siegfried Bernfeld kam mit seiner Frau Suzanne, seinen Töchtern Ruth und Rosemarie und Suzannes Kindern Renate und Peter im August 1937 in San Francisco an. Zu dieser Zeit war die psychoanalytische Gemeinde in San Francisco sehr klein, und Bernfeld hatte erneut die Möglichkeit, in der Gründungsphase eines psychoanalytischen Institutes als Mentor mitzuwirken. 1941 wurde unter der Schirmherrschaft des Topeka-Instituts die Psychoanalytische Gesellschaft in San Francisco gegründet. Obwohl er Gründungsmitglied des psychoanalytischen Instituts, dessen wichtigster Lehrer und Ausbilder und der anerkannte Führer der psychoanalytischen Bewegung in San Francisco war, wurde ihm nur der Status eines Ehrenmitglieds zugestanden, da die Amerikanische Psychoanalytische Vereinigung zu dieser Zeit nur Analytiker mit ärztlicher Ausbildung als Vollmitglieder akzeptierte. Obwohl er über die Verfahrensweise des Instituts in Fragen der Mitgliedschaft, über hierarchische Strukturen und über andere typische Fallstricke der Bürokratie enttäuscht war, hielt er seine Verbindung zum Institut aufrecht und unterrichtete auch weiterhin dort. 1944 begann er jedoch mit einem eigenen, informellen Ausbildungsprogramm und unterrichtete eine Gruppe von Schülern bei sich zu Hause. Später gab er seine Stellung als Lehranalytiker am Institut auf und schied aus der Ausbildungskommission unter Protest gegen dessen Methoden aus.

Am 23. März 1950 begann auf Initiative von Ernest Jones die Zusammenarbeit zwischen Bernfeld und Jones, Bernfeld half ihm bei der Arbeit an seiner dreibändigen Freud-Biographie (Trossmann und Wolf, 1973). Im Dezember 1951 erlitt Bernfeld einen Herzinfarkt. Im Juni 1952 mußte er sich einem chirurgischen Eingriff unterziehen, ein Tumor am rechten Lungenflügel mußte entfernt werden. Siegfried Bernfeld starb am 2. April 1953.

Am 10. November 1952, nur 6 Monate vor seinem Tod, hielt Bernfeld für die psychoanalytische Gesellschaft und das Institut einen Vortrag mit dem Thema »Psychoanalytische Ausbildung«. Es handelt sich um eine gut durchdachte Kritik an einigen Konsequenzen der Ausbildungsmethoden des Instituts, wie er sie dort erfahren hatte. Als enthusiastischer Lehrer, wortgewandter Redner und leidenschaftlicher Idealist fühlte sich Bernfeld stets den Bedürfnissen der Studenten verpflichtet und ihrem Vorrecht nach freier und selbstbestimmter Entfaltung ohne Einschränkungen durch bürokratische Institutionen. Er verfolgte die Entwicklung seiner Schüler mit großem persönlichen Interesse und Engagement. Er verband die Leidenschaftlichkeit eines politischen Reformators mit der Disziplin eines Mathematikers und dem Temperament eines Künstlers. Autoritäre und bürokratische Institutionen, die Schüler einengen und ihre Kreativität ersticken, waren ihm ein Greuel. An den Instituten in Wien und Berlin hatte er sich vor allem deshalb wohlgefühlt, weil sie neu und in ihren Strukturen noch nicht festgefahren waren und er die Freiheit hatte, so zu lehren, wie er es für richtig hielt. Mit der Gründung der amerikanischen Institute wurden Psychoanalyse und psychoanalytische Ausbildung zunehmend formalistischer, und Bernfeld empfand dies als Gefährdung und Einengung des psychoanalytischen Ethos.

Er beschrieb ein Institut mit einem schüler-zentrierten und progressiven Lehransatz. Für die Aufnahme eines Schülers sollten nur wenige formale Einschränkungen bestehen, ausschlaggebend sollte ein leidenschaftliches Interesse an der Psychoanalyse und die Begabung zur psychoanalytischen Arbeit sein. Potentielle Schüler sollten auf informelle Art und Weise beurteilt werden und bei entsprechender Eignung zu Treffen der psychoanalytischen Gesellschaft eingeladen werden. Die Ausbildung sollte in kleinen Gruppen stattfinden und die Gestaltung der Ausbildungsinhalte sollte sich an den individuellen Interessen der Schüler orientieren. An einem bestimmten Zeitpunkt sollte dann der Schüler in eine Lehranalyse übernommen werden, später unter Supervision als Analytiker arbeiten, um schließlich als voll ausgebildeter Analytiker und Mitglied der Gesellschaft anerkannt zu werden. Das Schwergewicht sollte nicht auf der Einhaltung irgendwelcher formalen Zulassungsvoraussetzungen oder dem Absolvieren eines vorgeschriebenen pädagogischen Programms liegen, sondern auf der Förderung der Interessen und Begabungen des Schülers, seiner Beziehung zum Lehrer und der Verwirklichung einer schöpferischen psychoanalytischen Arbeit. Diese Vision von einem neuartigen psychoanalytischen Institut entsprach in der Tat ziemlich genau Bernfelds eigenen Ausbildungsmethoden und dem Verhältnis zu seinem Mentor Freud. Nach diesen Prinzipien verfuhr er auch, wenn er außerhalb der Strukturen des

Psychoanalytischen Instituts in San Francisco Schüler mit praktischen Erfahrungen auswählte, um sie auszubilden. Einer dieser Schüler war Dr. Nathan Adler.

Nathan Adler arbeitete seit 1934 zunächst als Sozialarbeiter in der staatlichen Sozialfürsorge und später im Auftrag der jüdischen Gemeinde in psychiatrischen Kliniken und in Gefängnissen. Seine Verbindung zu Siegfried Bernfeld bestand seit 1938 und dauerte bis zu Bernfelds Tod 1953. In dieser Zeit wurde er von Bernfeld privat in der klassischen Form der Psychoanalyse unterrichtet, an der Adler noch heute festhält. Die Doktorprüfung in klinischer Psychologie legte Adler 1954 an der Universität Berkeley, Kalifornien, ab. Er ist der Autor von *The Underground Stream: New Life Styles and the Antinomian Personality* (1972) sowie einer Reihe von weiteren Arbeiten über psychoanalytische Themen. Zur Zeit arbeitet er als praktizierender Analytiker, ist Mitglied des Verbandes Amerikanischer Psychologen (American Psychological Association), und unterrichtet an der California School of Professional Psychology in Berkeley/Aladema. Für meine klinische Arbeit (wie für mehrere andere Schüler) hat er die Supervision übernommen. Das im folgenden wiedergegebene Gespräch basiert auf der Tonbandaufzeichnung eines Interviews, das ich mit Dr. Adler in seinem Büro in San Francisco, Kalifornien, führte.

Daniel Benveniste: In den bisher veröffentlichten biographischen Arbeiten über Siegfried Bernfeld findet sich nur sehr wenig über die 15 Jahre in San Francisco, und in Hedwig Hoffers Nachruf heißt es, es sei bei seiner Ankunft in San Francisco für ihn »zu spät für einen Neuanfang gewesen«. Aus allem, was Sie mir bisher über Bernfeld erzählt haben, habe ich jedoch einen ganz anderen Eindruck gewonnen.

Nathan Adler: Der Nachruf läßt durch seinen depressiven Unterton ein falsches Bild entstehen und verschweigt die Intensität von Bernfelds Leben in Marin County, seine Begeisterung über Roosvelts Politik des New Deal, seine genetischen Experimente und Spielereien bei der Aufzucht von Siamkatzen, mit denen er seine Freunde beschenkte. Der Bernfeld, den ich kannte, war lebenslustig, humorvoll, lebhaft und geistvoll.

Daniel Benveniste: Wie sich aus dem biographischen Material entnehmen läßt, floh Bernfeld vor der Bedrohung durch die Nazis aus Deutschland über Österreich, Frankreich und England. Wie kam er schließlich nach San Francisco?

Nathan Adler: Nach seiner Ankunft in London sagte Ernest Jones zu ihm: »Gehen Sie nach Westen. Bleiben Sie nicht hier«. Es schien damals ratsam, nicht in London zu bleiben. In New York riet ihm Bettina Warburg, nach San Francisco zu gehen. In San Francisco waren zu der Zeit wohl überhaupt keine Psychoanalytiker. Der einzige Mensch, der dort Psychoanalyse praktizierte, war ein Arzt im Ruhestand, ein Marineoffizier im Majorsrang namens Thompson. Es gab kein psychoanalytisches Institut in San Francisco, und Thompson war kein Freund von Organisationen. Er hatte in San Francisco eine Zeitlang praktiziert und eine kleine Gruppe von Schülern ausgebildet, die seine Tradition fortsetzten. Er war Zen-Buddhist und hatte eine kleine Schar von Anhängern, die eine Analyse bei ihm gemacht hatten und die er unterrichtete. Es war eine buddhistische Gruppe. Einer von ihnen war Jacques Schnier, der später Professor für Bildende Kunst an der Kunsthochschule wurde und außerdem als Therapeut arbeitete – der berühmte Brief Freuds über die Laienanalyse war an Schnier gerichtet. (Freud, 1957). Thompson unterrichtete noch einige andere, die Autodidakten waren und keine klassische analytische Ausbildung hatten. Diese Gruppe war um 1936 die einzige Gemeinschaft von Psychoanalytikern in San Francisco.

Bernfeld und Berliner waren die ersten beiden traditionell ausgebildeten Psychoanalytiker, die nach San Francisco kamen – (Bernhard) Berliner, ein Arzt, kam 1936 und Bernfeld 1937. Gleich nach seiner Ankunft begann Bernfeld, Workshops für Sozialarbeiter zu veranstalten, und so lernte ich ihn kennen. Ich war zu der Zeit als Sozialarbeiter tätig. Dr. Ernst Wolff, Chefarzt der pädiatrischen Abteilung am Mt. Zion Hospital, spielte bei der Entstehung dieser Ausbildungsgruppen ebenfalls eine wichtige Rolle. Wolff war einer von Bernfelds Patienten. Er erleichterte Bernfeld den Zugang zum Mt. Zion und zur jüdischen Gemeinde und regte die Gründung der Gesellschaft für seelische Gesundheit in der Bay Area an.

Ernst Wolff und eine Gruppe von Sozialarbeitern, zu der auch Irma Weil und Barbara Mayer Kirk gehörten, gründeten in Nordkalifornien die Gesellschaft für seelische Gesundheit. Meine Frau (Elizabeth Hall) wurde Geschäftsführerin, und ich übernahm, aufgrund meiner Erfahrung durch die Arbeit in Gefängnissen und als Bewährungshelfer, den Vorsitz. Wir gaben ein Nachrichtenblatt mit dem Titel *Beacon: The Bulletin of the Mental Hygiene Society of Northern California* heraus und organisierten viele öffentliche Vorträge und schafften so eine öffentliches Forum für die Psychoanalyse. Ich war der Herausgeber des *Beacon*.. Ich sah mich selbst als Publizist und Förderer der Psychoanalyse und wollte unter Lehrern, Sozialarbeitern und Ärzten eine Öffentlichkeit für ihre Ideen schaffen. Wir organisierten Diskussionsrunden in Asilomar, hielten öffentliche Zusammenkünfte ab und boten Therapieprogramme an. Ich förderte die berufliche Entwicklung junger Analytiker, die sich in Ausbildung befanden, indem ich ihre Arbeiten veröffentlichte, ihnen Patienten überwies und ihnen half, eine Praxis aufzubauen. Diese Bewegung für seelische Gesundheit war der eine Weg zur Verbreitung der Psychoanalyse. Der andere Weg lag in der Organisierung von Ausbildungsgruppen. So gewann die Psychoanalyse in San Francisco allmählich Anhänger unter Intellektuellen, Lehrern und Ärzten.

Um 1940 kamen dann Anna Maenchen und (Emanuel) Windholtz nach San Francisco. Ich vermittelte Windholtz die ersten beiden Patienten, die er in Amerika hatte, und sorgte dafür, daß der 'Jewish Committee for Personal Service' ihn als Berater für meine Arbeit in San Quentin akzeptierte. Als Windholtz nach San Francisco kam, riet ihm Bernfeld, sich um die Anerkennung seines Doktortitels und die Zulassung als amerikanischer Arzt zu bemühen. Windholtz, der die Doktorprüfung in Prag abgelegt hatte, arbeitete als Assistenzarzt am Mt. Zion Hospital, um seine Lizenz zu erhalten. (Dasselbe tat Fenichel am entsprechenden jüdischen Krankenhaus in Los Angeles.)

Diese beiden arbeiteten also als Analytiker mit ihren Patienten und gleichzeitig als Ärzte im Krankenhaus.

Die Ausbildungsgruppen schlossen sich später dem Topeka-Institut an und wurden zu einer Abteilung des Instituts. Bernfeld war Dozent, Lehrer und Lehranalytiker wie die anderen auch, aber er durfte nur »Ehrenmitglied« sein!

Bernfeld unterrichtete und war Lehranalytiker für die erste Generation am Institut. Irgendwann, die genauen Umstände weiß ich nicht mehr, wurde seiner Frau (Suzanne Cassirer-Bernfeld) die Mitgliedschaft am Institut verweigert. Seine Frau, die ihre Lehranalyse bei Freud und Sachs gemacht hatte, konnte ihre Ausbildung nicht abschließen, weil sie vor den Nazis aus Österreich fliehen mußte. Das Institut verweigerte ihr die Mitgliedschaft und bot ihr im Falle des Todes oder einer Krankheit ihres Mannes eine Pension an. Bernfeld lehnte das ab.

(Schließlich wurden Bernfeld und seiner Frau doch noch der Status eines »anerkannten Mitglieds« des Instituts verliehen, aber keiner von beiden erhielt jemals den Status eines »aktiven« Mitglieds. Anm. d. Verf.)

Daniel Benveniste: Wie lernten Sie Bernfeld kennen?

Nathan Adler: Bernfeld kam 1937 hierher. Von 1938 bis 1940 machte ich eine Analyse bei seiner Frau, an die er mich überwiesen hatte, dann besuchte ich Seminare und Ausbildungsgruppen, die von Bernfeld und seiner Frau geleitet wurden, und arbeitete zusätzlich mit Bernfeld als Analytiker. 1944, als das hiesige Institut auf seiner Ehrenmitgliedschaft bestand und seiner Frau die Mitgliedschaft verweigerte, stellte er eine Gruppe aus einigen seiner Schüler zusammen und begann, Patienten an uns zu überweisen, und uns Supervisionen zu geben. Hätte ein gütiges Schicksal es nicht anders mit mir gemeint, wäre ich immer ein Sozialarbeiter geblieben!

Beide Bernfelds begannen 1944, mir Patienten zu überweisen. Es waren Leute aus Sacramento, aus Carmel und aus East Bay. Aus allen Teilen Kaliforniens kamen Patienten zu uns, weil wir die einzigen Therapeuten in der Gegend waren. Windholtz nahm an dem ersten Treffen von Bernfelds Gruppe teil und sagte: »Ich freue mich, daß ich als Beobachter an dieser Ausbildungsgruppe teilnehmen kann, aber als Präsident der Psychoanalytischen Gesellschaft und des Instituts kann ich natürlich nicht Mitglied der Gruppe werden.« Ursprünglich wollte Bernfeld eine neue Gesellschaft unter einem neuen Namen gründen, aber organisatorische Dinge waren nicht gerade seine Stärke, und so wurde nichts daraus.

Es waren drei Gruppenmitglieder, an die Bernfeld Patienten überwies. Eine von ihnen, eine frühere Analysandin, die Erzieherin und Lehrerin für Kinderpflege war, war nicht in der Lage, die an sie überwiesenen Patienten zu halten. Sie ging an eine Universität im Osten, wo sie Kinderpflege unterrichtete. Das zweite Gruppenmitglied war eine Sozialarbeiterin. Wir beide begannen 1944 zu praktizieren. Wir waren die beiden Analytiker, die aus dieser ersten Ausbildungsgruppe hervorgingen.

Daniel Benveniste: Hat Bernfeld mit Ihnen über seine politischen Interessen gesprochen?

Nathan Adler: Ja. Bernfeld war Jude und hatte in Wien gelebt, in einem Wien, in dem vor dem Ersten Weltkrieg die Wandervogel-Bewegung verbreitet war, das traditionell antisemitisch war, das aber auch eine starke Sozialdemokratie hatte. Bernfeld war anfänglich ein engagierter Zionist. Mit 24 oder 25 wurde er Sekretär von Martin Buber. Nach dem Ersten Weltkrieg gründete er Schulen und Ferienlager, um seine pädagogischen Ideen zu verwirklichen. Es waren Einrichtungen für kranke oder behinderte Kinder, ähnlich den Projekten, die Anna Freud während des Zweiten Weltkrieg in London durchführte – Einrichtungen, in denen man für die Ernährung und geistige Förderung der Kinder sorgte und gleichzeitig Gelegenheit hatte, ihr Verhalten zu studieren. Bernfeld sammelte seine ersten beruflichen Erfahrungen in der Arbeit mit Kindern und Jugendlichen. Politisch war er zunächst als Zionist aktiv und arbeitete mit Martin Buber zusammen, später war er in der Jugendbewegung und in der sozialistischen Bewegung aktiv.

Er war ein kenntnisreicher Marxist, stand aber der kommunistischen Linken kritisch gegenüber, er war Sozialdemokrat. Als ich ihn einmal in einem Gespräch provozierte, bemerkte er in seiner ruhigen und ironischen Art: »Wie interessant! Haben Sie die Briefe von Marx an Kugelmann gelesen?« Er kannt sich in der marxistischen Literatur bestens aus. Seine erste Frau war eine Linkssozialistin, sie ging nach Moskau und kehrte nie zurück. Ich glaube, sie verschwand während der Säuberungen in den dreißiger Jahren.

Viele der Emigranten, die in die USA übersiedelten, gehörten der politischen Linken an, sie fanden jedoch im Amerika zur Zeit der Politik des New Deal eine Gesellschaft, die für politische Entwicklungen weitaus aufgeschlossener und offener war, als sie das von Europa her kannten. Als Bernfeld gerade einen Monat in den USA war, wurde eine seiner ersten Patientinnen, eine Freundin von mir, verhaftet, weil sie vor dem »Home Relief Bureau Office« für die Gewerkschaft Flugblätter verteilt hatte. Bernfeld, der annahm, daß sie nun mit politischer Verfolgung rechnen müsse, fragte sich, was sie in dieser Situation tun könne: Würde sie die Stadt verlasse? Nach Stockton gehen? Ihren Namen ändern? Irgendwo anders ganz von vorn anfangen? Verhaftung bedeutete in seiner europäischen Vorstellungswelt, daß ihre berufliche Karriere zu Ende war und daß sie möglichst einen anderen Namen annehmen und in einer anderen Stadt von vorn anfangen müsse. Er hatte keine Vorstellung davon, wie die Realität in Amerika aussah. Seine Patientin sagte: »Na schön, ich bin verhaftet worden. Macht nichts, trotzdem werde ich nächste Woche im Büro zur Abteilungsleiterin befördert.«

Man muß diese Geschichte kennen, um Russell Jacobys Buch *Soziale Amnesie* richtig einschätzen zu können. Jacoby behauptet, daß die linksgerichteten Psychoanalytiker aus Europa ihre Überzeugungen verrieten, als sie nach Amerika kamen. Das ist Unsinn! In Europa waren diese Psychoanalytiker linksradikal gewesen. Die gemäßigten waren Sozialdemokraten, aber die meisten, wie Fenichel und Reich, standen weiter links. Jacoby behauptete, daß diese Gruppe, die in Europa politisch und sozial engagiert gewesen war, in Amerika ihre Prinzipien aufgab. Das zu glauben ist naiv. Sie gaben keineswegs ihre Prinzipien auf, als sie nach Amerika kamen. Fenichel, Bernfeld, Fromm, Horney und die anderen, die Radikale und Linkssozialisten waren, verliebten sich ganz einfach in Amerika und waren von Roosevelt begeistert. Sie waren ein politisches Klima gewöhnt, das von gewalttätigen Auseinandersetzungen und Übergriffen der Faschisten geprägt war, wo Verhaftung gleichbedeutend mit Flucht in den Untergrund war. Als sie nach Amerika kamen, hielt Roosevelt eine Rede über seinen »Hund *Falla*«, und die Bernfelds amüsierten sich immer wieder über diese Geschichte! In der Politik des New Deal fanden sie eine Offenheit, die es überflüssig machte, weiter nach links zu rücken. In Amerika gab es genug Bewegungsfreiheit und Spielraum für Kritik und Kompromisse. Es herrschte genug Offenheit, um politische Entwicklungen zu ändern und zu beeinflussen. Man kann also nicht sagen, daß diese Psychoanalytiker ihre Überzeugungen verrieten, sondern sie verliebten sich ganz einfach in das Amerika des New Deal.

Daniel Benveniste: Sie haben bereits erwähnt, daß Bernfeld zusätzlich zu seiner Tätigkeit am Psychoanalytischen Institut in San Francisco seine eigene Gruppe unterrichtete. Wie groß war diese Gruppe?

Nathan Adler: Ursprünglich waren es fünf oder sechs Personen, die sich in einer Ausbildungsgruppe und einem Lesekreis zusammenfanden. Agnes Ain und ich waren die beiden Gruppenmitglieder, an die Patienten überwiesen wurden. Nach Bernfelds Tod blieb ich noch lange Zeit mit seiner Frau in Kontakt. Wir überwiesen uns gegenseitig Patienten und sahen uns häufig. Ich war auch mit ihrer Tochter Rosemarie befreundet, die Biochemikerin war und an der Schule für Ernährungswissenschaft der Berkeley-Universität in Kalifornien Unterricht gab.

Daniel Benveniste: Wer gehörte zu Bernfelds erster Ausbildungsgruppe?

Nathan Adler: Das waren Bernfeld selbst, seine Frau Suzanne, Marion

Russel, die später nach Yale ging, um dort Kinderpflege zu unterrichten, Agnes Ain, eine Sozialarbeiterin in der Psychiatrie, Steven Pepper, Dozent der Philosophie in Berkeley, ich selbst und ein oder zwei andere Sozialarbeiter. Bernfeld hatte nicht viel übrig für Organisation und Verwaltung. Er war ein erstklassiger Lehrer und ein disziplinierter Lehranalytiker, aber ein schlechter Organisator. Bei unserem ersten organisatorischen Treffen sagte er: »Als Jung sein eigenes Institut gründete, wählte er einen charakteristischen Namen. Auch Adler fand einen speziellen Namen für sein Institut. Welchen Namen sollen wir wählen?« Wir vergeudeten an diesem Abend viel Zeit mit dem Versuch, eine Bezeichnung für unsere Varianten der Individualpsychologie und der Analytischen Psychologie zu finden.

Bernfeld hielt Vorlesungen. Wir hatten auch Seminargruppen und machten Fallstudien. Manchmal brachte ich Gäste mit, die zum therapeutischen Personal des San-Quentin-Gefängnisses gehörten, den stellvertretenden Leiter der therapeutischen Abteilung, und Daniel Levinson, der in Berkeley bei Nevitt Sanford studiert hatte und dort Assistent war, und wir sprachen dann Fälle durch. Später, als Bernfeld krank war, setzten wir diese Zusammenkünfte mit seiner Frau fort.

Daniel Benveniste: Wie war Bernfeld als Lehrer? Wie war sein Unterrichtsstil?

Nathan Adler: Bernfeld gehörte zu den besten Rhetorikern, die ich je erlebt habe. Er identifizierte sich mit Freud und rauchte daher sehr viel, und ebenso wie Freud hielt er seine Vorlesungen ohne schriftliches Konzept. Obwohl er seine Vorlesungen aus dem Stegreif und nicht in seiner Muttersprache hielt, waren sie sprachlich präzise, elegant formuliert und stilistisch ausgefeilt. Wenn ich ihm gespannt zuhörte, achtete ich nicht darauf, was er sagte, sondern wie er es sagte. Es war ein ästhetisches Erlebnis.

Daniel Benveniste: Wie wurden Sie ausgebildet?

Nathan Adler: Meine Ausbildung war natürlich informell und offiziell nicht anerkannt. Ich war ja Sozialarbeiter. Ich hatte Erfahrung durch meine Arbeit in Krankenhäusern und Gefängnissen in Kalifornien, durch meine Vorträge und durch meine frühere Arbeit als Sozialarbeiter in der öffentlichen Fürsorge. Bei Bernfeld nahm ich über mehrere Jahre hinweg an einer Seminargruppe teil, und während dieser Zeit arbeitete ich als Sozialarbeiter im Gefängnis. Ich brachte meine Fälle aus dem Gefängnis mit ein. Ich brachte Danny Levinson mit – der ist jetzt als Psychologe und Spezialist für »Mid-life Crisis« in Yale – und Douglas Rigg, den stellvertretenden Leiter der therapeutischen Abteilung, und wir besprachen mit den Bernfelds Fachliteratur und diskutierten Fälle.

Windholtz stand mir bei der Arbeit im Gefängnis als Berater zur Seite, und ich nahm ihn mit ins Bezirksgefängnis. Jeden Freitag nahm er an der Sitzung des 'Jewish Commitee for Personal Service' teil, besprach mit uns Fälle und Fallgeschichten. Das waren die großen Gesprächsrunden im Mt. Zion unter Kasanin, bevor Reider auf der Bildfläche erschien. Berliner und Bernfeld, diejenigen, die zum Krankenhaus gehörten und einige hospitierende Sozialarbeiter saßen am runden Tisch und diskutierten Fälle. Edith Jacobson, Frieda Fromm-Reichmann und andere kamen dazu, und der Trend zur Amerikanisierung der Psychoanalyse durch diese neuen Ich-Psychologien und Einführung von Begriffen wie Objektbeziehungen und Entwicklungsschemata machte sich bemerkbar. Die Widerstände gegen die Amerikanisierung der Analyse und die Spannungen zwischen der alten und der neuen Fraktion, wie sie dem sich verändernden sozialen und politischen Umfeld entsprachen, traten offen zutage. Bernfeld kritisierte zum Beispiel Edith Jacobson und Frieda Fromm-Reichmann, und Reider kritisierte Berliner.

Am Mt. Zion gab es eine Ärztin, die in der psychiatrischen Abteilung arbeitete. Sie machte bei Bernfeld Analyse, ich kannte sie gut. Ich half ihr durch die Arbeit am *Beacon* und in der Gesellschaft für seelische Gesundheit, beruflich weiterzukommen. Sie gehörte als Analysandin zu einer Ausbildungsgruppe Bernfelds, die später Teil des offiziellen Instituts wurde. Sie war am Institut noch Kandidatin, als sie hörte, daß ich eine Praxis als Analytiker aufgemacht hatte. Sie beschwerte sich darüber bei Bernfeld, weil ich doch nur ein Sozialarbeiter und kein Arzt war.

Dies war das Klima, in dem wir arbeiteten – am Institut wurden nur Ärzte als Mitglieder akzeptiert; diese Kandidatin beschwerte sich bei Bernfeld, und er überwies mir weiterhin regelmäßig Patienten und machte mit mir Supervision.

Daniel Benveniste: Wie oft traf sich Ihre Ausbildungsgruppe?

Nathan Adler: Es gab Zusammenkünfte einer großen Gruppe von Sozialarbeitern, Lehrern und Psychologen in einem großen Raum im Kellergeschoß des Hauses Nr. 1020 in der San Francisco Street. Eine kleinere Gruppe traf sich wöchentlich im Obergeschoß. Bernfelds Art der Supervision war weder dominant noch bevormundend. Er griff nicht aktiv in das Geschehen ein, sondern folgte seinen Grundsätzen von progressiver Erziehung und ermutigte mich eher dazu, meinen eigenen Weg zu finden. Als die Ausbildungsgruppe nicht mehr bestand, ging ich von Zeit zu Zeit einfach zu Bernfeld und sagte: »Ich habe ein Problem«, und er hörte mir zu. Es war ein persönlicher Austausch. Wir trafen uns auch privat. Ich war eher als Gast bei ihm, und als er nicht mehr lebte, blieb ich mit Suzanne Bernfeld eng befreundet. Meine Frau machte ihre Lehranalyse bei ihr.

Daniel Benveniste: Was ist mit Suzanne Bernfeld? Warum wurde sie nicht als Institutsmitglied akzeptiert?

Nathan Adler: Als Hitler an die Macht kam, mußte sie ihre medizinische Ausbildung abbrechen. Aber sie praktizierte in San Francisco, und nach Bernfelds Tod 1953 bekam ich von ihr die meisten Patienten überwiesen.

Daniel Benveniste: Suzanne Bernfeld war früher Freuds Patientin gewesen, und Bernfeld war einer von Freuds begabtesten Schülern. Gab es einen regelmäßigen Schriftwechsel zwischen Sigmund Freud und den Bernfelds nach ihrer Ankunft in San Francisco?

Nathan Adler: Es gab eine regelmäßige Korrespondenz, die jedoch über Anna Freud lief, da Sigmund Freud zu dieser Zeit sehr krank war. Als die Bernfelds Europa verließen, hatte Freud Suzanne Bernfeld Geld geliehen, und sie waren peinlich genau in der Rückzahlung ihrer Schulden. Ich weiß von einer regen Korrespondenz zwischen Bernfelds und Anna Freud.

Ich weiß nicht mehr genau, welcher Geburtstag Freuds es war, der 83., seiner letzter, oder der 82., jedenfalls erinnere ich mich daran, daß die Bernfelds für ihn eine Keramikschale aus der Han-Dynastie kauften, um sie ihm zu schicken. Es war ein schönes Stück.

Einmal wurde Suzanne Bernfeld gebeten, einen Beitrag zu einer biographischen Artikelserie über Freud zu schreiben. Zu der Zeit ging ihr Leben schon zu Ende. Sie hatte Krebs, und es hatten sich schon Metastasen gebildet. Als sie den Artikel schreiben wollte, war sie völlig blockiert. Eines Tages, nachdem ich eine zeitlang bei ihr gewesen war, sagte sie: »Danke für die Therapiestunde.« Am Ende der Stunde hatte sie gesagt: »Ich kann das, was ich sagen müßte, nicht ausdrücken; solange Anna Freud noch lebt, kann ich es nicht schreiben.« Nachdem sie das erkannt hatte, konnte sie die Sache von einer anderen Warte aus betrachten und die Arbeit abschließen.

Das bringt mich auf ein anderes Thema. In den späten dreißiger Jahren war die allgemeine Ansicht, daß wir nach Freuds Tod erstaunt sein würde, wieviele Arbeiten mit Einschränkungen und Abweichungen von der traditionellen Psychoanalyse veröffentlicht würden, die bis dahin in irgendeiner Schublade gelegen hatten! Ich sage das nicht, um anzudeuten, daß es irgendeine Art von Einschüchterung gab, sondern um darzulegen, daß auf die Psychoanalyse zutrifft, was Jefferson über die Freiheit sagte: »Freiheit muß in jeder Generation aufs Neue errungen werden.« Ich glaube, daß die Psychoanalyse in jeder Generation aufs Neue errungen werden muß. Ich meine damit, daß die Widerstände, die in den verschiedenen Vorstellungen über die Psychoanalyse zum Ausdruck kommen, in all den Jahren immer dieselben Widerstände waren. Nur die Namen und die Bezeichnungen ändern sich. Was sich hinter diesen wechselnden Namen und Bezeichnungen verbirgt, ist jedesmal wieder die Abwendung von einer Psychologie, die wesensmäßig kritisch ist und die nur eine Verpflichtung kennt: das Geheimnis von des Kaisers neuen Kleidern zu enthüllen und die radikale Konfrontation mit den herrschenden Normen zu ermöglichen. »Neue« Psychologien werden entwickelt, und Leute sagen sich von der psychoanalytischen Bewegung los, weil sie sich mit der etablierten Gesellschaft und mit der Illusion von des Kaisers neuen Kleidern arrangieren müssen.

Daniel Benveniste: Sprach Bernfeld über seine klinische Arbeit?

Nathan Adler: Er erzählte, wie Freud ihm den ersten Patienten überwies und zu ihm sagte: »Dieser Mann leidet unter Verfolgungswahn. Setzen Sie sich zu ihm und halten Sie den Mund. Sagen Sie zwei Jahre lang nichts und halten Sie einen Spazierstock griffbereit, falls Sie sich verteidigen müssen.« Das war seine ganze Einführung in die Analyse. Er hatte keine formale Ausbildung, und doch wurde er einer der wichtigsten Lehrer am ersten Institut für Psychoanalyse in Wien.

Dann war da noch die Geschichte von dem Zyklotron (Teilchenbeschleuniger). Bernfeld erzählte von einem Patienten, der eine zentrale Rolle bei der Entwicklung des Zyklotrons gespielt hatte. Er erwähnte nie den Namen. Dieser Physiker hatte als Kind, als er im Bett lag, die Phantasie, er könne einen Bogen direkt durch das

Schlüsselloch in das Schlafzimmer seiner Eltern pinkeln. Bernfeld meinte, daß die Ursprünge des Zyklotrons in dieser Kindheitsphantasie des Atomwissenschaftlers, durch das Schlüsselloch ins Schlafzimmer zu pinkeln, begründet waren!

Daniel Benveniste: Sprach Bernfeld viel über seine Beziehung zu Freud?

Nathan Adler: Bernfeld sprach überhaupt nicht viel. Ein Arzt, der eine Lehranalyse machte, sagte einmal über ihn: »Dieser Hurensohn, das einzige, was er wirklich liebte, war das Unbewußte!« Er meinte damit, daß Bernfeld keine Bestätigung gab. Er schwieg. Er sagte nicht viel. Wenn Bernfeld sagen wollte: »Das ist Unsinn. Sie reden dummes Zeug!«, dann drückte er es niemals so aus. Er blieb immer ruhig, freundlich, ironisch. Sie wußten, daß sie völlig daneben gehauen hatten, wenn er ganz ruhig sagte: »Oh, das ist ein sehr interessanter Gedanke.«

Das mag einer der Gründe gewesen sein, warum Bernfeld so früh starb. In seiner Zeit galt es als ungehörig, aggressiv zu sein. Offene Feindseligkeit galt als unangemessenes Verhalten. Damals, als Bernfeld wahrscheinlich verärgert über das Vorgehen des Instituts in der Frage der Mitgliedschaft war, hatte er seinen Herzanfall. Allerdings rauchte er auch drei Päckchen Zigaretten am Tag! In Nachahmung Freuds rauchte damals jeder. Wer keine Zigarren rauchte, rauchte drei Päckchen Zigaretten am Tag. Die drei Päckchen Zigaretten am Tag und sein verschwiegener Ärger werden schließlich zu dem Herzinfarkt geführt haben. Seine Tochter Rosemarie war ebenfalls eine starke Raucherin, auch sie starb früh, nach einem Herzinfarkt. Vielleicht haben also auch konstitutionelle Faktoren eine Rolle gespielt.

Daniel Benveniste: Was ist Ihnen im Zusammenhang mit Siegfried Bernfeld am meisten im Gedächtnis geblieben?

Nathan Adler: Irgendwo unterwegs auf seiner Flucht von Europa nach Amerika verlor Bernfeld sein Gebiß. Er hatte eine Tuberkulose-Erkrankung hinter sich und hatte miserable Zähne, etliche waren ausgefallen – er sah aus wie ein magerer Ichobod Crane – eine Figur von Washington Irving: mit einem hohlwangigen Gesicht, ein paar Zahnstummeln und keinem Gebiß. Ich sehe ihn noch vor mir, wie er die Straße entlangging, dieser hagere hochgewachsene Mann, der so groß war, daß er lieber einen flachen runden Filzhut als einen hohen Hut trug. Suzannes Bernfelds Vater, Paul Cassirer, war einer der bedeutendsten Personen der Berliner Kunstszene gewesen, hatte dort Bilder von Cézanne und Picasso eingeführt und vertrat Barlach, Slevogt und Liebermann. Als die Bernfelds nach Amerika kamen, war Suzanne vorher von den Nazis so schwer geschlagen worden, daß sie kaum laufen konnte. Ihre phantastische Kunstsammlung war von den Nazis beschlagnahmt worden, und sie konnte nur zwei oder drei Bilder mitnehmen. Ich sehe Bernfeld noch vor mir, dieses hageren Ichobod Crane mit seinem flachen Filzhut, wie er die Montgomery Street entlangstolzierte, einen Cézanne unter dem Arm, unterwegs zu einem prominenten Kunsthändler, dem er das Bild verkaufen wollte, um von etwas leben zu können, bis die ersten Patienten kamen.

Ich erinnere mich noch an eine andere Szene in Fairfax (in der Nähe von San Francisco), als ich dazukam, wie Bernfeld flach auf dem Boden lag. In seiner ganzen Größe von über 1.90 Metern lag er auf dem Bauch, drehte seinen Kopf abwechselnd nach links und nach rechts, und mokierte sich ganz entzückt: »Ich bin der Herr von allem, was ich überblicken kann!«

Daniel Benveniste: Nach den biographischen Studien und Schriften von Bernfeld über Freud zu urteilen, war ihm die Beziehung zu Freud sehr wichtig.

Nathan Adler: Ja, Bernfelds Studien waren die Hauptquelle für die Biographie von Ernest Jones. Es ist eine interessante Frage, warum Anna Freud gerade Jones autorisierte, Freuds Biographie zu schreiben, und nicht die Bernfelds. Ich habe mich schon gefragt, ob hier die gleichen Gründe eine Rolle spielten, die Freud dazu veranlaßten, Jung zu favorisieren, als nicht-jüdische Fassade, hinter der sich die Psychoanalyse ungestört weiterentwickeln konnte. Die Traumata des Antisemitismus in Wien sind noch lebendig, es ist nicht leicht, sie zu überwinden.

Daniel Benveniste: Manche Analytiker legten sehr viel Wert darauf, direkte Schüler Freuds zu sein, anderen schien das nicht so wichtig. Bernfeld scheint auf seine Beziehung zu Freud immer sehr viel Wert gelegt zu haben.

Nathan Adler: Ich glaube, je näher man der ersten Generation steht, desto mehr fühlt man sich mit ihr verbunden. Wenn ich zu irgendeinem Analytiker in einem Provinznest gehe, der mit den Vätern der Psychoanalyse nichts zu tun hat, wie soll ich mich dann als Glied in der Kette fühlen? Ich habe einen Freund, einen Psychoanalytiker in Berkeley, der, als er eine Lehranalyse am Institut anfing, Anna

Maenchen als seine Lehranalytikerin wählte. Sie fragte ihn: »Warum kommen Sie gerade zu mir? Warum wollen Sie die Analyse bei einer Frau machen?« Er antwortete: »Weil Sie mit Anna Freud gearbeitet haben, und ich ein Glied der Kette sein möchte.« Da haben Sie dieses Gefühl der Kontinuität. Wenn ich mit Anna Maenchen arbeite und Anna Maenchen mit Anna Freud gearbeitet hat und Anna Freud in der Berggasse war, dann sind das drei Generationen.

Daniel Benveniste: Ich habe den Eindruck, daß dieser Gedanke, »ein Glied in der Kette« zu sein, keine sonderliche Faszination für Sie hat.

Nathan Adler: Oh doch, natürlich! (Dr. Adler steht auf, geht zum Wandschrank und holt einen Wechselrahmen mit einem Bild von Bernfeld hervor.) Das ist Bernfeld. Ein anderer Abzug dieses Bildes hängt als Wandbild im Institut für Psychoanalyse in San Francisco. Und dieses Bild (er zeigt auf eine Photographie von Freud, die an der Wand hängt) habe ich von Bernfeld bekommen. Es ist ein sehr spätes Bild von Freud, im Alter von 82 Jahren, ein Jahr vor seinem Tod aufgenommen. Und Bernfeld hat es mir gegeben!

Mit dem, was Nathan Adler in diesem Gespräch erzählt hat, ist das Thema natürlich nicht abschließend und erschöpfend behandelt, aber es ist, was Siegfried Bernfelds Jahre in San Francisco angeht, doch ein Beitrag, um diese Lücke in der Geschichtsschreibung der Psychoanalyse zu schließen. Worüber wir noch mehr erfahren müssen, ist Bernfelds Arbeit am Institut für Psychoanalyse in San Francisco, wie sie die älteren Mitglieder des Instituts, die noch mit ihm zusammen gearbeitet haben, in Erinnerung haben.

Aus dem Englischen von Susanne Nagel

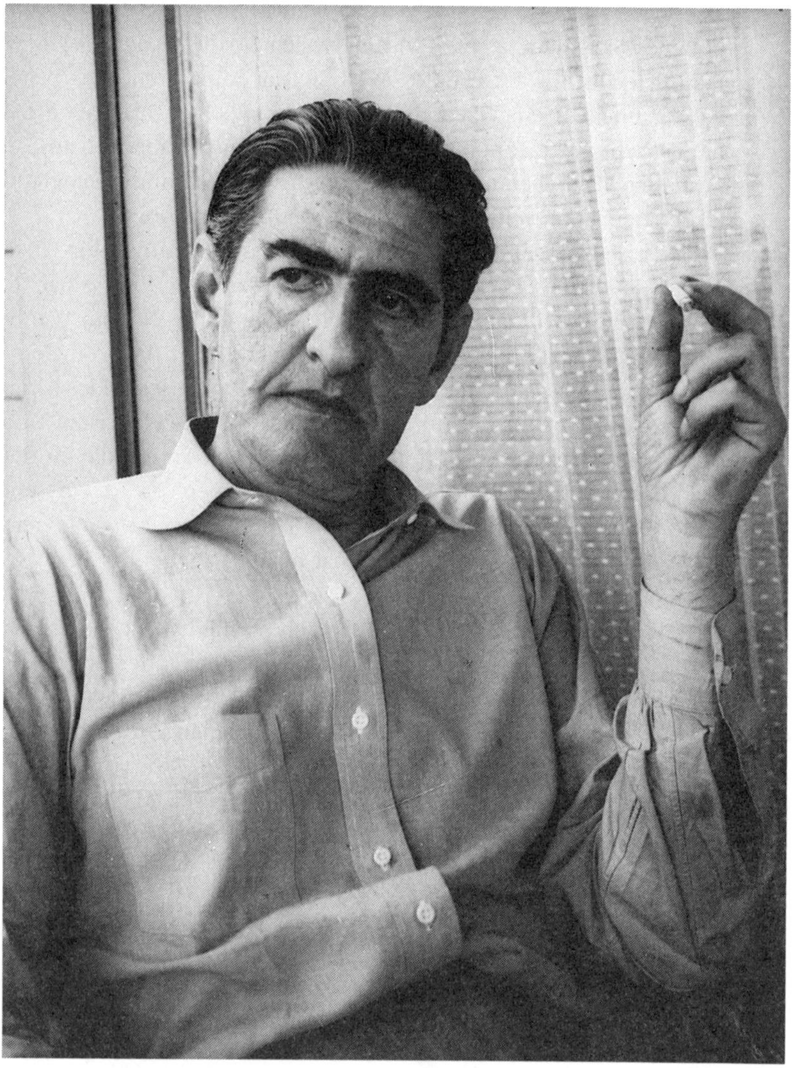

um 1950

Siegfried Bernfeld

Das »freie« Institut (1949)

1 Ein bestimmtes Maß an Vertrautheit mit der Freudschen Psychoanalyse ist ein wesentlicher Teil der Ausbildung eines jeden Psychotherapeuten. Das Institut stellt Einrichtungen zur Verfügung, mit deren Hilfe die Bekanntschaft und Vertrautheit mit der Psychoanalyse erworben werden können.

2 Da das Studium der Psychoanalyse nur eine Komponente in der Ausbildung des Psychotherapeuten ist, muß der Studierende die anderen Qualifikationen besitzen oder sie in anderen Institutionen erwerben; z.B. ein allgemeines wissenschaftliches Hintergrundwissen, gute Kenntnisse in klinischer Psychiatrie und Psychologie, Kenntnisse in Biologie und Anthropologie. Da bestimmte Arten oder ein bestimmter Grad der Psychopathologie ungeeignet machen, wird so jemand entmutigt werden, weiter im Institut zu arbeiten, und wird, falls nötig ausgeschlossen.

3 Der Studierende arbeitet so lange im Institut, wie es seinem Gefühl nach den Aufwand an Mühe, Geld und Zeit wert ist. Er kann sich Psychoanalytiker nennen oder wie immer er will. Das Institut übernimmt weder Verantwortung für die Arbeit der Studierenden noch für den Fortschritt ihrer Patienten. Das Institut verleiht keine Diplome, keine wie immer geartete Bescheinigung des Fortschritts oder der Vollendung des Studiums.

4 Das Institut ist verantwortlich für seine Lehrer (Dozenten und Supervisionsanalytiker). Sie sind Personen, die nach Einschätzung des Instituts jene Bereiche der Psychoanalyse kennen, die sie lehren.

4a Unter den Studierenden werden sich solche finden, relativ wenige, die ihre Lehrer und Kollegen als »herausragend« beeindrucken. Der eine oder andere Lehrer wird diesen oder jenen Studierenden gelegentlich vertretungsweise Vorträge, die Leitung in bestimmten Phasen eines Seminars etc. anvertrauen. Oder der eine oder andere Supervisionsanalytiker wird das Gefühl haben, daß er einige seiner eigenen Patienten dem einen oder anderen seiner Schüler überweisen kann. Wenn sie ihr Verdienst beweisen oder zumindest nicht widerlegen, kann sich das Institut bereit finden, die kollektive Verantwortung für sie zu übernehmen. Es wird sie zu Lehrassistenten (teaching assistants) oder zu klinischen Mitarbeitern (clinical assistants) ernennen. Durch diese Ernennung erhalten sie innerhalb des Instituts Funktionen, sei es in den theoretischen Abteilungen, sei es in der Institutsklinik. Wenn das Institut keine eigene Klinik hat, sollte es irgendeinen Ersatz dafür geben. Zum Beispiel einen Bestand an überwiesenen Patienten. Diese Patienten, die das Institut in eigener Verantwortung übernimmt, würden an die klinischen Mitarbeiter überwiesen. Einige der Lehrassistenten und der klinischen Mitarbeiter werden zu gegebener Zeit Lehrer des Instituts werden.

5 Beim Erlernen der Psychoanalyse können drei Phasen unterschieden werden: das Studium der psychoanalytischen Psychologie, Psychopathologie, Anthropologie etc. (Theorie); Erwerb von Fertigkeiten der Technik; persönliche Analyse.

5a Das Institut bietet über die Bibliothek, über Vorlesungen, Lektüre- und Diskussionsseminare eine vollständige – dogmatische und historische – Darstellung der Freudschen Psychoanalyse. Bekanntschaft mit Psychoanalyse kann in einem halben Jahr erreicht werden. Gute globale und etwas detaillierte Kenntnisse in zwei Jahren. Um mit der Psychoanalyse vertraut zu werden, ist weiteres Durcharbeiten über eine unbestimmte Zeitspanne erforderlich – vermittels wiederholter Lektüre und wiederholter Teilnahme an Seminaren, Anwendung der Theorie in Therapie, Ausbildung und Forschung; durch das Studium der feindseligen, kritischen, häretischen Literatur, durch den Vergleich mit den vor-freudianischen, den nicht-freudianischen und den nachfreudianischen Ansätzen von Psychopathologie, Psychologie und Soziologie. Das Institut hält Einrichtungen und Hilfe für den Studierenden bereit, der sich über das Stadium guten Globalwissens hinaus mit der Psychoanalyse vertraut machen will.

5b *Technik*

Das Institut legt besonderes Gewicht auf die Anwendung der Psychoanalyse im Bereich der Psychotherapie. Sie bietet an:

a) Vorlesungen, Seminare, Lektüreanleitung auf der ganzen Bandbreite therapeutischer Probleme;

b) Supervision von Analysen;

c) Hilfe bei der Selbstbewertung der Kompetenz des Studierenden als Psychotherapeut und Psychoanalytiker.

Das Institut räumt der Freudschen Technik dort Priorität ein, wo das Behandlungsziel relativ klar ist und es die Aufdeckung pathogenen verdrängten Materials, die Rekonstruktion der ödipalen Situation und der Abkömmlinge der Urszene sowie die Auflösung von Kastrationsängsten und -phantasien impliziert.

5c *Die persönliche Analyse* ist ein Instrument zur Vertiefung der Einsicht und zur Erhöhung der therapeutischen Kompetenz, die zu entbehren kaum ein Therapeut sich leisten kann. Doch ist die persönliche Analyse völlig und ausschließlich die Angelegenheit des Studierenden. Das Institut ermutigt den Studierenden, seine Analyse zu beginnen, und hilft ihm,

a) eine persönliche Analyse zu bekommen;

b) bei der Selbstbewertung der Ergebnisse der beendeten persönlichen Analyse. Zu diesem Zweck stellt das Institut bereit:

a) eine Liste derjenigen örtlichen Analytiker, die für eine persönliche Analyse empfohlen werden;

b) Beratung für den Studierenden bei Fragen wie diesen: Der Studierende empfindet möglicherweise die Zeitspanne, die er für seine persönliche Analyse auf einen der aufgelisteten Analytiker warten soll, als unvernünftig lang; soll er warten oder soll er die Analyse sofort bei einem jüngeren Analytiker aufnehmen, und wenn ja, bei wem? Oder auch: War die persönliche Analyse unzureichend? Warum? Was ist zu tun?

Hinsichtlich der Bewertung der persönlichen Analyse versucht das Institut eine schülerzentrierte und realistische Einstellung einzunehmen. Die Psychoanalyse befreit nicht von Konflikten, Wünschen, Frustrationen und Emotionen. Eine Verstärkung von Konflikten durch unbewußtes Material selbst neurotischer Qualität wird nach einer Analyse in bestimmtem Maß nicht nur mit Wahrscheinlichkeit zurückbleiben, sondern sollte dem Psychotherapeuten erträglich sein; er sollte fähig sein, mit den üblichen psychologischen Mitteln und durch Versuche in weiterer Selbstanalyse die Situation zu meistern und unter Kontrolle zu haben. Wenn er scheitert, sollte er ein weiteres Stück persönlicher Analyse in Betracht ziehen. Psychoanalyse ist weder wie ein Anatomiekurs – der einmal genommen und nach dem Examen wieder vergessen wird – noch wie eine Operation, die die Quelle des Problems ein für allemal beseitigt. Sie ist –

in den richtigen Händen – lediglich ein weiteres Instrument, wenn auch ein machtvolles, das dem Analysanden zur Verfügung steht, um seine Konflikte zu meistern und seine Persönlichkeit in ein gutes Gleichgewicht zu bringen. – Die Berater des Instituts sollten nicht überzogen vertrauensvoll hinsichtlich der Fertigkeiten der empfohlenen Analytiker sein und vorurteilsfrei in Bezug auf die, die nicht auf der Liste stehen.

6 Der administrative Aufbau des Instituts ist abhängig von der Größe seines Lehrkörpers, der Zahl der Studierenden und der »materiellen Masse« (Gebäude, Bibliothek, Campus, Tagesklinik). Wenn die materielle Masse aus einem Raum, zwei Schreibmaschinen und Mietvereinbarungen mit verschiedenen Personen und Institutionen besteht, der Lehrkörper aus zehn bis fünfzehn Lehrenden, die Studentenschaft aus 60 bis 100, von denen 30 bis 40 Arbeit unter Supervision tun, dann sollte die Verwaltung in Händen eines Halbtags-Geschäftsführers liegen unter Mitarbeit eines Leiters der theoretischen Abteilung, eines Leiters der klinischen Abteilung und eines Vertreters der Studierenden. Die beiden Abteilungsleiter und der Studentenvertreter könnten ihre Arbeit auf einer Viertel-Stelle wahrnehmen.

7 Die theoretische Abteilung, die sich aus allen dort Lehrenden zusammensetzt, organisiert die Kurse, die Vorlesungen, die Bibliothek usw.; die klinische Abteilung, die sich aus den Supervisionsanalytikern zusammensetzt, organisiert die technischen Seminare und die Supervision; der Studentenvertreter kümmert sich unter Mithilfe eines von ihm ernannten Komitees um Anleitung, Assistenz, persönliche Probleme der Studierenden und um zwischenmenschliche Probleme. Der Geschäftsführer wacht über Koordination, Protokollierung, Public Relations und Finanzen.

7a *Das Institut* – Lehrende, klinische Mitarbeiter, Lehrassistenten und Studierende – trifft sich ein oder zweimal pro Jahr an einem Sonntag oder Wochenende zwecks

a) wissenschaftlicher Diskussionen von Fragen, die das Lehren von Psychoanalyse im allgemeinen betreffen;
b) spezieller Diskussionen über die Funktionsweisen des Instituts (Beschwerden, Sorgen, Kleinkram, Vorschläge);
c) sozialer Funktionen.

7b Die Lehrenden treffen sich mehrmals, sagen wir, viermal pro Jahr. Sie formulieren die Richtlinien und wählen, an Empfehlungen der Abteilungen angelehnt, neue Lehrer, wählen die zwei Abteilungsleiter und die Studentenvertreter, stellen den Geschäftsführer ein, entscheiden über Neuaufnahmen in die Liste der Analytiker für persönliche Analysen, ernennen die Lehrassistenten und die klinischen Mitarbeiter und geben eine Beurteilung über alle heiklen Angelegenheiten wie z.B. den Ausschuß eines Studierenden etc.

7c Die Abteilungen konferieren separat – vielleicht jeden zweiten Monat; das Komitee des Studentenvertreters dem Arbeitsanfall entsprechend. Die Abteilungsleiter, der Studentenvertreter und der Geschäftsführer bleiben, da sie die Konferenzen des Instituts und der Institutseinheiten vorbereiten und die Beschlüsse dieser Konferenzen ausführen, in engem Kontakt.

8 Für die Zeit, die sie für Vorlesungen und Supervisionen aufwenden, werden die Lehrenden von den Studierenden bezahlt. Für die Zeit, die sie für Verwaltungsarbeit, Organisation, Beratung und Assistenz aufwenden, werden die Lehrenden vom Institut bezahlt. Diese Verwaltungsausgaben werden von Aufnahmegebühren u.ä. sowie von dem Teil der Studiengebühren für Kurse und Vorlesungen aufgebracht, der den Lehrern nicht als Gehalt zugeteilt ist. Der Fehlbetrag ist Sorge der Board-Mitglieder.

9 *Zulassung*: Das Institut sollte bei der Zulassung von Studierenden sehr liberal sein, wenn auch nicht »jeder« angenommen werden sollte. Abschnitt 2 kann als Basis für die Entwicklung von Zulassungsrichtlinien dienen. Diese sollten anhand sehr weniger definitiver allgemeiner Regeln, die sich nur auf die nächstliegenden Ereignisse beziehen, formuliert werden. Die meisten Fragen sollten aufgrund der Verdienste im Einzelfall entschieden werden. Das Institut ist stärker an einem Klima interessiert, das dem demokratischen, toleranten und geduldigen Geist der Psychoanalyse entspricht, als an einer leichten, reibungslosen und ordentlichen Verwaltung.

9a Der Unterricht am Institut findet in Gruppen (Kursen, Seminaren) und einzeln (supervidierte und persönliche Analyse) statt. Da der Lehrkörper in Gruppen eine viel größere Zahl von Studierenden handhaben kann als in Einzelausbildung, wird es bei der letzteren einen erheblichen Engpaß geben. Wahrscheinlich ist die relativ beste Lösung in einer Art Rationierung des verfügbaren Personals und der supervidierten Analysen zu finden. Das Institut wird für persönliche Analysen und supervidierte Analysen die Prioritäten setzen. Diese Prioritäten sollten den Studierenden nicht bei Eintritt in das Institut gewährt werden, sondern denen, die im Verlauf ihrer Arbeit die Aufmerksamkeit und das Interesse einiger ihrer Lehrer auf sich gezogen haben. Es sollte kein Auswahlverfahren vor Beginn des Studiums geben, aber allmählich, wenn die individuellen Besonderheiten der Studierenden diesen selbst deutlich geworden sind, könnte der eine oder andere Lehrer etwa dem Komitee des Studentenvertreters vorschlagen, daß dieser oder jener Studierende Priorität erhalten möge. Wenn er z.B. eine persönliche Analyse braucht, könnte der Lehrende den verfügbaren Analytikern für persönliche Analyse und Supervision nahelegen, wenn sie Zeit erübrigen, diesem oder jenem Studierenden auf ihrer Warteliste einen vorrangigen Platz einzuräumen. Ich glaube, daß keine besondere Beurteilung des Studierenden notwendig ist. Wenn zwei oder drei Lehrer darin übereinstimmen, daß X ihnen den Eindruck mache, einer vorrangigen Behandlung wert zu sein, sollte das ausreichen. Der Studierende wird nicht durch irgendeinen besonderen Titel von den anderen Studierenden unterschieden. Er kommt lediglich schneller zu persönlicher Analyse oder supervidierter Arbeit. Natürlich kann er, wenn er dem Lehrkörper als »herausragend« erscheint, zum Lehrassistenten oder klinischen Mitarbeiter ernannt werden.

9b Diese Rationierungsmaßnahmen werden Unruhe und Unzufriedenheit unter den Studierenden hervorrufen. Da es sich jedoch nicht um Fragen von Karriere, Einkommen und Stellung handelt, wird dieser von den Studierenden ausgehende Druck kaum mit der Arbeit und dem Geist des Instituts in Konflikt geraten. Studierende, deren Hauptziel es ist – sei es aus guten oder schlechten Gründen –, in der kürzest möglichen Zeit mit einem Minimum an Arbeit zur APA zugelassen zu werden, werden ohnehin beschließen, einem anerkannten Institut beizutreten. Wenn, wie es wünschenswert ist, die Analytiker für persönliche Analyse und Supervision nur einen Teil ihrer Zeit für die Vorzugsschüler bereithalten, kann etwas von der Unfairneß und Härte des Rationierungssystems möglicherweise minimiert werden.

9c Die große Mehrheit der Studierenden sollte Dr. med. oder Dr. phil. sein und schon eine bestimmte Zeit wirklich psychotherapeutische gearbeitet haben. Zugang zu den Kursen und Seminaren, in denen man Bekanntschaft und gute globale Kenntnisse erwirbt, sollte nichtpsychotherapeutischen Drs. med. und Drs. phil. gewährt werden und auch fortgeschrittenen Studenten der Medizin und der Psychologie sowie bestimmten Berufsgruppen wie z.B. psychiatrischen Sozialarbeitern. Die Zulassung zu supervidierter Analyse sollte – mit Ausnahmen – auf jene Psychotherapeuten unter den Studierenden beschränkt sein, die

a) Bekanntschaft mit Psychoanalyse aufweisen können, die mindestens einem Jahr Arbeit am Institut entspricht;
b) ein gutes Maß an praktischer Erfahrung mit Psychotherapie haben;
c) ihre persönliche Analyse zu ihrer eigenen Zufriedenheit abgeschlossen haben oder meine, daß sie sich in einer ziemlich fortgeschrittenen Phase dieser Analyse befinden, wenn auch in manchen Fällen ein Probelauf in supervidierter Analyse, etwa ein Fall über einen Zeitraum von sechs Monaten, angeraten sein könnte, bevor die persönliche Analyse beginnt.

Der Studierende kann sich mit so vielen Supervisoren und für so viele Fälle verpflichten, wie er will – im Rahmen der administrativen Bestimmungen, die die begrenzten Einrichtungen des Instituts erfordern.

10 Erweiterungen des Lehrkörpers werden in erster Linie unter dem Blickwinkel der Leistung vorgenommen. (Wird die fragliche Person ihre Supervisionsfälle Freudschen psychoanalytischen Regeln entsprechend handhaben, wird sie diesem Rahmen gemäß Vorlesungen halten, anleiten und assistieren? Hat sie genügende Kenntnisse der Psychoanalyse und hat sie ausreichende Fertigkeiten?) Da Analytiker über die Leistung ihrer Kollegen sehr wenig wissen, wird das Institut den Lehrnachwuchs im allgemeinen in sehr liberaler Weise bestimmen, jedoch probeweise auf der Basis von Hilfslehraufträgen. Nach, sagen wir, ein oder zwei Jahren Vorlesungen oder Supervision kann der Assistent für einen festen Lehrauftrag gewählt werden.

Das »nicht so freie« Institut

11 Was für Veränderungen im Aufbau des Instituts wären notwendig, wenn es in die organisierte Psychoanalyse integriert werden sollte? Die für die persönliche Analyse empfohlenen Analytiker und die Supervisionsanalytiker sind ohnehin alle – oder doch die meisten von ihnen – anerkannte Lehranalytiker. Die Kurse und Seminare, die theoretischen ebenso wie die technischen, leisten sicher nicht weniger als das, was an den anerkannten Instituten von den Kandidaten verlangt wird. Nur in zwei Punkten muß eine Anpassung der Institutsrichtlinien in Betracht gezogen werden.

11a 1. Das Institut gibt keine Zeugnisse oder Abschlußprüfungen. Jene Studierenden jedoch, die meinen, daß sie für eine Mitgliedschaft in der APA in Frage kommen und daß sie im Lauf ihrer Arbeit am Institut den Anforderungen der APA gerecht geworden sind, was Zahl und Art der Kurse und Seminare etc. angeht, können sich einem von der örtlichen Gesellschaft aufgestellten »Prüfungskomitee« vorstellen. Dieses Komitee überprüft die Anforderungen, lädt die Supervisionsanalytiker und alle Lehrer, die mit dem Studierenden zusammengearbeitet haben, ein, ihre Meinung über ihn zu äußern. Dieses Komitee bewertet die Persönlichkeit, die Fertigkeiten, die Kenntnisse und das potentielle künftige Verhalten des Studierenden und fällt ein Urteil darüber, ob er seine Ausbildung vollendet hat oder nicht und ob er für eine Mitgliedschaft in der örtlichen Gesellschaft in Betracht gezogen werden sollte.

11b 2. Die APA verlangt eine Bestätigung vom Lehranalytiker über die Zahl der Stunden persönlicher Analyse und über deren erfolgreiche Beendigung. Dennoch braucht die allgemeine Grundlinie des Instituts hinsichtlich der persönlichen Analyse nicht verändert zu werden. Die persönliche Analyse bleibt die persönliche Angelegenheit und Verantwortlichkeit des Studierenden. Der Analytiker ist nicht gefordert, dem Institut irgendwelche Information, Meinung oder Empfehlung zu liefern. Wenn der Studierende sich jedoch dem Prüfungskomitee vorstellt und wenn das Komitee es so wünscht, kann der Studierende die Vertrauensregel aufheben und seinen früheren persönlichen Analytiker autorisieren, dem Prüfungskomitee die gewünschten Informationen zu geben.

12 So kann das »freie« Institut leicht die Ausbildungsfunktion des »anerkannten« Instituts übernehmen. Es sind keine Veränderungen in seinem Aufbau notwendig, aber sie werden de facto eintreten. Ein großer Teil der Studierenden wird dem Institut mit der hauptsächlichen Motivation beitreten, sich so bald wie möglich dem »Prüfungskomitee« vorzustellen. Es ist sicher, daß diese Studierenden ziemlich intolerant sein werden gegenüber jenen, die nicht APA-Mitglieder werden können (oder keinen Wert darauf legen), aber die Zeit »anerkannter Lehranalytiker« beanspruchen. Diese absehbare Situation wird das Institut zwingen, größere Grundsatzänderungen vorzunehmen.

12a Erstens in der Zulassungspolitik: Natürlich kann man in dieser Situation nur Studierenden, die für die APA in Frage kommen, Priorität für persönliche oder supervidierte Analyse einräumen. Die Analytiker müssen ihre ganze Zeit, die sie dem Unterricht zu widmen bereit sind, für die Studierenden mit Priorität reservieren. Die umfassenderen Zulassungsrichtlinien (2, 9, 9a, b, c) könnten für den Gruppenunterricht beibehalten werden, aber es ist wenig sinnvoll. Studierende zu »Bekanntschaft« und »globaler Kenntnis« zuzulassen, wenn sie von »Vertrautheit« ausgeschlossen werden. Und es widerspricht gewiß dem Geist des »freien« Instituts, die Studentenschaft in zwei Klassen ungleicher Stellung aufzuteilen, die auf anderen Kriterien beruhen als auf solchen der Leistung.

12b Zweitens: wenn die supervidierten Studierenden alle Kandidaten sind – wenn auch unter der Bezeichnung von »Studenten, die sich dem Prüfungskomitee vorstellen werden« –, dann wird die Kein-Diplom-Politik (3) bedeutungslos. Da eine Mehrheit der Studierenden Psychoanalyse lernen wird, um den Grad zu erwerben, statt sie aus Gründen der wissenschaftlichen Neugier und der persönlichen Verbesserung zu studieren, wird das »freie« Institut zwangsläufig eine »Schule« werden und ungeachtet dessen, was sein Statut besagt, viele, wenn nicht alle jener Züge aufweisen, zu deren Vermeidung es aufgebaut wurde.

13 Die organisierte Psychoanalyse, ob Segen oder Übel, ist ein gesellschaftliches Faktum und wird uns noch einige Zeit begleiten. Aber ich glaube nicht, daß das Lehren von Psychoanalyse die Hilfskraft der professionellen Organisation von Psychoanalytikern bleiben müßte oder sollte. Ob und wie die örtliche Gesellschaft oder die APA die Studierenden des Instituts anerkennt, ist nicht Sache des »freien« Instituts. Aber unweigerlich werden jene Studierenden, für die die Mitgliedschaft in der örtlichen Gesellschaft das wichtigste Ziel ist, dem Institut nicht beitreten. Ich glaube, das »freie« Institut wird dennoch voll belegt sein. Es könnte zu gegebener Zeit den Verlust von Studierenden aus der direkten Umgebung sehr wohl durch seine nationale Reputation ausgleichen. Seine Studierenden wären:

a) einige Mitglieder der örtlichen psychoanalytischen Gesellschaft – nämlich jene, die nach einer Ausbildung an einem APA-Institut und nach einer Zeit als praktizierender Analytiker feststellen, daß ihre Ausbildung nicht gut genug war;
b) Psychotherapeuten, die es nicht kümmert, ob sie zur örtlichen Gesellschaft gehören oder nicht, die aber ihr Wissen erweitern und ihre Fertigkeiten verbessern wollen;
c) Psychotherapeuten, die nicht Mitglied der örtlichen psychoanalytischen Gesellschaft werden können, z.B. Drs. phil.;

d) Nicht-Psychotherapeuten, die aus persönlichen Gründen ein Maximum an Psychoanalyse erlernen wollen.

14 Derzeit wünschen die meisten Psychoanalytiker, daß die Ausbildung in die organisierte Psychoanalyse integriert bleibt. Einige ihrer Motive und Argumente sind es – meines Erachtens – wert, daß man sie in Betracht zieht. Deshalb ist es wahrscheinlich der klügere Weg, das Programm eines »freien« Instituts nur als eine Art »Regulativ« zu nehmen und nur einige seiner Wesenszüge, wenn überhaupt, in die vorhandene Organisation einzuführen, um zu sehen, welches Maß an Verbesserung sich in der Funktionsweise unseres Instituts ergeben würde.

Aus dem Englischen von Heidi Fehlhaber

Bibliographie

Zusammengestellt von Ulrich Herrmann und Christoph von Bühler, Tübingen, 1990.

Diese Bibliographie enthält alle Veröffentlichungen von Siegfried Bernfeld*, sowie die Übersetzungen und Wiederabdrucke in deutscher Sprache. Alle Titel wurden autopsiert und liegen im Original bzw. in Kopie vor. Wo eine Veröffentlichung als gesichert gelten kann, die aber nicht mehr nachweisbar ist, wurde dies vermerkt. Die in anderen Bibliographien unter dem Pseudonym »Karsig« aufgeführten Schriften sind höchstwahrscheinlich nicht von Bernfeld verfaßt worden. Das ergibt eine stilistische Analyse und wird gestützt durch die Tatsache, daß sich im Bernfeld-Nachlaß weder Sonderdrucke noch Manuskripte noch sonstige Hinweise darauf finden.

1909 a) (anonym): Aus Ideale. Die Geschichte einer Jugend in Skizzen, Rhythmen und Gesprächen erzählt von B. In: *Eos. Stimmen der Jugend.* Selbstverlag E. Hoffmann, Wien XIII, Titlgasse 6, 1909, S. 12-14.

b) (anonym): Bemerkungen zur populären naturwissenschaftlichen Literatur. In: *Eos. Stimmen der Jugend.* Selbstverlag E. Hoffmann, Wien XIII, Titlgasse 6, 1909, S. 34-36.

1913 a) Akademisches Komitée für Schulreform (Hg.): *An die Abiturienten.* Mit Beiträgen von Univ.-Prof. Dr. Oswald Richter, Doktor Gustav Wyneken und and. nebst einem Führer durch die studentischen Gesellschaften. (*Der moderne Student*, Flugschriften, Heft 1). Wien, 1913.

b) Zur unbewußten Determination des Denkprozesses. Eine Selbstbeobachtung. In: *Internationale Zeitschrift für ärztliche Psychoanalyse 1* (1913), S. 564f.

c) und Barbizon, Georges (Hg.): *Der Anfang. Zeitschrift für die Jugend.* Monatsschrift, Berlin/Wien. 1. Jg. 1913/14, 12 Hefte. 2. Jg. 1914, bis Heft 4, Juli 1914, danach Erscheinen eingestellt.

d) *Der Anfang. Zeitschrift der Jugend.* Herausgegeben 1913-14 von Georges Barbizon und Siegfried Bernfeld. In Auswahl neu herausgegeben und mit einem Nachwort versehen von Eckart Peterich. Lauenburg a. d. Elbe, 1922.

* Die Originalbeiträge in diesem Band (1992a, 1992b, 1992c) sowie Bernfeld (1927v und 1991) wurden von den Herausgebern ergänzt.

e) Das akademische Comité für Schulreform. In: *Der Anfang. Zeitschrift der Jugend 1* (1913/14), Heft 1, S. 27f. Wiederabgedruckt in 1913d. S. 104f.

f) Ein Sprechsaal für Mittelschüler (in Wien). In: *Der Anfang. Zeitschrift der Jugend 1* (1913/14), Heft 1, S. 28f. Wiederabgedruckt in 1913d. S. 105f.

g) Das Archiv für Jugendkultur. In: *Der Anfang. Zeitschrift der Jugend 1* (1913/14), Heft 2, S. 51-54. Wiederabgedruckt in 1913d. S. 106-108.

h) »Verehrung« – »Ehrfurcht«. In: *Der Anfang. Zeitschrift der Jugend 1* (1913/14), Heft 5, S. 148-149. Wiederabgedruckt in 1913d. S. 49f.

i) Mitteilungen des A.C.S. In: *Der Anfang. Zeitschrift der Jugend 1* (1913/14), Heft 6, S. 189-190.

j) Mitteilungen des A.C.S. In: *Der Anfang. Zeitschrift der Jugend 1* (1913/14), Heft 7, S. 222-223.

k) Die erste studentisch-pädagogische Tagung in Breslau, 6.-7. Oktober 1913. In: *Der Anfang. Zeitschrift der Jugend 1* (1913/14), Heft 8, S. 251f.

l) Mitteilungen des A.C.S. In: *Der Anfang. Zeitschrift der Jugend 1* (1913/14), Heft 8, S. 252.

m) (Buchbesprechung) Stern, William: Die psychologischen Methoden der Intelligenzprüfung und deren Anwendung an Schulkindern. Leipzig, 1912. In: *Eos. Vierteljahresschrift für die Erkenntnis und Behandlung jugendlicher Abnormer* (Wien/Leipzig) 9. Jg. (1913), S. 134f.

n) An die Sammler des A(rchivs für). J(ugendkultur). In: *Der Anfang. Zeitschrift der Jugend 1* (1913/14), Heft 8, S. 252f.

1914 a) *Die neue Jugend und die Frauen.* Wien, Leipzig, 1914.

b) Die Arbeiten des Akademischen Comitees für Schulreform. In: Mann, Alfred (Hg.): *Student und Pädagogik II.* Erste studentisch-pädagogische Tagung zu Breslau am 6. und 7. Oktober 1913. (Saemann-Schriften f. Erziehung u. Unterricht, Heft 9.) Leipzig/Berlin 1914, S. 31-34.

c) Echtheit der Dokumente in der Broschüre »Jugendkultur«. In: *Bayerischer Kurier* Nr. 44 vom 13. Februar 1914.

d) Grüner Anker. In: *Der Anfang. Zeitschrift der Jugend 1* (1913/14), Heft 10, S. 311-313. Wiederabgedruckt in 1913d. S. 108-110.

e) An die freideutsche Jugend. (gez.: Akademisches Comité für Schulreform). In: *Der Anfang. Zeitschrift der Jugend 1* (1913/14), Heft 11, S. 321-327.

f) Die Freideutsche Jugend. Eine Abrechnung mit den Marburger Beschlüssen. (gez.: Akademisches Comité für Schulreform). In: *Der Anfang. Zeitschrift der Jugend 2* (1914), Heft 1, S. 1-12.

g) Mitteilungen des A.C.S. »Vereins-Enquete«. In: *Der Anfang. Zeitschrift der Jugend 2* (1914), Heft 1, S. 35.

h) Das Akademische Comitee für Schulreform. In: *Münchner Akademische Rundschau.* 7. Jg. (1914), Heft 13 vom 14. Mai 1914, S. 221f.

i) »Praktische Arbeit«. In: *Studentische Monatshefte vom Oberrhein* (Freiburg i. Br.), Heft 5 vom 15. Mai 1914, S. 7f.

j) Berichtigung. (gez.: A.C.S.). In: *Der Anfang. Zeitschrift der Jugend 2* (1914), Heft 2/3, S. 91.

k) Die Zukunft der Freideutschen Jugend. Zur Verständigung. (gez.: Akademisches Comité für Schulreform). In: *Der Anfang. Zeitschrift der Jugend 2* (1914), Heft 4, S. 93-103.

l) Zur Marburger Tagung. Eine Erwiderung. (gez.: Akademisches Comité für Schulreform). In: *Der Anfang. Zeitschrift der Jugend 2* (1914), Heft 4, S. 103-109.

m) Selbstanzeige. (Die neue Jugend und die Frauen. Wien/Leipzig, 1914). In: *Der Anfang. Zeitschrift der Jugend 2* (1914), Heft 4, S. 118f.

n) Bericht über den XIV. Freistudententag in Weimar. In: *Der Anfang. Zeitschrift der Jugend 2* (1914), Heft 4, S. 120-122.

o) Eingelaufene Bücher. (Endet mit einer Buchbesprechung von:) Hoffmann, Rolf Josef: Fug und Unfug der Jugendkultur. In: *Der Anfang. Zeitschrift der Jugend 2* (1914), Heft 4, S. 122-123.

p) Ein Archiv für Jugendkultur. In: *Zeitschrift für angewandte Psychologie 8* (1914), S. 373-376.

q) Aemter für die Jugend. In: *Münchner Akademische Rundschau*. 8. Jg. (WS 1914/15), Heft 1, 4. November 1914, S. 5-7.

r) Die Jugendgemeinde. In: *Die Freie Schulgemeinde 5* (1914/15), Heft 1/2, S. 52-58.

s) Psychoanalyse und Psychologie. In: *Internationale Zeitschrift für ärztliche Psychoanalyse 2* (1914), S. 517-521.

1915 a) *Über den Begriff der Jugend.* Diss. phil., Wien, 19. April 1915. (Maschinenschriftlich).

b) Zionismus und Jugendkultur. In: *Der neue Weg.* 1. Jg. (1915), Heft 2, Februar, S. 1-11. (Maschinenschriftlich vervielfältigt).

c) Zur Psychologie der Lektüre. In: *Internationale Zeitschrift für ärztliche Psychoanalyse 3* (1915), S. 109-111.

d) Zur Psychologie der Unmusikalischen. Nebst Bemerkungen über Psychologie und Psychoanalyse. In: *Archiv für die gesamte Psychologie 34* (1915), S. 235-253.

1916 a) Über Schülervereine. Ein Beitrag zur Gruppenpsychologie und ihrer Methodik. In: *Zeitschrift für angewandte Psychologie 11* (1916), S. 167-213.

b) Jüdische Wissenschaft. In: *Der Jude 1* (1916/17), S. 53f.

c) Zum Problem der jüdischen Erziehung. In: *Der Jude 1* (1916/17), S. 169-182.

d) Die Kriegswaisen. In: *Der Jude 1* (1916/17), S. 269-271.

e) Der jüdische Künstler und die Jugend. In: *Der Jude 1* (1916/17), S. 563f.

1917 a) Niemiecki ruch mlodziezy. Die deutsche Jugendbewegung. In: *Moriah. Monatsschrift der jüdischen Jugend.* 12. Jg. (1916/17), Heft 3, S. 96-101.

b) Die jüdische Wissenschaft und ihre psychologischen Aufgaben. In: *Neue jüdische Monatshefte.* 1. Jg. (1917), Heft 21 vom 10. August, S. 599-606.

c) Jüdische Schulen? In: *Jüdische Rundschau 22* (1917), Nr. 7 vom 16. Februar, S. 58f.

d) Die Jugend und die Parteien. In: *Jüdischer Nationalkalender auf das Jahr 5678.* 3. Jg., Wien, 1917, S. 71-81.

e) Vom Religionsunterricht an den Mittelschulen. (2 Teile). Teil I in: *Jüdische Zeitung.* 11. Jg., Nr. 1 vom 5. Januar 1917, S. 1-2. Teil II in: *Jüdische Zeitung.* 11. Jg., Nr. 2 vom 12. Januar 1917, S. 1-2.

f) Jüdischer Lehrer! In: *Jüdische Zeitung.* 11. Jg. (1917), Nr. 39 vom 28. September 1917, S. 3.

g) Die Assimilation um der Menschheit willen. In: *Der Jude 2* (1917/18), S. 32-46.

h) Die Aufgabe. (Buchbesprechung von: Bernstein, Eduard: Von den Aufgaben der Juden im Weltkrieg. Berlin, Erich Reiß Verlag 1917.) In: *Der Jude 2* (1917/18), S. 416-418.

1918 a) Ein allgemeines jüdisches Pädagogium. In: *Jüdische Zeitung.* 12. Jg. (1918), Nr. 8 vom 22. Februar 1918. S. 3.

b) Leitsätze des Referats von Dr. Siegfried Bernfeld »Programm einer jüdischen Jugendbewegung«. (Diskussionspapier zu:) Österreichisch-Jüdischer Jugendtag in Wien, 18., 19., 20. Mai 1918. Flugblatt. Wiederabgedruckt in: *Blätter aus der jüdischen Jugendbewegung.* 1. Jg. (1918), Nr. 5, S. 2f.

c) Zum »Programm« von Heinrich Margulies. In: *Jüdische Zeitung.* 12. Jg. (1918), Nr. 23 vom 7. Juni 1918, S. 5.

d) Ein zionistischer Arbeitskreis für jüdische Erziehung. In: *Jüdische Zeitung.* 12. Jg. (1918), Nr. 24 vom 14. Juni 1918. S. 2.

e) Jüdische Erziehungsfragen. Teil I in: *Jüdische Zeitung.* 12. Jg. (1918), Nr. 26 vom 28. Juni 1918. S. 2f. Teil II in: ebenda Nr. 29 vom 19. Juli 1918, S. 2-4. Teil III in: ebenda Nr. 33 vom 16. August 1918, S. 2f.

f) Hg.: *Blätter aus der jüdischen Jugendbewegung.* 1. Jg. (1918), Nr. 1, 2, 3, 5/6, 9, 10 und 11/12 nachgewiesen (Nr. 4 und 7/8 nicht nachgewiesen) 2. Jg. (1919), Nr. 1 nachgewiesen, danach Erscheinen eingestellt.

g) Zur Einführung. In: *Blätter aus der jüdischen Jugendbewegung.* 1. Jg. (1918), Heft 1, Januar, S. 1-3.

h) Bücher. 1. Jugendkultur. In: *Blätter aus der jüdischen Jugendbewegung.* 1. Jg. (1918), Nr. 2, S. 7.

i) und Ginsberg, Richard. Jüdische Jugend! In: *Blätter aus der jüdischen Jugendbewegung.* 1. Jg. (1918), Nr. 3, S. 1f.

j) Zur Ausgestaltung dieser Zeitschrift. In: *Blätter aus der jüdischen Jugendbewegung.* 1. Jg. (1918), Nr. 7/8, S. 1-7. (Nicht nachgewiesen).

k) Der Zentralverband der jüdischen Jugendbewegung Österreichs. In: *Blätter aus der jüdischen Jugendbewegung.* 1. Jg. (1918), Nr. 10, S. 1-5.

l) Ein Verband der jüdischen Jugend Österreichs. In: *Blätter aus der jüdischen Jugendbewegung.* 1. Jg. (1918). (Nicht nachgewiesen).

m) Die Selbstwehr. In: *Blätter aus der jüdischen Jugendbewegung.* 1. Jg. (1918), Nr. 11/12, S. 11f.

n) Hg.: *Jerubbaal. Eine Zeitschrift der jüdischen Jugend.* Berlin/Wien. 1. Jg. (1918/19) danach Erscheinen eingestellt.

o) Eine Zeitschrift der jüdischen Jugend. In: *Jerubbaal 1* (1918/19), Heft 1, S. 1-4.

p) Grundsätze für die Organisation eines Bundes der jüdischen Jugend. (Ein Entwurf zur Diskussion gestellt). In: *Jerubbaal 1* (1918/19), Heft 1, S. 33f.

q) und Ginsberg, Richard: Österreich. (Ankündigung des jüdischen Jugendtages in Wien vom 18. bis 20. Mai 1918.) In: *Jerubbaal 1* (1918/19), Heft 1, S. 37f.

r) Berufswahl. In: *Jerubbaal 1* (1918/19), Heft 3, S. 111-116.

s) Der österreichisch-jüdische Jugendtag in Wien. In: *Jerubbaal 1* (1918/19), Heft 3, S. 119f.

t) Tagesfragen. In: *Jerubbaal 1* (1918/19), Heft 7, S. 241-245.

u) Die neue Schule. In: *Jerubbaal 1* (1918/19), Heft 7, S. 282-284.

v) Vorbereitung für Palästina. Eine nicht gehaltene Rede an die Chaluzim. In: *Jerubbaal 1* (1918/19), Heft 8/9, S. 307-311.

w) und Grünspan, Gidale: Briefwechsel über die Formen der jüdischen Verbindung. In: *Jerubbaal 1* (1918/19), Heft 8/9, S. 335-340.

x) Selbstanzeige. (Betrifft: Bernfeld, S.: Das jüdische Volk und seine Jugend. Berlin/Wien/Leipzig 1919). In: *Jerubbaal 1* (1918/19), Heft 8/9, S. 346-348.

y) Der neue Anfang. In: *Jerubbaal 1* (1918/19), Heft 8/9, S. 348f.

z) An die Leser und Abonnenten! (Abonnements-Aufruf). In: *Jerubbaal 1* (1918/19), Heft 12, S. 484.

A) Das europäische Erziehungsvorbild und die jüdische Gegenwart. (Auszug aus 1919a). In: *Der Jude 3* (1918/19), S. 383-394.

B) (Zeitschriftenbesprechung). »Der jüdische Wille«; Zeitschrift des Kartells jüdischer Verbindungen. In: *Jerubbaal 1* (1918/19), Heft 3, S. 121.

1919 a) *Das jüdische Volk und seine Jugend.* Berlin/Wien/Leipzig, 1919. Auszugsweise wiederabgedruckt unter dem Titel: Im Anfang war die Utopie. In: 1969a. Bd. 3, S. 837-914. (Aufl. 1974, S. 152-229).

b) Die Psychoanalyse in der Jugendbewegung. In: *Imago.* Zeitschrift für Anwendung der Psychoanalyse auf die Natur- und Geisteswissenschaften. 5 Bd. (1919), S. 283-289. Wiederabgedruckt in: 1969a. Bd. 3, S. 794-801. (Aufl. 1974, S. 108-115).

c) Mahnwort. In: *Blätter aus der jüdischen Jugendbewegung.* 2. Jg. (1919), Nr. 1, S. 1f.

d) Jugenderziehung - Jugendbewegung. In: *Jüdische Zeitung.* 13. Jg. (1919), Nr. 19 vom 9. Mai 1919. S. 3f.

e) Leserbrief von S. Bernfeld. In: *Jüdische Zeitung.* 13. Jg. (1919), Nr. 32 vom 8. August 1919. S. 6.

f) (gez.: Dr. B.) Zur infantilen Sexualität. In: *Internationale Zeitschrift für ärztliche Psychoanalyse 5* (1919), S. 115.

g) (gez.: Dr. B.) Zur Idiosynkrasie gegen Speisen. In: *Internationale Zeitschrift für ärztliche Psychoanalyse 5* (1919), S. 117.

h) (Buchbesprechung). Giese, Fritz: Deutsche Psychologie. Der Reihe I. Band. Heft 1, Langensalza 1916. In: *Internationale Zeitschrift für ärztliche Psychoanalyse 5* (1919), S. 129-132.

i) Die jüdische Jugendbewegung und ihre Bedeutung für die Internationale der Jugend. In: *Die junge Schweiz 1* (1919/20), Heft 12, S. 352-356.

j) (Buchbesprechung). Das jüdische Kind. The Jewish Child, its History, Folklore, Biology and Sociology. By N. M. Feldmann. London, 1917. In: *Der Jude 4* (1919/20), S. 95-96.

1920 a) Ein Institut für Psychologie und Soziologie der Jugend. (Archiv für Jugendkultur). Entwurf zu einem Programm. In: *Annalen der Natur- und Kulturphilosophie 13* (1917), S. 217-251. Wiederabgedruckt in: Rosenmayer, Leopold: *Geschichte der Jugendforschung in Österreich 1914 bis 1931*. Hg. vom Österreichischen Institut für Jugendforschung, Wien. Wien, o. J. (1962), S. 105-142. Wiederabgedruckt in: 1969a. Bd. 3, S. 802-836. (Aufl. 1974, S. 116-151).

b) (Brief von S.B. ohne Überschrift). In: *Korrespondenzblatt der Freunde des Jüdischen Instituts für Jugendforschung und Erziehung*. Wien, No. 2, September 1920. S. 1. Hektographiert.

c) und Fuchs, Gerhard: Liebe Freunde, Mitarbeiter und Sammler! (Einladungsbrief zur Tagung des Jüd. Inst. f. Jugendforschung und Erziehung in Salzburg, Januar 1921). In: *Korrespondenzblatt des Jüdischen Instituts für Jugendforschung und Erziehung*. Sonder-Nr., ohne Datum (Herbst 1920). Ohne Ort (Wien). Hektographiert.

d) Universität und Volkskultur. In: *Die Arbeit*. Organ d. zionistisch-volkssozialistischen Partei. (Berlin) 2 (1920). S. 73-79.

e) Zwei Träume von »Maschinen«. In: *Internationale Zeitschrift für Psychoanalyse 6* (1920), S. 339-341.

f) Aus einem jüdischen Kinderheim. (Auszug aus: 1921a). In: *Der Jude 5* (1920/21), S. 309-317.

g) Jugendbewegung. Restauration. In: *Der Jude 5* (1920/21), S. 351-353.

h) Ein pädagogisches Forschungs-Institut in Palästina. In: *Der Jude 5* (1920/21), S. 465-479.

1921 a) *Kinderheim Baumgarten*. Bericht über einen ernsthaften Versuch mit neuer Erziehung. Berlin, 1921. Wiederabgedruckt in: 1969a. Bd. 1, S. 84-191. (Aufl. 1974, S. 94-215).

b) Jüdisches Institut für Jugendforschung und Erziehung. In: *Internationale Erziehungsrundschau*. Monatliche Beilage zur Neuen Erziehung. 2. Jg. (1921), Nr. 4, S. 32.

c) (Einleitung und Überschrift). In: *Korrespondenzblatt des Jüdischen Instituts für Jugendforschung und Erziehung*. Wien, No. 5/6, Juli 1921, 1. bis 3. Blatt. Hektographiert.

d) Anweisung zum Sammeln von Material über Geheimsprachen und Geheimschriften bei Kindern und Jugendlichen. In: *Korrespondenzblatt des Jüdischen Instituts für Jugendforschung und Erziehung*. Wien, No. 5/6, Juli 1921, 7. bis 10. Blatt. Hektographiert.

e) *Erziehung zur Arbeit und Gemeinschaft*. Ein Verzeichnis empfehlenswerter Schriften zur Einführung in die neue Pädagogik. Wien, 1921.

1922 a) Hg.: *Vom Gemeinschaftsleben der Jugend*. Beiträge zur Jugendforschung. (Quellenschriften zur seelischen Entwicklung, Bd. II). Leipzig/Wien/Zürich, 1922.

b) Die Psychoanalyse in der Jugendforschung. In: 1922a. S. 1-11.

c) Ein Freundinnenkreis. In: 1922a. S. 12-57.

d) Anweisungen zur Sammlung von Material: I. Über Geheimsprachen und Geheimschriften bei Kindern und Jugendlichen. In: *Korrespondenzblatt des Jüdischen Instituts für Jugendforschung und Erziehung*. Wien, Nr. 7, April 1922, als Manuskript gedruckt, unpaginiert.

e) Anweisungen zur Sammlung von Material: II. Über Phantasiespiele. In: *Korrespondenzblatt des Jüdischen Instituts für Jugendforschung und Erziehung*. Wien, Nr. 7, April 1922, als Manuskript gedruckt, unpaginiert, Blatt 4f.

f) Anweisungen zur Sammlung von Material: III. Die Sprachentwicklung des jiddischen und hebräischen Kindes. In: *Korrespondenzblatt des Jüdischen Instituts für Jugendforschung und Erziehung*. Wien, Nr. 8, August 1922, als Manuskript gedruckt, unpaginiert, Blatt 1-5.

g) Bemerkungen über »Sublimierung«. In: *Imago 8* (1922), S. 333-344.

1923 a) Über eine typische Form der männlichen Pubertät. In: *Imago 9* (1923), S. 169-188. Wiederabgedruckt in: 1969a. Bd. 3, S. 750-767. (Aufl. 1974, S. 64-81)

b) Über den Begriff der sozialistischen Erziehung. Sieben Thesen. In: *Die Arbeit*. Organ der zionistischen volkssozialistischen Partei Hapoel-Hazair. Berlin 3 (1923), S. 86-91.

c) (Buchbesprechung). Zulliger, Hans: Psychoanalytische Erfahrungen aus der Volksschulpraxis. (Heft V der *Schriften zur Seelenkunde und Erziehungskunst*). Bern/Leipzig, 1921. In: *Imago 9* (1923). S. 270f.

d) (Buchbesprechung). Haase, Karl: Einführung in die angewandte Seelenkunde. (Hilfsbücher für Volkshochschulen). Gotha, 1921. In: *Imago 9* (1923), S. 393f.

e) (Buchbesprechung). Revesz, Geza: Das frühzeitige Auftreten der Begabung und ihre Erkennung. Leipzig, 1921. In: *Imago 9* (1923), S. 507f.

1924 a) *Vom dichterischen Schaffen der Jugend*. Neue Beiträge zur Jugendforschung. (Quellenschriften zur seelischen Entwicklung, Bd. III). Leipzig/Wien/Zürich, 1924.

b) Kritik der bisherigen Anwendung der Psychoanalyse auf die Pädagogik. (Kongreßbericht vom VIII. Internationalen Psychoanal. Kongreß, am 21.-23.

April 1924 in Salzburg). In: *Internationale Zeitschrift für Psychoanalyse 10* (1924), S. 224.

c) Wiener Psychoanalytische Vereinigung. II. Quartal 1924. (Sitzungsprotokoll). In: *Internationale Zeitschrift für Psychoanalyse 10* (1924), S. 352.

d) Kritik der bisherigen Anwendung der Psychoanalyse auf die Pädagogik. In: *Zeitschrift für Sexualwissenschaft 11* (1924/25), S. 103.

1925 a) *Sisyphos oder die Grenzen der Erziehung.* Leipzig/Wien/Zürich, 1925^{1}, 1928^{2}. Neu aufgelegt: Frankfurt/M., 1967^{1}, 1973^{2}, 1979^{3}, 1981^{4}. Auszugsweise wiederabgedruckt unter dem Titel: *Sisyphos oder die Grenzen der Erziehung.* Vorwort zur zweiten Auflage. In: 1969a, Bd. 2, S. 468f. (Aufl. 1974, S. 106f.)

b) *Psychologie des Säuglings.* Wien, 1925. Auszugsweise wiederabgedruckt unter dem Titel: Psychologie des Säuglings: Traumen und Versagungen. In: 1969a, Bd. 1, S. 7-55. (Aufl. 1974, S. 5-60).

c) Wiener Psychoanalytische Vereinigung. IV. Quartal 1924. (Sitzungsprotokoll). In: *Internationale Zeitschrift für Psychoanalyse 11* (1925), S. 137.

d) Wiener Psychoanalytische Vereinigung. I. Quartal 1925. (Sitzungsprotokoll). In: *Internationale Zeitschrift für Psychoanalyse 11* (1925), S. 254.

e) Wiener Psychoanalytische Vereinigung. II. Quartal 1925. (Sitzungsprotokoll). In: *Internationale Zeitschrift für Psychoanalyse 11* (1925), S. 505f.

f) Meine Erinnerungen. In: *Der Tag.* (Wien) Nr. 1060 vom 12. November 1925, S. 3.

1926 a) Bürger Machiavell ist Unterrichtsminister geworden und hält den Hofräten seines Ministeriums folgende Programmrede: (Auszug aus: 1925a) In: *Almanach der Psychoanalyse.* Jg. 1926, S. 132-139.

b) Gibt es eine untere Altersgrenze für »Schwererziehbarkeit«? In: *Blätter für das Wohlfahrtswesen.* (Wien) 25. Jg. (1926), März/April-Heft, S. 35f.

c) Die Prügelstrafe in der Schule. In: *Berliner Börsen-Courier.* 58. Jg. (1926), Nr. 111 von Sonntag dem 7. März, 2. Beilage, S. 10.

d) Das Schnullerverbot. In: *Berliner Börsen-Courier.* 58. Jg. (1926), Nr. 164 von Freitag, dem 9. April. Abendausgabe S. 3.

e) Hat auch das arme Schulkind ein Recht auf schlechte Noten? In: *Berliner Börsen-Courier.* 58. Jg. (1926), Nr. 201 von Sonnabend, dem 1. Mai, Beilage S. 10.

f) Der Begründer der Psychoanalyse. Zu Freuds 70. Geburtstag. In: *Neue Leipziger Zeitung,* von Mittwoch, dem 5. Mai 1926.

g) Psychoanalyse als Forschungsmethode. In: *Vierte Beilage zur Vossischen Zeitung.* Nr. 114 von Donnerstag, dem 13. Mai 1926.

h) Das geheime Kinderspielbuch. Jugend und Schundliteratur. In: *Berliner Börsen-Courier.* 58. Jg. (1926) Nr. 281 von Sonntag, dem 20. Juni, 3. Beilage S. 13.

i) Militärische Jugenderziehung in Amerika. In: *Berliner Börsen-Courier.* 58. Jg. (1926) (Nicht nachzuweisen).

j) Sozialistische Erziehungskritik. In: *Sozialistische Erziehung.* (Wien)

6 (1926), S. 106-108. Wiederabgedruckt in: 1969a, Bd. 3, S. 915-919. (Aufl. 1974, S. 230-233.)

k) Erbbiologische Pädagogik. In: *Sächsische Schulzeitung.* 93. Jg. (1926), Nr. 23 vom 7. Juli 1926, S. 415-417.

l) Nachtrag zur Erbbiologischen Pädagogik. In: *Sächsische Schulzeitung.* 93. Jg. (1926), Nr. 34 vom 3. November 1926, S. 625.

m) Sozialismus und Psychoanalyse. In: *Der Kampf.* Sozialdemokratische Monatsschrift (Wien), 19. Bd. (1926), Heft 9, S. 385-389. Wiederabgedruckt in: 1969a, Bd. 2, S. 490-497. (Aufl. 1974, S. 132-139) Wiederabgedruckt in: Blumenberg, Hans/ Habermas, Jürgen/ Heinrich, Dieter/ Taubes, Jacob (Hg.): *Bernfeld, Reich, Jurinetz, Sapir, Stoljarov. Psychoanalyse und Marxismus. Dokumentation einer Kontroverse.* Frankfurt/M., 1970[1], 1971[2], S. 46-55.

n) Die Unehelichen. In: *Das Tagebuch.* 7. Jg. (1926), Nr. 39 vom 25. September 1926. S. 1428-1430. Wiederabgedruckt in: 1969a, Bd. 1, S. 268-271. (Aufl. 1974, S. 288-290).

o) Kinder-Enquete über das Prügeln. In: *Das Tagebuch.* 7. Jg. (1926), Nr. 41 vom 9. Oktober 1926, S. 1514-1517. (Buchbesprechung von: Kinder klagen uns an. Wien, 1925). Wiederabgedruckt in: 1969a. Bd. 1, S. 271-275. (Aufl. 1974, S. 291-295.)

p) Psychische Typen von Anstaltszöglingen. (Zwei Teile) Teil I in: *Arbeiterwohlfahrt* (Berlin) 1. Jg. (1926/27), Heft 3, November 1926, S. 77-80. Teil II in: ebenda, Heft 4, November 1926, S. 113-116. Wiederabgedruckt in: 1969a, Bd. 1, S. 259-268. (Aufl. 1974, S. 278-287).

q) Sozialismus und Psychoanalyse. Grundgedanken eines Vortrages, gehalten im »Verein sozialistischer Ärzte«. (mit anschl. Diskussion). In: *Der sozialistische Arzt.* (Berlin), 2. Jg. (1926/27), Heft 2/3, November 1926, S. 15-33. Wiederabgedruckt in: Gente, Hans-Peter (Hg.): *Marxismus, Psychoanalyse, Sexpol.* Bd. 1, Frankfurt/M., 1970, S. 11-30.

r) Zerbrochenes Spielzeug – ganze Menschen! Das Spielzeug als Blitzableiter böser Triebe. Was die moderne Seelenkunde Neues von der Bedeutung des Spielzeugs zu sagen weiß. In: *UHU.* Das neue Ullstein-Magazin. 3. Jg. (1926/27), Heft 3, Dezember 1926, S. 26-34.

s) Das Kind braucht keinen Schutz vor Schund! Es schützt sich selbst! In: *Literarische Welt.* (Berlin) 2. Jg. (1926), Nr. 49 vom 3. Dezember 1926.

t) Erziehung und Vererbung. Angeborene oder anerzogene Intelligenz. Die »niedere« Intelligenz der Arbeiterschaft. Erbbiologie. Die Bedeutung der Umwelt für die Erziehung. In: *Hessischer Volksfreund.* 20. Jg. (1926), Nr. 293, Beilage vom Mittwoch, den 15. Dezember 1926.

u) Was liest das Kind? Schundliteratur in den Händen des Kindes. Braucht das Kind Schutz vor Schund? Ein Kapitel zur Jugendlektüre. In: *Hessischer Volksfreund.* 20. Jg. (1926), Nr. 299, Beilage vom 22. Dezember 1926.

v) Der Irrtum des Pestalozzi. In: *Zeitschrift für psychoanalytische Pädagogik 1* (1926/27), S. 136-142. Wiederabgedruckt in: 1969a, Bd. 2, S. 469-477. (Aufl. 1974, S. 108-116).

w) Über sexuelle Aufklärung. In: *Zeitschrift für psychoanalytische Päda-*

gogik 1 (1926/27), S. 195-199. Wiederabgedruckt in: 1969a, Bd. 1, S. 79-84. (Aufl. 1974, S. 88-93). Wiederabgedruckt in: Bittner, Günter/Rehm, Willy (Hg.): *Psychoanalyse und Erziehung*. Bern/Stuttgart, 1964. S. 127-132.

x) Zur Psychologie der »Sittenlosigkeit« der Jugend. In: *Zeitschrift für psychoanalytische Pädagogik 1* (1926/27), S. 319-328. Wiederabgedruckt in: 1969a, Bd. 3, S. 782-793. (Aufl. 1974, S. 96-107).

y) Die psychologischen Grundlagen der Gefährdetenfürsorge. In: *Arbeiterwohlfahrt* (Berlin). 1./2. Jg. (1926/27), S. 522-526. Wiederabgedruckt in: 1969a, Bd. 1, S. 275-278. (Aufl. 1974, S. 296-299).

z) (Buchbesprechung). Chadwick, Mary: The Inter-Relations of Education and Neurosis. The New Efra. V. Nor. 18, 1924. In: *Imago 12* (1926) S. 103.

A) (Buchbesprechung). Häberlin, Paul: Das Ziel der Erziehung. 2. Aufl., Basel 1925. In: *Imago 12* (1926), S. 528f.

B) (Buchbesprechung). Henning, Hans: Die Aufmerksamkeit. (Aus: Abderhalden: Handbuch der biologischen Arbeitsmethoden.) Berlin/Wien, 1925. In: *Imago 12* (1926), S. 529.

C) (Buchbesprechung). Becker, Minna: Graphologie der Kinderschrift. Celle, 1926. In: *Zeitschrift für psychoanalytische Pädagogik 1* (1926/27), S. 159f.

D) (Buchbesprechung). Jung, C. G.: Analytische Psychologie und Erziehung. In: *Zeitschrift für psychoanalytische Pädagogik 1* (1926/27), S. 280f.

E) (Buchbesprechung). Seeling, Otto: Reifezeit und sexuelle Aufklärung. Berlin, 1925. In: *Zeitschrift für psychoanalytische Pädagogik 1* (1926/27), S. 281f.

F) (Buchbesprechung). Tesar, Ludwig Erik: Gesellschaft und Schule. Berlin, 1925. In: *Zeitschrift für psychoanalytische Pädagogik 1* (1926/27), S. 307f.

G) (Zeitschriftenbesprechung). Das werdende Zeitalter. Hg.: E. Rotten u. K. Wilker. Verlag Dr. Karl Hönn, Landschlacht-Bodensee (Schweiz). VI., 4. April 1927. In: *Zeitschrift für psychoanalytische Pädagogik 1* (1926/27), S. 308.

H) (Zeitschriftenbesprechung). Internationale Zeitschrift für Individualpsychologie. (Hg.: Alfred Adler. Verlag Hirzel, Leipzig). V., März/April, 1927. In: *Zeitschrift für psychoanalytische Pädagogik 1* (1926/27), S. 309.

I) (Zeitschriftenbesprechung). Das proletarische Kind. Intern. Monatsschrift für Leiter und Helfer der kommunistischen Kindergruppen. Wien, VII, 6. Juni 1927. In: *Zeitschrift für psychoanalytische Pädagogik 1* (1926/27), S. 378.

1927 a) Der Verkehr mit Kindern. Auszug aus einen Rundfunkvortrag innerhalb der Vortragsreihe »Die Anwendung der Psychoanalyse«, gehalten von Dr. Siegfried Bernfeld am 29. November 1926 vor den Mitteldeutschen Sendern. In: *Mitteldeutsche Monatshefte* Nr. 10 vom 4. Jänner 1927, S. 210f.

b) Die heutige Psychologie der Pubertät. Zur Kritik ihrer Wissenschaftlichkeit. In: *Imago 13* (1927), S. 1-56.

c) *Die heutige Psychologie der Pubertät.* Zur Kritik ihrer Wissenschaftlichkeit. Separatdruck aus Imago. Wien, 1927. Wiederabgedruckt in: 1969a, Bd. 3, S. 691-750. (Aufl. 1974, S. 5-63).

d) Religiöse Erziehung. In: *Kulturwille* (Leipzig) 4 (1927), S. 230-232.

e) Nur die Schüler können die Schule retten! In: *Das Tagebuch 8* (1927), S. 144-147. Wiederabgedruckt in: 1969a, Bd. 2, S. 381-384. (Aufl. 1974, S. 5-9).

f) Sankt Pestalozzi. In: *Das Tagebuch 8* (1927), S. 259-263. Wiederabgedruckt in: 1969a, Bd. 2, S. 477-482. (Aufl. 1974, S. 117-122).

g) Überschätzung der Schule. In: *Das Tagebuch 8* (1927), S. 818-820. Wiederabgedruckt in: 1969a, Bd. 2, S. 385-387. (Aufl. 1974, S. 10-13).

h) Das Massenproblem in der sozialistischen Pädagogik. Teil I in: *Die sozialistische Erziehung 7* (1927), S. 5-7. Teil II in: ebenda, S. 33-36. Teil III in: ebenda, S. 122-125. Wiederabgedruckt in: 1969a, Bd. 3, S. 919-913 (Aufl. 1974, S. 234-245).

i) Brief an einen Quartaner. In: *Die Weltbühne.* Wochenschrift für Politik, Kunst und Wirtschaft. 23 (1927), S. 594-597.

j) Wie weit ist Mitteleuropa? Schulkampf in Wien. In: *Berliner Tageblatt.* Nr. 398 vom 28. August 1927. 1. Beiblatt.

k) Die (männliche) Großstadtjugend. Leitsätze und Disposition zur Bundestagung »Großstadt und Erziehung« v. 30. September – 4. Oktober 1927 in Berlin-Schöneberg. In: *Die neue Erziehung 9* (1927), H. 10, S. 722.

l) Die Formen der Disziplin in Erziehungsanstalten. In: *Zeitschrift für Kinderforschung 33* (1927), S. 367-390. Wiederabgedruckt in: 1969a, Bd. 1, S. 212-234. (Aufl. 1974, S. 223-248).

m) Die fixe Idee. In: *UHU 3* (1927), S. 65-70.

n) Einige spekulative Bemerkungen über die psychologische Bewertung telepathischer Prozesse. In: *Zeitschrift für die gesamte Neurologie und Psychiatrie.* 111. Bd. (1927), S. 49-58.

o) Ist Psychoanalyse eine Weltanschauung? In: *Zeitschrift für psychoanalytische Pädagogik 2* (1927/28), S. 201-208. Wiederabgedruckt in: *Almanach der Psychoanalyse* (Wien) Jg. 1929, S. 28-37. Wiederabgedruckt in: 1969a, Bd. 2, S. 483-490. (Aufl. 1974, S. 123-131). Wiederabgedruckt in: Dahmer, Helmut (Hg.): *Analytische Sozialpsychologie.* Bd. 1, Frankfurt/M., 1980. S. 113-121.

p) (Buchbesprechung). Balász, Béla: Das richtige Himmelblau. München, 1927. In: *Die Weltbühne.* Wochenschrift für Politik, Kunst und Wirtschaft. 23 (1927), S. 923-925.

q) (Buchbesprechung). Prof. Taylor, Edward Wyllys: Mental Elements in the treatment of Desease. Cambridge U.S.A., 1926. In: *Internationale Zeitschrift für Psychoanalyse 13* (1927), S. 350.

r) (Zeitschriftenbesprechung). Imago. Zeitschrift für Anwendung der Psychoanalyse auf die Natur- und Geisteswissenschaften. Hg. von Sigmund Freud. XIII. Band 1927, Heft 2/3/4. Sonderheft: Glaube und Brauch. Wien. In: *Zeitschrift für psychoanalytische Pädagogik 2* (1927/28), S. 29.

s) (Zeitschriftenbesprechung). Internationale Zeitschrift für Psychoanalyse.

Hg. von Sigmund Freud. XIII. Band, 1927, Heft 2 und 3. Wien. In: *Zeitschrift für psychoanalytische Pädagogik 2* (1927/28), S. 29.
t) (Zeitschriftenbesprechung). Internationale Zeitschrift für Individualpsychologie. (Hg. Alfred Adler). V/3. Juni 1927. In: *Zeitschrift für psychoanalytische Pädagogik 2* (1927/28), S. 29f.
u) (Zeitschriftenbesprechung). Internationale Zeitschrift für Individualpsychologie. (Hg. Alfred Adler), V/5. September-Oktober, 1927. In: *Zeitschrift für psychoanalytische Pädagogik 2* (1927/28), S. 101f.
v) Alfred Adler. In: *Jüdisches Lexikon.* Ein enzyklopädisches Handbuch des jüdischen Wissens in vier Bänden. Begründet von Dr. Georg Herlitz und Dr. Bruno Kirschner. Bd. I, A-C. Berlin, Jüd. Verlag, 1927. S. 95f. (1982², 1987³)

1928 a) *Die Schulgemeinde und ihre Funktion im Klassenkampf.* (Schriftenreihe: Neue Menschen). Berlin, 1928. Wiederabgedruckt in: 1969a, Bd. 2, S. 388-467. (Aufl. 1974, S. 14-105)
b) Auszug aus dem Werke »Die Schulgemeinde und ihre Funktion im Klassenkampf«. Thesen und Diskussion. In: *Proletarische Pädagogik.* Bericht v. d. pädagog. Tagung anläßlich d. 5. Weltkongresses d. Internationale der Bildungsarbeiter in Leipzig 1928. Hg.: Internationale d. Bildungsarbeiter. Leipzig, 1928. S. 236-253. Wiederabgedruckt in: 1969a, Bd. 3, S. 932-949. (Aufl. 1974, S. 246-263)
c) Historische Jugendtagebücher. In: *Zeitschrift für angewandte Psychologie 30* (1928), S. 174-179.
d) Zur Frage: Psychoanalyse und Marxismus. In: *Der Klassenkampf.* Marxistische Blätter (Berlin). 2 (1928), Nr. 3, S. 93f. Wiederabgedruckt in: 1969d, (Aufl. 1974, Bd. 2, S. 140f.)
e) Der pädagogische Kongreß der Bildungsarbeiter-Internationale. In: *Der Klassenkampf.* Marxistische Blätter (Berlin). 2 (1928), Nr. 9, S. 272-274.
f) Tendenzerziehung und Autonomie des Zöglings in der Jugendbewegung. In: *Der junge Jude* (Berlin) 1 (1928), S. 15-18.
g) Die männliche Großstadt-Jugend. In: Oestreich, Paul/Hoepner, Wilhelm (Hg.): *Großstadt und Erziehung.* Tagungsbuch der Entschiedenen Schulreformer Herbst 1927. Berlin/Itzehoe, 1928. S. 25-32.
h) Artikel: Adler, Alfred. In: *Encyclopaedia Judaica.* Bd. 1, Berlin, 1928. Sp. 867-869.
i) Träume, die jeder träumt. In: *UHU 4* (1928), Nr. 9, S. 75-82.
j) Über Faszination. In: *Imago 14* (1928), S. 76-87. Wiederabgedruckt in: 1969a, Bd. 1, S. 68-79. (Aufl. 1974, S. 75-87).
k) (gez. S. Bd.): Artikel: Freud, Sigmund. In: *Jüdisches Lexikon.* Ein enzyklopädisches Handbuch des jüdischen Wissens in 4 Bänden. Begr. v. Georg Herlitz u. Bruno Kirschner. Bd. 2, Berlin, 1928. Sp. 803-805.
l) Proletariat und Schule. In: *Leipziger Volkszeitung.* Jg. 1928. Nicht nachgewiesen).
m) (Buchbesprechung). De Man, Hendrik: Die Intellektuellen und der Sozialismus. Jena, 1926. In: *Imago 14* (1928), S. 388f.

n) (Buchbesprechung). Saupe, Emil: Einführung in die neuere Psychologie. Osterwieck a.H., 1927. In: *Imago 14* (1928), S. 388).

o) (Buchbesprechung). Bühler, Charlotte: Zwei Knabentagebücher. Mit e. Einleitg. über die Bedeutung d. Tagebücher f. d. Jugendpsychologie. (Quellen und Studien zur Jugendkunde, Heft 3). In: *Imago 14* (1928), S. 396-398.

p) (Buchbesprechung). Chadwick, Mary: Psychology for Nurses. Introductory Lectures for Nurses upon Psychology and Psychoanalysis. London, 1925. In: *Imago 14* (1928), S. 398.

q) (Buchbesprechung). Reichardt, Hans: Die Früherinnerung als Trägerin kindlicher Selbstbeobachtung in den ersten Lebensjahren. Halle a. d. S., 1926. In: *Imago 14* (1928), S. 398f.

r) (Buchbesprechung). Stern, William: Anfänge der Reifezeit. Ein Knabentagebuch in psychologischer Bearbeitung. Leipzig, 1925. In: *Imago 14* (1928), S. 399f.

s) (Buchbesprechung). Weimer, Hermann: Fehlerbehandlung und Fehlerbewertung. Leipzig, 1926. In: *Imago 14* (1928), S. 420.

t) (Buchbesprechung). Francke, Herbert: Jugendverwahrlosung und ihre Bekämpfung. Berlin, 1926. In: *Imago 14* (1928), S. 522f.

u) (Buchbesprechung). Seeling, Otto: Das Problem der Suggestion in der Erziehung mit Berücksichtigung der Heilpädagogik. (Pädagogisch-medizinische Abhandlungen, Heft 1). Berlin, 1925. In: *Imago 14* (1928), S. 523.

v) (Buchbesprechung). Reininger, Karl: Über soziale Verhaltungsweisen in der Pubertät. (Aus dem psychologischen Institut Wien). Wien/Leipzig/Neuyork, 1924. In: *Imago 14* (1928), S. 524.

w) Zur »Sittenlosigkeit« der Jugend. (Buchbesprechung von:) Lindsey, Ben B.: Die Revolution der modernen Jugend. Stuttgart, 1927. – Nikolai Ognjew: Das Tagebuch des Schülers Kostja Rjabzev. Berlin, 1928. In: *Der junge Jude.* 1. Jg. (1928) Nr. 5., Juli 1928. S. 164-166. Wiederabgedruckt in: *Zeitschrift für psychoanalytische Pädagogik 3* (1928/29), S. 32-34.

x) (Buchbesprechung). Neurath, Rudolf: Die Geburtsschädigungen des kindlichen Zentralnervensystems. (Aus den Fortbildungskursen der Wiener Medizinischen Fakultät, Heft 35). Wien, 1925. In: *Internationale Zeitschrift für Psychoanalyse 14* (1928), S. 115.

1929 a) Selbstmord. In: *Zeitschrift für psychoanalytische Pädagogik 3* (1928/29), S. 355-363.

b) Über die Aufgaben der sozialistischen Schülerschaft. In: *Der Schulkampf.* Organ der sozialistischen Schüler. Hg.: Sozialistischer Schüler-Bund. Berlin, 2 (1929), Heft 1. Jänner, S. 2.

c) Bedeutung der Psychoanalyse für die Pädagogik. In: *Frankfurter Zeitung.* Abendblatt. Jg. 1929, Nr. 150 vom 25. Februar 1929. S. 4.

d) Strafen und Schulgemeinde in der Anstaltserziehung. In: *Arbeiterwohlfahrt 4* (1929), Heft 17, September, S. 513-520. Wiederabgedruckt in: 1969a, Bd. 1, S. 252-259. (Aufl. 1974, S. 269-277).

e) Die Ernährungsfrage in Erziehungsanstalten. Zur Psychologie der Revol-

ten. In: *Arbeiterwohlfahrt 4* (1929), Heft 20, 15. Oktober 1929. S. 614-617.
f) und Feitelberg, Sergei: Das Prinzip von Le Chatelier und der Selbsterhaltungstrieb. In: *Imago 15* (1929), S. 289-298. Wiederabgedruckt in: 1930d, S. 3ff.
g) Der soziale Ort und seine Bedeutung für Neurose, Verwahrlosung und Pädagogik. In: *Imago 15* (1929), S. 299-312. Wiederabgedruckt in: 1969a, Bd. 1, S. 198-211. (Aufl. 1974, S. 209-224).

1930 a) und Feitelberg, Sergei: Über psychische Energie, Libido und deren Meßbarkeit. In: *Imago 16* (1930), S. 66-118. Wiederabgedruckt in: 1930d, S. 13ff.
b) und Feitelberg, Sergei: Über die Temperaturdifferenz zwischen Gehirn und Körper. In: *Imago 16* (1930), S. 173-186. Wiederabgedruckt in: 1930d, S. 66ff.
c) und Feitelberg, Sergei: Der Entropiesatz und der Todestrieb. In: *Imago 16* (1930), S. 187-206. Wiederabgedruckt in: 1930d, S. 80ff.
d) und Feitelberg, Sergei: *Energie und Trieb.* Psychoanalytische Studien zur Psychophysiologie. Leipzig/Wien/Zürich, 1930.
e) Reliquien und Tagebücher. In: *Zeitschrift für psychoanalytische Pädagogik 4* (1930), S. 370-381.
f) Leonard Bourdons System der Anstaltsdisziplin, 1788-1795. In: *Zeitschrift für Kinderforschung 36* (1930), S. 153-169. Wiederabgedruckt in: 1969d, Bd. 1, S. 235-251. (Aufl. 1974, S. 249-268).
g) Der analytische Unterricht für Pädagogen. In: *Zehn Jahre Berliner Psychoanalytisches Institut* (Poliklinik und Lehranstalt). Wien, 1930, S. 61f. Wiederabgedruckt unter dem Titel: Der analytische Unterricht für Pädagogen im Berliner Psychoanalytischen Institut. In: 1969d, Bd. 3, S. 950f. (Aufl. 1974, Bd. 2, S. 346f.
h) »Neuer Geist« contra »Nihilismus«. Die Psychologie und ihr Publikum. In: *Die psychoanalytische Bewegung 2* (1930), Heft 2, März/April, S. 105-122. Wiederabgedruckt unter dem Titel: »Neuer Geist« contra »Nihilismus«. In: 1969d, Bd. 2, S. 541-555. (Wiederabgedruckt unter dem vollständigen Titel in: Aufl. 1974, S. 192-208).
i) »Kassenärztliche Psychotherapie«. In: *Der sozialistische Arzt.* Mitteilungsblatt des Vereins sozialistischer Ärzte. Berlin-Wilmersdorf, 6 (1930), S. 54-59.
j) Die Psychologie in der Arbeiterbewegung. In: *Sozialistische Bildung.* Monatsschrift des Reichsausschusses für sozialistische Bildungsarbeit. Berlin 1930, Heft 7. Juli, S. 193-199. Wiederabgedruckt in: 1969a, Bd. 2, S. 497-506. (Aufl. 1974, S. 142-152).

1931 a) *Trieb und Tradition im Jugendalter.* Kulturpsychologische Studien an Tagebüchern. (Beihefte zur Zeitschrift für angewandte Psychologie, Heft 54). Leipzig, 1931. Nachdruck: *Trieb und Tradition im Jugendalter.* Kulturpsychologische Studien an Tagebüchern. Bensheim, 1978. In stark verkürzter Fassung wiederabgedruckt unter dem Titel: Trieb und Tradition

im Jugendalter (Zusammenfassung). In: 1969a, Bd. 3, S. 768-781. (Aufl. 1974, S. 82-95).
b) Ein mißglücktes Tagebuch. (Auszug aus: 1931a). In: *Almanach der Psychoanalyse 17* (1931), S. 249-257.
c) Über die allgemeinste Wirkung der Strafe. In: *Zeitschrift für psychoanalytische Pädagogik 5* (1931), S. 285-290. Wiederabgedruckt in: 1969a, Bd. 1, S. 192-197. (Aufl. 1974, S. 216-222)
d) Die Tantalussituation. Bemerkungen zum »kriminellen Über-Ich«. In: *Imago 17* (1931), S. 252-267. Wiederabgedruckt in: 1969a, Bd. 2, S. 648-663. (Aufl. 1974, S. 329-345) Wiederabgedruckt in: Dahmer, Helmut (Hg.): *Analytische Sozialpsychologie.* Bd. 1. Frankfurt/M., 1980. S. 122-138.
e) Zur Sublimierungstheorie. In: *Imago 17* (1931), S. 399-409. Wiederabgedruckt in: 1969a, Bd. 2, S. 556-566. (Aufl. 1974, S. 225-235) Wiederabgedruckt in: Dahmer, Helmut (Hg.): *Analytische Sozialpsychologie.* Bd. 1, Frankfurt/M., 1980. S. 139-149.
f) und Feitelberg, Sergei: Erwiderung auf Bálint und Csillag. In: *Imago 17* (1931), S. 414-418.
g) Psychoanalyse und Erziehung. In: *Vossische Zeitung* (Berlin). 1931, Nr. 104 vom Mittwoch, den 6. Mai 1931. Unterhaltungsblatt.
h) Die Krise der Psychologie und die Psychoanalyse. (I) Der Personalismus. William Stern. In: *Internationale Zeitschrift für Psychoanalyse 17* (1931), Heft 2, S. 176-211. (Fortsetzung: 1934b).
i) Das »Widerstandsargument« der Psychoanalyse. In: *Der Nervenarzt 4* (1931), Heft 5, S. 277-282.

1932 a) Die psychoanalytische Psychologie des Kleinkindes. In: Oestreich, Paul (Hg.): *Das Kleinkind, seine Not und seine Erziehung.* Vorträge vom Kongress für Kleinkind-Erziehung. 1. bis 5. Oktober 1932 im Neuen Rathaus zu Berlin-Schöneberg. Jena, 1932. S. 142-153. Wiederabgedruckt in: 1969a, Bd. 1, S. 56-68. (Aufl. 1974, S. 61-74).
b) Die kommunistische Diskussion um die Psychoanalyse und Reichs »Widerlegung der Todestriebhypothese«. In: *Internationale Zeitschrift für Psychoanalyse 18* (1932), S. 352-385. Wiederabgedruckt in: 1969a, Bd. 2, S. 507-541. (Aufl. 1974, S. 153-191). Wiederabgedruckt in: Blumenberg, Hans/ Habermas, Jürgen/ Heinrich, Dieter/ Taubes, Jacob (Hg.): *Bernfeld, Reich, Jurinetz, Sapir, Stoljarov. Psychoanalyse und Marxismus. Dokumentation einer Kontroverse.* Frankfurt/M., 1970[1], 1971[2], S. 247-286. Wiederabgedruckt in: Gente, Hans-Peter (Hg.): *Marxismus, Psychoanalyse, Sexpol.* Bd. 1, Frankfurt/M., 1970, S. 81-114.
c) Der Begriff der »Deutung« in der Psychoanalyse. In: *Zeitschrift für angewandte Psychologie 42* (1932), H. 5/6, S. 448-497. Wiederabgedruckt in: 1969a, Bd. 2, S. 566-611. (Aufl. 1974, S. 236-286).
d) Über den Begriff der Deutung in der Psychoanalyse. In: Kafka, Gustav (Hg.): *Bericht über den XII. Kongreß der Deutschen Gesellschaft für Psychologie in Hamburg, 12.-16. April 1931.* Jena, 1932, S. 291.
e) und Feitelberg, Sergei: Deformation, Unterschiedsschwelle und Reizbar-

keit bei Druckreizen. In: *Archiv für die gesamte Psychologie 83* (1932), S. 197-260.

f) (Buchbesprechung). Festschrift, William Stern zum 60. Geburtstag am 29. April 1931. Hg. von seinen Mitarbeitern am Psychologischen Institut Hamburg. (Beihefte z. Zeitschrift für angewandte Psychologie, 59). Leipzig, 1931. In: *Imago 18* (1932), S. 127-130.

g) (Buchbesprechung). Scheerer, Martin: Die Lehre von der Gestalt. Ihre Methode und ihr psychologischer Gegenstand. Berlin/Leipzig, 1931. In: *Imago 18* (1932), S. 130f.

h) (Buchbesprechung). Bleuler, Eugen: Mechanismus-Vitalismus-Mnemismus. Abhandlungen zur Theorie der organischen Entwicklung. Bd. VI. Berlin, 1931. In: *Internationale Zeitschrift für Psychoanalyse 18* (1932), S. 260.

i) (Buchbesprechung). Kranefeldt, W. M.: Die Psychoanalyse. Psychoanalytische Psychologie. Mit einer Einführung von C. G. Jung. Berlin, 1930. In: *Zeitschrift für Psychologie.* 1. Abtlg., 127. Bd. (1932), S. 378.

j) (Buchbesprechung). Dreikurs, Rudolf: Seelische Impotenz. (Beihefte der Internationalen Zeitschrift für Individualpsychologie, Heft 3). Leipzig, 1921. In: *Zeitschrift für Psychologie.* 1. Abtlg., 127. Bd. (1932), S. 378f.

1933 (Buchbesprechung). Rada, Margarete: Das reifende Proletariermädchen. Ein Beitrag zur Umweltforschung. (Arbeiten zur pädagogischen Psychologie. Hg. von Charlotte Bühler u. Viktor Fadrus. Heft 8). Wien/ Leipzig, 1931. In: *Zeitschrift für psychoanalytische Pädagogik* 7 (1933), S. 43f.

1934 a) Die psychoanalytische Psychologie des Kleinkindes. In: *Zeitschrift für psychoanalytische Pädagogik 8* (1934). Heft 1/2, S. 5-16.

b) Die Gestalttheorie. In: *Imago 20* (1934), H. 1, S. 32-77. (Fortsetzung von 1931h).

c) und Feitelberg, Sergei: Bericht über einige psycho-physiologische Arbeiten. In: *Imago 20* (1934), S. 224-231.

1935 a) Über die einfache männliche Pubertät. (Nach einem am XIII. Internationalen Psychoanalytischen Kongreß in Luzern, August 1934, gehaltenen Vortrag). In: *Zeitschrift für psychoanalytische Pädagogik 9* (1935), S. 360-379. Wiederabgedruckt in: 1969a, Bd. 2, S. 630-648. (Aufl. 1974, S. 308-328).

b) Psychoanalytic Psychology of the Young Child. In: *The Psychoanalytic Quarterly.* Vol. 4 (1935), p. 3-14.

c) Über die Einteilung der Triebe. In: *Imago 21* (1935), Heft 2, S. 125-142. Wiederabgedruckt in: 1969a, Bd. 2, S. 612-629. (Aufl. 1974, S. 287-307).

d) (Buchbesprechung). Meng, Heinrich: Strafen und Erziehung. (Bücher des Werdenden, Band VIII). Bern, 1934. In: *Zeitschrift für psychoanalytische Pädagogik 9* (1935), S. 216f.

1937 Zur Revision der Bioanalyse. In: *Imago 23* (1937), S. 197-236.

1938 Types of Adolescence. In: *The Psychoanalytic Quarterly.* Vol. 7 (1938), p. 243-253.

1940 Camp and the emotional development of the child. In: *Proceedings of the 17th Annual Convention of the American Camping Association, 25.-27.1.1940.* Ann Arbor, Mich.: American Camping Ass. 1940, p. 29-36.

1941 a) The facts of observation in Psychoanalysis. In: *The Journal of Psychology.* Vol. 12 (1941), p. 289-305. Deutsche Übersetzung: 1978.
b) Observations of Asthmatic Children. In: *Psychosomatic Medicine.* Monograph IV, Part I (1941). p. 88-92.
c) Author analyzes Anti-Semitism. (Buchbesprechung von.) Schwarz, Leo W.: Where Hope Lies. 1940. In: *Emanu-El and the Jewish Journal* (San Francisco). Vol. 88, No. 9 vom 3.1.1941, p. 12.
d) (Besprechung des Artikels von:) Hollitscher, Walter: Über die Beziehungen zwischen der psychoanalytischen und behavioristischen Begriffsbildung. In: *Internationale Zeitschrift für Psychoanalyse und Imago.* XXIV (1939), S. 398-416. In: *The Psychoanalytic Quarterly 10* (1941), p. 690.

1942 (Besprechung des Artikels von:) Heidbreder, Edna: Freud and Psychology. In: *Psychological Review.* XLVII (1940), p. 185-195. In: *The Psychoanalytic Quarterly 11* (1942), p. 132.

1943 a) (Besprechung des Artikels von:) Lampl, Hans: Analogien in den Verhaltensweisen von Vögeln und psychischen Menchanismen beim Menschen. In: *Internationale Zeitschrift für Psychoanalyse und Imago.* XXV (1940), S. 399-408. In: *The Psychoanalytic Quarterly 12* (1943), p. 433.
b) (Sammelbesprechung der folgenden Referate:) Miller, Neal E., et al.: The Frustration-Aggression Hypothesis; Sears, Robert R.: Non-Aggressive Reactions to Frustration; Rosenzweig, Saul: Need-Persistive and Ego-Defensive Reactions to Frustration, as Demonstrated by an Experiment on Repression; Bateson, Gregory: The Frustration-Aggression Hypotheses and Culture; Levy, David M.: The Hostile Act; Hartmann, George W.:Frustration Phenomena in the Xocial and Political Shepre; Maslow, A.H.: Deprivation. Threat and Frustration. In: Effects of Frustration. Symposium at the Meeting of the Eastern Psychological Association at Atlantic City. 1940. In: *Psychological Review.* XLVIII (1941), p. 337-366. In: *The Psychoanalytic Quarterly 12* (1943), p. 604-606.

1944 a) Freud's Earliest Theories and the School of Helmholtz. In: *The Psychoanalytic Quarterly 13* (1944), p. 341-362. Deutsche Übersetzung: Freuds früheste Theorien und die Helmholtz-Schule. In: 1981, S. 54-77.
b) und Cassirer-Bernfeld, Suzanne: Freud's early childhood. In: *Bulletin of the Menninger Clinic 8* (1944), p. 107-115. Deutsche Übersetzung: Freuds frühe Kindheit. In: 1981, S. 78-92.

1946 An unknown biographical fragment by Freud. In: *American Imago* (Detroit) 4 (1946), p. 3-19. Deutsche Übersetzung: Ein unbekanntes autobiographisches Fragment von Freud. In: 1981, S. 93-111.

1949 Freud's scientific beginnings. In: *American Imago* (Detroit) 6 (1949), p. 163-196. Deutsche Übersetzung: Freuds wissenschaftliche Anfänge. In: 1981, S. 112-147.

1951 a) Sigmund Freud, M.D., 1882-1885. In: *The International Journal of Psycho-Analysis and Bulletin of the International Psycho-Analytical Association.* (London) Vol. 32 (1951), p. 204-217. Deutsche Übersetzung: Freuds Vorbereitung auf den Arztberuf, 1882-1885. In: 1981, S. 148-180.
b) (Buchbesprechung). Psychology for Neurologists, by Freud, 1895. In: *The Psychoanalytic Quarterly 20* (1951), p. 347f.

1952 und Cassirer-Bernfeld, Suzanne: Freud's first year in practice, 1886-1887. In: *Bulletin of the Menninger Clinic.* Vol. 16 (1952), No. 2 March, p. 37-49. Deutsche Übersetzung: Freuds erstes Praxisjahr, 1886-1887. In: 1981, S. 181-197.

1953 Freud's Studies on Cocaine, 1884-1887. In: *Journal of the American Psychoanalytic Association 1* (1953), p. 581-613. Deutsche Übersetzung: Freuds Kokain-Studien, 1884-1887. In: 1981, S. 198-236.

1962 On Psychoanalytic Training. (Vortrag aus dem Jahre 1952). In: *The Psychoanalytic Quarterly 31* (1962), p. 453-482. Deutsche Übersetzung: 1984.

1969 a) *Antiautoritäre Erziehung und Psychoanalyse.* Ausgewählte Schriften. Bde. 1-3. Hg. Lutz von Werder/Reinhart Wolff. Frankfurt/M., 1.-4. Auflage, 1969-1971. Neu aufgelegt, Frankfurt/M., 1974.
b) On sexual enlightenment. (Übersetzung von 1926w). In: Ekstein, Rudolf: *A Translation of and Comments on Bernfeld's »On Sexual Enlightenment«.* In: Ders./ Rocco L. Motto (Hg.): *From Learning for Love to Love of Learning.* Essays on Psychoanalysis and Education. New York, 1969, p. 36-44.

1973 *Sisyphus or the Limits of Education.* Foreword by Anna Freud, Preface by Peter Paret, Translated by Frederic Lilge. Berkeley/Los Angeles/London, 1973. Übersetzung von 1925a.

1978 Psychoanalyse als Gespräch. The facts of observation in psychoanalysis. In: *Psyche 32* (1978), S. 355-373. Übersetzung von 1941a.

1981 und Cassirer-Bernfeld, Suzanne: *Bausteine der Freud-Biographik.* Hg.: Ilse Grubrich-Simitis. Frankfurt/M., 1981. (Taschenbuchausgabe, Frankfurt/M., 1988).

1984 Über die psychoanalytische Ausbildung. In: *Psyche 38*. (1984), S. 437-459.

1991 Die Geschichte meines Gymnasialstudiums. In: *Psyche 45*. (1991), S. 526-533.

1992 a) Die Geschichte meines Gymnasialstudiums. In: Fallend, Karl / Reichmayr, Johannes (Hg.): *Siegfried Bernfeld oder Die Grenzen der Psychoanalyse*. Frankfurt/M., 1992, S. 40-47.

b) Drei Welten in einem Zimmer. Kindervariationen auf ein erwachsenes Thema (Die Idee eines Films mit psychoanalytischen Perspektiven). In: Fallend, Karl / Reichmayr, Johannes (Hg.): *Siegfried Bernfeld oder Die Grenzen der Psychoanalyse*. Frankfurt/M., 1992, S. 153-156.

c) Das »freie« Institut. In: Fallend, Karl / Reichmayr, Johannes (Hg.): *Siegfried Bernfeld oder Die Grenzen der Psychoanalyse*. Frankfurt/M., 1992, S. 317-326.

Zeittafel

1892 7. Mai. Geburt Siegfried (Selig) Bernfelds in Lemberg (Galizien). Die Eltern Isidor Bernfeld (1866-1920) und Hermine Schwarzwald-Bernfeld (1872-1941) waren in Wien ansässig.

1895 28. April. Geburt der Schwester Lilli in Wien.

1899 17. Februar. Geburt des Bruders Manfred in Wien.

1902 Nach vier Jahren Privatunterricht und Volksschule tritt Bernfeld in das k.k. Staatsgymnasium im XIII. Wiener Gemeindebezirk ein.

1911 6. Juli. Abschluß des Gymnasiums.

1911/12 WS bis WS 1913/14. Philosophische Fakultät der Universität Wien.

1912 Herbst. Gründung und Leitung des Akademischen Comitees für Schulreform.

1913 1. Februar. Der Sprechsaal Wiener Mittelschüler wird eröffnet.

1914 Sommersemester. Studium der Fächer Pädagogik/Psychologie (Prof. Jonas Cohn) an der Grossherzöglich Badischen Albert-Ludwigs-Universität Freiburg/Br.

1914 26. Oktober. Zum Landsturmdienst eingerückt. Ab November bis März wegen Lungenspitzenkatarrh dienstfrei gestellt. Ab 4. März 1915 endgültig dienstfrei.

1914 erscheint *Die neue Jugend und die Frauen.*

1915 22. Jänner. Abgang von der Universität Freiburg.

1915 8. Februar. Eheschließung mit Anne Salomon (1892-1941).

1915 12. Mai. Als Gast zum ersten Mal in der Wiener Psychoanalytischen Vereinigung.

1915 24. Juni. Geburt der Tochter Rosemarie.

1918 April Bernfeld gründet die Zeitschrift *Jerubbaal. Eine Zeitschrift der jüdischen Jugend.* Letzte Nummer: März 1919.

1918 18.-20. Mai. Bernfeld leitet den österreichisch-jüdischen Jugendtag in Wien.

1918 19. November. Bernfelds erster Vortrag in der Wiener Psychoanalytischen Vereinigung: »Die Dichtung der Jugendlichen«.

1919 8. April. Geburt der Tochter Ruth.

1919 18. Juni. Bernfeld einstimmig zum Mitglied der Wiener Psychoanalytischen Vereinigung gewählt.

1919 August. Gründung Kinderheim Baumgarten (Wien XIII, ehemaliges Kriegsspital II, Linzerstraße 299. Mitarbeiter/innen: u.a. Grete Obernik, Hella Rosenblum, Recha Gelb, Gusti Bretter-Mändl, Hilda Geiringer, Wilhelm Hoffer, Gerhard Fuchs, Käthe Neumann, Mely Masaryk, Trude Hammerschlag).

1919 erscheint *Das jüdische Volk und seine Jugend.*

1920 April. Auflösung des Kinderheims Baumgarten.

1920 Sommer. Redakteur der von Martin Buber herausgegebenen Zeitschrift *Der Jude* in Heppenheim und Heidelberg.

1921 Mitte. Rückkehr nach Wien.

1921 erscheint *Kinderheim Baumgarten. Bericht über einen ernsthaften Versuch mit neuer Erziehung.*

1922 Mitte. Beginn der psychoanalytischen Praxis.

1922 erscheint *Vom Gemeinschaftsleben der Jugend. Beiträge zur Jugendforschung.*

1924 erscheint *Vom dichterischen Schaffen der Jugend. Neue Beiträge zur Jugendforschung.*

1925 Herbst. Umzug nach Berlin zu seiner Lebensgefährtin Elisabeth Neumann.

1925 erscheint *Sisyphos oder die Grenzen der Erziehung.*

1925 erscheint *Psychologie des Säuglings.*

1927 erscheint *Die heutige Psychologie der Pubertät. Zur Kritik ihrer Wissenschaftlichkeit.*

1928 erscheint *Die Schulgemeinde und ihre Funktion im Klassenkampf.*

1930 Eheschließung mit Elisabeth Neumann.

1930 erscheint *Energie und Trieb. Psychoanalytische Studien zur Psychophysiologie.*

1931 erscheint *Trieb und Tradition im Jugendalter. Kulturpsychologische Studien an Tagebüchern*

1932 Herbst. Rückkehr nach Wien.

1934 Frühsommer. Bernfeld heiratet Suzanne Cassirer-Paret (1896-1963).

1934 Herbst. Übersiedlung nach Menton in Südfrankreich.

1937 Jänner bis Juli in London.

1937 August. Emigration in die Vereinigte Staaten. Kurze Aufenthalte in New York, Chicago und Los Angeles.

1937 Ab Ende August in San Francisco.

1944 erscheint die erste Publikation zur Freud-Biographik »Freud's Earliest Theories and the School of Helmholtz«.

1952 10. November. Bernfeld hält seinen letzten Vortrag vor der Psychoanalytischen Vereinigung in San Francisco. »On Psychoanalytic Training«.

1953 Bernfeld stirbt am 2. April in San Francisco.

Verwendete Literatur

Aichhorn, August: (1925) *Verwahrloste Jugend. Die Psychoanalyse in der Fürsorgeerziehung.* Bern, 1951.

Alexander, Franz: Über den Einfluß psychischer Faktoren auf gastrointestinale Störungen. In: *Internationale Zeitschrift für Psychoanalyse 21.* 1935, S. 189-219.

Alexander, Franz: Die Logik der Gefühle und ihre dynamische Grundlage. In: *Internationale Zeitschrift für Psychoanalyse 21.* 1935, S. 471-485.

Amtliche Berichte über die Verhandlungen der Badischen Ständeversammlung. Nr. 72. Karlsruhe, 29. 4. 1914. 63. Sitzung.

Ash, Mitchell G.: Die experimentelle Psychologie an den deutschsprachigen Universitäten von der Wilhelminischen Zeit bis zum Nationalsozialismus. In: Ash, Mitchell G. / Geuter, Ulf (Hg.): *Geschichte der deutschen Psychologie im 20. Jahrhundert.* Opladen, 1985. S. 45-82.

Ash, Mitchell G.: Ein Institut und eine Zeitschrift. Zur Geschichte des Berliner Psychologischen Instituts und der Zeitschrift »Psychologische Forschung« vor und nach 1933. In: Graumann, Carl F. (Hg.): *Psychologie im Nationalsozialismus.* Berlin, 1985. S. 113-137.

Ash, Mitchell G.: Psychology and Politics in Interwar Vienna: The Vienna Psychological Institute, 1922-1942. In: Ash, Mitchell G. / Woodward, William R. (Hg.): *Psychology in Twentieth-Century Thought and Society.* Cambridge, 1987. S. 143-164.

Ash, Mitchell G.: Die Entwicklung des Wiener Psychologischen Instituts 1922-1938. In: Eschbach, Achim (Hg.): *Karl Bühler's Theory of Language.* Amsterdam, 1988. S. 303-325.

Aspetsberger, Friedbert (Hg.): *Arnolt Bronnen.* Werke. Mit Zeugnissen zur Entstehung und Wirkung. Band 1, Klagenfurt, 1990.

Balázs, Béla: Der sichtbare Mensch oder die Kultur des Films. In: ders.: *Schriften zum Film.* Band 1. München, 1982. S. 43-143.

Bálint, Michael / Csillag, Paul: Zur Kritik der Libidometrie nach Bernfeld und Feitelberg. In: *IMAGO 17.* 1931, S. 410-413.

Bálint, Michael / Csillag, Paul: Schlußbemerkungen. In: *IMAGO 17.* 1931, S. 419f.

Barbizon, Georges: Die treibenden Kräfte. In: *Der Anfang. Zeitschrift der Jugend.* 1. Jg., Mai 1913. Heft 1.

Barbizon, Georges: Frauenfrage und Jugendemanzipation. In: *Der Anfang. Zeitschrift der Jugend.* 1. Jg., Juli 1913. Heft 3.

Benetka, Gerhard: Stolpersteine. Anmerkungen zur Karriere von Peter R. Hofstätter. In: *Werkblatt. Zeitschrift für Psychoanalyse und Gesellschaftskritik.* Nr. 18/19, 1989. S. 91-102.

Benetka, Gerhard: *Zur Geschichte der Institutionalisierung der Psychologie in Österreich: Die Errichtung des Wiener Psychologischen Instituts.* Wien, 1990.

Benetka, Gerhard / Kienreich, Werner: Hochschulpsychologie in der Ostmark: Das Wiener Psychologische Institut nach 1938. In: Fallend, Karl / Handlbauer, Bernhard / Kienreich, Werner (Hg.): *Der Einmarsch in die Psyche. Psychoanalyse, Psychologie und Psychiatrie im Nationalsozialismus und die Folgen.* Wien, 1989. S. 147-167.

Berger, Hans: *Untersuchungen über die Temperatur des Gehirns.* Jena, 1910.

Bermann, Tamar: *Produktivierungsmythen und Antisemitismus.* Wien, 1973.

Bittner, Günther / Rehm, Willy (Hg.): *Psychoanalyse und Erziehung.* Bern, Stuttgart, 1964.

Blankertz, Herwig: *Die Geschichte der Pädagogik – von der Aufklärung bis zur Gegenwart.* Wetzlar, 1982.

Böhm, Leopold: G. W. Pabst. In: *Filmkunst.* Nr. 18. Wien, 1955. S. 9-22.

Bogner, Dieter (Hg.): *Friedrich Kiesler. Architekt Maler Bildhauer.* Wien, 1987.

Boltzmann, Ludwig: *Vorlesungen über Gastheorie.* Leipzig, 1898.

Braun, Karl Ferdinand: Über das sogenannte Le Chatelier-Braunsche Prinzip. In: *Annalen der Physik.* Band 32. 1910. S. 1102ff.

Brecht, Karen / Friedrich, Volker / Hermanns, Ludger / Juelich, Dierk / Kaminer, Isidor (Hg.): *»Hier geht das Leben auf eine sehr merkwürdige Weise weiter . . .« Zur Geschichte der Psychoanalyse in Deutschland.* Hamburg, 1985.

Brezinka, Wolfgang: Jugendforschung und pädagogische Planung. In: Schindler, Ingrid (Hg.): *Pädagogisches Denken in Geschichte und Gegenwart.* Festschrift zum 65. Geburtstag von Josef Dolch. Ratingen, 1964. S. 187-201.

Brodthage, Heike / Hoffmann, Sven O.: Die Rezeption der Psychoanalyse in der Psychologie im deutschsprachigen Raum bis 1933. In: Cremerius, Johannes (Hg.): *Die Rezeption der Psychoanalyse in Soziologie, Psychologie und Theologie im deutschsprachigen Raum bis 1940.* Frankfurt a. M., 1981. S. 135-253.

Bronnen, Arnolt: *Arnolt Bronnen gibt zu Protokoll.* Beiträge zur Geschichte des modernen Schriftstellers. Berlin/Weimar, 1985.

Brun, Rudolf: Über Freuds Hypothese vom Todestrieb. In: *Psyche* 7, 1953. S. 81-111.

Buber, Martin: *Der Jude und sein Judentum.* Köln, 1963.

Buber, Martin: *Briefwechsel aus sieben Jahrzehnten.* Band 2. Heidelberg, 1973.

Bühler, Charlotte: *Das Seelenleben des Jugendlichen. Versuch einer Analyse und Theorie der Pubertät.* Jena, 1922.

Bühler, Charlotte: *Ein Mädchentagebuch.* Jena, 1922a.

Bühler, Charlotte: *Zwei Knabentagebücher.* Jena, 1925.

Bühler, Charlotte: *Kindheit und Jugend. Genese des Bewußtseins.* Leipzig, 1928.

Bühler, Charlotte: Die Wiener Psychologische Schule in der Emigration. In: *Psychologische Rundschau.* 16, 1965. S. 187-196.

Bühler, Johannes-Christoph von: *Die gesellschaftliche Konstruktion der Jugend. Zur Entstehung der Jugendforschung am Beginn des 20. Jahrhunderts.* Weinheim, 1990.

Bühler, Karl: *Die geistige Entwicklung des Kindes.* Jena, 1918.

Bühler, Karl: Die Instinkte des Menschen. In: ders. (Hg.): *Bericht über IX. Kongreß für experimentelle Psychologie in München vom 21.-25. April 1925.* Jena, 1926. S. 1-23.

Bühler, Karl: *Die Krise der Psychologie.* Jena, 1927.

Bühler, Karl: Ansprache des Vorsitzenden. In: Kafka, Gustav (Hg.): *Bericht über den XII. Kongreß der Deutschen Gesellschaft für Psychologie in Hamburg.* Jena, 1932. S. 3-6.

Bunzl, John: *Der lange Arm der Erinnerung. Jüdisches Bewußtsein heute.* Wien, 1987.

Buxbaum, Edith: Three Great Psychoanalytic Educators. In: *The Reiss-Davis Clinic Bulletin.* III/1, 1966. S. 7.

Chatelier, Henri Le: *Sur un énoncé general des lois des équilibres chimiques.* Comptes rendus des séances de L'Académie de science. Band 99, 1884. S. 786ff.

Dahmer, Helmut: *Libido und Gesellschaft. Studien über Freud und die Freudsche Linke.* Frankfurt a. M., 1982.

Dahmer, Helmut: Siegfried Bernfelds Freud-Studien. In: *Psyche 40,* 1986. S. 1109-1129.

Dahmer, Helmut: *Psychoanalyse ohne Grenzen.* Freiburg i. Br., 1989.

Dahmer, Helmut / Heinz, Rudolf: Psychoanalyse und Kantianismus. In: Elrod, Norman u.a. (Hg.): *Der Wolf im Schafspelz.* Frankfurt a. M., 1978. S. 127-167.

Deichmann, Hans (Hg.): *Leben mit provisorischer Genehmigung. Leben, Werk und Exil von Dr. Eugenie Schwarzwald (1872-1940).* Berlin, Wien, Mühlheim, 1988.

Deutsch, Helene: *Selbstkonfrontation.* Die Autobiographie der großen Psychoanalytikerin. München, 1975.

Deutsche Psychoanalytische Gesellschaft (Hg.): *Zehn Jahre Berliner Psychoanalytisches Institut 1920-1930.* Wien, 1930.

Dokumentationsarchiv des österreichischen Widerstandes. Nr. 9250: Karl Wirth »Mitbegruender der Schulgemeinde« als Schueler. 1974.

Dudek, Peter: *Jugend als Objekt der Wissenschaften. Geschichte der Jugendforschung in Deutschland und Österreich 1890-1933.* Opladen, 1990.

Ebermayer, Erich: *Gustav Wyneken. Chronik einer Freundschaft.* Frankfurt a. M., 1982.

Ekstein, Rudolf: Siegfried Bernfeld, 1892-1953. Sisyphos or the Boundaries of Education. In: Alexander, Franz / Eisenstein, Samuel / Grotjahn, Martin (Hg.): *Psychoanalytic Pioneers.* New York, London, 1966.

Ekstein, Rudolf / Fallend, Karl / Reichmayr, Johannes: »Too late to start life afresh«. Siegfried Bernfeld auf dem Weg ins Exil. In: Stadler, Friedrich (Hg.):

Vertriebene Vernunft II. Emigration und Exil österreichischer Wissenschaft. Wien, 1988. S. 230-241.

Elliger, Tilman J.: *S. Freud und die akademische Psychologie. Ein Beitrag zur Rezeptionsgeschichte der Psychoanalyse in der deutschen Psychologie (1895-1945).* Weinheim, 1986.

Engelbrecht, Helmut: *Geschichte des österreichischen Bildungswesens. Erziehung und Unterricht auf dem Boden Österreichs.* 5 Bände. Wien, 1982-1988.

Engelhardt, Victor: *Die deutsche Jugendbewegung als kulturhistorisches Phänomen.* Berlin, 1923.

Fallend, Karl: *Wilhelm Reich in Wien. Psychoanalyse und Politik.* Wien, Salzburg, 1988.

Fallend, Karl: Ein unbekanntes Protokoll der Psychoanalyse. In: *Werkblatt. Zeitschrift für Psychoanalyse und Gesellschaftskritik.* Nr. 26, 1991. S. 99-108.

Fechner, Gustav Th.: *Elemente der Psychophysik.* Band 1 u. 2. Leipzig, 1889.

Federn, Paul: Bericht. In: *Internationale Zeitschrift für Psychoanalyse 10.* 1924, S. 227f.

Feitelberg, Sergei / Lampl, Hans: Methode zur Messung der Wärmetönung an der Großhirnrinde. In: *Naunyn-Schmiedeberg's Archiv für experimentelle Pathologie und Pharmakologie.* Band 177, Berlin, 1935. S. 600-613.

Feitelberg, Sergei / Lampl, Hans: Wärmetönung der Großhirnrinde bei Erregung und Ruhe bzw. Funktionshemmung. In: ebenda, 1935. S. 726-736.

Fenichel, Otto: Sexuelle Aufklärung. In: *Schriften zur Jugendbewegung.* 1916. S. 52-60.

Fenichel, Otto: Referate zu Reginald Knapp und L. S. Penrose. In: *IMAGO 18.* 1931, S. 425f.

Freud, Anna: Willi Hoffer. M. D., Ph. D. In: *Psychoanalytic Study of the Child 23,* 1968. S. 7-11.

Freud, Ernst u.a. (Hg.): *Sigmund Freud, sein Leben in Bildern und Texten.* Frankfurt a. M., 1976.

Freud, Sigmund: (1909) *Über Psychoanalyse.* In: *Gesammelte Werke.* Band VIII. S. 1-60.

Freud, Sigmund: (1920) *Jenseits des Lustprinzips.* In: *Gesammelte Werke.* Band XIII. S. 1-69.

Freud, Sigmund: (1922) »Psychoanalyse« und »Libidotheorie«. In: *Gesammelte Werke.* Band XIII. S. 211-233.

Freud, Sigmund: (1923) *Das Ich und das Es.* In: *Gesammelte Werke.* Band XIII. S. 237-289.

Freud, Sigmund: (1924) Notiz über den »Wunderblock«. In: *Gesammelte Werke.* Band XIV. S. 3-8.

Freud, Sigmund: (1931) Brief an Rudolf Olden vom 22. Jänner 1931. In: Friedrich, 1990, S. 154.

Freud, Sigmund: (1932) *Neue Folge der Vorlesungen zur Einführung in die Psychoanalyse.* In: *Gesammelte Werke.* Band XV.

Freud, Sigmund: (1957) Brief an Jaques Schnier vom 5. Juli 1938. In: Jones, E.: *Das Leben und Werk von Sigmund Freud.* Band 3, Bern 1962, S. 354.

Freud, Sigmund / Abraham, Karl: *Briefe 1907-1926.* Frankfurt a. M., 1965.

Friedjung, Josef K.: Rez.: Bernfeld, Siegfried: Kinderheim Baumgarten. In: *IMAGO 8.* 1922, S. 511.

Friedrich, Volker: Der 13. Internationale Psychoanalytische Kongreß 1934. Seine Bedeutung in der psychoanalytischen Bewegung. In: Gidal, 1990. S. 154-171.

Fuchs, Gerhard: »Knurrland«. Versuch der Analyse eines Kinderspieles. In: Bernfeld, 1922a. S. 145-187.

Gaerma: »Geheimnisse einer Seele«. In: *Die Rote Fahne.* Berlin, 29. 3. 1926.

Gaisbauer, Adolf: *Davidstern und Doppeladler. Zionismus und jüdischer Nationalismus in Österreich. 1882-1918.* Wien, 1988.

Gay, Peter: *Freud. Eine Biographie für unsere Zeit.* Frankfurt a. M., 1989.

Gente, Hans-Peter (Hg.): *Marxismus, Psychoanalyse, Sexpol.* Band 1, Frankfurt a. M., 1970. Band 2, Frankfurt a. M., 1972.

Geuter, Ulfried: Die Zerstörung wissenschaftlicher Vernunft. Felix Krueger und die Leipziger Schule der Ganzheitspsychologie. In: *Psychologie heute 7.* Heft 4, 1980. S. 35-43.

Geuter, Ulfried: *Die Professionalisierung der deutschen Psychologie im Nationalsozialismus.* Frankfurt a. M., 1984.

Geuter, Ulfried: Das Ganze und die Gemeinschaft – Wissenschaftliches und politisches Denken in der Ganzheitspsychologie Felix Kruegers. In: Graumann, Carl F. (Hg.): *Psychologie im Nationalsozialismus.* Berlin, 1985. S. 55-87.

Geuter, Ulfried / Nitzschke, Bernd: Freud und Stern. »Jene merkwürdige Bewegung, die sich Psychoanalyse nennt . . .«. In: Nitzschke, Bernd (Hg.): *Freud und die akademische Psychologie.* München, 1989. S. 108-136.

Gidal, Tim N.: *Die Freudianer auf dem 13. Internationalen Psychoanalytischen Kongreß 1934 in Luzern.* München, Wien, 1990.

Göttner-Abendroth, Heide: *Die Göttin und ihr Heros. Die matriarchalen Religionen in Mythos, Märchen und Dichtung.* München, 1980.

Goldmann, Eva / Wimmer, Zeev (Hg.): *Legende, Geschichte, Gegenwart.* Wien, 1989.

Graf-Nold, Angela: *Der Fall Hermine Hug-Hellmuth. Eine Geschichte der frühen Kinder-Psychoanalyse.* München, Wien, 1988.

Graumann, Carl-Friedrich: Zur Kurt Lewin-Werkausgabe. In: Lewin, Kurt: *Werkausgabe.* Band 1. S. 7-15.

Graumann, Carl-Friedrich: Zur Einführung in diesen Band. In: Lewin, Kurt: *Werkausgabe.* Band 4. S. 11-37.

Griebens Reiseführer. *Die Riviera.* Berlin, 1928.

Grubrich-Simitis, Ilse: Siegfried Bernfeld: Historiker der Psychoanalyse und Freud-Biograph. In: Bernfeld / Cassirer-Bernfeld, 1981. S. 7-48.

Günther, Karl-Heinz u.a. (Hg.): *Geschichte der Erziehung.* Berlin, 1976.

Habermas, Jürgen: *Erkenntnis und Interesse.* Frankfurt a. M., 1968.

Handlbauer, Bernhard: *Die Entstehungsgeschichte der Individualpsychologie Alfred Adlers.* Wien, Salzburg, 1984.

Hárnik, Jenö: Psychoanalytischer Film. In: *Internationale Zeitschrift für Psychoanalyse 12.* 1926, S. 580f.

Hartmann, Heinz: *Die Grundlagen der Psychoanalyse.* Leipzig, 1927.

Hautmann, Hans / Kropf, Rudolf: *Die österreichische Arbeiterbewegung vom Vormärz bis 1945. Sozialökonomiche Ursprünge ihrer Ideologie und Politik.* Wien, München, Zürich, 1978.

Hegselmann, Rainer: Otto Neurath - Empiristischer Aufklärer und Sozialreformer. In: ders. (Hg.): *Otto Neurath. Wissenschaftliche Weltauffassung, Sozialismus und Logischer Empirismus.* Frankfurt a. M., 1979. S. 7-73.

Heller, Peter: Vorerinnerung. In: Bittner, Günther / Heller, Peter (Hg.): *Eine Kinderanalyse bei Anna Freud (1929-1932).* Würzburg, 1983. S. 7-29.

Herdan-Zuckmayer, Alice: *Genies sind im Lehrplan nicht vorgesehen.* Frankfurt a. M., 1987.

Hermann, Imre: *Die Psychoanalyse als Methode.* Wien, 1934.

Herrmann, Ulrich: Die Jugendkulturbewegung. Der Kampf um die höhere Schule. In: Koebner, Thomas u.a. (Hg.): 1985. S. 224-244.

Heymann, Fritz: *Tod oder Taufe. Die Vertreibung der Juden aus Spanien und Portugal im Zeitalter der Inquisition.* Frankfurt a. M., 1988.

Hoffer, Hedwig: Obituary. Siegfried Bernfeld. In: *International Journal of Psychoanalysis 36.* 1955, S. 66-71.

Hoffer, Willi: Siegfried Bernfeld and 'Jerubaal'. An Episode in the Jewish Youth Movement. In: *Leo Baeck Year Book X.* London, 1965. S. 150f.

Hoppe, Ferdinand: Erfolg und Mißerfolg. In: *Psychologische Forschung.* XIV, 1930. S. 1-62.

Huber, Wolfgang: *Psychoanalyse in Österreich seit 1933.* Wien, 1977.

Huber, Wolfgang: Die erste Kinderanalytikerin. In: *Psychoanalyse als Herausforderung. Festschrift für Igor A. Caruso.* Wien, 1980. S. 125-133.

Jacoby, Russel: *Die Verdrängung der Psychoanalyse oder Der Triumph des Konformismus.* Frankfurt a. M., 1985.

Jahoda, Marie: »Ich habe die Welt nicht verändert«. Gespräch mit Marie Jahoda. In: Greffrath, Matthias (Hg.): *Die Zerstörung einer Zukunft. Gespräche mit emigrierten Sozialwissenschaftlern.* Reinbek bei Hamburg, 1979. S. 103-144.

Jarmatz, Klaus / Barck, Simone / Diezel, Peter: *Exil in der UdSSR.* Frankfurt a. M., 1979.

Jokl, Robert H.: Wiener Psychoanalytische Vereinigung. In: *Internationale Zeitschrift für Psychoanalyse 12.* 1926, S. 229f.

Jones, Ernest: *Das Leben und Werk von Sigmund Freud.* Band 1-3. Bern, Stuttgart, Wien, 1982.

Jungmann, Fritz: Autorität und Sexualmoral in der freien bürgerlichen Jugendbewegung. In: Fromm, Erich / Horkheimer, Max u.a.: *Studien über Autorität und Familie. Forschungsberichte aus dem Institut für Sozialforschung.* Band 2. Paris, 1936. S. 669-705.

Kandelin, Albert: California's First Psychoanalytic Society. In: *Bulletin of the Menninger Clinic.* 30, 1966. S. 351-357.

Kapp, Reginald O.: Comments on Bernfeld and Feitelberg's »The Principle of Entropy and the Death Instinct«. In: *International Journal of Psycho-analysis 12,* 1931.

Kittler, Friedrich A.: *Aufschreibesysteme 1800/1900.* München, 1987.

Koch, Annette: *Siegfried Bernfelds Kinderheim Baumgarten. Voraussetzungen jüdischer Erziehung um 1920.* Diss. Hamburg, 1974.

Koebner, Thomas u.a. (Hg.): *»Mit uns zieht die neue Zeit«. Der Mythos der Jugend.* Frankfurt a. M., 1985.

Koestler, Arthur: *Der Krötenküsser. Der Fall des Biologen Paul Kammerer.* Wien, München, Zürich, 1972.

Köhler, Wolfgang: *Die physischen Gestalten in Ruhe und im stationären Zustand.* Braunschweig, 1920.

Kreissler, Françoise: A. J. Storfer. Ein Wiener Intellektueller in Shanghai. In: Muhr, Peter / Feyerabend, Paul / Wegeler, Cornelia (Hg.): *Philosophie Psychoanalyse Emigration.* Festschrift für Karl Rudolf Fischer zum 70. Geburtstag. Wien 1992. S. 180-193.

Kulessa, Hanne (Hg.): *Tagebuch eines halbwüchsigen Mädchens.* Frankfurt a. M., 1987.

Kupffer, Heinrich: *Gustav Wyneken.* Stuttgart, 1970.

Lacan, Jacques: Das Spiegelstadium als Bildner der Ichfunktion. In: ders.: *Schriften I.* Weinheim, 1986. S. 63-70.

Lacan, Jacques: Funktion und Feld des Sprechens und der Sprache in der Psychoanalyse. In: ders.: *Schriften I.* Weinheim, 1986. S. 73-169.

Lacan, Jacques: *Das Seminar.* Buch 2. Weinheim, 1980.

Lacan, Jacques: *Die vier Grundbegriffe der Psychoanalyse. Das Seminar.* Buch 11. Weinheim, 1987.

Laermann, Klaus: Der Skandal um den Anfang. Ein Versuch jugendlicher Gegenöffentlichkeit im Kaiserreich. In: Koebner, Thomas u.a. (Hg.): 1985. S. 360-381.

Laqueur, Walter Z.: Young Germany: *A History of the German Youth Movement.* London, 1962.

Lazarsfeld, Paul F. (Hg.): *Jugend und Beruf. Kritik und Material.* Jena, 1931.

Lazarsfeld, Paul F.: Eine Episode in der Geschichte der empirischen Sozialforschung: Erinnerungen. In: Parsons, Edward u.a. (Hg.): *Soziologie - autobiographisch.* Stuttgart, 1975. S. 147-225.

Lazarsfeld, Paul F. / Wagner, Ludwig: *Gemeinschaftserziehung durch Erziehungsgemeinschaften: Bericht über einen Beitrag der Jugendbewegung zur Sozialpädagogik.* Leipzig, 1924.

Leichter, Käthe: *Leben und Werk.* Herausgegeben von Herbert Steiner. Wien, 1973.

Lewin, Kurt: (1911) Das Erhaltungsprinzip in der Psychologie. In: ders.: *Werkausgabe.* Band 1. Bern, Stuttgart, 1981. S. 81-86.

Lewin, Kurt: (1912) Erhaltung, Identität und Veränderung in Physik und Psychologie. In: ders.: *Werkausgabe.* Band 1. S. 87-110.

Lewin, Kurt: (1922) Der Begriff der Genese in Physik, Biologie und Entwicklungsgeschichte. In: ders.: *Werkausgabe.* Band 2. S. 47-318.

Lewin, Kurt: (1931) Der Übergang von der aristotelischen zur galileischen Denkweise in Biologie und Psychologie. In: ders.: *Werkausgabe.* Band 1. S. 233-278.

Lewin, Kurt: *Principles of topological psychology.* New York, 1936.

Lewin, Kurt: Psychoanalyse und Topologische Psychologie. In: *Schweizerische Zeitschrift für Psychologie 21.* 1962, S. 297-306.

Lewin, Kurt: (1941) Regression, Retrogression und Entwicklung. In: ders.: *Werkausgabe*. Band 6. S. 293-336.

Lewin, Kurt: (1944) Konstrukte in der Feldtheorie. In: ders.: *Werkausgabe*. Band 4. S. 73-86.

Lewin, Kurt / Korsch, Karl: (1939) Mathematische Konstrukte in Psychologie und Soziologie. In: ders.: *Werkausgabe*. Band 4. S. 87-97.

Lieberman, James: Acts of Will. *The Life and Work of Otto Rank*. New York, 1985.

Liegle, Ludwig: Tagträume, Wirklichkeit und Erinnerungsspuren einer neuen Erziehung im jüdischen Gemeinwesen Palästinas (1918-1948). In: *Neue Sammlung*. Heft 1, 1985. S. 60-77.

Liegle, Ludwig / Konrad, Franz-Michael (Hg.): *Reformpädagogik in Palästina. Dokumente und Deutungen zu den Versuchen einer »neuen« Erziehung im jüdischen Gemeinwesen Palästinas (1918-1948)*. Frankfurt a. M., 1989.

Linse, Ulrich: »Geschlechtsnot der Jugend«. Über Jugendbewegung und Sexualität. In: Koebner, Thomas u.a. (Hg.): 1985. S. 245-309.

Lockot, Regine: *Erinnern und Durcharbeiten. Zur Geschichte der Psychoanalyse und Psychotherapie im Nationalsozialismus*. Frankfurt a. M., 1985.

Lück, Helmut E.: Kurt Lewin als Filmemacher. In: *Gruppendynamik 16*. 1985, S. 131-141.

Lück, Helmut E. / Rechtien, Wolfgang: Freud und Lewin. Historische Methode und »Hier und jetzt«. In: Nitzschke, Bernd (Hg.): *Freud und die akademische Psychologie*. München, 1989. S. 137-159.

Maetze, Gerhard: Psychoanalyse in Deutschland. In: Eicke, Dieter (Hg.): *Die Psychologie des 20. Jahrhunderts*. Band II. Zürich, 1976. S. 1145-1179.

Margalith, Elkana: Die sozialen und intellektuellen Ursprünge der jüdischen Jugendbewegung 'Hashomer Haza'ir' 1913-1920. In: *Archiv für Sozialgeschichte*. Band X. Bonn, 1970. S. 261-289.

May, Ulrike: Psychoanalyse in den USA. In: Eicke, Dieter (Hg.): *Die Psychologie des 20. Jahrhunderts*. Band II: Freud und die Folgen. Zürich, 1976. S. 1219-1264.

Melzer, Wolfgang / Neubauer, Georg: *Der Kibbuz als Utopie*. Weinheim/Basel, 1988.

Metraux, Alexandre: Zur Einführung in diesen Band. In: Lewin, Kurt: *Werkausgabe*. Band 1. S. 19-45.

Metraux, Alexandre: Zur Einführung in diesen Band. In: Lewin, Kurt: *Werkausgabe*. Band 2. S. 11-46.

Meyer, Thomas u.a. (Hg.): *Lexikon des Sozialismus*. Köln, 1986.

Millet, John A. P.: Psychoanalysis in the United States. In: Alexander, Franz et al. (Hg.): *Psychoanalytic Pioneers*. New York/London, 1966. S. 546-596.

Missiroli, Antonio: *Die Deutsche Hochschule für Politik*. Sankt Augustin, 1988.

Mosse, Georg L.: *Germans and Jews*. New York, 1970.

Mosso, Angelo: *Die Temperatur des Gehirns*. Leipzig, 1894.

Mühlleitner, Elke: *Biographisches Lexikon der Psychoanalyse. Die Mitglieder der »Psychologischen Mittwoch-Gesellschaft« und der »Wiener Psychoanalytischen Vereinigung« 1902-1938*. Tübingen, 1992.

Mühsam, Heinrich: Das Bewußtsein macht Sprünge. Wissenschaftliche Psychologie. In: *Vossische Zeitung.* Berlin, 18. Juni 1932.

Müller, Reinhard (Hg.): Georg Lukács / Johannes R. Becher / Friedrich Wolf u.a.: *Die Säuberung. Moskau 1936: Stenogramm einer geschlossenen Parteiversammlung.* Reinbek bei Hamburg, 1991.

Nagler, Shmuel: Psychotherapie im Rahmen der Kollektiverziehung. In: Liegle, L. (Hg.): *Kollektiverziehung im Kibbuz.* München, 1971.

Neugebauer, Wolfgang: *Bauvolk der kommenden Welt. Geschichte der sozialistischen Jugendbewegung in Österreich.* Wien, 1975.

Neurath, Otto: Historische Anmerkungen. In: Haller, Rudolf / Rutte, Heiner (Hg.): *Otto Neurath. Gesammelte philosophische und methodologische Schriften.* Band 1. Wien, 1981. S. 389-391.

Neurath, Otto: Erster Internationaler Kongreß für Einheit der Wissenschaft in Paris 1935. In: Haller, Rudolf / Rutte, Heiner (Hg.): *Otto Neurath. Gesammelte philosophische und methodologische Schriften.* Band 2. Wien, 1981. S. 650-671.

Nohl, Herman: (1933) *Die pädagogische Bewegung und ihre Theorie.* Frankfurt a. M., 1970.

Nunberg, Hermann / Federn, Ernst (Hg.): *Protokolle der Wiener Psychoanalytischen Vereinigung.* Band I-IV. Frankfurt a. M., 1976-1981.

Oberndorf, Clarence P.: *A History of Psychoanalysis in America.* New York, 1953.

Oelkers, Jürgen: *Reformpädagogik. Eine kritische Dogmengeschichte.* Weinheim/ München, 1989.

Oestreich, Paul (Hg.): *Das Kleinkind seine Not und seine Erziehung. Vorträge vom Kongress für Kleinkind-Erziehung 1. bis 5. Oktober 1932 im Neuen Rathaus zu Berlin-Schöneberg.* Jena, 1932.

Penrose, Lionel S.: Freud's Theory of Instincts and Other Psycho-Biological Theories. In: *International Journal of Psycho-analysis 12,* 1931.

Peterich, Eckart (Hg.): *Der Anfang. Zeitschrift der Jugend.* Herausgegeben von Georges Barbizon und Siegfried Bernfeld. In Auswahl herausgegeben und mit einem Nachwort veröffentlicht von Eckart Peterich. Lauenburg/Elbe, 1922.

Peters, Uwe H.: *Anna Freud. Ein Leben für das Kind.* München, 1979.

Pongratz, Ludwig J.: *Problemgeschichte der Psychologie.* München, 1984.

Poppelreuter, Walter: Über die Ordnung des Vorstellungablaufes. 1. Teil. In: *Archiv für die gesamte Psychologie 25.* 1912, S. 208-349.

Rank, Otto: Der Doppelgänger. In: *IMAGO 3.* 1914, S. 97-164.

Reichmayr, Johannes: Psychoanalyse im Krieg. Zur Geschichte einer Illusion. In: Passet, Peter / Modena, Emilio (Hg.): *Krieg und Frieden aus psychoanalytischer Sicht.* Frankfurt a. M., 1983. S. 36-58.

Reik, Theodor: *Der überraschte Psychologe.* Leiden, 1935.

Reiter, Wolfgang: Österreichische Wissenschaftsemigration am Beispiel des Instituts für Radiumforschung der Österreichischen Akademie der Wissenschaften. In: Stadler, Friedrich (Hg.): *Vertriebene Vernunft II. Emigration und Exil österreichischer Wissenschaft.* Wien, 1988. S. 709-729.

Rentschler, Eric (Hg.): *The Films of G. W. Pabst. An Extraterritorial Cinema.* New Brunswick, London, 1990.

Roazen, Paul: *Freuds Liebling Helene Deutsch. Das Leben einer Psychoanalytikerin.* München, Wien, 1989.

Röder, Werner / Strauss, Herbert A. (Hg.): *Biographisches Handbuch der deutschsprachigen Emigration nach 1933.* Band 1. München, New York, London, Paris, 1980.

Röhrs, Hermann: *Die Reformpädagogik. Ursprung und Verlauf in Europa.* Berlin, Darmstadt, Dortmund, 1980.

Rosenmayr, Leopold: *Geschichte der Jugendforschung in Österreich.* Wien, o. J. (1962).

Ruhs, August u.a. (Hg.): *Das unbewußte Sehen. Texte zu Psychoanalyse Film Kino.* Wien, 1989.

Rothe, Hans-Joachim: Einleitung. In: Landauer, Karl: *Theorie der Affekte und andere Schriften zur Ich-Organisation.* Herausgegeben von Hans-Joachim Rothe. Frankfurt a.M. 1991, S. 7-23.

Sablik, Karl: *Julius Tandler. Mediziner und Sozialreformer. Eine Biographie.* Wien, 1983.

Sachs, Hanns: *Psychoanalyse. Rätsel des Unbewßten.* Berlin, 1926.

San Francisco Jewish Community Center (Hg.): *The Center Bulletin.* San Francisco, 1933ff.

Scheerer, Eckart: Gestalt Psychology in the Soviet Union. 1. The period of enthusiasm. In: *Psychological Research 41.* 1980, S. 247-251.

Scheibe, Wolfgang: *Die reformpädagogische Bewegung 1900-1932. Eine einführende Darstellung.* Weinheim, Basel, 1969.

Scheu, Friedrich: *Ein Band der Freundschaft. Schwarzwald-Kreis und Entstehung der Vereinigung Sozialistischer Mittelschüler.* Wien, Köln, Graz, 1985.

Schilder, Paul: Über Komplexe. In: Volkelt, Hans (Hg.): *Bericht über den XI. Kongreß für experimentelle Psychologie in Wien vom 9.-13. April 1929.* Jena, 1930. S. 136-150.

Schmidt, Vera: *Psychoanalytische Erziehung in Sowjetrußland. Bericht über das Kinderheim-Laboratorium in Moskau.* Leipzig/Wien/Zürich, 1924.

Schütte-Lihotzky, Margarete: Zeitzeugin. In: Stadler, Friedrich (Hg.): *Vertriebene Vernunft II. Emigration und Exil österreichischer Wissenschaft.* Wien, München, 1988. S. 629-633.

Seewann, Gerhard: *Österreichische Jugendbewegung 1900-1938.* Band 1. Frankfurt a. M., 1974.

Seidelmann, Karl: Reformpädagogik - ins Zwielicht geraten. In: *Zeitschrift für Pädagogik.* Heft 5, 1974. S. 783-788.

Spinoza, Baruch de: *Abhandlung über die Verbesserung des Verstandes.* 1662/63. Hamburg, 1977.

Stadler, Friedrich: *Vom Positivismus zur »Wissenschaftlichen Weltauffassung«. Am Beispiel der Wirkungsgeschiche von Ernst Mach in Österreich von 1895 bis 1934.* Wien, München, 1982.

Stadler, Friedrich: Popularisierungsbestrebungen im Wiener Kreis und »Verein Ernst Mach«. In: Dahms, Hans-Joachim (Hg.): *Philosophie, Wissenschaft, Aufklärung. Beiträge zur Geschichte und Wirkung des Wiener Kreises.* Berlin, New York, 1985. S. 101-128.

Stadler, Karl R.: *Opfer verlorener Zeiten. Geschichte der Schutzbund-Emigration 1934.* Wien, 1974.

Sterba, Richard F.: *Erinnerungen eines Wiener Psychoanalytikers.* Frankfurt a. M., 1985.

Stern, William: Rez.: Freud, Sigmund: Die Traumdeutung. In: *Zeitschrift für Psychologie 26.* 1901, S. 130-133.

Stern, William: Der zweite Hauptsatz der Energetik und das Lebensproblem. In: *Zeitschrift für Philosophie und philosophische Kritik 121/122.* 1903, S. 176-235.

Stern, William: *Person und Sache. System der philosophischen Weltanschauung.* 1. Band. Leipzig, 1906.

Stern, William: *Psychologie der frühen Kindheit bis zum sechsten Lebensjahre.* Leipzig, 1914.

Stern, William: *Die menschliche Persönlichkeit. Person und Sache.* Band 2. Leipzig, 1918.

Stern, William: *Wertphilosophie. Person und Sache.* Band 3. Leipzig, 1924.

Stern, William: (Selbstdarstellung). In: Schmidt, R. (Hg.): *Die Philosophie der Gegenwart in Selbstdarstellungen.* Leipzig, 1927. S. 129-184.

Stern, William: *Studien zur Personwissenschaft.* 1. Teil. Personalistik als Wissenschaft. Leipzig, 1930.

Stocking, George W.: On the limits of »presentism« and »historicism« in the historiography of the behavioral sciences. In: *Journal of the History of the Behavioral Sciences 1.* 1965, S. 211-218.

Tenorth, Heinz-Elmar: *Geschichte der Erziehung. Einführung in die Grundzüge ihrer neuzeitlichen Entwicklung.* Weinheim/Basel, 1988.

Trosman, Harry / Wolf, Ernest S.: The Bernfeld Collaboration in the Jones Biography of Freud. In: *International Journal of Psycho-analysis 54.* 1973, S. 227-233.

Uitz, Helmut: *Die österreichischen Kinderfreunde und Roten Falken 1908-1938. Beiträge zur sozialistischen Erziehung.* Wien, Salzburg, 1975.

Ullrich, Heiner: Die Reformpädagogik. Modernisierung der Erziehung oder Weg aus der Moderne? In: *Zeitschrift für Pädagogik.* Heft 6, 1990. S. 893-918.

Utley, Philip L.: Siegfried Bernfeld's Jewish order of Youth. 1914-1922. In: *Leo Baeck Year Book XXIV.* London, 1979. S. 349-368.

Volkelt, Hans (Hg.): *Bericht über den XI. Kongreß für experimentelle Psychologie in Wien vom 9.-13. April 1929.* Jena, 1930.

Wachenheim, Hedwig: Die Wohlfahrtsschule des Hauptausschusses für Arbeiterwohlfahrt. In: Hauptausschuß für Arbeiterwohlfahrt (Hg.): *Jahrbuch der Arbeiterwohlfahrt.* Berlin, 1930. S. 45-66.

Weber, Hermann: *Die Wandlung des deutschen Kommunismus. Die Stalinisierung der KPD in der Weimarer Republik.* Band 2. o.O. o.J.

Weber, Hermann: *»Weiße Flecken« in der Geschichte. Die KPD-Opfer der Stalinschen Säuberungen und ihre Rehabilitierung.* Frankfurt a. M., 1989.

Weinert, Franz E. / Gundlach, Horst: Zur Einführung in diesen Band. In: Lewin, Kurt: *Werkausgabe.* Band 6. S. 11-37.

Weltsch, Robert: Österreichische Revolutionschronik. In: *Der Jude III.* 1918-1919.

Winterstein, Hans: Stoffwechsel des Zentralnervensystems. In: *Handbuch der normalen und pathologischen Physiologie.* Band 9. Berlin, 1929.

Wirth, Wilhelm: *Psychophysik. Darstellung der Methoden der experimentellen Psychologie.* Handbuch der physiologischen Methodik. Band 8. Leipzig, 1912.

Wittenberger, Gerhard: *Zum Institutionalisierungsprozeß der Psychoanalyse unter besonderer Berücksichtigung der Geschichte des »Geheimen Komitees«.* Diss. Kassel, 1988.

Wolfrum, Verena: *Anspruch und Wirklichkeit im Werk von Siegfried Bernfeld anhand von ausgewählten Schriften aus den Jahren 1912-1933.* Würzburg, 1983.

Wyneken, Gustav: *Schule und Jugendkultur.* Jena, 1913.

Bildnachweise

14, 30, 40, 57, 63, 77, 93, 113, 116, 129, 175, 178, 179, 190, 200, 201, 202, 210, 213, 217, Privatbesitz Elisabeth Neumann-Viertel

29, 30, 57, 69, 72, 266, 269, Privatbesitz Ruth Goldberg

30, 36, 40, Privatbesitz Bridget Laky

36, 286, Privatbesitz Jan Jecha

52, 327, Privatbesitz Rudolf Ekstein

84, 85, Collection of the Manuscript Division. Library of Congress. Washington D. C.

106, 221, Privatbesitz Johannes Reichmayr

109, aus: Freud, Ernst u.a. (Hg.): *Sigmund Freud. Sein Leben in Bildern und Texten.* Frankfurt am Main, 1985

126, *Der Tag* (Wien), Nr. 1060 vom 12. November 1925, S. 3

127, Mitteilung von A. J. Storfer, in: *Die psychoanalytische Bewegung 2*, März/April 1930, S. 122

131, Dokumentationsarchiv des österreichischen Widerstandes F. Nr. 6548

139, 167, 271, 284, 285, Siegfried Bernfeld Archiv. Library of Congress. Washington D.C.

150, *Illustrierte Kronenzeitung* vom 25. September 1924

183, Bildarchiv des Instituts für Geschichte der Medizin der Universität Wien

187, aus: Bernfeld, Siegfried und Feitelberg, Sergei: *Energie und Trieb.* Leipzig/Wien/Zürich, 1930, S. 29

265, Griebens Reiseführer. *Die Riviera.* Berlin 1928

275, aus: *Almanach der Psychoanalyse.* Wien 1935, S. 248

288, 299, 312, 316, Privatbesitz Peter Paret

Namensregister

Zu den AutorInnen

Erik Adam, * 1948, Assistenzprofessor für Erziehungswissenschaft am Institut für Weiterbildung an der Universität Klagenfurt. Veröffentlichungen zur Geschichte der Pädagogik und Unterrichtstheorie; u.a.: *August Aichhorn – Ein Wegbereiter der modernen Erlebnispädagogik?* (1989). *Das Subjekt in der Didaktik.* 1988.

Richard Bacher, * 1965, Studium der Philosophie. War wissenschaftlicher Konsulent der Ausstellung »Wunderblock«. Arbeiten zur Geschichte der Medizin und Psychoanalyse; u.a.: »'Resolution'. Zwischen Souveränität und Ätiologie«. In: Rösner / Schuh (Hg.): *Augenschein – ein Manöver reiner Vernunft. Zur Reise Georg Forsters um die Welt.* 1990.

Gerhard Benetka, * 1962, Psychologe, ist Lektor am Psychologischen Institut der Universität Wien. Veröffentlichungen zur Sozialgeschichte der Psychologie in Österreich; u.a.: *Zur Geschichte der Institutionalisierung der Psychologie in Österreich: Die Errichtung des Wiener Psychologischen Instituts.* 1990.

Daniel Benveniste, * 1954, Psychologe und Psychoanalytiker, arbeitet in freier Praxis in San Francisco und als Kindertherapeut im »Menninger Child and Family Service« in Burlingame, Kalifornien. Publikationen im Bereich der klinischen Psychologie. *The Incidence of Psychosexual Images and Themes in Children's Fantasy Narratives.* 1989.

John Bunzl, * 1945, Politologe, wissenschaftlicher Mitarbeiter des Österreichischen Instituts für Internationale Politik (Laxenburg). Zahlreiche Publikationen zu den Themen: Jüdische Geschichte, Antisemitismus, Naher Osten; u.a.: *Der lange Arm der Erinnerung. Jüdisches Bewußtsein heute.* 1987.

Theresia Erich, * 1966, Studium der Psychologie in Wien. Diplomarbeit über Siegfried Bernfeld in Berlin.

Karl Fallend, * 1956, Psychologe, ist Mitarbeiter am Institut für Wissenschaft und Kunst in Wien und Lektor an den Universitäten Wien und Klagenfurt. Redaktionsmitglied: *WERKBLATT. Zeitschrift für Psychoanalyse und Gesellschaftskritik* (Salzburg). Veröffentlichungen zur Geschichte der Psychoanalyse; u.a.: *Wilhelm Reich in Wien. Psychoanalyse und Politik.* 1988; zusammen mit Bernhard Handlbauer und Werner Kienreich (Hg.): *Der Einmarsch in die Psyche. Psychoanalyse, Psychologie und Psychiatrie im Nationalsozialismus und die Folgen.* 1989.

Ludger M. Hermanns, * 1950, Psychoanalytiker in freier Praxis in Berlin-Charlottenburg. Begründer des »Berliner Forums zur Geschichte der Psychoanalyse« (1986). Biographische Veröffentlichungen zur Geschichte der Psychoanalyse; Mitherausgeber der Publikation: *»Hier geht das Leben auf eine sehr merkwürdige Weise weiter ...« – Zur Geschichte der Psychoanalyse in Deutschland.* 1985.

Peter Paret, * 1924, geboren in Berlin; verließ Deutschland 1932. Nach Studienjahren in den USA und England ist er heute Professor für Kulturgeschichte am Institute for Advanced Study in Princeton. Von seinen zahlreichen Arbeiten zur deutschen Geschichte liegen die Biographie *Clausewitz und der Staat*, 1976. *Die Berliner Secession*, 1980, und *Kunst als Geschichte*, 1990, auch in einer deutschen Übersetzung vor.

Johannes Reichmayr, * 1947, Dozent für Psychologie mit besonderer Berücksichtigung der Psychoanalyse, ist Assistenzprofessor für Psychologie an der Universität Klagenfurt. Veröffentlichungen zur Wissenschaftsgeschichte von Psychoanalyse und Psychologie; u.a.: *Spurensuche in der Geschichte der Psychoanalyse.* 1990.

Karl Sierek, * 1952, Filmtheoretiker, lehrt an der Hochschule für angewandte Kunst in Wien. Dozent an der Filmakademie in Berlin. Arbeiten zur Genretheorie und Medienanalyse; u.a. »The Primal Scene of the Cinema: Four Fragments from THE MISTRESS OF ATLANTIS«. In: Rentschler, Eric (Ed.): *The Films of G. W. Papst.* New Brunswick, 1990.